U0535441

上图：汉姆生的舅舅汉斯·奥尔森
下图：汉姆生的妹妹索菲·玛丽
右图：十五岁时的汉姆生

汉姆生的父亲佩德尔

汉姆生的母亲托拉·佩德森

汉姆生传

[挪威] 英·科伦 著 王义国 译

人民文学出版社

著作权合同登记号　图字　01-2010-7500

INGAR KOLLOEN
KNUT HAMSUN:DREAMER AND DISSENTER

© Gyldendal Norsk Forlag AS 2009

图书在版编目(CIP)数据

汉姆生传/(挪)科伦著;王义国译.—北京:人民文学出版社,2010
(汉译传记丛书)
ISBN 978-7-02-008409-8

Ⅰ.①汉…　Ⅱ.①科…②王…　Ⅲ.①汉姆生,K.(1859—1952)-传记　Ⅳ.①K835.335.6

中国版本图书馆 CIP 数据核字(2010)第 253152 号

责任编辑:张福生　装帧设计:柳　泉
责任校对:陈　莎　责任印制:王景林

人民文学出版社出版
http://www.rw-cn.com
北京市朝内大街166号　邮编:100705
北京季蜂印刷有限公司印刷　新华书店经销
字数446千字　开本680×960毫米 1/16 印张31.25 插页10
2011年7月北京第1版　2011年7月第1次印刷
印数1—10000
ISBN 978-7-02-008409-8　定价42.00元

如有印装质量问题,请与本社图书销售中心调换。电话:01065233595

汉姆生（右一）在尼·瓦尔瑟家中。瓦尔瑟的女儿劳拉（右三）是汉姆生的初恋女友　1875年

二十四岁时的汉姆生

汉姆生前妻贝尔格丽特与长女维多丽娅

汉姆生对文学前辈的抨击,被漫画家夸张为斩首。画面中汉姆生站在文坛大师们的首级之上,两旁站立着为他喝彩的妇女们

汉姆生指导建筑工人建造他称之为"蚁冢"的住宅

左图：与汉姆生结婚前的玛丽
右图：1909年6月25日，汉姆生与玛丽在奥斯陆结婚

上图：汉姆生的作品在德国畅销
左图：汉姆生的长子托雷十岁时为父亲画的肖像
右图：二战爆发后，汉姆生对英国及其盟友猛烈抨击

汉姆生一家在诺尔霍姆庄园

玛丽与子女在卡迪拉克爱车里

汉姆生的子女：
后站立者为塞西莉亚和托雷，前坐者为阿利尔德和埃利诺尔

诺尔霍姆庄园外景和内室

汉姆生和妻子玛丽 1930 年 8 月

汉姆生与出版商哈拉尔
德·格里格 1927 年年底

已进高龄的汉姆生仍自己
劈柴 1945 年

汉姆生在农田里

汉姆生和长子托雷与德帝国专员特博文会晤　1941 年

汉姆生与女儿埃利诺尔。汉姆生外衣翻领上佩戴着民族统一党的徽章

汉姆生前往会晤希特勒。汉姆生左为元首新闻处处长奥·迪特里希，右边是埃·霍尔姆博，身后是希特勒的翻译恩·楚赫讷

左图：汉姆生从德国返回后，特博文到机场迎接
右图：曾为汉姆生做过精神治疗的精神病医生加·兰菲尔德

战后给予汉姆生巨大帮助的克·吉尔洛夫

1947年的审判中,为汉姆生夫妇做辩护的西·斯特雷

1947年12月，汉姆生面对格里姆斯塔镇法庭的审理

1950年的诺尔霍姆庄园，妻子玛丽同春天一起到来

译　者　序

　　挪威文学，以及它所隶属于的北欧文学，对我国读者来说其实并不陌生。由于地域的原因，北欧文学应该是边缘文学，似乎无法与英美等大国文学相比。但实际上，将近一个世纪以前，挪威剧作家易卜生，以及他的社会问题剧《玩偶之家》，在我国文化界和民众当中已是无人不晓，其女主人公娜拉更是为人们所津津乐道。在我国，最早对易卜生发表评论的人，就是鲁迅先生。易卜生被公认在世界文学中占有重要地位，甚至可以与莎士比亚、但丁、歌德、托尔斯泰等文学巨匠平起平坐。

　　易卜生以剧作具有世界性的影响。他是本传记的传主汉姆生的前辈。当然汉姆生在我国远不像易卜生那样为人所熟悉，但实际上却应该说是挪威最著名的作家，如果用排行榜来说的话，完全可以说是排行第一。他是继他的前辈、诺贝尔奖得主比昂松（1832—1910）之后，被誉为挪威民族诗人的又一人。他于1920年获诺贝尔文学奖，此后在有生之年一直被看作最伟大的挪威作家，被誉为享有世界声誉的作家。这个地位似乎至今无人撼动。例如，在1920年代的一本销售手册里，列出了最重要的挪威作家的名字，汉姆生的名字骄傲地位列首位，接下来才是比昂松和易卜生，基兰德和约纳斯·李，而后面的四位都是重量级人物，他们一起常被人称为十九世纪挪威文坛四杰！

　　汉姆生生前就享有盛誉。在他的同胞中，为祖国带来世界声誉的，只有易卜生一人。汉姆生是1920年诺贝尔文学奖得主。到1928年，他的作品就已经译成了二十六种外语。高尔基宣称，汉姆生是整个欧洲最伟大的艺术家，他无人可比，在任何地方都无人可比。在1929年为庆祝汉姆生七十

1

大寿而出版的《纪念文集》中，撰文者当中有三位已是诺贝尔文学奖得主：豪普特曼，1912年；贝纳文特，1922年；托马斯·曼，1929年。有两位后来获奖：高尔斯华绥，1932年；纪德，1947年。在这本《纪念文集》中，一个又一个国际文学界的重量级人物，肯定了克努特·汉姆生的独一无二的特性。有的表达了对他的高度敬佩，有的希望他的天才之火将会在未来的岁月里继续燃烧，有的把汉姆生描述为刻画人类灵魂的大师。从未有一个挪威人，获得了挪威以外这么多杰出人士的盛赞。他生前就获得定评：他的文学遗产将属于民族，属于欧洲，属于世界。

本书的副标题，"空想家和持异议者"，形象地暗示出汉姆生的复杂人格面貌。传主汉姆生是一个矛盾的人物。一方面他离群索居，宁可远离尘嚣像隐士一样孤独地写作，但动荡的局势，尤其是二战期间的非常时刻，又把他推到政治的风口浪尖之上。在这个意义上，他又不仅仅是作家，还是政治人物，而且还因"站错了队"，成为备受诟病的政治人物。

他是作家，又是农夫，写作能够让他卓有成效地宣泄他的幻想，而种田又帮助他再次扎下了根。他成了遁世作家，躲藏在寒冷的北方，把新闻界拒之门外，但他又被看作是民族诗人比昂松的合格的继承人，而这个年轻的国家又感到如此需要这样一位民族诗人。而且他也自诩为比昂松的继承人和挪威的民族诗人，而作为民族诗人，他负有领导他的人民的责任，应该成为他的民族的道德指导者。他的声音将是那种能指引民族的作家的声音。他是怀有梦想的诗人，而诗人的梦想往往是不切实际的。他怀有特立独行的政治主张，是一个真正的泛日耳曼主义者，这使得他在两次世界大战中，都持亲德态度，在第二次世界大战中更是以实际行动站在德国一边，他甚至曾经拜谒过希特勒——当然文人想同希特勒谈政治，又只能是自讨无趣。他的亲德立场和行动，使他在战后以叛国罪受到起诉。

这就与他的作家意识相矛盾。在进行文学创作的时候，他意识到作家并不是教育家，作家并不能改造社会。作家所关注的不是道德，而是情感。作家既不是思想家，也不是社会评论家，他们是幻想家、歌唱家、说书人、漂泊者。但一位作家的政治主张，不可能完全孤立于他的作品之外。在他的小说中，他就对挪威的未来作出越来越多的政治评论，他还写了大量文章，直接评论时政。这就向思想家、社会评论家靠拢了。到了第二次世界大战期间,他更是干脆介入了政治,而作家介入政治,如果立场错误,也就岌岌可危了。

这是他的人生悲剧。但转到作家的角色的时候,他却本色地表现出丰富的创造力。他以年近九旬之高龄,在焦头烂额之际,写出了他的压卷之作《在杂草丛生的路上》,这是他在八十九岁高龄时创造的又一惊人业绩。他尽显作家本色,仍然保留着对生活的热情和具有魔力的创造力!在他的极其漫长的作家生涯中,他创造出了几百个人物——既从外表上来创造他们,也从内心里创造他们,把他们创造成活生生的人,在每一种心理状态和细微差别上、在梦想和行动中,都栩栩如生。他是天才作家,或者说他天生就是作家。他的作品暴露出了他最深处的冲突:永恒的漂泊者对有产者,秩序对无秩序,诗人对农夫,幻觉对理性,文学对政治。汉姆生比任何作家都更了解现代人的苦闷,也力图用更为精确的语言来描述现代人的苦闷。他堪称心理文学的大师。他认为,现代人的灵魂,是一个一切都在切换而且什么都与表象不同的世界。

往事已矣。现在作为天才作家的汉姆生与作为政治上的傻瓜的汉姆生之间的界限,已经为挪威的公众永远地确立起来了。当年,为了庆祝他的七十大寿,曾有一位摄影大师带着一汽车的设备来到他的家——诺尔霍姆庄园,要使这里的一切都名垂千古。今天,他的故居诺尔霍姆庄园已成为闻名遐迩的文学圣地和旅游胜地了。他的雕像,竖立在祖国的城镇。汉姆生是一种传奇,是挪威民族的一笔宝贵财富。

汉姆生高寿,活了九十三岁,他的近百年的生涯(他生于1859,卒于1952),正好处于十九世纪的下半叶和二十世纪上半叶,而在欧洲历史乃至世界历史中,不论是在社会变革和文学流变方面,这个百年都最为有声有色。本书是作家传,自然写的是文学。传主汉姆生生活的时代,是欧洲文学最为活跃,无论在内容还是在形式上变革最为剧烈的时代。挪威是欧洲的一个组成部分,因而谈挪威文学不能不涉及到欧洲文学,不能不涉及到最具影响的欧洲作家。当时文坛的风云人物,重大的文学事件,文学界里的恩恩怨怨;现实主义,自然主义,尼采哲学,心理分析;一幅幅文坛画面,在本书中被刻画得绘声绘色。

单就挪威的语言文学来说，本书就涉及到其发展的各个方面。除了前面提到的十九世纪挪威文坛四杰之外，这里还涉及到了挪威语言学者、方言学家奥森(Ivar Aasen,1813—1896)，他所构拟的"乡村语"(今名新诺尔斯语或新挪威语)成为挪威官方语言之一，涉及到了最先用新挪威语写文学作品的伟大作家之一、挪威小说家、诗人、剧作家嘉宝(Arne Garborg,1851—1924)。说到挪威语，汉姆生就是运用这种语言的大师，当时的批评界普遍认为，他的小说《塞盖尔福斯镇》是用挪威语写出的最好的作品。本书涉及到的，还有挪威第一流的自然主义作家、女小说家阿玛莉·斯克拉姆(Amalie Skram,1846—1905)，挪威剧作家、表现主义的鼓吹者海贝格(Gunnar Heiberg,1857—1929)，挪威女小说家、1928 年诺贝尔文学奖得主温塞特(Sigrid Undset,1882—1949)。还有当时挪威最伟大的诗人之一布尔(Olaf Bull,1883—1933)。还有挪威民族乐派奠基人爱德华·格里格(Edvard Grieg,1843—1907)，以及他的著名的诗人本家诺尔达尔·格里格(Nordahl Grieg,1902—1943)。读这本作家传，挪威文学发展的脉络就可在读者的脑海中清晰起来。而且挪威与北欧诸国唇齿相依，所以顺理成章，瑞典、丹麦以及冰岛的文学名流，比如被誉为文学世界的看门人的丹麦著名文学史家勃兰兑斯(Georg Brandes,1842—1927)，也都得到了浓墨重笔的描绘。在当时，北欧文学最活跃的舞台是哥本哈根，而不是相对保守、封闭的奥斯陆，因为斯堪的纳维亚的文化中心就是哥本哈根。从某种意义上讲，这本作家传堪称是一种别开生面的挪威文学史，丹麦文学史，乃至北欧文学史，当然不可能系统，但却丰富生动。

从本书不仅可获得文学史知识，而且还可获得历史知识。作家的成长，与民族的历史息息相关。本书就涉及到挪威国家的发展历程。从书中可以得知，挪威曾一度与瑞典结盟，称瑞典-挪威联盟，瑞典国王奥斯卡二世(Oscar II,1829—1907)曾兼挪威国王。1905 年被迫将挪威王位让给哈康七世。哈康七世(Haakon VII,1872—1957)系在瑞典-挪威联盟解体后，由国会推选出的国王，他是欧洲唯一一位由议会选举出来的国王。挪威今天仍是世袭君主立宪政体，称挪威王国。而在瑞典-挪威联盟之前，挪威又曾在丹麦的统治之下,所谓"四百年的黑夜"一说,指的就是在1380—1814年间丹麦对挪威的统治。由于挪威与丹麦曾是一个国家,挪威首都奥斯陆曾一度称为克里斯蒂安(Kristiania)也就完全可以理解。1624年,奥斯陆毁于大火,丹麦-挪威国王克里斯蒂安四世在城堡下兴建新城,改城名为克里斯蒂安,该名一直沿用到1925年,又改回其挪威名字:奥斯陆。

当然本书所涉及到的史地知识,决非仅限于挪威和北欧诸国。汉姆生度过的将近百年,是欧洲局势最为动荡的百年,本书所涉及到的历史人物、历史事件,发生在许多国家和地区,尤其是西部欧洲。所涵盖的地名人名,何止数以百计。这些都在本书以脚注的形式注出。感谢百科全书和各种辞书,以及无所不知的互联网,否则我就是要查,也无处可查。不是这些脚注啰嗦,实在是没有脚注可能就不知所云。

我以为,译者有义务把翻译过程中的体会介绍给读者朋友。我想,这篇"译者序"应该是已经交代清楚了。

王 义 国
于2010年元宵节

目　　录

回顾 …………………………………………………………… 1

第　一　部

铁夜到来之前 ………………………………………………… 5
驱逐 …………………………………………………………… 7
上帝的选民 …………………………………………………… 15
震惊 …………………………………………………………… 21
前往美国 ……………………………………………………… 29
为宝贵的生命而写作 ………………………………………… 35
一个尚不为人知的天才 ……………………………………… 40
一种清晰感 …………………………………………………… 46
灵魂的细微运转 ……………………………………………… 50
胜利的时刻 …………………………………………………… 57
装腔作势 ……………………………………………………… 61
天赐的疯狂 …………………………………………………… 67
勾引者与诗人集于一身 ……………………………………… 72

第　二　部

让先知见鬼去吧！ …………………………………………… 81
无谜可猜的斯芬克斯 ………………………………………… 88

江湖骗子逃走 ………………………………………………… 92
文学小偷 …………………………………………………… 97
巴黎之行 …………………………………………………… 104
对埃德瓦尔达的渴望 ………………………………………… 110
我把易卜生打倒在地! ……………………………………… 115
谎言 ………………………………………………………… 122
自由的热度 ………………………………………………… 128
东方之旅 …………………………………………………… 133
浪子——不合格的丈夫 ……………………………………… 138
我将蔑视上帝 ……………………………………………… 142
两个联盟的解体 …………………………………………… 149
森林中的一个幸福的家? …………………………………… 157
离开城市 …………………………………………………… 164

第 三 部

我在这个地球上唯一的爱 …………………………………… 171
绝无和谐这种事情! ………………………………………… 175
别理会肮脏的城市生活 ……………………………………… 182
比昂松的宝座空了 …………………………………………… 187
扎根 ………………………………………………………… 191
只是歇斯底里和神经过敏 …………………………………… 197
从宾馆看到的景色 …………………………………………… 204
战争与谋杀 ………………………………………………… 210
不计其数的人物 …………………………………………… 213
完全控制——但又付出了多少代价 ………………………… 218
我必须把这个农场处理掉 …………………………………… 221
我在城市里并不幸福 ………………………………………… 224
尘世乐园 …………………………………………………… 229
诺尔霍姆庄园的主人 ………………………………………… 234
我们都在斗争 ……………………………………………… 237

地狱就是城市 …………………………………………… 244
在斯德哥尔摩的朋友和敌人们 ………………………… 249
穿着新衣前往斯德哥尔摩 ……………………………… 252
让死亡来临吧！ ………………………………………… 257
成功与焦虑 ……………………………………………… 260
保持平衡的艺术家 ……………………………………… 265
男巫的冷酷艺术 ………………………………………… 269
巨人为自己赎身 ………………………………………… 272
永恒的冲突 ……………………………………………… 278

第 四 部

一个新的春天？ ………………………………………… 285
我将再次像年轻人一样写作 …………………………… 291
老年人的喋喋不休？ …………………………………… 297
一个文学皇帝 …………………………………………… 302
伟大，什么是伟大？ …………………………………… 307
一道红色闪光 …………………………………………… 314
一位寻求和解的康复期病人 …………………………… 317
一个浪漫主义者 ………………………………………… 321
欢迎克努特·汉姆生 …………………………………… 323
当作者敞开心扉的时候 ………………………………… 329
这个世界已经来到了路的尽头 ………………………… 332
隐秘的艳事 ……………………………………………… 336
拜倒在权力的化身面前 ………………………………… 339
父与子在戈培尔的掌控之中 …………………………… 343
王国之门 ………………………………………………… 348
我也对这个犹太人感到难过 …………………………… 355
我感到我正在衰败 ……………………………………… 361
是获胜还是毁灭 ………………………………………… 365
我带来了汉姆生的问候 ………………………………… 368

第 五 部

从魔笛到尖音小号	373
放还是不放,帝国专员先生!	379
即使希特勒本人邀请我	383
命运的罗网	388
他一定能成功!	393
你什么也不懂!	396
一位被打败了的献身者	402
我们现在将只能看到毁灭!	405
未来的结束	409
我不认罪	413
"汉姆生案"中的利害关系	418
坚定不移的作家	422
精神病医院	425
较量与背叛	429
一个必要的诊断	433
冻住的水龙头	436
我们罪孽深重	440
我的良心是干净的	445
一线希望?	450
我还没死就已经是死人了,真是莫名其妙	457
狮子的爪子	462
自杀任务	465
……但决非烈士	469
她与春天一同前来	473
后记	479
原著参考书目	482

回　顾

挪威作家、诺贝尔奖获得者克努特·汉姆生(Knut Hamsun,1859—1952),以《饥饿》(*Hunger*)、《神秘》(*Mysteries*)、《牧羊神》(*Pan*)、《维多丽娅》(*Victoria*)以及《大地的成长》(*The Growth of the Soil*)这样的作品,在世界文学中占有了一席之地。这个来自欧洲的最北部边缘的乡下穷孩子,正规上学的时间只有二百五十二天,他将对欧洲大陆各地的几代作家产生影响。

"他是我那一代的狄更斯。"亨利·米勒[1]兴奋地说。"诺贝尔奖从未颁发给一个更佩得上这个奖项的人。"托马斯·曼[2]断定。赫尔曼·黑塞[3]把汉姆生称为"我最喜爱的作家"。艾萨克·巴舍维斯·辛格[4]声称,"从他的每一个方面——他的主观性、他的片断性、他对倒叙的使用、他的抒情风格——上来讲,汉姆生都是文学的现代学派之父。"

不过克努特·汉姆生也位列那些情愿支持极权主义政权的艺术家和知识分子之中。在这位作家的手仍然在勤奋写作之时,他曾将手举了起来,向阿道夫·希特勒致敬。汉姆生从文学走了出来,进入了政治。当第二次世界大战结束的时候,汉姆生被正式指控为卖国贼,由于他的政治活动而被判刑。在他接到法庭判决的那一天,他在将是他的最后一本书《在杂草丛生

---

[1]　亨利·米勒(Henry Miller,1891—1980),美国小说家。
[2]　托马斯·曼(Thomas Mann,1875—1955),德国小说家,代表作有长篇小说《布登勃洛克一家》《魔山》等,获1929年诺贝尔文学奖。
[3]　赫尔曼·黑塞(Herman Hesse,1877—1962),瑞士籍德国作家。
[4]　艾萨克·巴舍维斯·辛格(Isaac Bashevis Singer,1904—1991),生于波兰的美国犹太小说家。

的路上》(*On Overgrown Paths*)的手稿上,潦草地写下了最后一个句子:"1948年仲夏。今天高等法院宣判了,我结束了写作。"

故事的最后一章,在一个既是改造了世界文学的作家,又是想改变世界的政治人物的人的生平中画上了句号。

但这个故事又是从哪里开始的呢?

第 一 部

铁夜到来之前

大西洋深深地嵌入挪威,然而却没有一个峡湾能够抵达这个国家的心脏。正是在这里,在约顿海门山脉①的山区,克努德·佩德森(这是克努特·汉姆生受洗礼的时候得的教名)诞生了,他诞生于1859年8月4日,是全家七个孩子当中的老四。按照农民们的说法,8月是"铁夜"之月,因为到了这个时候,在最高峰高达两千四百六十九米的群山的环绕之中,农民们只有白天才能够为即将到来的冬季做准备。在8月初的那些日子里,他们就已经在防备那在不知不觉之间降临于山谷里的冬天了。农民们只有一个手段,能够预防严霜毁灭他们赖以生存的谷物:他们点燃小捆的干草,释放出浓烟,这样一来,如果他们技术娴熟,又幸运地得到风的帮助,那么一个防护幔就会在谷物之上停留。农民们最惧怕的就是在夜间来临的严霜。那些"铁夜"。

汉姆生的父亲佩德尔·佩德森,在租来的地里与严霜进行搏斗。他耕作着一小块农田,那是他的内弟奥莱·奥尔森的地——奥莱·奥尔森天性焦躁不安,嗜酒如命,贪恋女色到令人不能容忍的程度,手头总是缺钱。敬畏上帝的人们私下里说,他是魔鬼附体了。还有的人说,他的难以自我约束的性格是从他的母亲,也就是克努特的外祖母那里继承下来的。人们知道,克努特的外祖母家庭有几个成员,要么是上吊自杀了,要么是跳河自杀了。

---

① 约顿海门山脉(Jotenheimen,亦作 Jotunheimen),位于挪威中南部。约顿海门字面意思即"约顿巨人之家"。"约顿"为北欧神话中的巨人。

精神错乱是遗传下来的。

克努特·汉姆生只有几个月大的时候,奥莱·奥尔森就在离家几年之后,突然返回了他的农场。他在全国各地和几个女人生了几个孩子,但却没有娶这些孩子的母亲中的任何一位为妻。现在他面对着他曾全都置之不理的一连串法律诉讼、罚款,以及要他付抚养费的命令。官方以及他的私人债主,现在威胁要强行变卖他的财产。他急需钱,因而打算把他的农场卖给出价最高的人。

佩德尔·佩德森本来希望,他有一天能够用分期付款的办法买下这个农场,因而现在便不顾一切地试图避免灾难的发生。他开始了一次长达三个星期的旅行,前往在北极圈以外的诺尔兰①,去见他的另外一位内弟汉斯·奥尔森。汉斯·奥尔森几年前移民去了那里。佩德尔希望他能帮助亲属,但汉斯却拒绝挽救那个农场。克努特·汉姆生的父亲面临着一个选择。一是移民去美国,已经有这么多的挪威人移民去了美国,而且在未来的几十年里,还会有挪威人移民去美国;其实,想放弃比挪威更大的人口出生率的,也只有爱尔兰。要不然就是在他本人做佃农的隶属于诺尔兰郡的哈马略,租下一个小小的农场,他的有钱的内弟曾考虑要买下那个农场。

他选择了后者。就在克努特·汉姆生差两个月就三岁之前,现在已经有了五个孩子的托拉和佩德尔·佩德森夫妇,就离开了约顿海门山区。他们的前往午夜太阳国②之行用了三个星期的时间,先是乘马车走出山区,然后沿着古老的朝圣路线去了特隆赫姆③,最后又乘坐轮船向北进发。倘若他们是朝南方旅行的话,那么他们所走过的距离,就会把他们几乎带到意大利的边界。

他们到达目的地的时候,正是1862年的施洗约翰节④的前夜。

---

① 诺尔兰(Nordland),挪威北部一郡。
② 午夜太阳国(Land of the Midnight Sun),指夏天午夜仍有太阳高照的任何北寒带国家或地区。
③ 特隆赫姆(Trondheim),挪威中部港市,濒临特隆赫姆峡湾。
④ 施洗约翰节(Midsummer Day),时间为6月24日。

驱 逐

　　克努特·汉姆生的外公外婆也长途跋涉来到了诺尔兰。来到后还没有过四个月，克努特的外婆就去世了。他的母亲托拉一定是感情受到重创，因为在葬礼之后她的精神健康就开始恶化。两年以后，在1864年，她生下了她的第六个孩子，那是她的第二个女儿。

　　五岁的克努特和他的妹妹安妮·玛丽，为了争夺母亲的宠爱而互相争斗，现在又与刚生下来的索菲·玛丽争宠。克努特经常感到受了冷落，要和他的两个妹妹争夺妈妈的关注，他是太大了，要和他的分别为十三岁、十岁和八岁的三个哥哥一起玩，他又是太小了。

　　托拉的健康在持续恶化。她愈来愈无力照看孩子们，无力做饭和料理家务，也无力帮助佩德尔在牛舍里喂牛或者下地干活。与此同时，佩德尔则是不分昼夜地劳作，不仅经营着那个小小的、劳动密集型的农场，而且还做着裁缝生意。

　　那个农场是能够为他们提供足够食物的，但前提是春天能够足够早地解冻，夏天既不过于潮湿又不过于干燥，而且霜冻又不会在秋天把庄稼毁掉。佩德尔的裁缝手艺须提供出足够的现金，以便给他的内弟付租金，同时又购买农具以及农场上所不能生产的其他基本必需品。但在教区里裁缝数量众多，这就意味着佩德尔不得不压低价格——除此之外，他又并非总是对欠他的钱的人不讲情面。

　　由于他的妻子在她的母亲去世和他们的第六个孩子出生之后，愈来愈卧床不起，佩德尔不得不请求地方教育委员会，允许他们的十三岁的长子佩

7

德尔·休尼奥尔退学:"由于我家里几乎全年都有人生病,因而要让我的所有学龄孩子全都一直上学是非常困难的。"

与此同时,他们的新生女儿索菲·玛丽,则是夜以继日在可怕地尖叫。似乎她的臀部出了什么毛病。为了减轻托拉的负担,索菲·玛丽甚至还没有到一岁,就被送走,与她的舅舅汉斯·奥尔森一起住在普雷斯泰德。普雷斯泰德是该地区的行政中心,离佩德森一家居住的那个小小的汉姆松德居民点大约八公里远。

汉斯给自己买了一幢位于普雷斯泰德的教区牧师住宅的庭院里的房子。他工作极其努力,耕种着租来的一块大面积的教会土地,同时把在汉姆松德的那小块农田出租给了他的姐夫佩德尔。汉斯还做布匹生意,经营着当地的邮政支局,还经营着属于当地读书界的一个私人图书馆。

汉斯手头宽裕,是个单身汉,但也从他的老家洛姆村带来了一个管家。也许家里本来只打算让索菲·玛丽暂时住在那里,但她却从未回去与她的父母及哥哥姐姐生活在一起。汉斯·奥尔森与村子里的接生婆一起,接管了对他的外甥女的照看,那位接生婆也是他从约顿海门山区带到诺尔兰的,又租住在他的家里。实际上,来自居德布兰河谷①的移民,已经在哈马略建立了一个可观的小小殖民地。

1860年代的后半叶,连续几年都是粮食歉收。4月和5月下了大雪,而且就是不融化。在早就应该开始耕地播种之后很长的一段时间里,地仍然冻得很硬,覆盖着雪。结果,奶牛不能放出去吃草,产的奶也就越来越少,而且怀孕的母牛早在应该生小牛之前就躺倒了,这往往会带来极其严重的后果。饲料弄不到。克努特·汉姆生的父亲不得不宰掉一些牛。播种得太晚,结果随着"铁夜"的来临,庄稼还没有成熟就不得不收割下来。

没有足够的食物可以糊口,不过在1867年,在汉姆松德小居民点的家里少了一个吃饭的人,那年长子佩德尔决定移民去美国。他刚刚十六岁。

天气条件非常严酷,收成又非常之少,因而对成年人们来说,现在的生

---

① 居德布兰河谷(Gudbrands Valley),位于挪威中南部奥普兰郡的谷地。

活,就像半个世纪以前拿破仑战争①结束时一样艰苦。克努特·汉姆生经常听见他的父母和外公谈论那些艰难的岁月。那时庄稼也被恶劣天气毁坏了,而且挪威人也不能从他们的像双胞胎兄弟一样的丹麦王国那里获得谷物,以便生产食物或者用于耕种。而且的确,从哪里也得不到谷物。英国人封锁了挪威的港口,让挪威人挨饿。挪威人并没有在1814年的和约中获得独立,难道英国人不也有责任吗?挪威有四百多年的时间忍受着丹麦的统治,然后又根据《基尔条约》②被专横地移交给了瑞典。

有关英国对世界贸易的控制,以及对挪威的剥削,汉姆生听到了不计其数的故事,因而他很快就得以把英国人与饥饿和贫困联系起来。这样一来,正是在这些形成性格的岁月里,汉姆生对英国以及英国的东西的仇恨的种子,第一次播种下来了。

1868年8月,就在克努特的九岁生日到来之前,他的母亲又生了她的第七个孩子,又是一个儿子。在怀孕和生产之后,托拉的焦虑恶化了。当她发现她的境况难以忍受的时候,就干脆不再与人交流,变得目光呆滞,脸色冷淡。有时她会冲出家门,来到田野,进入森林,或者走在马路上,家里的人就会听见她在那里大声而又可笑地尖叫。

少年克努特一定会纳闷,他妈妈的举止为什么这样古怪。她古怪的举止和疾病,一定会使他感到害怕,也使他缺少了他自然渴望获得的那种母爱和关注。但他也可能感到有某种吸引力。汉姆生后来,尤其是在写像《饥饿》(Hunger)和《神秘》(Mysteries)这样的小说的时候,他对极端情感状态所怀有的兴趣,确实可以追溯到他孩提时代所目睹的这些奇怪的事情。

难道就是在这个时候,克努特·汉姆生开始对词语——那些他妈妈在情感混乱的时候无意识说出的词语——产生了一种认真的兴趣?

---

① 拿破仑战争(Napoleonic Wars),指1799至1815年法国在拿破仑一世率领下与英国、普鲁士、俄国、奥地利之间进行的一系列战争。
② 《基尔条约》(Treaty of Kiel),指拿破仑战争时期,于1814年1月14日签订的结束丹麦和瑞典两国战争行动的和约。根据和约,丹麦将挪威割让给瑞典,从而大大削弱丹麦作为波罗的海强国和欧洲大国的地位。挪威决心以武力抵制这一和约,迫使瑞典承认它的宪法,即与瑞典形成君主联盟的关系。丹麦丧失挪威以后,在政治和经济方面都遭到致命的打击。

1868年圣诞节刚过,克努特·汉姆生就上学了。一般说来,根据法律,地方当局必须为孩子们每年提供起码九个星期的学校教育,但在哈马略,他们却感到只能提供四个星期。市政当局只有有限的财政资源,而且那些确实纳了税的为数不多的当地居民,也看不出有什么应该给更穷的孩子提供超出绝对最低限度的学校教育的理由。毕竟,等到那些穷孩子到了接受坚信礼①的年龄的时候,他们就应该做渔夫、工匠、农场工人,或者就像克努特的大哥那样,移民去美国。

在他的哥哥们的教育下,克努特·汉姆生已经能够读书写字了。自从他第一次在蒙着一层水汽的窗玻璃上写上他的名字开始,时间已经过去了两三年。他经常坐着凝视玻璃上的字母,保护着那些字母,不让别的孩子把它们擦掉。如果他们擦掉了,他就会勃然大怒:那些字是他的。

过了一段时间,克努特被送到在普雷斯泰德的正式学校,在每周上学的几天,与他的舅舅汉斯·奥尔森一起住在教区牧师的住宅里。克努特经常发现,在每周上学的几天结束的时候,家人并不是让他回家,而是要求他继续留下来,帮助他的舅舅劈柴,装满柴火箱子,给牲口和家里担水,铲粪肥,取干草,把牲口驱赶在一起。

少年克努特在他舅舅汉斯的家里是非常不愉快的。

汉斯·奥尔森患有帕金森氏病,当时称颤抖性麻痹,他的症状每况愈下。当克努特大约十二岁的时候,他的父母与汉斯达成了一个协议,让孩子长期与他的舅舅生活在一起,这样一来他就能帮助经营农场和邮政支局。在克努特的父母看来,这似乎是一个极好的解决办法。他们不仅不再需要给他饭吃,给他衣穿,而且这个能干的孩子还会享受到这个优势,能进入他舅舅教区的名人社交圈子:牧师、教区执事以及行政司法长官的圈子。

克努特的妹妹索菲·玛丽比他小五岁,她仍然住在汉斯·奥尔森家里。家里的人全都说居德布兰河谷方言,小克努特·汉姆生和他自己家的人在一起的时候也说居德布兰河谷方言,不过当克努特与在哈马略的其他孩子在一起的时候,也很快就学会了当地的萨尔滕方言。

---

① 坚信礼(confirmation),一个人成为基督教教会的正式成员的宗教仪式。

克努特竭尽全力要破坏他父母与汉斯舅舅之间所达成的协议。当让他去干活的时候,他让自己表现得尽可能地笨拙和没有效率,他获得的却只能是严厉的训斥。一天,他甚至用斧头砍了自己的脚,希望能够被送回家去;尽管他妈妈来看他了,但却不允许他陪她回去。他试图划船逃走,在发现船上没有桨的时候,他就干脆躺在船头上,任凭自己随波逐流;他被人发现了,又被送回舅舅家。确实,克努特不断地试图逃跑,最后在一个冬日的一大早,行政司法长官在位于教区牧师的住宅与汉姆松德小居民点中间的一个农场里抓住了他。他垮掉了,完全是冻僵了,并没有穿合适的户外衣服,赤脚穿着木底鞋。

就在教区牧师住宅的庭院下面,流淌着格利马河,潮水在那条河里流进流出。相互冲突的水流一天有两次发生碰撞,这时格利马河就会变成一个泛起泡沫的巫婆的大锅。少年克努特经常朝着这口大锅里凝视。只要稍微移动一下,就足以结束他的苦难。

汉姆生十三岁了,然后是十四岁。他逐渐懂得了仇恨,懂得了顽强,而且变得非常固执。他来到舅舅家里干活,既是为他自己谋生,也是为他妹妹谋生。汉斯·奥尔森欺侮他,直到他听话为止,而当他出错的时候又打他。如果汉姆生试图溜之大吉,他舅舅就会强迫他做更多的活儿。如果他抱怨饭的质量差,或者数量少,那就会让他饿着肚子睡觉。而且汉斯舅舅的管家也知道守财奴的每一种花招,让人们吃剩饭,而不是像妻子或者母亲那样照料她所照料的人们。

汉斯花费越来越多的时间,躺在书房里他用作床的长沙发上,或者躺在他在邮局里临时安放的那张床上打盹,只是有时会猛地醒来,要求看看待结账目和业务记录,或者站稳了身子,拿起鞭子抽打他的外甥。

有时这个孩子得给他的舅舅送上饭来,为他摆好刀叉餐具。

他一定很快就意识到,他舅舅无法理解他脑子里想的是什么。

那个协议说的是,汉姆生将和他的舅舅住在一起,一直到1874年夏天,他十五岁生日领受了坚信礼之后。但他决心在那以前就离开。他的舅舅汉斯愈来愈不能自理并卧床不起,因而再也不能挡着他的道了。颤抖性麻痹将很快就使这个四十五岁的人垮掉,而在1874年春季他不得不把邮局的经营移交给教区牧师的时候,克努特·汉姆生看到,他造反的机会来了。

他拒绝再同他的舅舅一起生活或工作。他也不想让哈马略的牧师给他施坚信礼,因为那位牧师对他自己儿子的报告充耳不闻。他的儿子说,汉斯·奥尔森一直在教区牧师住宅的庭院里打他的外甥。汉姆生感到被出卖了,而这种被出卖感毫无疑问促成了汉姆生在整个一生和写作中,都对基督教牧师持否定态度,尽管也有一两个例外。到这个时候,汉姆生与上帝的关系已经是深深地分裂了。在他童年的家里,他了解到一个温和的耶稣;但在他舅舅的家里,他却初次体验到了一个凶狠、苛刻的上帝。他生活在对这位旧约中的神的恐惧之中,同时又继续向新约中的耶稣祈祷。偶尔他感到,他的祈祷有了答复,比如说要他把邮件送到汉姆松德小居民点,因为这个任务把他带到了前往他母亲和家的方向。

从能够记事时开始,克努特就听到他母亲的祖先的故事,以及他们的光辉历史。他被告知,挪威绅士的血液就在他的血管里流淌。根据挪威法律,他必须受坚信礼,而为了受坚信礼,他决定返回约顿海门山脉山区,返回居德布兰河谷,前者是他父母的故乡,而后者则是他出生并度过他人生最初两年半的地方。

汉姆生的教父是他母亲在洛姆村的一个有钱的亲戚,汉姆生给他的教父写了一封信,教父同意为他的教子支付旅费,并让他在他的商店里干活作为回报。

1874年4月初,十五岁的克努特开始了前往南方的长途旅行。他先是乘坐一条小船前往博德①,然后乘坐汽船前往特隆赫姆,而从特隆赫姆,他有时步行,有时坐马车,穿越了多夫勒山②,然后进入居德布兰河谷,又穿过一个山谷的分支。在他的小提箱里放着校长发的成绩报告单,校长最后给他的分是:品行3分,这几乎是可能获得的最低分数了;作文1.5分,对于一个裁缝兼小佃农的儿子来说,这是一个杰出的成就;圣经和宗教学习2分,

---

① 博德(Bodo),挪威中北部诺尔兰郡首府和港口城镇。
② 多夫勒山(Dovre Mountains),位于挪威中南部的多山的高原地区。

这是一个中等的分数。

克努特·汉姆生由于经常不得不为舅舅干活而误课,因而在这六年里,应该是总共上了二百五十二天的学。在他的整个一生中,这位伟大的作家总共接受了二百五十二天的学校教育。

在克努特开始旅行之前,他的父亲为儿子缝制了两套新衣服。他的母亲把各种各样的问候话传授给他,让他回到洛姆村的时候向大人物们致以问候,还教导他怎样去取悦他的东道主,也就是他的远房表兄托斯滕·黑斯塔根以及他的妻子拉格希尔德,他们是一对无子女的中年夫妇,收入也过得去。

然而汉姆生在洛姆村的经历,到头来却多少令人失望。与他父母的描绘相比,这个村子要平庸得多。他的母亲带着极大的深情和盼望所记得的他们的老家,被新主人用作了铁匠铺。他的父母和外公曾经使得他以为,他们的土地又平整又大,结果却绝非如此,而且地里的石头比在汉姆松德的地里还多。

在村子商店里的生活,也没有达到原先的期望。在哈马略的时候,克努特经常看到,店主们站着的时候,用脚后跟支着地翘起前脚掌,大拇指塞进马甲的口袋,叩击着手指头,这或者是抱有期望,或者是不耐烦,或者是带着诱惑力,视他们所接待的顾客而定。要不然就是在柜台上俯下身来,与他们想保持良好关系的人们一起说长道短。但克努特的教父却始终让他忙着搬运商品,在货架子上堆放东西,跑腿办差。

汉姆生的教父很快就发现,这个孩子聪明得令人赞叹,但同时又容易为进入他脑子里的什么疯狂念头所折磨。他会变得态度傲慢,辱骂那些口出怨言,威胁说要到别的地方买东西的好顾客。要不然他就会对顾客过分慷慨——好像他就是店主似的。

当没有太多的旅客经过的时候,汉姆生的教父就确保让他自己拥有一个小房间。他可以独自在他的房间里呆上几个小时,读书写作。当有某件事情激发起他的兴趣的时候,他就立即把它草草写下来,他经常把他的书或者杂志置于一旁,这样一来他自己的想法就不会与书里的东西混杂在一起。

在这些灵感闪现的时刻过去之后,他就会冲出房间,激动万分,急于让别人分享他的思想。如果房间里有别的人与他争夺他的教父的注意力,他的情绪就会改变,变得爱争辩又粗暴。

六个多月以后,刚刚受过坚信礼的克努特·汉姆生便离开了洛姆村,毫无疑问,他是感到满意的,因为他是以自己的方式把事情做完了:从他的汉斯舅舅那里把自己解放了出来,并且不必在哈马略的本堂牧师面前下跪,因为他极其厌恶那位牧师。

上帝的选民

1874年秋末,十五岁的克努特·汉姆生返回了哈马略,但却并没有回到他舅舅的教区牧师住宅。恰恰相反,机缘导致他受雇于诺尔兰最有势力的人之一,尼古拉·瓦尔瑟。

在他整个童年期间,汉姆生一直听到传说中的"斗牛士商人"的故事,当时成功的企业家被称之为"斗牛士商人"。瓦尔瑟是个精明的商人,自1860年代以来,在鲱鱼①渔业上一直是生意兴隆,他利用了位于哈马略的北端这个绝佳的地理位置,面对着峡湾,以及峡湾外面的罗弗敦群岛②。汉姆生被安排寄宿在瓦尔瑟家的阁楼里,受雇于百货商店。

瓦尔瑟的一个女儿劳拉,年龄比这个新店员正好小六个月,由于她是在家里由私人教师上课,因而每天都会在路上与汉姆生见上好几面。她有着一张细长而优美的面庞,纤细的双手,柔软的脖子,小耳朵,浓头发,温柔的嘴巴,以及让汉姆生夜间难以入睡的目光。在一份大概开始写于这个时期的手稿中,汉姆生描述了坠入情网的感受——天国敞开了大门,一个天使出现了,他的灵魂为之震惊,每次他接触到她所触摸过的任何东西,都有一种强烈的感情力量穿过了他的身体。

后来,在一本又一本的书里,克努特·汉姆生将会重访在诺尔兰度过的那些令他陶醉的夏季,当时天地万物都充满了狂喜。

---

① 鲱鱼(herring),产于北大西洋和北太平洋,供鲜食或制罐头。
② 罗弗敦群岛(Lofoten Islands),挪威诺尔兰郡群岛,位于挪威海中,其所有岛屿均在北极圈内。

汉姆生是在一个打破纪录的一年的岁末来到这个沿海贸易中心的。别的任何一个渔业社区,都未曾有过这样巨大的捕鱼量,其总数超过整个诺尔兰的鲱鱼总捕获量的三分之一。无怪乎当渔夫们进入汉姆生干活的那家百货商店的时候,是吹着口哨兴高采烈地进来的——而当他们的钱袋瘪了,可能系紧了钱袋上的收口绳的时候,更多的好的捕鱼量的前景也让他们不断地花钱。店员们得到指示,对赊账要大方一些。

谁也不记得生意曾这么兴隆。这个贸易中心是一片嘈杂声。那是一个友好欢乐而又充满活力的小镇,不仅有一个百货商店,而且还有一个电报局,一个私营的引航站,一个航运公司,一个邮政支局,一个制冰工厂,一个储煤仓库,大规模的鱼加工业,一个面包店,以及一个提供食宿的小旅馆。瓦尔瑟雇佣了一队人用围网捕鱼,在渔场里还有他自己的进行鱼市交易的一艘船。他也经营着腌鱼和晒鱼的设施,在峡湾里拥有几个小岛,小岛上可以采集鸟蛋和羽绒。他的产品与当地产的野味一起,被他自己的汽船运送到南方。

似乎少年克努特·汉姆生被瓦尔瑟深深吸引住了。这儿有这样一个人,他能够预测未来捕鱼季节的收获,进行难以理解的投资,与此同时又具有那种智力和敏捷,能够在预料之外的机会或者障碍出现的时候,改变他的行动方针。像瓦尔瑟这样的"斗牛士",需要拥有赌徒的那种冲动的勇气,同时还需要拥有棋手的那种能够想到前面几步的天才。

少年克努特·汉姆生有生以来第一次接近了一个他敬佩得五体投地的人:这个完美的年高德劭的老人,一个拥有神秘的洞察力和巨大秘密的人,在重要关头坚定不移,在应该宽大为怀的时候又宽大为怀。尤其是,他无所不能。这些"斗牛士们"极大地迷住了汉姆生,他们将在他的许多小说中扮演重要的角色。

汉姆生给自己买了一条分量很重的镀银表链,表链在他的马甲扣子和左胸的口袋之间悬吊着。所欠缺的就是一个与之相配的漂亮的怀表,他确信这怀表他很快就能买得起,并且将堵住那帮取笑他的当地渔夫们的嘴,那帮渔夫喜欢心不在焉地盯着地平线,问他是否碰巧知道几点钟了。

但在1875年,鲱鱼生意倒闭了。突然海里无鱼可捕。呆账现在成了一个愈来愈严重的问题,折磨着社区。一度老是招人的瓦尔瑟不得不进行裁员。汉姆生这个柜台后面的最年轻的人,在这个贸易中心呆了还没有一年,就在那年的秋天,被最后一次要求离开这家百货商店。

这位十六岁的前店员发现,他并不像私下里认为的那样非同凡响。但汉姆生却梦想当一名作家,当他下笔的时候,他感到与众不同。当他写作的时候,甚至他的有关一个有天赋的穷孩子赢得一个有钱人女儿的芳心的幻想,也可能变成现实。任何事情和每一件事情似乎都是可能的。

在接下来的三年里,少年克努特·汉姆生将会取得巨大的成就。按照他父亲的愿望,他多少是痛苦地尝试给一个鞋匠做学徒,然后又做过代课教师,行政司法长官的书记员,甚至试着在诺尔兰沿海地区摆小摊,卖布匹、鞋带、梳子、香水以及其他商品。这个时期带给他的印象和经历,后来在他的小说《漂泊的人》(*Wayfarers*)中派上大用场。但最为重要的是,他出了他的第一本书。

汉姆生做代课教师的时候,穿梭于西奥伦岛①上的各所学校,这代课教师生涯持续了大约一年的时间。这意味着,他能够温故而知新。他断断续续地与来自学校当局的他的上级住在一起,那位上级是一个牧师——不过却与汉姆生在哈马略所厌弃的那个牧师迥然不同。事实上,这位牧师和他的妻子是思想开明、心地善良的人,对于这位十八岁的青年想显示自己才能的需要,他们表现出了巨大的宽容。最为重要的是,他们鼓励他写作。

在十五岁到二十岁期间,汉姆生写了数量众多的短篇小说,一般说来主题都是同一个:有天赋的穷孩子,由于属于不同的阶级,为了赢得所爱的姑娘而拼搏。实际上他也写了这样一个故事,一个男孩成功地赢得了女主人公的爱,尽管在这里,汉姆生也是依赖一个巧妙的转折来解决阶级问题的:那个爱上了乡绅的独女的异乡人,只是外表上是贫民,他实际上已经继承了一笔巨款。汉姆生给这个故事起的题目是:《谜一样的人:诺尔兰的爱情故事》(*The Enigmatic One: A Love Story from Nordland*)。

---

① 西奥伦岛(Vesteralen),挪威北部岛群,位于挪威海,构成罗弗敦-西奥伦群岛的北端部分。

米凯尔·乌尔达尔是一位书商和小册子出版商,其顾客是特罗姆瑟[①]的当地居民,在人们的说服下,他承印了《谜一样的人》。1877年圣诞节前后,十八岁的克努特·汉姆生手中拿着他的第一本出版的书。看上去它更像一本小册子,而不是一本书,因为它是印在31张最便宜的纸上,但在汉姆生看来,这一点根本无关紧要。

毫无疑问,从受坚信礼以前开始,他就一直想像着这个富有魔力的时刻。现在,他大概是站在海港上,等那些刚刚印出的书从汽船上一卸下来,便打开书的包装。他甚至可能已经试图说服他的第一批顾客当场就买上一本,就在码头边上购买。但不论是作者还是为了印刷这本书而付了费用的那个人,在销售他的第一本大作上都不怎么走运。

四十年以后,任何一个途经特罗姆瑟的人,都仍然能够在乌尔达尔家的图书文具商店里买到《谜一样的人》,上面仍然印着原价40欧尔。现在古籍书店里,则卖到将近一百万挪威克朗[②]。

西奥伦岛的牧师、行政司法长官和医生也全都对文学怀有兴趣,这个有才华的年轻人给他们留下了深刻印象,他们也想帮上一把手,因而允许汉姆生自由进入他们的图书馆。1878年初,他们还给他提供了行政司法长官的书记员的职位。

由于受到这样的抬举,汉姆生便因而似乎更煞费苦心,表明他与地位更加卑微的人之间有差异。一个替他洗熨衬衫的女人描述,他挑剔得令人非常恼火,他把洗熨好的衣服又送回来,要求把每一个污渍都洗掉,把每一个折痕都熨平。毕竟,担任公职的人应该是毫无瑕疵!然而按照这同一个女人的说法,汉姆生也能够非常仁慈:例如,有一次她心烦意乱,于是他便在回来的时候,给她带来一枚胸针。

那些与他一起散步的年轻姑娘们窃窃私语,说他非常古板。当他们坐在森林里的时候,他像着魔似地把草从他的衣服上拂去,除了握她们的手之外并不想做更冒险的动作,他给她们讲奇特的故事或者朗诵诗歌。她们并

[①] 特罗姆瑟(Tromso),挪威北部港市。
[②] 欧尔(ore),瑞典、丹麦和挪威的标准货币单位。克朗(krone),丹麦和挪威的标准货币单位。100欧尔=1克朗。

不知道,汉姆生就像在他的故事里所设想出来的主人公一样,只是被不可企及的女人所吸引。确实,在他的下一本书《比耶尔格》(Bjorger)中,那个与作品同名的人物比耶尔格,就恰恰是这样一个人。而且这本书也在其他方面反映了这位青年作家的生活:比耶尔格的父母是以汉姆生自己的父母的名字命名,而那位商人的女儿,当然就叫芳拉。克努特·汉姆生不再打算掩盖他的素材来源了。在实际生活中,这个年轻人并没有赢得商人女儿的芳心,同样这个心碎的年轻人实际上也用他还仍然能够写作这一点来安慰自己。

进入并沉浸在医生、行政司法长官和牧师私人图书馆之中,在作为作家的汉姆生的身上产生了一种几乎是神奇的效果。在《比耶尔格》中,他的风格更有艺术造诣,细节赏心悦目,语言精确,还运用了缩短了的句子,以及更准确地反映他本人特点的那种更为直接的语气。尽管他仍然局限于那种农民的出身背景,并且重复着穷孩子与有钱人的女儿这个主题,但这一次汉姆生却捕捉到了强烈的性的激情。而在一个只有十九岁的青年身上,最值得注意之处也许就是,他洞察到了一个在情感上不稳定的人的精神:对精神错乱的恐惧,以及对创造力的狂喜。

医生、行政司法长官和牧师这三位巨头,对这部新作相当佩服,于是便把汉姆生推荐给了诺尔兰的最富有的商人,伊拉斯谟·扎赫尔。

1879年春天的一个星期六,克努特·汉姆生写了一封改变他生活进程的信。而且,就像他在未来的岁月里经常做的那样,他愿意追求似乎不能得到的东西。他请求伊拉斯谟·扎赫尔借给他一笔钱,那笔钱相当于他教上二百个星期课的薪水。

这封信大概是在他三位支持者的帮助下起草的,它在吹嘘、奉承和虔诚之间达到了仔细的平衡。汉姆生解释说,他将用这笔钱前往哥本哈根,打算在哥本哈根,向金谷出版社的经理弗雷德里克·黑格尔毛遂自荐。

克努特·汉姆生一时并没有考虑到,这家当时最重要的北欧出版社只是以拥有易卜生这样的撰稿人而自豪,他们可能恰恰不是伸出双臂来欢迎他。他似乎也忘记了,事实上他是自费让当地的出版商出版了他的《比耶尔格》和《言归于好》(A Reconciliation),而且尽管他本人费了很大的气力,

19

要把他的作品卖给当地居民,但迄今为止人们对他的作品并没有表现出什么兴趣。此外在信中他也并没有提到,他曾联系了奥斯陆的几家杂志,但那些杂志都拒绝发表他寄给他们的诗。

然而这封信的确成功地让扎赫尔朝汉姆生敞开了大门。扎赫尔被称为"诺尔兰的巨人",他邀请这位十九岁的青年,来访问他的位于基林格伊岛上的商业大楼,基林格伊岛就面对着博德市。6月初的一天,克努特·汉姆生迈着长腿,登上那个建在通向基林格伊岛的浅海湾上的登岸码头。这里的楼房比特拉诺伊①多,也更令人赞叹,而在这个贸易中心的心脏,有一座带有一扇白色的大门的花园:在这些北方气候带中这是奢侈的缩影。

在欢迎汉姆生来他家之后,扎赫尔便走到保险柜,取出了一千六百克朗。这是一笔数量巨大的钱——一个农场工人一年挣的也不过二百克朗——而这笔钱全都是给克努特·汉姆生的。他一定是带着信心离开了基林格伊,是带着高入云霄的自信离开了基林格伊。他是受到伟大的扎赫尔喜爱的男孩。这位以不会出错的判断力而著称的商人,为他作为一个作家的才能投了资。

1879年8月4日,克努特·汉姆生回到了位于哈马略的汉姆松德居民点的家,过了他的二十岁的生日,同时帮忙晒干草。他把钱和礼物拿出来给家里的人看。然后他仔细挑选了一些书、手稿、衣服以及别的物品,他要带着这些东西从他的旧生活走向他的新生活。谁也不会想到,他再次回家已是二十年以后的事情了。

---

① 特拉诺伊(Tranoy),位于诺尔兰郡的哈马略,以其特拉诺伊灯塔(Tranoy Lighthouse)著称。

震　惊

　　1879年8月中旬，克努特·汉姆生到达卑尔根①，他本打算从这里乘坐汽船前往哥本哈根。但在这里，在挪威的第二大城市，他有生以来第一次走进了一家图书量很大的书店。他震惊了。他突然开始明白，他的阅读之不足是多么的糟糕。到现在为止，他只是读了他喜欢的书，尤其是所谓的农民故事。但在主流文学界，这种题材早已不成其为时尚了，取而代之是对现实主义文学的需求。

　　汉姆生所作的反应就是，拿出他剩余的钱的三分之一用来购买新书。阅读这些新书，让这个二十二岁的人看到他自己的作品的缺陷。他意识到，他需要对他的诗作《斯韦尔格尼》(*Sverdgny*)和短篇小说《弗里达》(*Frida*)进行大刀阔斧的修改，《弗里达》是又一篇讲述穷孩子追求有钱人女儿的故事。然后他才想到把他的作品呈给弗雷德里克·黑格尔。带着这个想法，他躲进了欧斯提斯，欧斯提斯是在哈当厄峡湾②深处的一个沿岸小村庄。

　　汉姆生愈来愈关注他的讲话方式。不论是他父母的山区方言，还是哈马略的沿海地区方言，都与他在文学上和社会上所怀有的抱负格格不入。重要之处在于，他的书面语和口语应该一致。于是他开始构建一种人格面貌，并开始培育出某种神秘的外观。

　　他所下榻的那家小旅馆，频频有该地区的积极参与文科教育和政治活

---

① 卑尔根(Bergen)，挪威西南部霍达兰郡首府和港市，12至13世纪时曾是挪威首都，现仍为挪威西海岸最重要的港口。
② 哈当厄峡湾(Hardanger Fjord)，位于挪威西南霍达兰郡，是全国第二大峡湾，景色壮丽。

动的青年来访。汉姆生对诸多作品和作家武断地大发议论,结果有时便大发脾气。他骄傲地卖弄他有一百多本书的私人图书馆。他吹嘘地问道,这本由德国人卡尔·埃尔泽写的两卷本的《拜伦评传》①,他们知道还有谁拥有?这个大话几乎当然掩盖了私下里折磨着他的那些疑问。实际上他是否足够出色?

克努特·汉姆生性格上的一个弱点正在浮出水面,在未来的岁月里它将是一种痛苦的折磨:那就是,他一旦手头有现金,就完全失去对金钱的控制。刚刚过了三个月的时间,扎赫尔借给他的那沓钞票他已经花掉了大半。现在他既绝望又莽撞无礼,竟请求他的资助人再借给他四百克朗。须知一克朗就是一个工人一天的不错的工资。令人吃惊的是,这笔钱他竟收到了。

他写了回信,用过分的词语表达了他的感激之情,并且发誓要把扎赫尔的名字与他自己的名字紧紧联系在一起,他确信,有朝一日他会出名的。

就在1879年的圣诞节之前,克努特·汉姆生终于登上了前往哥本哈根的汽船。一到哥本哈根,他便前往位于城市中心的克莱尔博登大街,金谷出版社就在那里。他在就近处找了个旅店住了下来,第二天一大早,便穿上最好的衣服,带上他的手稿前往出版社。

他要求与弗雷德里克·黑格尔本人面谈,于是被带到一间等候室里。出版商那天上午还没到。有一个年轻的丹麦人正站在柜台后面专心看手稿,他衣着讲究,有着一双忧郁的眼睛,年纪同克努特·汉姆生差不多。汉姆生将在九年之后认识他:他叫赫尔曼·邦②。

终于黑格尔出现了。这位出版商六十岁出头,在汉姆生看来,他有着一副牧师的相貌。他们简单谈了几句。黑格尔是足够友好的,但他却没有掀开柜台,邀请这个走了这么远的年轻人进入他的办公室。相反,他要汉姆生把手稿留下,第二天再来。

---

① 卡尔·埃尔泽(Karl Elze)的两卷本的《拜伦评传》(Lord Byron, a biography with a critical essay on his place in literature),于1872年由伦敦的 J. 默里出版社出版。
② 赫尔曼·邦(Herman Bang, 1857—1912),丹麦小说家,印象派文学最重要的代表人物之一。

但第二天,汉姆生在出版社里没能等到黑格尔再次出现。最终他不得不说明自己的身份,并向一位秘书说明他为何来到这里。对方立即递给他一个包。当他问这意味着什么的时候,他被告知,他的稿子被拒绝了。在原稿上黑格尔没有写一个字,而且这位意志坚强的出版商再也找不见了。这是1879年的圣诞节。

汉姆生直接去了地狱——也就是说去了黑尔韦德旅馆①,在这家小旅馆里,他可以把他的悲伤淹没。他为女房东举杯祝酒,一副玩世不恭的样子。这位二十岁的作者在哥本哈根完全是独自一人。

在此之前,汉姆生所在的那个世界,距文学舞台能有多远,就有多远。他从未遇见过一位作家,而且也只是在最近的两三年里,他才接触到在任何深度上讨论文学的人,接触到那些既熟悉古典作家又熟悉当代作家的人。他很少阅读发表在全国性报纸上的文学评论,也从未听过讲座或者去过剧院。他只是在卑尔根第一次踏进一家真正的书店。

他一直喜欢夸耀他对文学的理解,但他的那种初级的理解却是漏洞百出。与大多数把手稿呈给黑格尔或别的出版商的希望成名的年轻人相比,他无知到糟糕的程度。这些年轻人受过良好的教育,博览群书,往往已经在报纸上发表过文章。汉姆生在出版社的等候室里见到的那个年轻的丹麦人,赫尔曼·邦,就是这种情况。他比汉姆生大两岁,在那一年已经出版了一本集子,书名叫《现实主义与现实主义作家》(*Realism and Realists*)。在这本书里,他讨论了当代文学的流变,讨论了围绕激进的格奥尔格·勃兰兑斯②为哥本哈根大学教授所产生的争议,还讨论了像左拉和巴尔扎克这样的新作家的兴起,这些作家要求,在文学上应该有更多的现实主义。

相形之下,汉姆生则是漫步来到为杰出的易卜生③本人出书的那些出

---

① 汉姆生住的小旅馆叫黑尔韦德旅馆,在丹麦语中,黑尔韦德(Helvede)的字面意思是"地狱"(hell),这里是本书作者语义双关。
② 勃兰兑斯(Georg Brandes,1842—1927),丹麦文学批评家、文学史家,倡导激进民主主义文学和现实主义创作方法,受到保守派的打击和迫害。哥本哈根大学曾拒绝授予他美学教授职位,不过1902年又被请回哥本哈根大学任教授。代表作有6卷本的《十九世纪文学的主流》等。
③ 易卜生(Henric Ibsen,1828—1906),挪威剧作家、诗人,以社会问题剧著称。

版社,他所呈上的手稿在极大程度上,是受到了他的文学上的英雄比昂斯藤·比昂松①的早期农民故事的影响,也是对这些农民故事的模仿。但比昂松的这些小说是二十年前写的。显然对社会现实主义这种新的,而且也是进步的形式,克努特·汉姆生还没能有所了解——不论是易卜生还是比昂松本人,都为在斯堪的纳维亚作家当中推动这种文学类型的发展,起到了关键作用。

大致在这个时候,亨里克·易卜生的戏剧新作《玩偶之家》(*A Doll's House*),正在哥本哈根的皇家剧院上演。娜拉与赫尔默之间的那种中产阶级的婚姻冲突,属于年轻的汉姆生一无所知的世界。他大睁着眼睛,在剧院大厅里四处徘徊,观察着群集的富有的男人和女人,他们的交谈和举止带有这种优越感的风度。他一定问过自己,他是否能够成为这种生活的一个部分。然而汉姆生并没有气馁,而是继续与哥本哈根的各个出版社接洽,甚至为了希望能够获得推荐,而还拜访了安德烈亚斯·蒙克,蒙克现在已经上了岁数,是挪威的民族浪漫诗人。那些不怕麻烦费心作出了回应的出版商,对这位有雄心壮志的作家解释说,他的手稿是对一种过时的文学类型的拙劣模仿,但汉姆生却似乎拒不接受他们的推论。按照他写给扎赫尔的一封信的说法,黑格尔之所以拒绝了《弗里达》,是因为他认为《弗里达》是为比昂松辩护,(按照汉姆生的说法),眼下比昂松似乎是一位在哥本哈根遭到围攻的作家。

汉姆生决定,把他的状况提交给他的文学英雄比昂斯藤·比昂松本人。毫无疑问,他一定会看出他的天才的。

比昂松与易卜生已经竞争了一些时间了,彼此之间的敌意也越来越大,竞争的是他们中的哪一位能够声称是最伟大的挪威作家。就对挪威平民生活所作的贡献以及在其中的地位而言,比昂松的重要性是至高无上的:没有一个问题他没有表达出他的意见。他还参与国际事务,往返于他的祖国挪威和欧洲各地之间。相形之下,易卜生自从在1864年在激烈争论中离开挪

---

① 比昂松(Bjornstjerne Bjornson,1832—1910),挪威诗人、剧作家、小说家。1903年获诺贝尔文学奖,与易卜生、基兰德和约纳斯·李一起常被人称为19世纪挪威文坛四杰。

威之后,迄今尚未在他的祖国驻足。

1880年1月初,汉姆生离开哥本哈根,返回挪威,并顺便探望了伟大的比昂松。比昂松在利勒哈默尔①附近为自己搞到了一个壮观的农庄,汉姆生就在那个农场里拜访了他。汉姆生呈上他的手稿,站在那里,等着他像通常那样,要他过上一两天再来。相反,比昂松则是拿起那卷手稿,当场粗略地看了一下,匆匆地翻着,有些短的段落是读了,但其余的则是浏览而已。然后,他把手稿一把撸起,递了回去,宣称没有价值。

比昂松提议,汉姆生可以从事演员生涯而不是写作。他还把汉姆生介绍给在首都的一位久负盛名的演员,延斯·塞尔默尔,塞尔默尔给了汉姆生一些赠票。现在汉姆生有机会教自己学习戏剧,甚至他本人也不得不承认,对于这个学科他所知甚少——尽管这并没有阻止他对易卜生以及其他人的戏剧发表最强烈的意见。

与此同时,汉姆生继续感到有一种要用写作表现自己的强烈欲望,但他给一些报纸和杂志投稿,对方却根本没有表现出兴趣。

汉姆生在奥斯陆又呆了十年,在最初的那几个月里,他典当了一件又一件的物品:他的怀表,他的冬衣,以及他的一百本书中的若干本。有时他甚至亲自参加拍卖会。当他看到他的东西去了好人家,在某种程度上似乎也就不那么痛苦了。

他又一次找了比昂松,这一次带了一封信,并不是作为一个希望成名的作家寻求帮助,而纯粹是作为一个需要谋生的人寻求帮助。他一定是留下了良好的印象。比昂松不怕麻烦,让这个年轻人与奥拉夫·斯卡夫兰取得了联系。斯卡夫兰是奥斯陆大学的欧洲文学教授。斯卡夫兰把汉姆生交来的诗歌和散文全都读了一遍,汉姆生是在离开他的位于挪威极北端的家以来,第一次受到了某种鼓励。在一份书面评价中,教授作出结论说,汉姆生拥有"一种尚未开发出来,但却是巨大的文学才能"。他甚至敦促那些有可

---

① 利勒哈默尔(Lillehammer),挪威东南奥普兰郡首府和城镇,是常年旅游胜地。比昂松曾在附近居住,比昂松的故居和农场现已成为国家纪念馆。

以支配钱的人给这个年轻人提供帮助,这样汉姆生就可以为他的私人教师付费,也许还可以参加中学的考试。

有一个人,哈拉尔德·托洛夫,给汉姆生提供了资助,托洛夫是一个有些社会声望的药剂师。托洛夫给了这位有抱负的作家一些抄写的工作,而这位年轻人则通过他,不仅进入了托洛夫的家庭领域,而且还进入了奥斯陆的上层社交界。

但这种情况并没有持续多久。那些上层人士——其中有商人、政府官员、大学教师,以及高级官员——逐渐对年轻的克努特·汉姆生失去了耐心,他现在称自己克努特·汉姆生①。他的缺少修养很快就显而易见,这本来就是可以想见的。但他的尖锐的见解,却可能是令人恼火的真正原因。他的自负有时是不可容忍的,甚至最宽宏大量的人也无法容忍。女人们感到,他拥有某种璞玉般的魅力,但似乎却又并没有意识到,他是一个多么不适宜的婚姻对象。雪上加霜的是,有关他花钱无度的谣传很快就使他吃了闭门羹。在不到一年的时间里他所花掉的钱,相当于他原先做司法行政长官的助手时,八年里可能挣到的那么多。现在他在博德、奥斯陆和哥本哈根都有债主,都有欠款。

在诺尔兰的时候,有人曾警告过他,不要住在城市里。

克努特·汉姆生是在一个农业社区里长大的,在农业社区里,地位最高和地位最低的人非常亲密地生活在一起,地主和佃户、农场工人和教区贫民都在一张桌子上吃饭,每一个人都彼此依赖,因为他们耕作的是同一块土地。现在他是住在城市里,而在城市里生存斗争是不可思议地更加野蛮,而这又首先是因为兴衰都可能非常之迅速。

在哥本哈根的时候,汉姆生曾把他最好的作品呈送给弗雷德里克·黑格尔和别的出版商,他们则是和和气气地微笑着,拒绝了他。他的手稿描述了一个这些丹麦和挪威出版商知之甚少的世界:在北极圈以北的农业社区。毫无疑问,汉姆生突然开始明白,他不能以这种写作风格继续下去了。

---

① 当时在挪威,人们旅行的时候,习惯把他们所来自的地方或者农场的名称,加在自己的名字上,将其用作姓。克努特·汉姆生的姓经历了不同的拼法,既有汉姆松恩(Hamsunn),又有汉姆松德(Hamsund),最后他定为汉姆生(Hamsun)。——原注

他必须写现代社会,写城市居民的生活。读者公众想读写他们自己的书。

在汉姆生的生活方式中的裂缝,到了晚上最为明显。到了晚上,汉姆生离开高雅的剧院和资产阶级的家庭,返回他的破旧的临时住所。途中他往往会在下等酒馆停留,在酒馆里用报纸塞住耳朵,以期挡住其他人的庸俗生活所发出的声音。他试图把这种双重人生写下来。

他把他的一些这样的作品,拿给他的药剂师资助人的妻子看。尼娜·托洛夫是一个博览群书的女人,认识许多著名的作家和艺术家,包括比昂松本人。汉姆生确信,她一定看出了他内在的价值,但她却远远没有受到感染。她后来给比昂松写信,抱怨道,"我试图读懂他的作品,但最终却是完全困惑。我发现那些作品完全是夸大其词,违反常理和不清晰。"比昂松也对他的才能没有信心。

十年以后,在《饥饿》中,克努特·汉姆生将充分利用这个时期的经历。药剂师的妻子根本就不知道,她犯了一个多么纯粹的判断错误。

汉姆生仍然需要有报酬的工作,于是找了首都上层人士中另外一个成员,这一次找的是挪威的公路专员。但公路专员并没有给他提供办事员的工作,而是派这个名声靠不住的年轻人,去做他毫无疑问认为是他该做的工作:在马路边挖沟。克努特·汉姆生别无选择,只好接受在一个公路建设项目中的工作,那个公路建设项目是在挪威的最大的湖泊米约萨湖①的北边。他于1880年5月开始在那里工作。

克努特·汉姆生是一个从第一天就在人群中很显眼的人。他比大多数人都高出很多,他的金色头发几乎垂到他的肩膀。他没有工作服,而是穿着属于 个原先有钱人的破旧衣服,而且他讲起话来嗓音高雅,既带有一点居德布兰河谷的方言,又带有一点诺尔兰的方言。

他很快就从一个体力劳动者,提拔为一个现场主管。现在他带着笔和纸,站在新马路的起点,统计着砾石的装载量。他的写作技能再一次让他有获得更高的社会地位的机会,但这却并没有改变严酷的现实:汉姆生还是老样子,既没有银行存款,也似乎不可能有潜在的债权人。他不得不同时把他

---

① 米约萨湖(Lake Mjosa),挪威奥普兰郡和海德马克郡境内湖泊,在奥斯陆以北35英里处。

的四件衬衫都穿上,衬衫之间加塞进报纸,而且他的食物和临时住所也糟透了。

然而在1881年的新年,汉姆生却突然发现,有钱人的大门再次向他猛地打开。一天,在他回他的临时住所的途中,一个举止高雅的人停下了他的敞篷二轮小马车,问他是否愿意搭乘他的车。尼古拉·弗洛伊斯朗,火柴杆厂的三十岁的经理,已经听说了有关这个文学人士的传言,这个文学人士穿着破旧但却高雅的衣服在公路上工作。

在他们的短暂的旅途中,这位商人对汉姆生产生了极大的好奇心,于是邀请他去家里访问。这个寒酸的唯美主义者,脱掉那四层垫着报纸的衣服,尽可能使自己显得整齐干净,走过那段不长的路程,去了弗洛伊斯朗的家。弗洛伊斯朗给他提供了某种办事员的工作。现在,当汉姆生在白天清点着砾石的装载量,下班后混迹于高级社交圈子的时候,有一个主意开始形成了。

汉姆生决定去美国。为了这个目的,他开始说服弗洛伊斯朗这位工厂经理和其他熟人来资助他。

前 往 美 国

1882年1月,克努特·汉姆生与那一年的二万八千个其他挪威人一起,动身前往美国。途中经过汉堡,在汉堡他第一次体验到了德国人对挪威艺术家所怀有的那种非常有名的慷慨。

一个相识的人给了他一封介绍信,介绍他去一家德国航运公司。多年以后,汉姆生描述了他与公司经理的会晤。

"他极其友好。我解释说,我是一个年轻的、无名的作家,想去美国,有所成就。我告诉他,美国有我的家人,并且问他,他能否帮助我进行一次廉价的旅行……我将永远也不会忘记那个人。他坐着,看着我。然后他问道:你的家人住在哪里?——在埃尔罗伊,我说。——我将给你免费船票,以及一张去埃尔罗伊的火车票,他说。……他说的英语我不是很懂,而且他大概也不是很懂我说的英语,但他却解释说,他之所以这样做,是因为我是一个年轻的挪威作家。"

克努特·汉姆生永远也不会忘记这位德国公司经理的仁慈,他给了他免费船票,以及前往美国中西部的火车票。

1882年2月1日,星期三,仍然还晕船的二十二岁的克努特·汉姆生,便在新世界里迈出了最初的摇摇晃晃的几步。

从纽约,他乘坐一列开往内陆的火车前往芝加哥。在一封给朋友的信中,他吹嘘说,自从离开挪威,他几乎看到了整个世界,他还提到,他把一些诗作交给了一家斯堪的纳维亚移民杂志。杂志主编许诺,他将把其中的几首印出来。

因而他带着几分自信,见了一位挪威裔美国教授,他希望那位教授能够成为他的导师。但汉姆生的自视甚高再一次事与愿违。那位教授看了汉姆生的手稿一眼,便作出了裁定:在野心与才能之间的那段距离是不可跨越的。

汉姆生的哥哥佩德尔在美国生活了十五年了,汉姆生与哥哥的重聚剥夺了他的许多幻想。在这里,汉姆生目睹了由于迁移到城市而给乡下人带来的苦难。他哥哥的结局并不圆满。他哥哥的职业是裁缝,却越来越像流浪汉,一只手拿着一把小提琴,另外一只手拿着弓子,口袋里装着一瓶酒。他的妻子和孩子不得不尽可能地勉强过活。这是克努特·汉姆生将在他的小说中一再重复的一个主题:迁移到城市里的乡下人的困境,他们拔掉了自己的根却终归徒劳,而这又只是因为在他们悲惨的余生中,那些根仍一直拖在他们的身后。

在埃尔罗伊,汉姆生承担了在农场里的工作。他很快就想家了,对于那些从英国移民来的农场主的妻子们的冷漠无情的天性,他不乏怨言。但当他搬来与一个德国移民家庭住在一起的时候,生活就大大得到改善:那个农庄经营得很好,而且家庭主妇慷慨地给予了他渴望得到的那种关心。

他很快就在这个小镇里安顿下来,为那个地区的那位最重要的商人干活,那个商人还经营着银行和邮局。汉姆生迅速被提拔为职员,并且穿上了一双锃亮的黑皮鞋。他对一个挪威移民的二十三岁的女子产生了一种轻微的迷恋,但当她一表现出要回报他的兴趣的迹象,他的兴奋便开始逝去。汉姆生喜欢让女人注意他,但她们却不得接近得打扰他的思绪。

1882年11月,在埃尔罗伊郊外的一个校舍里,克努特·汉姆松德(他仍然把他的姓拼写为汉姆松德[Hamsund])举行了他的第一次讲座。他讲的是比昂斯藤·比昂松。这个早熟的二十三岁青年,赞扬了比昂松作为作家和政治家所作的贡献,同时又痛惜,这位作家摒弃对天国或者地狱的任何信念,还否认基督的神性。

汉姆生实际上在各个挪威移民社区里作了几个讲座。随着时间的推移,他放松了对他的那种自由思想的批评的控制,以至于一个牧师最终警告虔诚的基督徒,根本就不要听汉姆生的讲座。这使得他难以登上演讲者的讲台了。

白天的时候,他做职员谋生,到了晚上,他就在一个狭小的阁楼里试图集中精力写作,那个阁楼是他与一个美国朋友威利·艾杰同住。当他的写作未能取得进展的时候,他就会偶尔画上几笔。在一面墙上,他贴上一幅他本人的侧面像,旁边用英语写上了一句格言:"我的生活是一次穿越一切陆地的不平静的飞翔,我的宗教是最原始的自然主义的道德,但我的世界却是有美感的文学。"有一个星期天,他开始直接在他的床上方的天花板上画素描。不久便有一位死亡天使怪异恐怖地出现在第三块天花板上,而这两个年轻人就生活在这块天花板的下面。

一天深夜,威利·艾杰回来的时候,发现这个挪威人在睡觉,灯仍然在他旁边的椅子上点着。灯旁边是一支雪茄,一把刀,以及下述吩咐:"抽掉这支雪茄,把刀刺进我的心脏吧。迅速地、果断地并且像朋友一样做吧,如果你珍视我的爱的话。克努特·汉姆松德。又及,这个条子将在法庭上为你辩护。"

这个美国人几次有理由纳闷,这个有抱负的作家究竟是开玩笑,还是认真地想这样结束生命,因为这个使人惊恐的要求以各种形式重复了几次。

克努特·汉姆生不可能想自杀。然而他却真正在经历一种信念危机。汉姆生老早就摒弃了他的汉斯舅舅的那个严厉、惩罚性的旧约上帝。但他也开始置疑新约温和的耶稣的神性,是他妈妈教他转而为新约的耶稣祈祷的。他与另外一个移民到美国的挪威人共享他的信念与怀疑,那个挪威人叫斯文·特韦拉斯。汉姆生在1884年2月29日的信中承认,"容我告诉你,有很长的时间我都在怀疑基督教的整个真理。"

他在信中没有向他的朋友提到,只是两天前,他已经接受了做克里斯托弗·扬松的秘书兼新教执事的职位,扬松是挪威教育家、作家,又是在明尼阿波利斯的一位论教派①的牧师。1884年3月,汉姆生搬进了扬松位于尼

---

① 扬松(Kristofer Janson,1841—1917),挪威诗人、作家、论教派牧师。1879年9月到美国,开始历时6个月的巡回讲演,随后在美国定居。他的家成为一个文化中心。正是在他的家里,克努特·汉姆生作为他的秘书,获得了他对美国文化的最初印象。论教派(Unitarian),基督教中一种主张信仰自由的教派。认为上帝只有一位,并否认基督的神性。

克利特大街2419号的家。

扬松在这个年轻人身上看到了他自己的许多影子,他的妻子德鲁德也是如此。汉姆生再一次发现,自己是与一对夫妻非常接近地生活在一起。这个家庭的家长是他的雇主,家长的妻子是某种替身母亲,这是一种他所熟悉的安排。但德鲁德·扬松却不同。当她与汉姆生单独呆在一个房间的时候,她就会找到十来个方式向他传递出这样的信息,她是一个欲望强烈而又没有得到满足的女人。

扬松经常不在家。克努特与德鲁德长时间地进行着交谈。她甚至在他面前哭泣。他们的交谈越来越没有了拘束。

但在克里斯托弗·扬松与他的年轻助手之间的关系也密切起来。汉姆生帮助他处理来往信件,组织教会的活动,举办讲座,并且做一些翻译工作,尽管他的靠不住的语法和有限的英语词汇有时造成了可怕的混乱。

汉姆生能够整天呆在他的雇主的藏书丰富的图书室里,这就给了别的住户许多机会,能够观察到他的相当古怪的学习方法。他很少坐下来读一本书,相反却是在书架前面一站就是几个小时,把书取下来,从头至尾浏览一下。当扬松和别的人问,是否有任何书他感到需要更深入地读一下,他解释说,他有一种奇特的本能,能够直接领悟到书的内容和作者的思想精髓。

对于身为牧师和作家的扬松来说,一本书的意识形态上的信息是最为重要的。但对汉姆生来说,却从来并非如此。他读书,并不是要扩充他的知识或者强化他自己的见解。他尤其想做的,就是在情感上受到触动。

德鲁德·扬松理解这一点。

她本人正在写几部手稿,她也感到,话语应该引发出情感来。正是在阅读彼此的作品的过程中,他们才变得如此亲密。她被汉姆生的作品强烈吸引,她告诉他,她从未体验到这样鲜艳的色彩和这样的美感。然而她却忠告他,暂时不要寻求出版他正在写作的手稿。必须让这本书达到完全成熟。汉姆生以前从未遇见过像德鲁德·扬松这样的女人,他听从了她的忠告。

扬松夫妇经常在尼克利特大街举行家庭招待会。房间里挤满了人,他们演奏乐器,辩论,开讲座或者进行一般的交谈。没过多久,这个新来的人便找到了他的自然位置——成为社交场合的中心。

汉姆生在不停地卖命工作。白天和傍晚他做秘书和执事,晚上举行讲座,参加大众聚会,是德鲁德的亲密同伴,还是作家。他老是咳嗽、感冒,甚至发烧。

1884年6月的一个傍晚,他在一个市场上做拍卖人。他越来越难以大声对各种各样的拍卖品作描述,最终在阵阵咳嗽中弯下腰来。接着似乎有某种东西从他的胸口挣脱了出来。他的手帕满是咳出来的血。

德鲁德坚持让他看医生。他被诊断为患上了奔马痨,现在称之为肺结核,只有两三个月的时间可活了。

德鲁德护理着他,坐在他的床边,擦掉他额头上的汗。他吸进她的女人气味,当她俯在他身上,把床单拉直的时候,她的乳房压到了他,当她从床的一侧把脖子伸到另一侧的时候,拱起的脖子也触及到他。他几乎裸体躺在那里,发现自己被激发起了强烈的性欲。

在他的全部生活中,汉姆生始终是严格要求自己,然而现在他却是躺在那里,只有二十四岁的年纪,正在死去。有一个念头在他的脑子里挥之不去,他可能永远也不能占有一个女人了。城里有一家妓院,他一直是退避三舍,尽管他并非既没有欲望又没有机会。为了拯救自己的愿望以及对患病的恐惧,他只得向他的那种强烈愿望投降。这种限制现在似乎是没有意义了。他想去妓院,走向罪孽,悄声说出他的狂喜,并在行动中死去。

汉姆生把这个最后的愿望吐露给了德鲁德·扬松。她告诉他,这她理解。

他安排家里的一个佣工把他的怀表卖掉;自从他身体虚弱得不能行走以来,就需要用变卖财物的收益来雇马车。他等着,但马车却没有来。相反,德鲁德·扬松走进了他的房间。在获悉他的计划之后,她把订的马车取消了。她告诉汉姆生,找妓女是不对的。

傍晚变成了夜晚,夜晚变成了清晨。德鲁德继续护理着他。汉姆生的性欲并没有逐渐减弱,他要找一个妓女的决心也没有逐渐减弱。因而比他大十三岁并且是六个孩子的母亲的德鲁德·扬松,给他提出了一个建议。按照四年以后汉姆生给作家埃里克·斯克拉姆的信中的说法,那天下午他被提供了一个机会,可以就在那个屋檐下面犯下罪孽。这是不可能误解的。

他拒绝了她。

那是盛夏,汉姆生要德鲁德把所有的窗帘都打开。他要求她点上一些灯,点上许多灯。他无法让房间充满足够的光。他告诉她,他爱光。

她不再理解他了。现在在他们之间一切都不同了。她纳闷,他是不是疯了。

一天晚上,他把窗帘点着了。

为宝贵的生命而写作

几个星期之后,在1884年7月底,汉姆生取道纽约、贝尔法斯特、利物浦和赫尔①,返回挪威。克里斯托弗·扬松是一个非常仁慈的人,在此前已由他发起,筹集了必要的款项。汉姆生在途中过了二十五岁的生日。如果他要死去,他只想在写作中死去——而且是在他的祖国。

在奥斯陆,他被判了"缓期执行"。一个有名望的医生告诉汉姆生,他将能熬过冬天,不过关键在春天。医生劝告病人,不要工作或者有任何身体上或精神上的压力,而是应该饮食健康,呼吸大量清新、干燥的空气,并且休息。医生还推荐了几家疗养院,患有肺部疾病的人们曾在那些疗养院里获得了令人满意的康复。

汉姆生并没有足够的钱住疗养院,不过有几家疗养院位于瓦尔勒斯,就在位于约顿海门山脉他出生地的西边,因而他决定,他将在瓦尔勒斯寄宿。

但完全休息是不可能的。要是不工作,他就会干脆饿死或者冻死。然而他分析,如果在冬天他能够节俭,而他的健康状况又不恶化,那么他就可能凑足钱,在春天的时候部分地休息。

在离开奥斯陆之前,他到首都的各家报社和杂志社走了一圈。这一次,与四年前对他的接待不同,主编们起码还听他说了什么。他现在呈给他们的有关他的美国之行的文章,比起他的小说来,更让那些主编们感兴趣。

---

① 贝尔法斯特(Belfast),英国北爱尔兰东部港市,北爱尔兰首府。赫尔(Hull)是英国英格兰东部港市。

在瓦尔勒斯,他寄宿在一个寡妇家里,开始实际上完全是为了宝贵的生命而写作,与此同时他又知道,他的写作本身就会要了他的命。医生们告诉他,如果他听从他们的劝告,那么肺结核就会被限制在他的肺部,他就可望再活上几个月甚至几年。但他并没有听从他们的劝告,也不能听从他们的劝告。当灵感的波浪追上他的时候,他就驾驭着灵感的波浪,直到倒在纸上,完全精疲力竭或者更糟——烧得全身是汗,颤抖着,咳嗽得弯下腰来。而每当他咳嗽的时候,都有某种东西似乎被释放出来。他无法避免。

他修订了讲座,改写了他的美国印象,从他的成堆的手稿中挑选素材。他写了题目多种多样的文章,其中有论述塞内加①、圣保罗②、克里斯托弗·扬松的文章,有的文章谈的是纽约的独特的活力。有一篇文章谈的是一个发明家,他发明了用带电的发光字母印出的赞美诗集。还有一篇文章谈的是一个叫布罗德·舒尔德③的人,他是一个曾奸污了一个印第安人部落酋长女儿的法国画家的后裔。

写这些文章是不费气力的。他能够悠闲地每周写出几篇,又仍然有时间休息,但相反他却是匆匆把它们写出来,这样他就能腾出时间做更具有创造性的工作。

他几乎废弃了他所写的一切作品,自从几乎五年以前他在哥本哈根和奥斯陆蒙受屈辱以来,他经常这样做。他逐渐意识到,他永远也不能在同等条件下,同有钱人的精通文学的儿子们进行竞争。他永远也不能拥有他们的优势:他们参加过中学考试,受过大学教育,他们在学生时期即建立起了种种联系,他们到国外旅行,他们有广泛阅读的机会,他们从小就有机会参观博物馆,听音乐会,看戏和听歌剧,甚至在家里进行交谈的时候,也可以简单地得到日复一日的文化教养。汉姆生永远也不能渴望模仿那种不可逾越的高雅,那是一种无论怎样都会从他们身上散发出来的高雅。那是一种生来便被逐渐灌输出来的自信。

---

① 塞内加(Seneca,公元前4—65),古罗马哲学家、政治家和剧作家。
② 圣保罗(St. Paul,? —67),即基督教使徒保罗。
③ 布罗德·舒尔德(Broad Shoulder),字面意思就是"宽肩膀"。

汉姆生意识到,如果他要胜过这些年轻人,他就必须写得与他之前的任何人都不同。他的写作必须攀登新的高度。狂热的幻觉来到了他的身上,那就是他的作品将激发起这样的激动,它将照亮他头上的天空,而当人群的喝彩声上升到更高的高度时,他就将悄悄走开,只是在高举着另外一部杰作的时候才再次露面,而他的那些睁大了眼睛的读者大众惊叹道,"这个人是谁?"

当冬天临近的时候,他想像着可能发生的一切不可思议的事情——如果他还活着的话。他确信,他拥有罕见的才能。在给一位朋友的信中,他吐露道,"没有我不能理解的事情。别的人作出极大努力才搞懂的东西,那些理论、规则和数字,我瞬间就能掌握——它们似乎恰恰就把自己向我揭示出来。正是这些瞬间,偶尔给了我有关未来的预感。"

由于阵阵剧烈的咳嗽让他直不起腰来,因而汉姆生很少能够忘记他的存在状态,而且也越来越难以维持在作者与写作对象之间的区别。其结果就是产生了这样一篇短篇小说,写的是一个濒临死亡的人,他试图说服自己,如此紧密地依恋于这个称之为生命的辛辣讽刺是荒诞的。

就在1884年的圣诞节之前,《日报》(*Dagbladet*)的主编拉尔斯·霍尔斯特给汉姆生写了一封信,告诉他,他们将刊登他的短篇小说《生命的片断》(*A Fragment of Life*),他赞扬,这篇小说展现出了非常巨大的才能。汉姆生喜不自胜。他是不是终于到了突破的边缘?莫非那些主编、出版商、唧唧喳喳的受过教育的人、文人学士,此刻正在思考写出了这篇作品的"不知名的作家"的真正身份?当他处于出名的边缘的时候,藏匿在山区里是不可想像的。于是汉姆生便火速赶往奥斯陆。

结果却发现,什么也没有改变。

汉姆生经历了许多个令他沮丧的圣诞节,但1884年的圣诞节却最为凄凉。城市的空气正在对他的肺部造成伤害,而他又没有余钱返回瓦尔勒斯,因为他一直确信霍尔斯特还会给他活做,也就会付给他工资。最终汉姆生别无选择,只得吞下他的骄傲的苦果,不得不寻求某些在他上次呆在首都时,曾帮助过他的人们的资助。

现在,他是加倍地决心向他的资助人表明,他能够写作,尽管事实上他并不具有他们的背景这个优势。

在他正在写的那篇短篇小说中,汉姆生给了中心人物一个幸福而又有钱的童年的家,以及一个充满爱心的母亲,那个女人很像火柴杆厂经理尼古拉·弗洛伊斯朗的母亲。这位有抱负的作家把弗洛伊斯朗太太看作是这样一个人,她与其他人一起借钱给他去美国。在一封信中,汉姆生向弗洛伊斯朗一吐衷肠:"向你问好——也向你母亲问好!天啊,她是一个什么样的女人啊!尼古拉,倘若我有这样一个母亲的话,那么我的才能就能使我出类拔萃,尽管我的成长在某种程度上损害了我的才能。这一点我深信不疑。"

汉姆生似乎对做母亲的人物具有吸引力。也许他讨好她们。寡妇卡里·弗吕登伦德在瓦尔勒斯,经营着她那家旅馆兼马车店,她就是又一个这样的人物。就是在这里,这个二十五岁的青年现在正试图写作,并熬过那个被医生警告为可能是他的最后一个春天。

在他差半年就要二十六岁的时候,在1885年年初,他开始用那个将使他在国际上扬名的名字在信件上署名:克努特·汉姆生。随着对死亡的恐惧逐渐远去,而且他的写作达到了新的水平,他的新名字也就是他的,而且是他独有的,完全不会让人联想到任何特定的地方,也完全不依附于任何特定的地方:那是一个充满着他自己天才的名字。

在1885年的整个秋天,除了偶尔写些文章之外,汉姆生都是以最快的速度写一部他希望改变他生活的小说。到新年的时候,他再一次元气大伤。他神经紧张,抑郁使他苦恼。他再次满脑子想的是童年,想的是似乎不可企及的一切。他再一次向他的朋友尼古拉·弗洛伊斯朗吐露他的绝望:"你同你的母亲交谈过,她是怎么说我的?愿上帝帮助我!那是一种什么样的生活背景啊。那是一种什么样的成长啊——那种成长从来也没有给我凌乱的灵魂带来最微不足道的秩序!所以我受制于鲁莽的冲动,受制于构想错误的行动,然后又产生最惊天动地的遗憾。我不得不一步一步地教育我自己:我不得不在生活中一路向上攀爬,而不是行走。我之所以有这么多遗憾,原因就在于此。然而我满脑子又是主意,想到的是怎样弥补我的错误,尽到我的一些责任,但让这些主意的每一个变成现实,却又都是缓慢得让我痛苦。"

既然这部作品中的人物居住在城市里,而不是他非常熟悉的农业社区,因而汉姆生也就不断面对着他所不熟悉的一切。他在给弗洛伊斯朗的信中继续写道:"事实上我的书打算写的是波希米亚人,写的是堕落的人们的悲剧——因而在某种程度上掌握我的材料也就极其重要。有时我看到了整个画面,我感到充满了勇气,有见识,好像我的手指触到了我的话题的脉搏;但下一个时刻,我又再次因为我的无能而灰心丧气,我是徒劳地工作着,我是为宝贵的生命而工作。"

一个尚不为人知的天才

当1886年的春天临近的时候,二十六岁的汉姆生再次没钱了。他也变得烦躁不安,他在这个山谷已经住了十二个月以上。偶尔他给瓦尔勒斯的居民作讲座,讲他在近年所发现的那些作家:除了比昂松和易卜生之外,还讲巴尔扎克、福楼拜、雨果和左拉。人们向他提议,不妨巡回作这些讲座,为此他又准备了两个新的讲座,讲挪威诗人亚历山大·基兰德①和瑞典剧作家奥古斯特·斯特林堡②。

1886年5月8日,星期六,他的巡回讲座在这个山谷的小居民点的一所学校里大有作为地开始了。到场的人数还是不少。他下一个举办地点是耶维克,耶维克在他五年前做过筑路工人的米约萨湖附近。那一次只有五个人出席。在奥斯陆峡湾四周的三个村庄里,汉姆生吸引了少得可怜的听众,只好放弃了。

他去了奥斯陆,试图躲藏起来。

在几乎八年的时间里,对这本他希望改变他命运的小说,汉姆生是一遍又一遍地写了又写。到目前为止,他并没有在公众的意识上产生最微不足道的印象。尽管身处逆境,但汉姆生却并没有失去他坚定的幽默感。他把自己描述为"一个年轻的天才,名字是如此不为人知,居然没有一位主编知

---

① 基兰德(Alexander Kielland,1849—1906),挪威小说家、剧作家。与易卜生、比昂松、约纳斯·李合称19世纪挪威文学四杰。
② 斯特林堡(August Strindberg,1849—1912),瑞典戏剧家、小说家,开创现代瑞典文学,对欧美戏剧艺术有很大影响。

道怎样才能正确地拼写这个名字;这是一个谁也不曾记得读过的名字,是世界上想成名的人名中最糟糕的名字之一"。在仔细研究了马克·吐温的技巧之后,他写出了《巡回讲座》(On Tour),这是一篇以他本人的灾难性的巡回讲座的经历为基础,写出的短篇小说,在小说中,他对自己的经历没什么遗漏,但却作了一些极明显的夸张。

克努特·汉姆生正在他的文学生涯中迈出他最后的、决定性的一步。他将不再需要或者使用虚构的人物,将其用作掩饰自己的屏幕或者反映自己的镜子。他正处于产生出一种技巧的过程,那种技巧允许他在写作的过程中,自由地控制他本人的整个矛盾而又十分敏感的个性。他的技巧的特色,就是把第一人称叙述者分裂成几个嗓音,那些嗓音被置于彼此之间的奇特对话之中,几个嗓音交替地作出观察,对彼此作出反应和评论。他的作品的其他特色,现在包括了他的人物的冲动性,他们的思维过程的丰富性,突如其来的情绪波动、情感的爆发,而在叙述嗓音之间缓慢行进的,则是一种不容自我怜悯的自我轻视的反讽。

那年的初夏,在奥斯陆,二十七岁的克努特·汉姆生体验到了一些纯粹兴高采烈的时刻,因为他意识到,他就要在艺术上有非同寻常的突破了。但在《巡回讲座》中已经产生萌芽的那些独特的性质,却仍然未能得到赏识。然而正是这些性质,将很快推动他的小说成为公众关注的焦点,并使得《饥饿》举世闻名。

在几次遭到报纸的拒绝之后,汉姆生带着《巡回讲座》去见作家阿尔内·嘉宝①。嘉宝比他大八岁,是挪威最受尊敬的青年作家之一。他许诺,他将会读汉姆生的短篇小说,不过得几天之后。汉姆生由于已经走投无路,于是深感恼火;他当时的举止使得他不得不第二天就向嘉宝道歉:"在几乎五年的时间里,我一直遭遇到'过一两天再来'——有五年的时间了。因而昨天我就再也无法接受'过几天'了。"

汉姆生对嘉宝描述道,他为用清新的表达取代了陈腐的短语而感到骄

---

① 嘉宝(Arne Garborg,1851—1924),挪威小说家、诗人、剧作家,最先用新挪威语写文学作品的伟大作家之一。

傲,因而当他的手稿带着主编的纠正被退回的时候,他是感到多么的沮丧。例如,其中的一位主编就告诉他,是不可能写出"污秽的风"一语的。

汉姆生直接向这位比他年长的作家呼吁,因为他一定非常珍视这位作家的意见。他冒着败坏自己名声的危险写道:"我到你那里去是为了得到一个最终的回答。你必须给我一个最终的回答。我能够看出,从事这个我怀有如此激情的职业、这个决非为了获得愉快的职业,是多么的危险。如果你说我应该停止,我就一定停止——我一定停止。"

嘉宝却并没有那么极端,尽管他确实发现,《巡回讲座》的风格是另类的。他提出,汉姆生是模仿了陀思妥耶夫斯基和别的俄国作家的作品。汉姆生的第一个反应就是要提出抗议,然后又感到受到了伤害。但很快他就突然明白了,嘉宝是多么令人称奇地恭维了他,如果说是无意中恭维了他的话:汉姆生正在被比作那些俄国人——他甚至都没有读过他们的作品。

但他正在写作的那部标准长度的小说,却迟迟未能成形。汉姆生发现,他的灵感的波浪过于迅速地干涸了,并没有把他带过那段距离。

在夏末,当报纸主编们发现自己缺少材料的时候,《日报》便刊登了《巡回讲座》。不过汉姆生所希望得到的那种反应,却仍然没有变成现实。没有人为一个新的文学天才的到来喝彩。那些居然作了评论的区区几个人纳闷,他怎么能够如此不顾一切地揭示他自己。

在农村社区,要爬高或者跌落是要花费时间的,需要花费一生的时间,甚至几代人的时间,但在城市里,却只需几天或者几个星期。1886年的夏天,在竭尽全力之后,汉姆生第三次试图在首都有所突破,但仍未做到。他抱怨说,对这些城市人来说,什么也不会足够好。他产生了一种感觉,认为在他的生活中有一种非常糟糕的令他懊悔之处。汉姆生正在螺旋式地下降,然而即使此刻他也没有停止写作。

汉姆生刚刚过了他二十七岁的生日。他再也付不起房租,被登记为无家可归者,在警察局的小牢房里被给予了一个铺位。要变得更糟糕几乎是不可能了。他坚持写作,但又知道,他已经到了路的尽头。在奥斯陆他将不能继续他的工作。

1886年8月19日,克努特·汉姆生登上了"喷泉号"客轮,再次前往美国。他发着烧,汗水湿透了全身,极度虚弱,他回头凝视着陆地,向那个从未欢迎过他的首都道别,在那里,家家户户的窗户里闪耀着的灯光是那么的明亮。

两年半以前他曾满怀希望访问过美国,这一次汉姆生毫无幻想,他并不幻想挪威的移民社会会需要他的作品,进一步讲,他也并不幻想新世界里有谁会需要他的作品。而且不仅如此,挪威也没有人会需要他的作品。

他去了芝加哥,但却没有像以前那样再向内陆走。在他赚到足够的钱偿付了所有的债务,并留有余钱之前,他无意返回挪威。除此之外,他还要把那部将改变他生活的书完成,并骄傲地装进他的手提箱里。"是的,"他告诉一位朋友,"我们将大有可能再见。我不会放弃我的迟早会写出我的书的梦想。"

他为这本没有写完的小说绞尽脑汁,又满脑子想着他在瓦尔勒斯典当的那些书,他担心,他的朋友的叔叔会把那些书卖掉。每天他艰难地拖拉着铁路上的枕木、水泥和成箱的超大号的金属插销。芝加哥的城市铁路正需要不断地扩张。克努特·汉姆生就像一匹驮马一样,在摄氏四十度的高温中工作着,每天赚一点七五美元。他保持着高涨的情绪,他想到,他将能够在市内有轨电车上做一名后备售票员,从而改善他的状况,那将使他能够每月赚上五十到六十美元,并从那里进而得到一份固定的工作,每个星期也许能够赚上二十五美元。

汉姆生不得不等待了比预期更长的时间,不过最终还是得到了一份做售票员的工作——尽管一开始只不过是客运马车的售票员,而且随着芝加哥的现代化,这条客运马车路线也正在逐渐停止运行。

圣诞节来到了。他连续工作了几个夜晚,而且就像在挪威从事公路工程监督时那样,他把一层层的报纸塞在他的衣服里。马匹在马路上慢慢跑着,慢得足以让他看得见街道上的指示牌,有足够的时间向乘客们把站名大声报出来。然而在更高的工资的诱惑之下,他申请调往科蒂吉公交线,在穿越市区的一个富人区的新的、速度更快的有轨电车上做售票员。

他的工作并没有做多久。

街道上的指示牌要辨识出来。站名要报出来,这就意味着,即使他没有把握也要大声喊出点什么来。在雾天或者天黑的时候,他常常让乘客提早下了车,或者过晚下车。事实证明,对于一个由于多年在昏暗的灯光中阅读写作而伤害了视力,而且专注力并不可靠的人来说,做售票员是困难的。

汉姆生微薄的存款很快就花完了。汉姆生在什么地方读到了芝加哥的肉类加工业的无冕之王菲利普·阿穆尔的消息,于是找到了他办公的地方,把一封求助信交给了一个雇员,请他转交给老板。令他吃惊的是,那个办事员很快就返回了,给他带来了他所要求的二十五美元,以及阿穆尔写的一个条子,条子上说,他的信完全值二十五美元。汉姆生用这笔钱买了一张去明尼阿波里斯的火车票,不久便又再次开始找工作。

正如在他给扬松的一封信中所说,对于汉姆生来说,在各个市县找工作的那段时间是非常累人的。他乘坐了一趟又一趟的火车,穿过大草原,到各个城镇寻找在农场和铁路上的工作,但什么也没有找到。他肩膀上扛着一个袋子,里面装着他的物品,睡在铁路上废弃的货车厢里,与别的人相遇并一起旅行。那是在达科他州的一个叫卡斯尔顿的镇子里,在一辆废弃的货车里面,汉姆生度过了美国独立纪念日。"然后7月4日到了。我们——我们有三个人——尽最大的可能,用一瓶啤酒和一个黑麦大面包庆祝了这个日子。到了5日,我们拔营,踏着沉重的脚步,朝内地走了六十公里,在一个所谓的'富源农场'里面找到了某种工作,但两天以后又被赶走了,因为我们拒不忍受被人痛骂。因而我们再次回到卡斯尔顿,又出走了六英里,再次找到工作,就在我们现在呆着的地方。"

有三个月的时间,汉姆生在由大城市的股东们拥有的一个巨大的农场里做工。在挪威的时候,他当然是在小块农田里长大,在若干个不太大的农场里干过活,在那些地方,只有通过日复一日的辛苦劳作和季节性的密集劳动,家庭和社区才得以熬过冬天。人们普遍不信任机器。在美国,他看到,独立的农场主正在被投资者们所取代,投资者们雇佣领班来管理农场,并且从他们的位于芝加哥和纽约的董事会会议室里掌管着他们的庞大的农场。农业与资本主义成了一回事:毫无疑问那是不可能的,是违背自然的。土地应该种植植物,以维持人们的生活,而不是为了迫使股票价格快速上升。现在巨大的铁怪物能够一次犁出二十二条犁沟,用十五分钟打出的谷子,在挪威用手工需要一个星期。大草原里全都是机器。跟机器没法讲理。机器正在把土地接收下来。

大公司及其领班几乎剥夺了个人的一切责任。任何相互的依赖都被拆开了。生活沦落成了一个报酬的问题,在汉姆生看来,那些不务正业的人正在受益。那些试图保持自己尊严的人们处于绝境。在适当的时候他将写这些人——穿丝绸衬衫的埃文斯,妻子对他不忠的亨特利,让她的敌人自食其果的厨娘波莉——当然还有这些人物的创造者汉姆生本人。

一种清晰感

汉姆生愈来愈对美国社会持批评态度。

他密切关注着那个所谓的芝加哥无政府主义者团体的案件,那个案件在1887年达到了高潮。前一年,汉姆生开始他在有轨电车上可悲生涯的一个月之前,有七个工人由于参加了秣市骚乱①而被判处了死刑。日益增强的工人运动在美国各地组织活动,要求实行八小时工作日。芝加哥的警察朝一群罢工的工人开枪,打死了他们中的一些人。第二天,在一次抗议集会上,有人扔了一颗炸弹,于是警察朝人群开枪,一些人死了,众多警察受伤。在接受审判的人当中,只有一个人在炸弹爆炸的时候在场,而他又是在演讲台。尽管如此,还是有四位无政府主义者在1887年11月11日被处以绞刑。

在那个星期五,在明尼阿波利斯市民当中,与蒙受了耻辱的左派一起对当局表示愤慨的人为数不多,而汉姆生就是那些为数不多的明尼阿波利斯市民之一:他在自己的纽扣眼上系了一条黑色的丝带。三年以前,汉姆生曾写了一些报刊文章,并兜售给奥斯陆的各家报纸,在那些文章中,他表达了对美国民主的钦佩,现在这种钦佩已经被一种愈来愈强烈的怀疑取代了,那是一种对他将很快就称之为民主自由的暴政的怀疑。

与他人在一起的时候,克努特·汉姆生对他所称为新世界的"民主暴

---

① 秣市骚乱(Haymarket Affair),1886年5月4日发生于美国芝加哥秣市广场的警察镇压抗议工人群众的暴力事件。

民"表示强烈不满,但在独处的时刻,他的注意力则是集中在旧世界的作家身上。尽管在明尼阿波利斯由于居无定所而搞得一团糟,但1888年初,汉姆生还是在为一个有十一讲的系列讲座做着准备,他计划用这十一讲介绍现代欧洲文学。汉姆生是第一次把他十来年断断续续的阅读合并成有条理的思路,辅之以从该市的中心图书馆所借阅的书籍。这样一来,在这最初的几个星期里,他自己的写作方向对他来说也变得更加清晰了。

这些讲座集中于一个又一个作家。他是从巴尔扎克开始的,汉姆生强调,巴尔扎克与他以前的任何一位作家都不同。从巴尔扎克,他又讲到福楼拜,他断言,福楼拜在巴尔扎克与左拉之间提供了一种联系,左拉是描写黑暗的大师。他接着又讨论了四位最著名的当代挪威作家:比昂斯藤·比昂松、约纳斯·李、亚历山大·基兰德以及亨里克·易卜生。汉姆生把比昂松描述为思想的旗手,但又批评他过于说教。而另一方面,李则主要是一个描写婚姻的作家,他并不是一个伟大的作家,但无可否认是一个重要的前辈。基兰德在伦理学和美学之间徘徊,而易卜生则是一个过于喜爱谜语的怀疑主义者。汉姆生又继而讨论了瑞典剧作家奥古斯特·斯特林堡,认为在他的语言中有一种神秘的洞察力。汉姆生最后又作了两个讲座,讲的是文学批评和印象主义,按照他的说法,印象主义是这样一种风格,它要求作家变成心理学家,并通过毫不妥协的主观性而达到真理。

多年以来,汉姆生一直把自己描述为一个文人,但只有到了现在,这一点才正在变成现实,不论对他自己还是对更广泛的大众来说都是如此。他的讲座不得不移到一个比原先计划中的更大的大厅里面举行,然后又移到一个甚至更大的会场。一位新闻界的朋友对整个系列作了报道。随着一个星期又一个星期的过去,他突然在城市各地受到了高度的赞扬。

对演讲者的外貌与他的深奥的美学理想之间的对照,他的一些听众作了如下评论:"他穿着简陋的鞋子,脚上套着灰色的厚毛短袜,短袜几乎够不上他的又短又紧而且非常破旧的裤子。他的衬衫就像他的裤子一样,也是又短又紧,纽扣全都扣上。他的长柄眼镜上系着一根长得非同寻常的深蓝色粗线。"

汉姆生显然是竭尽了全力。在他讲座的间隙,他的朋友们经常发现,他又冷,又饿,又困顿,处于一种精疲力竭的状态。然而他却仍然欢欣鼓舞地为他们呈现出刚刚写出来的一页页小说手稿,他仍然坚持认为那部小说将会改变一切。他曾对一个熟人呼喊,他已经被选中,要告诉世界某件新的事情,而且是以一种新的方式告诉世界。

夜间他也在努力工作,而且他的神经是极度紧张的。"那是地狱。……我在这里,我有一个能够推倒大山的躯体,肌肉就像缆绳一样,然而,该死的,我的神经却像游丝一样又薄又细!"他承认,他高度紧张的状态正在他自己身上造成一种"狂热的自我批评",这种狂热的自我批评有时使得他把一些理念和细节摈弃了,而那些理念和细节"倘若不是真正有价值的发现,那就让上帝把我打倒在地"。

但从这个折磨人的过程中所写出的文本,却与他以前所写出的任何东西都不同。

1888年春天,汉姆生在艺术表现的清晰上取得了重大的进展。他的十一个讲座中并没有提到他自己的艺术演变和文学历程——这不是那些讲座的目的。但在准备那些讲座的时候,他开始把他自己在文学上的继承仔细描绘出来。比昂松的作品展示出,拆开传统的句子结构所带来的效果。斯特林堡向他证实,人不能只是学习就能当作家,而是需要进行一场在人的清醒濒于险境时所进行的拼搏。马克·吐温使他领悟到,他的故乡诺尔兰的口语传统具有在口语体上的文学潜力,以及色彩斑斓的夸张。陀思妥耶夫斯基向他表明,头脑的不平衡是作家的主要工具,而且伟大的艺术能够产生自在骄傲与自卑感之间所进行的秘密斗争。

现在他感到,他能够,而且也确实必须,带着一份他确信能够完成的手稿返回欧洲。在一次演讲中,他傲慢地向美国道了别:"我了解,克里斯托弗·扬松正在写一本名为《明尼阿波利斯疑案集》(*Mysteries of Minneapolis*)的书。这本书我并没有读过,但从书名判断,我宁可吞下一把雨伞也不会读它!"

对某些艺术家来说,他们的才能的矿石存在于一个浅的矿层里:只需抓挠开生活的表面便可把生活揭示出来。对另外一些艺术家来说,则必须从深的矿井中把生活炸开——这是一个痛苦、持久的任务,只能由艺术家自己来承担,而且也是冒了巨大风险才完成的。克努特·汉姆生恰恰就是这样一位艺术家,而且他也知道这一点。有十二年的时间,他把每一分钟的空余时间都用来写作。1888年6月30日,他站在廷瓦尔拉航运公司客轮的甲板上,注视着港口工人解开那条将把他带回欧洲的船的巨大绳索,这时他能够想像得到,来自他自身内部的财富已经几乎触手可及了。

客轮的第一个停靠港是奥斯陆,但在这里汉姆生并没有上岸。倘若他上了岸,那么就完全不能确定他是否将会成为那个不久便出现的作家。奥斯陆的思想褊狭的文化精英们,已经迫使他逃走两次了。这座城市对革命的艺术家并不仁慈:挪威同胞亨里克·易卜生和爱德华·蒙克[①]也感到,为了要找到他们的艺术所必需的那种自由,他们不得不离开他们的故土。克努特·汉姆生在海上航行了几乎三个星期,最终在哥本哈根上岸——这是通往他很快将征服的一个欧洲世界的门户。

[①] 蒙克(Edvard Munch,1863—1944),挪威著名油画家和版画家,以高度个性化的艺术与19世纪矫揉造作的学院派对抗,是20世纪表现主义艺术的先驱。

灵魂的细微运转

那是1888年7月17日,哥本哈根正在酷暑之中。

克努特·汉姆生把他的雨衣当了六克朗,在诺雷布罗工人区租了一间屋子,一个月的房租是五克朗,并且开始为他在文学上的征服制订计划。他感到他的时间正在耗尽:在到达哥本哈根的三个星期之后,就是他二十九岁生日了。他决定在告诉人们自己的年龄的时候,少说一岁,因为他希望他能够与之交往的圈子中的那些人,无论如何都最多比他小上十岁。

被斯堪的纳维亚的文化中心的文学圈子所接受,尤其是被年轻的小集团所接受,是汉姆生迈出的第一步。他知道在哪里可以找到他们。在扬松的家里,他曾经偶然发现了一本新的文学杂志,《新地》(*Ny Jord*),该杂志是那年年初创办的,并且已经在吸引着大量的年轻作家。

他的第二步,就是要与首都的文学精英们取得联系。他密切注视着种种事件的发展,知道勃兰兑斯兄弟[①]已经赢得了作为文学世界看门人的名望。不久以前,四十六岁的格奥尔格用他的论尼采的巡回演讲引发了一场巨大的争论。而比他小五岁的爱德华,则是一位作家、政治家,是《政治报》(*Politiken*)的主编。

他计划的第三步,是为就要完成的手稿找到一个出版商。

[①] 勃兰兑斯兄弟,指格奥尔格·勃兰兑斯(Georg Brandes,1842—1927)和爱德华·勃兰兑斯(Edvard Brandes,1847—1931)。哥哥格奥尔格是丹麦文学批评家、学者,以《十九世纪文学的主流》6卷著称,见前注。弟弟爱德华是丹麦作家、政治家,从事过文学批评,但主要以政治活动闻名。

8月的一天,《新地》的二十一岁的主编卡尔·贝伦斯来到了这份杂志的出版商 P.豪伯格公司的办公室。秘书告诉他,有一个人已经几次试图想见他,现在正在等他。那是克努特·汉姆生,他希望能用一篇论克里斯托弗·扬松的文章换现钱。通常贝伦斯都是以《新地》财政吃紧为理由,说明他根本不能给撰稿人任何报酬,或者充其量也只能象征性地给一点钱。但现在面对着他的这个挪威人,显然与贝伦斯通常打交道的那些中产阶级年轻人相比,收入要微薄一些,于是便给了汉姆生一笔相当数目的酬金。

这篇文章自然达到了这个文学刊物所公开宣称的目的:煽动。汉姆生的前提是,与其说克里斯托弗·扬松是作家,倒不如说他是教育家,因为他为了能让他的作品为普通人所接受,而牺牲了作品的质量。语言是重要的,因为它本身就是一种艺术对象,而汉姆生在他的整个生涯中,在谈起这个话题的时候都将是滔滔不绝。这位主编是一个领事的儿子,他大吃一惊,后来描述道,这个挪威人带着他的一双工人的粗糙的手前来,呼吁应该有一种新的、高度审美的写作:"语言必须拥有音乐的全部音阶。作家必须始终不懈地使用一个能够脉动的词,一个能够表达事物的词,一个能够使灵魂受伤以至于叫喊起来的词。"作家必须意识到词语的隐藏的力量,"赋予他的语言以突然的效果。它应该拥有一种就像风一样从人身上吹过去的兴奋活跃的、受到折磨的力量,它应该拥有那种偎依在感官上的隐藏的、令人陶醉的温柔,它应该像水手在风暴中歌唱一样粗粝沙哑,或者就像泣不成声的人所发出的一声叹息"。

汉姆生告诉贝伦斯,在美国的时候他住在扬松的家里,这位年轻的主编看到,这是一个绝好的机会,可以在他的专栏文章里把一种文学上的弑父罪尽量拖长。这与这个刊物对传统作品和传统态度所作的质疑和颠覆相一致。贝伦斯把他的新发现介绍给了他圈子里的朋友们,包括作家索弗斯·克劳森[1]、约翰内斯·约恩森[2]、索弗斯·米夏埃利斯、维戈·斯图肯伯格,以及瓦尔德马尔·韦泽尔[3]——这些作家的主要目标,就是向他们父辈那一代在文学和政治上的堡垒发起挑战。

---

[1] 克劳森(Sophus Claussen,1865—1931),丹麦19世纪90年代新浪漫主义诗人。
[2] 约恩森(Johannes Jorgensen,1866—1956),丹麦作家,在本国尤其以诗歌著称。
[3] 韦泽尔(Valdemar Vedel,1865—1942),丹麦作家、文学史家、批评家。

哥本哈根显示出，它对克努特·汉姆生是仁慈的，他第一次进入了一种高度文学性和知识性的环境之中："这个国家是多么令我感到愉快啊。我向你保证，它的整个存在，这里的生活模式，都是绝对与我的精神，与我的天性相和谐的！这是欧洲，我是欧洲人，感谢上帝啊！人们拥有在这里生活的时间——他们从容不迫地在这里生活——他们从容不迫地站在书店的橱窗前读着书名——而且他们也不像我自己那样仅仅是书呆子。"他是这样向他远在美国明尼阿波利斯的同仁们作了汇报。

确实，他正在写的那本书将会充满着这种欧洲精神。那是一本非常非挪威的作品，他说道："我不再感到或者认为自己像个挪威人，而是像个欧洲人。也许这是在我身上的一个弱点，但我的生活却一直是由这多种多样的成分形成的。"

在过了二十九岁生日后的那个秋天，汉姆生进行阅读，并且倾听他的知识界的新朋友所作的争论，向他们学习。贝伦斯借给他一本格奥尔格·勃兰兑斯写的文学史。汉姆生期待着，自己能够在两个主要战线上成为斗士：语言的独创性，以及在更大深度上刻画人物内心生活的必要性。

心理学，尤其是潜意识、神经机能病以及病态，是科学探究的新的领域和最新的文学时尚，吸引了欧洲各地的作家和文学批评家的兴趣。就像圈子里其他人一样，汉姆生也读了报刊上有关这些问题的大量报道，并为之着迷。他一定是有一段时间反复思考了他母亲的可怕的神经崩溃，并且在过去的几年里注意到，他似乎继承了他母亲的神经质。但由于他的生活经历完全不同，那种神经质是不是会在他的身上有不同的表现呢？他脆弱的神经是不是能够证明，他是一个更高度发展的存在呢？而既然如此，那么是否他就应该放弃理性和好的判断力，而偏爱本能和潜意识？汉姆生在美国的时候曾读过陀思妥耶夫斯基的作品，陀思妥耶夫斯基就允许他的人物挑战理性。难道汉姆生不也是已经开始挑战理性了吗？

在汉姆生现在所见到的作家当中，瓦尔德马尔·韦泽尔最为系统地对待这种新的心理写作。二十三岁的韦泽尔正在做博士论文，论述的是丹麦文学全盛时期的作家和批评家，而且他已经公开了他的宣言。现代的、复杂的心灵已经不再是在像爱、恨、悲伤、愤怒、欢乐这样简单情感的巨浪中移动了。现在出现在我们身上的那些嗓音要丰富得多,陌生得多,而且愈加变化无穷。因而新的文学也就不得不与心灵的这种现代生活签署契约,而且韦泽尔主张,一种心理文学的创立,先决条件尤其是一种强烈的个人的嗓音。

一位政府官员的一个早熟的、高学历的儿子,与一位裁缝的一个只受过二百五十二天乡村学校教育的儿子拥抱在一起了。

《新地》杂志的圈子对现代城市居民的心理所持有的兴趣,在二十九岁的克努特·汉姆生身上所产生的影响,就像在他十几岁的时候比昂松的农民故事在他身上的影响一样。似乎他所读到的一切,以及他交谈的每一个人,都有助于他形成他本人作为一名作家的认同感。而且他发现的东西越多,他就越是急于将其运用。"我感到有一种想进行创作的欲望,就像鸟儿在我的胸中拍打一样,那鸟儿是在不顾一切地拍打着它的翅膀,"在给他在明尼阿波利斯的药剂师朋友因瓦尔·劳斯的信中,他欣喜若狂地写道,"一个新的春天正在突然显现,新的力量正在迅速生长——一种永恒的更新——对每一代人来说都是一个春天的清晨!我们的时代到来了!"他陶醉于一个又一个想法,他不厌其烦地说明他的打算,要检查"思想的含羞草——检查感觉的细腻的片断——我想挖掘出我们的灵魂的最细微的编织式样——对灵魂的细微运转作细腻的观察"。

汉姆生把他从美国回来时带来的手稿置于一旁。他突然遇到了哥本哈根的年轻作家和文人学士,也突然遇到了他们要求对心灵作更深刻描述的呼吁,这也许是他生活中最具有启示性的经历。他对劳斯解释说,他想开始写一部完全是新的作品。"一种想开始的渴望,在我的内心里尖声大叫着!——我没有时间可以浪费了——创造力的魔鬼让我不得安宁!时机成熟了!想必我的书现在必须问世了!"他在大洋的彼岸咆哮道。

他曾经尝试描述与他本人不同的人物,也从未对结果感到满意。他太经常感到,他本人的人格面貌造成了妨碍。汉姆生在正在发表的书籍文章中,看出了他本人的非理性和分裂的天性,看出了有时导致出乎预料的行动的,他本人的那些强烈而又突然的冲动。

"我只不过是想在小说中呈现出我心灵的这种疯狂的数学理论!"汉姆生在给劳斯的信中继续写道,"这就是我渴望做的事情!它在我的脑海中无法摆脱!我的书!——我的书!写的是这些微妙的表现!我想把精神的最极端的表现发掘出来——我想让那些最极端的表现倾听含羞草的呼吸——每一个字都像含羞草的使人眼花缭乱的白色翼瓣一样——都像镜子一样是对运动的反映。"

汉姆生的兴高采烈被经济上的焦虑冲淡了。贫穷现在迫使他当掉他的毯制旅行包,包上有数量众多的红色和绿色的铁路标签,描绘出他在挪威和美国的旅行路线。当他从当铺走开的时候,他感到,那个包就像一个忠实的动物一般,坐在那里注视着他。但他却感到,他已经充分而又明显地做好了准备,要写出大量受心理学驱使的书——那只不过是一件从他中断的地方继续下去的事情而已。

而这恰恰是他所做的事情,他写出了那些最终成为《饥饿》一书的开首语的话,那些话将使他大名鼎鼎:"就是在那个时候,我饿着肚子在克里斯蒂安①的街道上徘徊,那是个奇怪的城市,不管谁离开它都会带着它的印记……"

1888年秋天,在哥本哈根的圣汉斯盖德大街18号,汉姆生坐在他的阁楼房间里,决心向他的读者展现一个比易卜生的《玩偶之家》中那个狭窄的中产阶级世界大的世界。

他笔下的那位叙述者,就像他本人一样,也是一个正在为一家杂志写文章的作家,而且也像他本人一样,吃了上顿没有下顿:"我饥饿,非常饥饿;可悲啊,我那十克朗维持了过短的一段时间;自从上次吃了点东西以来,已经过了两天,几乎三天了,我感到虚弱,用铅笔写得我有点疲惫不堪了。"这个人物坐在一个凳子上,用一张没有写字的纸做了一个小纸喇叭,在顶端把它折叠起来,这样一来它也就显得里面放了什么东西。他先是佯称里面满是硬币,然后又骗一个警察把它捡起来。"我大笑着,大笑着,用巴掌拍打着膝盖,就像疯子一样大笑着。而又没有一个声音从我的喉咙里发出来,我的大笑是疯狂而又无声的,是带着泪水的激情的大笑。"警察摇动着他,结果使他又感到了仍然活着的那种绝望:

---

① 克里斯蒂安(Kristiania),即挪威首都奥斯陆。1624年,奥斯陆毁于大火,丹麦-挪威国王克里斯蒂安四世在城堡下兴建新城,改城名为克里斯蒂安,该名一直沿用到1925年,后又改回其挪威名字奥斯陆。

"在这里,我有一颗比国内任何人都好的头,有一双拳头,愿上帝帮助我,这双拳头能够把搬运工碾磨得稀烂,而我却把自己饿得行为反常,就在克里斯蒂安市中心这个地方!这又有什么道理?我做牛做马就像奴隶,日夜辛劳,就像拉着一位本堂牧师的牝马一样;我读书,一直读到我的眼睛从我的头颅里脱落下来,而且饿得让一切理性都离开了我的头脑——该死的,我还有什么可炫耀的呢?甚至妓女也乞求上帝,不要让她们看见我!"

他啜泣着,咒骂着,用头撞着路灯柱,用手指甲掐着手背,纯粹是由于疯狂而咬着自己的舌头,并且不把痛苦当一回事:

"是的,但我又该做什么呢,我对我自己说。我一再脚踩人行道,一再说:我该做什么呢?——一位绅士从身边走过,微笑着说:

'你最好还是把你自己关进精神病院。'

我目送他走开。他是我们一位著名的妇科医生,人称'公爵'。我认识这个人,我曾经和他握过手,但甚至他也并不理解我的状况。我沉默了。关进精神病院里?是的,他是对的,我发疯了。我感到在我的血液里有精神错乱,感到精神错乱在我的脑子里追逐着。"

"心理作品":保罗·布尔热①、龚古尔兄弟②、陀思妥耶夫斯基、奥拉·汉松③,以及瓦尔德马尔·韦泽尔,随便他们怎么称呼这种作品。还有谁能比克努特·汉姆生更了解现代人的苦闷呢?而且还有谁更努力工作着,以找到一种描述这种苦闷的更为精确的语言呢?

这部作品很快就以"《饥饿》片断"而知名,在写完了这部作品之后,汉姆生便在格奥尔格·勃兰兑斯住所附近的街道上踱来踱去,却不敢自报家门。到了第三天,他放弃了。相反,他决定要找到格奥尔格·勃兰兑斯的弟弟爱德华,爱德华本人也是作家,又是《政治报》的主编。他许诺说,他将第二天读这个"片断"。当汉姆生离开主编办公室的时候,有关九年以前,他

---

① 布尔热(Paul Bourget,1852—1935),法国小说家、文学评论家,标榜传统的写实主义,所作多为心理哲学小说。
② 龚古尔兄弟,即埃德蒙·龚古尔(Edmond Goncourt,1822—1896)与茹尔·龚古尔(Jules Goncourt,1830—1870),法国作家,始终不渝的合作者,对法国自然主义小说、社会史和艺术评论有重大贡献,以埃德蒙的遗产为基金成立龚古尔学会。
③ 汉松(Ola Hansson,1860—1925),瑞典诗人、散文作家、批评家。

上一次在哥本哈根留下了一部手稿的回忆,一定是像洪水一样涌回来了。

在九年前的那个糟糕透了的冬天的下午,弗雷德里克·黑格尔甚至都没有费心来到办公室。然而这一次,在第二天,爱德华·勃兰兑斯却是如约到了那里。

胜利的时刻

"你前途无量!"

爱德华·勃兰兑斯把克努特·汉姆生等待了几乎十年的那种承认,终于给予了汉姆生。

然而,爱德华又解释说,汉姆生称之为"饥饿"的那篇作品,用在《政治报》上,若是分两部分刊登就太长,若是连载又太短。但这位激动的报纸主编感到,汉姆生的这个文本应该得到一个与在日报上分成小块连载完全不同的命运。

勃兰兑斯与他的出版商古斯塔夫·菲利普森联系,极力劝说他把汉姆生的故事用在《观众》(Tilskueren)杂志上,菲利普森也是这个杂志的老板。勃兰兑斯还建议他给汉姆生预付稿费,使他能够把这部标准长度的小说完成,于第二年由P.G.菲利普森出版社出版。菲利普森衷心赞许勃兰兑斯的意见,于是便立即与这位挪威作者联系。他们于1888年10月见了面。这一次婉言谢绝的是汉姆生,他已经把那个片断给了《新地》杂志以及他的朋友卡尔·贝伦斯。然而菲利普森却没有放弃。汉姆生的这本书想预支多少稿费?一百、两百还是三百克朗?还是更多?

一家信誉卓著的丹麦出版社的社长,甚至没有看到作品的摘录,便提出预支稿酬。汉姆生吃惊得一开始居然谢绝了,接着又咕哝着说,一百克朗就足够了。

当困惑和麻木逐渐消失的时候,汉姆生看到,在他们之间的桌子上摆放着一本仿羊皮纸装帧的书,他的目光露出了兴奋的光芒。他想像着,他的小说如此奢华地呈现出来的时候,那会是什么样子,他发现,他正与菲利普森有同感：啊，他是多么愿意为仿羊皮纸而写作啊！坐在一把深椅子上，房间贴着深绿色的壁纸，墙上没有挂图画，但灯上面有一个大的丝纸灯罩，与十来个人在一起，大声朗读着他的用厚的仿羊皮纸装帧的书。房间里将会鸦雀无声，全神贯注的听众中的每一个人都能够听见，含羞草在他们心里沙沙作响。

菲利普森谈到，为了获得最大数量的读者，写作的时候心里就要有读者大众。克努特·汉姆生回嘴说，他无意为群众写作。

曾经有几次，汉姆生一连几天都没有一点食物可吃。有些时候他饿极了，便啃咬火柴杆。近来天气寒冷刺骨，他所租住的阁楼里没有火炉，而且他又把他的冬衣全都当掉了。屋顶上的一个小窗子是他的日光的唯一来源，而随着时间从九月进入到十月，那点日光也在迅速减少。饥饿、刺骨的寒冷、忧郁，以及他的写作的压力，在撕扯着他的神经。

尽管如此，汉姆生仍像《饥饿》中的主要人物一样，在炫耀着穷人的骄傲，他向菲利普森保证，一百克朗足矣，他并不需要更多的钱。

《饥饿》的片断定于在1888年11月在《新地》杂志上匿名发表，署名为"无名氏"。在《新地》杂志送到了它的第一百个订户手中的那一天，丹麦与挪威的文学名流阿玛莉与埃里克·斯克拉姆①夫妇，正在他们的家里举行聚会。客人当中有作家赫尔曼·邦，以及邦的挪威同事贡纳尔·海贝格②。晚宴之后，聚集起来的人要求读点作品。其中一位客人刚刚在《新地》上偶然发现了一篇，那篇作品给他留下了强烈的印象。既然女主人和几位客人是挪威人，而且那篇作品的背景又是在奥斯陆，读上一点《饥饿》也就愈加合适了。

作家兼剧作家贡纳尔·海贝格清了清喉咙，开始了。

一个小时以后，他读完了。

没有一个人怀疑：斯堪的纳维亚有了一个新作家。在阿玛莉·斯克拉

---

① 阿玛莉·斯克拉姆（Amalie Skram，娘家姓为阿尔维尔 Alver,1846—1905），挪威女小说家，是挪威第一流的自然主义作家。
② 海贝格（Gunnar Heiberg,1857—1929），挪威剧作家、表现主义的鼓吹者。他被认为是易卜生之后最引人注目的挪威剧作家。

姆的书桌前,文学客人们排成了队,他们都急于用文字表达,他们是多么被他们刚刚听到的作品所感染。

必须立即告知作者。可作者又是谁呢?

阿玛莉与埃里克·斯克拉姆认识《新地》的主编卡尔·贝伦斯本人。阿玛莉的坚持不懈很快就让他不胜其烦,于是便向他们透露了作者的名字。不再是匿名了,汉姆生很快就收到了斯克拉姆夫妇的来信,他回信表达了他的谢意:"这使得我如此幸福,这是如此出乎意料——而且是出乎意料的快乐!也许现在就会一片光明了。我的努力一直受到挫折。我二十八岁,经受过几次打击,但却既没有丧失力量也没有丧失渴望。"

出版后还没有一个星期,那一千册《新地》就全都售罄了。卡尔·贝伦斯不得不加印,这种情况已经多年没有发生了。在这里,在斯堪的纳维亚的文化中心,每一个想成为头面人物的人,都不得不读《新地》上刊登的汉姆生的那篇作品。它的主题据认为是作者本人的不顾后果的自我暴露,而不论是它的主题还是风格,都既令人震惊又具有强烈的吸引力。

这种狂热情绪的爆发迅速传到了挪威。挪威的《世界之路报》(*Verdens Gang*)的主编奥拉夫·汤梅森评论说,这位匿名作者的故事"值得我们关注,因为它是一种异乎寻常的文学才能的证据,那种才能具有一种进行描述的杰出能力和敏锐的观察力。如果所出现的是一位新的作家的话,那么毫无疑问我们也就拥有了又一位有才华的作家。"让人哭笑不得的是,奥拉夫·汤梅森并没有意识到,在过去他本人就曾把这位有才华的作家的大量作品拒之门外。

在哥本哈根,汉姆生作了一切努力,不让他的名字泄露出去。他恳求斯克拉姆夫妇不要把他无意中泄露出来,但不可避免的是,几天以后,挪威报纸《日报》便把他曝光了。挪威各家报纸杂志的主编们,没有一个猜得出,这位无名氏作家就是克努特·汉姆生,尽管他们全都曾经拒绝过与那本丹麦杂志上的那篇非凡作品在风格上极其相似的文本。

奥斯陆的那几十位主编、教授和出版商,他们曾在八年的时间里让克努特·汉姆生吃了闭门羹,现在又突然就谁首先发现了他的才能而争吵起来。

他们的自吹自擂最终让他得知,于是他便决定要利用这个新的兴趣以获利。他仔细地选择了他的目标。

1888年12月2日,这场狂热爆发之后还没有过去两个星期,克努特·汉姆生便给《千家藏书》(Library for the Thousand Homes)的出版商约翰·瑟伦森写了信,《千家藏书》是挪威最广受欢迎、读者群最大且又让人买得起的小说系列。那天上午,又有一篇文章出现在丹麦报纸《晨报》(Morgenbladet)上,文章报道说,在奥斯陆因汉姆生的短篇小说而产生的激动,几乎就像因易卜生的最新剧作《海上夫人》(The Lady from the Sea)的发表而产生的激动一样。按照这篇文章的说法,《饥饿》揭示了挪威对其年轻人才的培育是多么的糟糕。"毕竟,在易卜生的青年时代之后又过了一代的时间,一个具有陀思妥耶夫斯基的能力的人才几乎在克里斯蒂安的街道上被饿死。"

汉姆生在他给瑟伦森的信中解释说,他的这本书还有三个部分才能完成,但他还是太缺钱了,无法写完。"我当时是不得已让现在公开发表的那个部分见报。……我无法好好工作,无法真正地工作。我坐在这里,在阁楼里,风穿墙而过,我没有烧木柴的炉子,几乎没有灯光,只有房顶上的一个小窗子。由于天已这么冷,我甚至都不能出门,因为我的衣服无法御寒。"

他不能完全对这位挪威出版商撒谎,因而他承认,他已经与P.G.菲利普森出版社签了合同,在《饥饿》完稿后由该出版社出版。但他却撩拨了瑟伦森,许诺为他写另外一本书,"那是一部我感到人们会读的小说,对此我确信无疑。但我却不能没有中断地写这本书,因为我必须首先把《饥饿》写完"。

瑟伦森当即给他寄去了二百克朗。这笔钱足够买上一千顿便宜的饭,或者为他的阁楼付几乎四年的房租。瑟伦森在他的小说系列中,出版了大多数当代大作家的书。他把《饥饿》描述为杰作,他给汉姆生的开价一定是让汉姆生喜不自胜:瑟伦森向他保证,给他的版税将同易卜生一样。

同一天,克努特·汉姆生寄出了一封长信,信中他一再试图表达他的感谢,但又总是不厌其烦地讲述着他迄今所遭受的贫困——以及他的极其脆弱的神经:

"在过去的六个星期里,我不得不在写作的时候用围巾包住我的左手,因为我甚至都不能忍受我自己的呼吸吹在左手上的感觉;而且我只有在桌子底下才能点着火柴,因为在桌子底下我才不会看到火柴突然燃烧起来。"

装腔作势

1888年的基督教的降临节①,在丹麦首都。克努特·汉姆生直接动用他的预支稿费,把他典当的毯制旅行包以及别的物品赎了回来,又给自己买了几套新衣服。他已经接受了邀请,要去哥本哈根大学学生会作讲座,"在场的将只会是聪明的人,因而我不必为我的衣服感到害羞,这是件不错的事情。别的都不成问题。站在讲桌前我是个老手",他带着几分自信,写信给他在挪威的新的未来出版商瑟伦森。倘若汉姆生意识到,在这个时候克里斯托弗·扬松已经向爱德华·勃兰兑斯表示出担忧的话,那么他就会更谨慎了。尽管扬松为《饥饿》所感染,但他却对这位固执己见的青年作家没有什么信心,根据他的观察,这位青年作家有着自学成才的人那种在全面知识和理解力上面的欠缺。

12月15日晚上九点,穿得漂漂亮亮的克努特·汉姆生登上了讲台。他嘲弄地抨击美国没有文化。不可否认,在两个世纪的时间里,这个新的国家已经把欧洲的最糟糕的恶棍,改造成了正直的从业公民——但他仍然批评了他所看到的那种情况,那就是美国人为他们自己的成就而粗声粗气地自我庆幸,按照汉姆生的说法,那种自我庆幸淹没了在美国的每一个别的东西。除了蒸汽锤发出的嘈杂声之外,那个国家并没有取得在文化上的任何进展。美国人运用他们的粗鲁的自鸣得意,来恐吓任何一个来访的欧洲人。他们的文学所处理的,只是爱和枪战:他们的文学是苍白的,没有展开情感

---

① 降临节(Advent),圣诞节前的四个星期这段时间。

的余地。它在三个发展方面落在欧洲的后面。汉姆生把印在历书上的沃尔特·惠特曼的诗歌批得体无完肤,并且对美国佬的哲学大师拉尔夫·沃尔多·爱默生作了尖刻的抨击。

报告厅里面的气氛火爆起来。这是激进主义的货色——对所有那些对美国赞不绝口的文化评论家和政治评论家们来说,这是打了他们一记耳光。旧世界万岁!欧洲万岁!哥本哈根万岁!新的一代的作家们,那些精神贵族们,万岁!

欢呼声一消失,听众中便有人朝讲台走去,其中就有汉姆生的丹麦出版商古斯塔夫·菲利普森。汉姆生感到不安的是,既然菲利普森已经听到了他的观点是多么的有争议性,那么菲利普森也就可能在出版他的演讲的问题上改变主意。但菲利普森却加入了赞赏者的队伍,当他最终来到汉姆生面前的时候,他向演讲者保证,他对出版演讲的文本极其感兴趣。

现在每一个人都想更仔细地看看克努特·汉姆生了。他们全都想知道,《饥饿》片断的作者实际上是多么的古怪。他很少使人失望,有关他的趣闻也就很快扩散了。

由于受到关注而情绪高昂,于是汉姆生着手在出版商之间挑拨离间,以期渔利。他给在奥斯陆的瑟伦森写信,说当古斯塔夫·菲利普森谈到应该迎合群众需要的时候,他是多么的失望。汉姆生告诉瑟伦森,甚至写上一行迎合群众的需要的文字,也是违背他的意愿;他将永远也不会简化他作品的心理特点。他许诺瑟伦森,菲利普森从他的手中拿到他的两本书之后,他马上就会投奔到挪威瑟伦森的出版社。

在圣诞节到来的两天之前,汉姆生得以给瑟伦森写了一封感谢信,感谢瑟伦森又支给了他二百克朗。

汉姆生终于有机会看了斯特林堡的剧作之一《朱丽小姐》(*Miss Julie*)的演出。在写完他的心理小说之后,也许有一天他会写一部描写思维过程的现代戏剧这个念头,现在开始生根了。他向埃里克·斯克拉姆保证,有关性格、行为和情感的戏剧极端,他当然决非陌生:"我把这样一些极端偷运到了《饥饿》,现在每一个人都以为,主人公安德烈亚斯·坦根的疯狂举止全都是饥饿造成的。但不幸的是,并非如此。人们大概会认为我疯了。但我根本就没有疯!"

斯克拉姆是一个心地善良且又随和的人,他博学但又很少说教,在交谈的时候往往是多听,而不是把他的意见强加于人。他被这个挪威人迷住了,这个挪威人比他小十二岁,决心通过奋斗使他的能力得以完善。

汉姆生在阿玛莉与埃里克·斯克拉姆家里过了那个圣诞节。有一次,话题转向了四年前在扬松夫妇家里时他患的重病,当时他曾认真考虑过死亡。斯克拉姆夫妇想知道,死亡的前景在他身上激发起了什么样的感觉。汉姆生的谈话变得支离破碎了。想起德鲁德·扬松,他就张口结舌,而且也由于阿玛莉认识德鲁德,汉姆生也就略去了许多事情。他不能公开谈论死亡的迹象在他身上所激起的那些强烈反应。

那天晚上晚些时候回到他的房间以后,汉姆生陷入一种奇特的心境之中。第二天醒来的时候,他的嘴上有血的味道。灵感的一种涌现掠过他的全身,那种涌现是如此势不可挡,以至于他仅用了几个小时的时间便写了十页稿纸。那是一种突然且又强烈的创作情感。在返回到现实之后,他发现他是"零散地写出了一些了不起的有用的东西。那是一些我无论如何也不会出售的用词和句子",他欣喜若狂地向埃里克·斯克拉姆汇报说。汉姆生描述道,他感到"我的神经与宇宙、与土风水火四大元素相连了"。

在这封信中,汉姆生也向斯克拉姆诉说了他的秘密:他在德鲁德·扬松家里时他的无法控制的情欲。当时她给了他在她的家里犯下罪孽的机会,他拒绝了她;而倘若她不是主动要委身于他,而他又只得向她乞求的话,那么他就不敢想像会发生什么事情。

多年以来,汉姆生都与女人保持一段距离,但这并没有使他不对女人想入非非。现在,不论是单身女人还是已婚女人都簇拥着他。他能够使她们大笑,使她们钦佩,他用思想高尚的演讲大发议论,或者递给她们只是想让她们自己看的小条子。许多女人都许诺,新年过后不久即来听他的下一次演讲。

汉姆生有一种好夸大的倾向,有时那是一种十足的幻想,这一点在哥本哈根的咖啡馆里受到了赞许,咖啡馆里的那种粗野而又喧闹的气氛需要这种充满激情的装腔作势。但在文化精英的沙龙中,汉姆生却经常让人蹙起眉头。人们很快就发现,这个挪威人的阅读面,与他所佯称的非常不一致,而且在他的教育上的欠缺,也更加巨大和众多。一个敏锐的对手,就能轻易把他的弱点暴露出来并置他于困境。汉姆生渐渐开始害怕在讲演结束后所进行的讨论了。

1889年1月12日,克努特·汉姆生在学生会作了他的论美国的第二个讲座。格奥尔格·勃兰兑斯的出席一定使得站在讲台上的人更加紧张了。这位著名的批评家和讲师[1]已经注意到了汉姆生在学术上的欠缺,甚至还对人们对这个长着罗圈腿的挪威人的小题大做不无怨言。虽说如此,他还是想亲自更仔细地看看这个年轻人。

在掌声逐渐消失之后,格奥尔格·勃兰兑斯开始发言,发表一个致谢词,"那是我所能够希望得到的最热情的承认。倘若我能够证明值得获得他的赞扬的一半,那么我也就的确是伟大了",汉姆生在第二天给他在明尼阿波利斯的一位新闻界朋友的信中吹嘘道。汉姆生也向格奥尔格·勃兰兑斯表示了感谢:"倘若我甚至能够稍微配得上您的善意,配得上一个认可的点头,那么我也将永远不会因为花费了这么多辛苦的日子而遗憾。"勃兰兑斯慨允让汉姆生来拜会他。

这两个人随后的关系还算是不错,因为这位学徒知道他的地位并且愿意学习。勃兰兑斯属于哥本哈根的犹太人群体。境遇导致他作为一个自由的知识分子,在哥本哈根学术界的围墙之外开辟了一条道路。也许克努特·汉姆生与格奥尔格·勃兰兑斯在彼此的身上,看到了某种离乡背井之处。

把他的演讲汇总成书这个任务所需要花费的时间和所需要作出的努力,超过了汉姆生的预期。他自我安慰,认为事实上这本演讲集不仅将打开读者的眼界,看到他的文学力量,而且也将轻而易举为自己赚到钱。与此同时他也意识到,他的书将会引起争议。

---

[1] 格奥尔格·勃兰兑斯虽然写有多种著作,影响巨大,但却树敌甚多,始终备受争议,哥本哈根大学一直拒绝授予他美学教授职位。直到1902年,他六十岁的时候,才被请回哥本哈根大学任教授。

汉姆生试图给《论现代美国的文化生活》(On the Cultural Life of Modern America)的目录页一个论文式的面貌,并在文本之内也每每点缀着令人感到博学之处。当出版日期临近的时候,汉姆生还为他的文本配备了一篇序文,以捍卫他的处理问题的方式:"真理既不是两面的也不是客观的,真理是无私的主观性。"以这种手法为庇护,汉姆生也就肆无忌惮地抨击起来。

汉姆生鄙夷地谈论着美国文化的普遍状态,也鄙夷地谈论着美国的文学、绘画和戏剧,然后他又转而谈到美国文化所产生的更广泛的负面影响。作为在美国的一个客人,他感到,面对着"自由的暴政——由于那些推行这种暴政的人是沾沾自喜而又无知,也就使得这种暴政愈加无法容忍",他也就不可能表达他的见解。汉姆生敦促人们要进行批评,但却并没有提到马克·吐温的作品,因为他仍然钦佩吐温。他也忘记了,他曾经惊讶地睁大眼睛,看着美国设计师和工程师所建造的美丽的大楼和壮观的桥梁;现在则是,甚至在芝加哥的密歇根大街上的最漂亮的大厦,"也不比黑人的头更高雅"。

现代美国女人也不合他的口味,因为美国女人多半是神经过敏,她们阅读《汤姆叔叔的小屋》(Uncle Tom's Cabin)①,而且在傍晚散布。美国人是"暴发户,在文化和礼仪上是自学成才",汉姆生说道,而似乎并没有考虑到,有多少人曾经对他作出了类似的判断。

他承认,有迹象说明在美国南方有文化上的精英,但北方各州所捍卫的那种民主,却导致了这种处于萌芽状态的精英统治的丧失。汉姆生感到,美国内战使得黑人成为南方种植园的主人,而这一点是他所不能接受的:"黑人就是黑人,而且将永远是黑人。他们是来自热带的原始人,是把肠子当作脑子的生物,是在社会的白色躯体上的未成熟的器官。"欧洲应该不再为新世界的政治民主喝彩,应该担忧地看待其后果:"在美国所创造出来的,并不是一种文化精英,而是一个生出黑人与白人的混血儿的种畜场。"

来到哥本哈根后不久,汉姆生就给一位移民朋友写了信,猛烈谴责他所认为的那种民主和人民代表权的闹剧。九个月之后,他出了一本书,书中的

---

① 《汤姆叔叔的小屋》是美国女作家斯托(Harriet Beecher Stowe,1811—1896)的长篇小说,旧译《黑奴吁天录》。

每一个句子都充满了对这个现代新世界的厌恶。

在这个时候,尼采正为人们津津乐道。在1888年的春天,在一系列的讲座中,勃兰兑斯把这位德国哲学家介绍给了北欧各国,这些讲座吸引了公众的相当大的关注。《新地》杂志用了大量的专栏篇幅介绍尼采,当然这位哲学家有关平民、庸人和超人的思想,也就成了1889年初在汉姆生与勃兰兑斯之间的讨论中的被反复提及的主题。《论现代美国的文化生活》的最后一章,就揭示出了汉姆生对尼采所作的呼吁的迷恋,尼采呼吁,平等的理想及其固有的奴隶心态应该被超人的自然道德取代。

《论现代美国的文化生活》于1889年问世,那是自从汉姆生手中拿着一本刚刚印出的书的几乎十年之后。

尽管《饥饿》的片断引起了轰动,但汉姆生却在4月告诉一位朋友,他并不打算公开承认这是他写的:"像我这样把自己赤裸裸暴露出来,真是糟透了。而且下面将要写出的那些部分还要糟糕。但我想象,当它问世的时候,它将造成非常大的轰动。"

汉姆生频繁出入普通酒馆,比如位于哥本哈根市中心的贝尼纳酒店。事实上,只是在开始与《新地》杂志圈子的人交往之后,汉姆生才开始喝含酒精的饮料。现在他正在把耽误的时间补回来,并且向每一个愿意听的人宣扬,有种东西能够对宿醉产生神奇的疗效——那就是咖啡豆。

他渴望受到关注,并用花钱大手大脚来获得关注,如果有人拒绝接受他的慷慨给予,他就非常恼火。有些人私下里非难地说,他纯粹是一个试图讨好他人的拼命向上爬的人。有些人评论说,在欠别人的人情这么长的时间之后,他显然需要证明他在经济上能够独立。还有的人纳闷,为什么克努特·汉姆生总是表现得好像他需要用钱买到出路似的。

天赐的疯狂

1889年的复活节周①期间,克努特·汉姆生离开了哥本哈根,前往奥斯陆。

自从他被迫离开他的祖国,几乎已有三个年头了,但现在,在耶稣受难节②的上午在火车东站走下火车的时候,他受到了热烈欢迎。挪威出版商瑟伦森已经邀请汉姆生,在奥斯陆郊外他的别墅里与他住在一起,那里将为他举行一个盛大的欢迎宴会。客人当中有挪威议会的显要人物,尤其是有下议院的议长以及奥斯陆大学的几位教授。左翼新闻界的代表既有《日报》的拉尔斯·霍尔斯特,又有《世界之路报》的奥拉夫·汤梅森。

宴会之后,客人们三三两两分别聚集起来。汉姆生与东道主离开人群坐着,没受到什么打扰,在他们的交谈越来越热烈的时候更是无人打扰。在几杯白兰地下肚之后,汉姆生便因为他所认为的瑟伦森对比昂松的崇拜,而攻击起瑟伦森来。

到复活节星期日③的时候,汉姆生已经是在向他的丹麦出版商菲利普森抱怨他的困境了:"我几乎疲惫不堪了。对我的神经来说这里就是地狱。一位东道主正在用他的唠叨逐渐杀死我。……除此之外,气氛——我指的是生活的气氛——这些人的生活气氛,与我所要求的气氛正相反。你无法想像,这儿国内最杰出的人们是多么的落后。"

奥斯陆的各家报纸杂志的主编们,全都在忙着严密检查他们的成堆的

---

① 复活节周(Easter week),从复活节星期日起的一个星期。
② 耶稣受难节(Good Friday),复活节前的星期五。
③ 复活节星期日(Easter Sunday),即复活节。

退稿,寻找克努特·汉姆生以前寄来的文章和短篇小说。现在他的这些文章和小说当然被视为适于发表了。这种伪善令汉姆生作呕:"人们前来当面对我说,他们一直都知道,汉姆生会写出某种非同寻常的东西……上帝啊,这多么令我作呕啊。"他在同一封信中向菲利普森抱怨道。

他几乎是带着恶毒的快乐拒绝了发表这些作品的提议。他也几乎是带着恶毒的快乐拒绝了一切宴会的邀请。汉姆生也谢绝了瑟伦森要在奥斯陆给他提供住所的提议,瑟伦森仍然有种误解,以为他将成为汉姆生的下一位出版商。而这位作家现在则渴望返回瓦尔勒斯和约顿海门山区,这样他就可以休养他的神经,并继续写那部将要成为《饥饿》的小说。

《日报》是第一家挪威报纸,对《论现代美国的文化生活》作了评论。在一篇赞许的评论文章中,汉姆生被赞扬为具有突出的说服技巧。但当丹麦的《政治报》出现的时候,汉姆生的好心情便消失了。就像许多别的批评家一样,爱德华·勃兰兑斯也指出了,《论现代美国的文化生活》有各种各样的错误和明显的曲解。然而,爱德华的哥哥要更宽宏大量一些。挪威报纸《世界之路报》刊登了格奥尔格·勃兰兑斯的一篇评论,这篇文章增强了汉姆生的自尊心,令他非常得意。格奥尔格表明,汉姆生的天性太敏感,太贵族气了,因而无法适应美国,而且他的幻灭,也一定是产生自他对一个小一些但却更优等的社区的渴望,那个社区是由开明而又有教养的精英们组成的。挪威读者毫无疑问会臆断,格奥尔格·勃兰兑斯在说这话的时候想到的是奥斯陆,但汉姆生却有不同的理解:勃兰兑斯所指的,正是哥本哈根的那个魅力四射的文学界,而且他又是那里的受欢迎的新来者。勃兰兑斯肯定地作出结论,认为汉姆生是"一位新的、非凡的挪威小说家,一位真正的作家,他独立思考,有坚强的目的,有才能,他已经是一种力量,他将走得很远"。

汉姆生决定呆在奥斯陆,一直到他能够在 1890 年的春天,把他的《饥饿》一书的手稿交给他的丹麦出版商出版。这样做他得有现金才行,但只要他作出暗示,他正在积极写作,那两家主要的进行竞争的挪威报纸,《日报》和《世界之路报》就会开出支票。在他寄出的各种各样的作品中,有一篇是《危险之源》(Hazard),这是一篇描写一个鬼迷心窍的赌徒的短篇小说。

这是一个他将为之抱憾的决定。

十年前,他的作品在哥本哈根首次遭到了拒绝,当时他的早期的小说受到的指摘是过分简单化和过时。从那时起,汉姆生就一直被唯恐不够独具匠心的恐惧所折磨。他用《饥饿》的片段,终于赢得了哥本哈根和奥斯陆文学精英们的承认,而为此他曾作出艰苦的奋斗。他谁也没有模仿。这个片段是将成为他所独具的那种风格的一个标志。但汉姆生又完全意识到,他是因为有独创性而获得了声誉,当他进行奋斗以完成《饥饿》的时候,这种声誉是他骄傲感的关键,但只要被指责为剽窃,这种声誉就会被毁掉。1889年,再过几天就是圣诞节的时候,他偶然看到了陀思妥耶夫斯基的中篇小说《赌棍》(The Gambler)的一种挪威文译本,这时他所害怕的就是被人指责为剽窃。他看到,《赌棍》与他的《危险之源》有类似之处,于是便要求《世界之路报》的主编奥拉夫·汤梅森把他的作品退回。那篇作品尚未付印,但汤梅森又道歉说,退稿已时太晚:这个故事将在有八页篇幅的圣诞节版上占据整整三页的篇幅。汤梅森让汉姆生放心,他们俩都知道《危险之源》是原创作品,如果有必要的话,那么这个证据就能反驳任何认为汉姆生剽窃那位俄国作家的说法。

事实上,没有人在《危险之源》与陀思妥耶夫斯基的那篇中篇小说之间进行过比较。起码当时无人作此种比较。作此种比较是以后的事情。

在新的十年期的最初的三个月里,克努特·汉姆生继续为完成《饥饿》而工作着。

由于作品的叙述者与作者极其相似,因而汉姆生也就把他的书描述为一部披露自我之作,这本书描绘了一个作家为了生存而进行的绝望斗争。小说中的主人公并没有历史,因为在汉姆生看来,居住在城市里的人根本就没有历史。在乡下,有着一种归属感,有着一种与家庭的相互联系,有着一种与社区所共有的过去。但在城市中,一个人的身份和价值感是转瞬即逝的。

《饥饿》中的叙述者确实拥有一个作家的身份,一个艺术家的身份,而且他也墨守这个身份。叙述者在典当了他的马甲之后,又返回来从马甲的口袋中找出一个小小的铅笔头,他对表现出惊讶的当铺店员解释说:"尽管它似乎微不足道,但这个铅笔头却是我在这个世界上安身立命之物,可以说,它给予了我在生活中的位置。……因而我想把我的秃铅笔头要回来,实际上也就不应该令你吃惊;这铅笔头对我来说是太珍贵了,几乎就像一个小小的人一样。"

汉姆生最初的打算,是要描述饥饿的经历所造成的那种动荡而又多变的情感。等到书写完的时候,汉姆生又探讨了造成他笔下人物饥饿的更微妙的、内在的原因,而且也探讨了他拒不让自己获得满足的动机。饥饿是一种可怕的经历,但对能够将饥饿排遣出去的艺术家来说,却又并非致命,这样一来,饥饿也就可能使得艺术家能够做他最渴望做的事情。

汉姆生描述了在创作的时候,那种急速流动的高度兴奋状态,那是一个字接着一个字地落下来,"连贯地把它们自己安排起来,使它们自己形成种种情节;一个又一个的场面、行动和话语在我的脑海中涌现了出来,我处于一种神奇的快乐之中。我就好像着魔似地写着,一口气便写下了一页又一页"。在誊写清楚之后,从作品中的人物看出,这是他所创作出来的最佳作品。他跪了下来,感谢上帝,因为"上帝在我的灵魂中进行了一种奇妙的干预,并对昨天绝望的呼喊给予了答复。那是上帝!那是上帝!"主人公并不是仅仅短暂地得到了拯救。他取得了某种更为重要的成就。具有创造力的人克服了一切障碍,甚至克服了他自己的身体的生理要求。

《饥饿》中最重要的战斗,并不是在他与作品中的女性依拉亚丽的反常的遭遇中进行的,也不是与小说中的其他人物的遭遇中进行的。真正决定性的战斗,是在身体的世俗要求与作家的抱负的神圣需要之间发生的。

汉姆生笔下的主人公绝非平庸之辈,而是一位诗人,他未来的成就具有这种潜在的重要性,甚至命运三女神也为他押下了赌注:"在天国,上帝在严密地监督着我,确保我的堕落遵守着艺术的一切规则,而且是有规律而又缓慢地、没有停歇地遵守着。但在堕落进地狱深渊的时候,那些愤怒的魔鬼们却提出了诘问,因为我花费了这么长的时间才犯下了一个主罪[①],犯下了

[①] 主罪(cardinal sins,亦作 deadly sins),基督教术语,指使灵魂死亡的七大罪:骄傲、贪婪、淫邪、忿怒、贪食、嫉妒、懒惰。

一个不可饶恕的罪孽,公正的上帝为此将不得不把我驱逐出去……"

他在奥斯陆的街道上踱来踱去,不得不经常想出新的方法,来压抑他的胃的咆哮,饥饿以及伴随着饥饿的那些诱惑,确实导致叙述者犯下了一个又一个的小小的罪孽——总数则是相当多。不过对一位艺术家来说,那个主罪——也就是没有受到上帝的激励、完全是为了生存而写作这个罪孽——每一次他都抵御了。这部小说就是反对那种雇佣文人式的写作的一篇直截了当的宣言。然而有一次,这个人物几乎动摇了——"我在玩耍的时候信笔写着,脑子里想到什么就写什么,只是为了快速写完,再干别的。我想说服我自己,我曾经有过另外一个具有创作灵感的时刻,我对自己说谎,不知羞耻地欺骗自己,写起来好像我并不需要寻找词语似的"——但他却乞求他所剩下的那点意志力能够保佑他。就像《圣经》命令受到诱惑的信徒,把身体中使他不舒服的那个部分切掉一样,汉姆生笔下的人物用牙齿折断他的铅笔,在这样做的时候也就经受住了他的最终的考验,拯救了他自己。

剩下来让叙述者做的唯一的事情,就是献出他的祭品。这位作家在奥斯陆呆了几个星期,这一期间在他奇特的细腻感受力上留下的最难以忘怀的印象中,有一个印象尤其突出:一个小男孩坐在旅社外面的人行道上,玩着纸条,而一个长着红胡子的人从窗户里探出头来,把一口痰吐在他的头上,嘲笑他。汉姆生笔下的人物克服了他自己的极端饥饿,仍然决心把他所拥有的六片饼干中的最后一片,送给这个孩子。

孩子与丑恶的成年人之间的关系,是克努特·汉姆生从他自己的性格形成的岁月以来就非常熟悉的一种关系。

在头 年的秋天,汉姆生已经向他的丹麦出版商坦白了,何以工作进行得如此缓慢而又让他痛苦:"当已经发表的那个片段是如此成功的时候,自然每一个人都认为,我是要创作出一部杰作,而正是因为这个原因,我从来也就没有感到我做得足够好。"然而六个月以后,他的新手稿几乎完成了。他对失败的恐惧并没有占他的上风。"我相信它是这样一本书,相似的作品以前从未写出过,起码在我们的国家里没有。"他宣告说。

勾引者与诗人集于一身

1890年的复活节,克努特·汉姆生带着他的几乎完成的小说前往哥本哈根。他在挪威呆了一年——比原计划长了许多。

到这个时候,他的出版商菲利普森正变得不耐烦,而且这也可以理解。当汉姆生下船的时候,他几乎是从汉姆生的手中把手稿一把夺了过来,直接送到排字机那里,由此也就给汉姆生增加了压力,得尽快把剩下的那几页写出来。然而对这位作家产生了更大影响的,大概就是菲利普森老是提醒他,在门口的债主已经排成了队。汉姆生曾经让那些最坚持不懈的债主去找菲利普森,由此摆脱了他们。现在债主的名单已经太长了,他几乎记不得,每一个债主他欠了多少钱。

然而,他却一直监视着他的那些女相识的一举一动。

1890年的5月或者6月的某个时候,那是一个星期一的下午,在大约两点钟的时候,克努特·汉姆生坐在哥本哈根的一家不很昂贵的咖啡馆里面。一个人走了进来,坐在另一张桌子边。他四十五六岁,是一位文学史家、翻译家、百科全书编辑,又是大量科普图书的作者。汉姆生曾几次在他家里做客,他们曾经参加过相同的聚会,一起外出进餐。现在,他们则假装没有看见对方。

与艾哈特·弗雷德里克·温克尔·霍恩的这个不期而遇,让汉姆生心绪不宁,这是有充分理由的。他与他的妻子关系暧昧。

汉姆生为一切都做好了准备,不论是威胁,愤怒的指控,还是充满了愤怒的忏悔和绝望的祈求。但温克尔·霍恩一句话也没有说。时间在逝去,汉姆生开始发现形势愈来愈难以忍受。他几次叫侍应生来,感情外露地吩咐拿账单来,好像是要向另外的那个人暗示,如果他打算揍他,那时间可是所剩无几了——而在近期发生的那些事件之后,他一定是要揍他的。

侍应生并不着急。温克尔·霍恩依旧是一言不发。他的脸上甚至都没有闪过一丝表情,以显示他已经注意到,那个谣传让他戴了绿帽子的人出现了。汉姆生考虑他的第一个行动。尽管他并不愿意承认,但另外那个人的沉默还是让他因为羞耻而感到难堪。最终,他还是付了费,离开了。

两个小时之后,汉姆生仍然多少有点心烦意乱,于是便在一封信中向埃里克·斯克拉姆讲述了这次遭遇的细节,斯克拉姆是在哥本哈根他感到最亲密的人。不仅如此,斯克拉姆已经听人说过这个暧昧关系,而且汉姆生还曾经要他跟温克尔·霍恩谈谈。汉姆生不能断定,是否这个交谈就是霍恩在咖啡馆里不理他的一个原因。

"既然他有一切理由进行报复,可为什么什么事情也没有发生呢,"他问斯克拉姆,"在机会如此难得之时,为什么什么事情也没有发生呢?老天作证,这我可受不了。斯克拉姆先生,我的最诚恳的恳求,就是你能要求温克尔·霍恩把这一切作结。无论如何我都不想再次出现在那个人的面前,呆上一分钟,而又什么事情也没有发生。我喜欢这个人,我就要对他说话了,我再也不能忍受这种沉默了,我想知道我所处理的是什么事情。"

汉姆生要斯克拉姆向温克尔·霍恩解释,他想受惩罚,但却并不是恰恰以任何方式受到惩罚,当然也不是用沉默来受到惩罚。如果类似的情况再次出现的话,他将不能保持沉默。"也许摆出傲慢的架势来是适合他的。请直截了当地告诉他,如果他想跟我玩他的愚蠢的把戏,那么下一次看见他,我就会掐住他的喉咙。把话给他说清楚。我已经严重地侮辱了这个人,我有意要求此事有个结局,而且是立即有个结局。"

就像在《饥饿》中他的人物一样,汉姆生也有一种倾向,会突然情绪摇摆,现在他又突然对温克尔·霍恩产生了强烈的怜悯之情:"我从未看见过比这件该死的事情更可笑的事情了——我喜欢他的妻子,但我又更喜欢他这个人。当我现在再次看见他的时候——他更面色苍白了,更老了——我完全可以伸开双臂拥抱他。"然而,也同《饥饿》中的主人公一样,在他的怜悯的下面还暗藏着敌对心理,"而如果他想原谅我,那么我就不会保持沉默,他可以拿他的生命来冒这个险。"

斯克拉姆的任务,就是要使温克尔·霍恩立即明白,由于害怕遇见他,汉姆生甚至都不能在哥本哈根各处走动。"如果他为了让自己得到满足,而不报复,那么当我遇见他的时候,我就将啐他表示轻蔑。这是我的最终决定。"他又在信纸的页边的空白处写道:"他说,他要有所动作,可又为什么没有动作呢?"

看来汉姆生既不想看到,温克尔·霍恩已经报复了,也不能看到,温克尔·霍恩已经报复了。

汉姆生把刚刚印刷出来的《饥饿》寄给在丹麦、瑞典和美国的许多批评家,还附上了条子,解释说,这并不是一部描写婚姻、郊游野餐和舞会的小说——其实根本就不是一部小说。"令我感兴趣的是那些永恒的激动人心的事物,是在我灵魂平静表面的下面的事物,是精神的那些奇怪的特质,是在一个挨饿的躯体之内神经的神秘之处。这本书是有意识地在一根琴弦上演奏着,但又试图从这根琴弦上演奏出几百个乐音来。"

他需在最后关头击败格奥尔格·勃兰兑斯。勃兰兑斯在对《论现代美国的文化生活》所作的评论中,肯定了作者的史诗般的才能和真正有贵族气派的天性,这个评论让文学的大门朝汉姆生微微敞开了。但不久以前,勃兰兑斯又把那同一扇大门砰地一下关上了。只是在简略地匆匆翻阅了《饥饿》之后,他便宣布,他发现这本小说太单调乏味了。

勃兰兑斯的排斥是可以想像的最糟糕的事情:"不仅如果没有你的话我就会感到完全是孤独的,而且如果你不再理解我,那么我继续下去也就自然没有用处。……除了你之外我谁也没有。"汉姆生悲叹道。他确信,勃兰兑斯可能读得不够充分:"我认为,如果我们清点一下,就会发现,在比如表现在拉斯科尔尼科夫[①]身上的情感状态,并不比在我的书中所表现的更多样化。"

---

① 拉斯科尔尼科夫(Raskolnikov)是俄国作家陀思妥耶夫斯基的小说《罪与罚》中的主人公。

但格奥尔格·勃兰兑斯并没有向《饥饿》的作者再说出任何鼓励的话语。他在本质上是一个理性主义者,尽管他并不反对有些许疯狂,但他认为,应该维持一个度;在《饥饿》中,他看到的更是一个就要崩溃的神经病患者。作为一个激进的思想家,格奥尔格·勃兰兑斯可以高举大旗反对上帝,反对神职人员和政客,但却从未反对理性自身。他无意与一个他在知识上无法与之交流的文学人物相认同。

1890年6月4日,星期三,在克努特·汉姆生向斯堪的纳维亚文学的掌门人作出恳求的四天之后,他又再次登上了船。他本来已经开始与朋友们激动地讨论过,想旅行一番——前往突尼斯、比雷埃夫斯、士麦那、塞瓦斯托波尔、敖德萨①,并取道巴尔干半岛各国和彼得堡返回。但这一次却并不是他们讨论中的那次旅行。他仍然并没有钱进行这种梦幻旅行。他的《饥饿》所获得的酬金达到了丰厚的二千一百克朗,但其中的一大部分立即便被债务吞掉了,而且他现在仍然在被不耐烦的债主们追逐着。

然而,汉姆生却看到了一种方式,能够迅速地为他提供在经济上自由活动的空间:那就是在下面的两三个月里,再匆促写出一本书来,然后再开始他的穿越东方世界的伟大旅行。他解释说,这本书将包括三四篇短篇心理小说。

他所登上的那条船,定于将要把他带回奥斯陆,而他与这个城市又有着如此紧张的关系。但他却无意在这座城市里逗留,因为他不想忍受那些好奇的凝视和街谈巷议,须知挪威各家报纸一发表评论,那些好奇的凝视和街谈巷议就会接踵而来,人们将会猜测,实际上《饥饿》在多大的程度上是自传。还没有过去一个星期,汉姆生就已经登船起航,那条船将沿着挪威的东南海岸线蜿蜒行进,并顺便在沿岸的每一个村庄停靠。这个旅行非常适合于他。他指望着这次旅行能够带来创作灵感的火花,让他投身到一个新的项目中去,这是一种他以前经常依赖的方法——在美国时尤其如此——而且带来的结果也令人吃惊。

他在利勒桑有点事,便上了岸,利勒桑是靠近挪威南端的一个村庄。它

---

① 比雷埃夫斯(Piraeus),希腊东南部港市。士麦那(Smyrna),土耳其西部港市伊兹密尔(Izmir)的旧称。塞瓦斯托波尔(Sebastopol),乌克兰克里米亚州海港城市,位于克里米亚半岛西南部。敖德萨(Odessa),乌克兰南部港市。

是个生活的好地方,有一千五百口人,面对大海,背后是森林,森林为这个村庄的骄傲——为造船厂提供了优质的木材。

汉姆生上岸的时候,仍然处于一种虚弱的状态。

勃兰兑斯的话,就像一个恶棍挥舞破瓶子一样,给汉姆生带来了伤害。《饥饿》的最后几个月的创作工作,就像在玻璃碎片上面打滚一般。而在弗雷德里克·温克尔·霍恩,霍恩的妻子,以及他本人之间上演的那出嫉妒的戏剧,又使得他愈加悲伤。他向一位朋友吐露,他对孤独感是多么的厌倦,厌倦没有一个情人或者妻子,厌倦从一个地方旅行到另外一个地方,厌倦暂时生活在恶劣的条件之中,家里没有可与之道别的人,也没有可以盼望的人。

在利勒桑,他寄宿在一个改建的停船棚屋里。从巨大的走廊里,他可以看见岸上村庄的广场,看到港口的对面以及海上航道。他每天最愉快的时光,就是在下午汽船到达的时候。他很快交上了朋友,结识了一些人。

但也有一些人对他则是蜚短流长,他们说,《饥饿》是一本亵渎上帝的书,一本可耻的色情书,他的举止对青年女士不妥当,特别是,他还使得镇子里许多与丈夫暂时分离的女人中的一位头脑发热。

汉姆生向几位通信者承认,这完全是真的。埃莉斯·多萝西娅·约翰逊二十六岁,在嫁给一位海军军官三年之后仍然没有孩子,那位海军军官正离家出海。在这样一个小镇子里,什么事情都不可能长期保密。

几个月之前,汉姆生曾经埋怨,温克尔·霍恩未能勇敢地面对他,他因为霍恩拒不报复而讥笑他。在利勒桑,他很快就认识了一个真正的男人。那位海军军官亲自来访问这位作家,非常清楚地向他表明,他应该离开他的妻子。这个人的意思是不容搞错的。

然而真相却是,此时汉姆生的兴奋已经变得麻木了。让他充满激情的,是追求所带来的那种刺激。一个女人越是难以搞到手,他的欲望就越是难以压制。当他处于这种状态的时候,他所想像到的可能发生的事情,或者必须发生的事情,也就没有限度。在恋爱中,就像在写作的狂热中一样:他随着波浪漂浮,直到他筋疲力尽,垮掉了。

在接到一封电报之后,汉姆生登上了一艘朝东行驶的汽船,他只带着最轻便的行李,前往附近的一个村庄。这时有关他的闲言碎语也达到了前所未有的层次。一个古怪的英国女人引起了他的好奇,她叫玛丽·查维莉塔·邓恩,是位作家,与汉姆生同龄。她身上有澳大利亚、爱尔兰和威尔士血统,曾在德国和美国生活过,后来与一个嗜酒成瘾的情人在挪威定居,那位情人不久前刚刚死去。

1890年9月的一个星期日的傍晚,他进了她的房间,不过他一进门,她便感到胆怯了。她第二天要外出旅行,不过他们同意互通来信,直到她返回挪威,她非常希望届时能够再看到他。他的新的经历将被改造成为艺术,他用这些经历把自己武装了起来,返回到利勒桑的那种密切的村庄气氛之中,开始写一本书,他希望,那本书将会取得《饥饿》所没有取得的一切成就。

第 二 部

让先知见鬼去吧！

克努特·汉姆生长期以来都梦想，有朝一日他将能与亨里克·易卜生以及他的时代的其他主要挪威作家比试一番。在1890年的夏天，他意识到，那一代已经成名的作家们是在多么大的程度上挡着他的道。但在他看来，出错的并不是他的写作，也不是他的小说《饥饿》，出错的是那些年以来，一直是以保守派的陈腐之见为精神食粮的批评家们，也就是挪威文学的四位元老级"先知"：比昂斯藤·比昂松、亚历山大·基兰德、约纳斯·李，以及亨里克·易卜生。

尽管获得了许多好评，但《饥饿》还是没有被誉为一部伟大的天才之作。有一家丹麦报纸，报的名字就叫《报纸》(*Avisen*)，它轻蔑地提议，汉姆生应该申请在现代文学收容所里当一名抬棺人。在《政治报》上，爱德华·勃兰兑斯指责汉姆生写得貌似真实，他质疑，把一个挨饿的人写得像《饥饿》中的中心人物那样，乐意把他的最后几个铜币浪费掉，这是否可信？有些人严厉批评了作品中的色情场景，还有人严厉批评了作品中对上帝的强烈否定，而这一点则是汉姆生事先就骄傲地宣传过的。他不时被指责为粗俗，愤世嫉俗，甚至是一个令人深恶痛绝的人，但这种批评尚属少数。

在最先站出来赞扬《饥饿》的那些挪威报纸中就有《世界之路报》。它宣布，汉姆生是一个非同寻常的文学天才，是一位最高层次的艺术家。《日报》看出，汉姆生是一位大艺术家，他预示着一种新的言语表达和新的文学风格即将出现。在哥本哈根，《哥本哈根博尔什时报》(*Kobenhavns Bors-Tidende*)赞扬了他的艺术才华的那种一丝不苟的精确性。与此同时，《哥本哈根博尔什时报》还看出了他的艺术家的气质和细腻的诗意。确实，可以看出,在最初的那一轮主要在左翼报刊中发表的那些评论,既是考虑均衡的,也是肯定的。

然而,尽管汉姆生注意到那些赞誉之词,但他所反复思考的却是否定的批评。也许他需要否定的批评,以便点燃那种他所依赖的战斗精神:"我脑子里满是主意,就像狮子一样强壮。"他向埃里克·斯克拉姆保证,"上帝给我力量,我将进行写作,这样一来,国内的这四位大先知就不得不关注!"

他放弃了要写一本心理短篇小说集的主意。"我反复斟酌,想找到将会成为这个地球上所写出来的最给人以深刻印象的东西。"他向斯克拉姆许诺道。斯克拉姆已经在丹麦的《观众》杂志和挪威的《当代》杂志(Samtiden)上,写了对《饥饿》的评论,他确信,《饥饿》足以与最优秀的欧洲文学作品媲美。

不过还有一篇评论文章,让汉姆生耿耿于怀。那位评论者感到,小说的中心人物在对依拉亚丽冲动地进行了调情之后,又退缩了,这使得他显得有点阳痿。那位评论者把这一点阐释为,汉姆生没有能力对色情场景进行描写,他又暗示,这一点可能是出于汉姆生个人的原因。汉姆生受到了极大的侮辱,于是许诺要"写一首爱情的赞美曲,要使得安拉①与比昂松颤抖!"汉姆生确实相信,这些刻薄的话语源自他以前的偶像,挪威文学生活的元老比昂斯藤·比昂松,尽管是间接地源于他。他现在决心要使他的下一本书,成为一部有实质内容的小说,它将毋庸置疑地证明,克努特·汉姆生为生活或写作打下的基础,无人胜过。

尽管汉姆生发现自己受到欢迎,得以进入斯堪的纳维亚地区的文学圈子和政治圈子,起码是部分地进入了,但他却与哥本哈根的爱德华·勃兰兑斯和格奥尔格·勃兰兑斯不和,又与有影响的比昂松小集团不和,与挪威的保守派不和,与有重要影响的各个左派群体不和。

这种被逼入绝境的经历,使得他危险地渴望进行战斗,须知他是可以从这个绝境里跳出来发起进攻的。

---

① 安拉(Allah),即真主,伊斯兰教信奉的唯一神的名称。

就在汉姆生的讲演集出版之后,菲利普森就试图说服他的撰稿人,事实上与汉姆生的抱怨相比,大家对《饥饿》所作的评论要更加不偏不倚和更加肯定。显然菲利普森并不知道在很大程度上汉姆生是按照他的主观的认识能力来生活的。这位出版商暗示说,第一版印刷的两千册不大可能售罄,因而汉姆生这么快就再次要求预支稿费,也就是无耐心得荒唐。汉姆生为此而不快。然而他所要求的四百克朗是一笔大的数目:当时一位工匠一天赚三克朗的工资就算不错了。

汉姆生一再提醒菲利普森《饥饿》是独一无二的。他说,《饥饿》是"一本以前从未写过的书,它是出类拔萃的,而出类拔萃的书又当然是罕见的"。对汉姆生在他书中所表现出来的独特性质的一些最热烈的确认,系来自德国。汉斯·库莱拉是一位医生,出版了一份国际精神病学杂志,他希望把《饥饿》当作一部科学著作翻译过来。有两份德国杂志已经写了有关汉姆生的文章。而仅仅在这本书出版的两个星期之后,易卜生的德语翻译者便与他的德国出版商萨姆埃尔·菲舍尔一起给汉姆生打来了电报,要求得到授权。汉姆生告诉菲利普森,还有一位出版商也表示出了强烈的兴趣。

不久,《自由舞台》(*Freie Buhne*)杂志表示出意愿,希望能够在该杂志上连载《饥饿》。《自由舞台》是出版商萨姆埃尔·菲舍尔所拥有的一份杂志,他还决定在第二年出版小说的全本。在德国,汉姆生的作品将由出版易卜生作品的同一家出版社出版。

由于受到德国反应的鼓励,克努特·汉姆生便写信给汉斯·利恩·布雷克斯塔德,敦促他与易卜生的英语译者威廉·阿彻尔联系。汉斯·利恩·布雷克斯塔德是在英国的一位热心的挪威文学倡导者。

《饥饿》受到的欢迎使得汉姆生确信,他需带头为一种新的文学形式扫清道路,那种新的文学形式就是心理文学。汉姆生认为,大量右翼报刊对他的小说是断然摈弃,左翼报刊的评论也是部分否定,而这正是挪威文学不足之处的证据,汉姆生把挪威文学轻蔑地描述为说教文学、性格文学和冒牌文学——那种文学未能描述现代人的独特的精神生活和情感生活。"挪威文学中的情感缺乏多样化,而且过于僵化。"他对一位瑞典同事古斯塔夫·阿弗·盖耶尔斯塔姆抱怨说。他写了一篇论述这种新的文学形式的宣言,题目是《从精神的无意识生活出发》(From the Unconscious Life of the Mind),他把这份宣言寄给了新创刊的挪威杂志《当代》。

这篇文章的一大半篇幅是用来描述他的两篇短篇小说是怎样在睡眠中写成的。他解释说,在使用自由联想的技巧的时候,他是在调查他的现实经历与他的潜意识的行动之间的联系。在这篇文章中,汉姆生希望,通过阐明他本人的情感经历以及他本人的写作方式,并因而间接地阐明《饥饿》主人公的情感经历,他也就将会展现出对一种新的文学形式的需要。那是一个响亮的号召,号召作家们写出这种书来,它们将能够阐明"未被注意而发生在灵魂里最遥远领域中的秘密活动,感知的不可预测的紊乱,在显微镜下所看到的那种想像的微妙生活;[能够阐明]在心智的悲伤的、人迹不到的、不留痕迹的旅行中,这些思想感情所走过的蜿蜒曲折的道路,[能够阐明]灵魂的奇特运转,血液的窃窃私语,骨头所作的祈祷,精神的整个无意识的生活"。

汉姆生正在德国和奥地利吸引着人们的注意,出版商和翻译家给他的来信也越来越多。有一封信是来自一位德国译者,名叫玛丽·赫茨费尔德,汉姆生已经把他的短篇小说《危险之源》寄给了这位译者,(而似乎并没有必要为与陀思妥耶夫斯基的《赌棍》有类似之处感到担忧。)现在他又把他论潜意识生活的文章寄给了她。玛丽·赫茨费尔德显然有良好的人际关系,因为汉姆生的文章很快就在大报《法兰克福日报》(Frankfurter Zeitung)上发表了。

这只年轻的鹰已经开始建造一个鸟巢了,那将会是在德国的一个强大的鸟巢。易卜生还是留点神为好。

从讲演者的讲桌上突然飞向比昂松和挪威文学先知们以及他们的评价过高的书猛扑过来,这个主意似乎越来越强烈地吸引他。在他六年前巡回演讲失败之后,汉姆生选定了卑尔根作为再次尝试在他的祖国当一名演说家的地点。

那个秋天,他演讲的日期一再推迟,而随着时间的临近,他开始变得越来越神经紧张,这并不出人意料。会有人来吗?被他们的四位先知洗过脑的挪威公众会表现出对他的任何兴趣吗?

几乎在他定于作演讲的日子的两个星期前,他来到挪威的第二大城市。到1891年2月19日,星期四,他迈步走上讲台的时候,他已经在卑尔根的三家大报纸上向卑尔根市民连珠炮似地印发了足足二十七个启事。

报告厅可以容纳三百个人。有几个人曾劝告汉姆生,还是租用一个小一点的场所。但到七点一刻的时候,报告厅已经爆棚。人们甚至沿墙而站,站在门口。到七点半的时候,有许多人已经被拒之门外。值得注意的是,听众中有大量妇女。现在演讲者朝下凝视着四百位卑尔根的居民,清了清喉咙。他用一种旨在从一开始就能打破常规的问候语①,开始说道:"先生们,女士们!我今天的演讲题目是挪威文学,而我将不得不说出的话,大概会得罪人。"

他解释说,他将攻击挪威文学,以便为某种有所欠缺的东西扫清道路。他打算集中讲挪威的四位主要的唯物主义文学作家,也就是那四位先知,按照汉姆生的说法,那四位先知构成了民主的功利主义、英国的"管家式的"道德,以及少许的欧洲现实主义的一种混合。他认为,在法国,一种有贵族气派的心理写作正在出现,让左拉和别的探索社会问题的作家相形见绌,而在挪威,他们却仍然在创作出他们旨在进行社会改良的性格作品。这些作家已经变成了人民的朋友,而不是人民的观察者。

比昂松,就其同情心和能力而言,是一位教育家,而就其气质而言,则是一位农夫兼民主主义者。他的书就像家庭的药箱,智慧零碎地储藏在这个药箱里。他是已经成人了的孩子们的教育者。

亚历山大·基兰德是一个对生活中的初步交流感兴趣的人,而生活中的初步交流又远远超出了他对人类心理的感觉。他的书散发出了一种忙碌的欢乐。

约纳斯·李决非领袖人物,而是一位优秀的步兵;他并不是一颗闪光的

---

① 常规的问候即说"女士们,先生们"。

星星,而是一支明亮的蜡烛,而且好脾气,就像一个和蔼的叔叔。

最后他谈到亨里克·易卜生,易卜生是四位当中的最出名的一位。汉姆生嘲弄道,易卜生比任何人都更满足于创造出最简单化的心理刻画。汉姆生宣称,这不仅是在表达人物的内心生活的时候,戏剧形式上的局限性所带来的结果,而且也是易卜生的僵化,以及他在理解人的精神的细微差别上的欠缺所带来的结果。

一个半小时以后,克努特·汉姆生的演讲赢得了长时间的热烈掌声。

由于他的演讲系列已经有了精心准备,因而现在汉姆生有大量的时间,在第一次和第二次演讲之间的那个四天的间隙来庆祝他的胜利。博莱特·帕韦尔斯·拉尔森是一位作家、翻译家,又是卑尔根的报纸《卑尔根时报》(*Bergens Tidende*)的批评家,她在为《饥饿》写了一篇感情洋溢的评论之后,与汉姆生成了好朋友。现在她带着慈母般的骄傲,把他介绍给她在卑尔根的各个社交圈子。在汉姆生来到这个城市之前,他们就曾频繁书信来往,在通信过程中,汉姆生让她多少深入了解了他与女人之间的关系——而现在她则是直接目睹了他在女人身上所产生的效果。卑尔根的女人们纯粹是怎么与他交往都感到不够。在向另外一位相当妒忌的作家作汇报的时候,拉尔森写道:"天啊,他把她们全都征服了。所有的女人,她们所有的人都拜倒在他的脚下。"

第二次演讲,克努特·汉姆生不得不租用了一个比第一次大了一倍的报告厅,但走廊和主厅仍然爆满。听众起码有七百个人。

他挑衅性地开始了他的演讲。在他看来,他的听众毫无疑问最喜爱的那些书,所包含的只不过是最粗糙、最廉价和最肤浅的人物塑造。他说明,这是因为挪威的作家们,尤其是那四位所谓的"先知",未能探讨现代人的复杂之处。他解释说,现代人的灵魂,是一个一切都在切换而且什么都与表象不同的世界。

现在,汉姆生自己就像一位先知,对他的追随者们讲话,给他们讲述了一个说教性的寓言故事:有一位作家朋友,他在去年冬天访问汉姆生家的时候,看到一个老年盲人,让他的外孙像骑马一样骑在他的身上,那位作家感动得流泪。当他们在后院里玩耍的时候,那个老人接受了这位小小骑手的鞭打,而又一句怨言也不发。在汉姆生的同事看来,这个场景是他所遇见的有关人性善的最美丽的例子。但汉姆生注视这个住在他下面的家庭有一段时间了,因而知道,这是一个肤浅的曲解。事实上,那个老人偷了他女儿的一些奶酪,而他的女儿此刻正在窗边,观察这个使他蒙受耻辱的游戏。这位来访的作家把传统的性格类型当作他的理解的基础,也就误解了形势的动因。老人让孩子左右抽打他,折磨他,因为他想让自己戴上受刑的手枷,他需要受罪,而这又是受到了对自己所怀有的一种易伤感的残酷的驱使。在那个时刻,那个老年盲人是一种非同寻常的精神存在,而"性格类型"作家对此却根本就不理解。

对于他的大量听众来说,汉姆生的第三次演讲毋宁说是虎头蛇尾。他把他的攻击转向他所称之为时髦的文学,或者说是轻松读物,他用了他演讲的几乎一半的时间,探讨一本他的听众几乎都不熟悉的书:居伊·莫泊桑的《我们的心》(*Notre Coeur*),这本书不久前被译成挪威语。他用莫泊桑这样的民粹主义作家来论证他们对时代精神的洞察力。然后他又再次返回到易卜生以及其他挪威和北欧作家,他得出结论,不论是这些作家,还是这些作家的读者,都不合格。

如此说来,难道当代文学就没有一线希望了吗?

当然有。在他演讲系列的中途,也就是在他第二次演讲的中间,汉姆生已经表明了他对未来的希望:"在这里,在这个国家,有一位作家,他不久前出了一本书,它与任何别的书都不一样,这在某种程度上是因为它处理的是一个极其敏感的人物。这本书并不伟大,它并不畅销。但在出版两个月之后,它的作者已经收到了五十封感谢信,那些感谢信既来自熟人,也来自挪威的各种各样的男人和女人,来自陌生人,来自他从来没见过的人,其中有几位是名人。"

他所说的那位作者,当然就是他本人。那本书就是《饥饿》。而那些写信赞扬他的人是三生有幸的,因为他们被认为是为数甚少的没有被那四位先知以及那些先知的仰慕者们所洗脑的人。

无谜可猜的斯芬克斯

1891年,在整个春天一直到夏初,克努特·汉姆生在许多城镇里作了演讲。不论是易卜生,还是他所攻击的别的作家,都没有试图公开为自己辩护。他们的沉默只是在汉姆生的愤怒之上火上浇油。而当他看到易卜生在国际上获得巨大成功的时候,他的情绪并没有轻松愉快起来。

7月16日,在旅居国外二十七年之后,亨里克·易卜生返回了挪威。不论是左翼新闻界还是右翼新闻界都争相声称,他是他们的捍卫者。易卜生坚持说,他并不是回来定居,而只不过是要在挪威海岸沿线乘船旅行。克努特·汉姆生在访问了挪威的最北部之后,返回首都,这时他在一封给朋友的信中怒气冲冲地说:"此人回到首都了。按照通讯社的说法,他宣称他'对北角①感到满意'。对北角感到满意!请想像一下此人吧,他点着头,摆出一副深刻的姿态,宣称自己对猎户座大星云②'感到满意'。请允许我捧腹大笑吧!"

就在汉姆生的三十二岁生日过去一个月之后,他一定会在报纸上看到,易卜生佩戴着他的所有荣誉勋章,荣幸地在奥斯陆的一个剧院,参加了《青年同盟》(The League of Youth)的第一百场演出。易卜生的成就是难以视而不见的。

---

① 北角(North Cape),挪威北部一海角,该地的著名北角流(North Cape Current)是挪威洋流的最北延伸部分。
② 猎户座大星云(Orion Nebula),一种明亮的弥漫星云,位于猎户座猎人腰带的宝剑处,用肉眼隐约可辨。

但在10月2日,就该轮到亨里克·易卜生在报纸上读到克努特·汉姆生将在一个星期内在奥斯陆作讲演。此后不久,这位著名的戏剧大师就收到了演讲者本人发来的书面邀请。

六十三岁的易卜生愈来愈想了解年轻作家们的动向,而毫无疑问这是一个机会。

10月7日,星期三的傍晚,著名的哈尔斯①兄弟礼堂挤满了人。除了别的文化名人和几个政治显要之外,所有的青年作家都出席了。甚至北极探险家弗里德肖夫·南森②也在场。在前排,挪威的最有名望的作曲家爱德华·格里格③,与他妻子尼娜坐在一起,尼娜是鼎鼎大名的音乐会歌唱家。就在八点钟之前,又有一对情侣来到了,与他们坐在一起,亨里克·易卜生与一个年轻的女人,而谁也不会看不出来,那个女人并不是他的妻子苏珊娜。易卜生很快与他在卑尔根的女房东的女儿再次取得了联系,但很快就发现,他的女房东的外孙女希尔达·安德森,二十七岁的钢琴家,是一位更令他愉快的同伴。他们在靠近讲台的地方就座了。

克努特·汉姆生把易卜生安排在最前面,在一号座位上。

当演讲人登上讲台的时候,年轻的作家们满怀期待地鼓起掌来。

"先生们,女士们。"

还没有过去三十分钟,演讲者便说出了每一个人都屏息等待要听到的那个名字。汉姆生开始阐述在易卜生作品中情感的僵化和细腻的缺乏。几分钟以后,他又攻击了易卜生对形式本身的选择,也就是戏剧:"这种心理,它应该是非常清晰的,也就是说:它是如此肤浅,能够一直从舞台上得到理解和欣赏,因而也就是一种站不住脚的粗糙而又矫揉造作的心理。"

汉姆生把易卜生说成是一个无谜语可猜的斯芬克斯④。"有关易卜生,

---

① 哈尔斯(Frans Hals,1580?—1666),荷兰肖像画家和风俗画家。
② 南森(Fridtjof Nansen,1861—1930),挪威北极探险家、海洋学家、政治活动家,曾乘船往北极探险。获1922年诺贝尔和平奖。
③ 格里格(Edvard Grieg,1843—1907),挪威作曲家、挪威民族乐派奠基人,作品以丰富的抒情韵味著称,代表作有《a小调钢琴协奏曲》、戏剧配乐《彼尔·金特》等。
④ 斯芬克斯(Sphinx),希腊神话中带翼的狮身女怪,传说常叫过路行人猜谜,猜不出者即遭杀害。

我们已经习惯于相信德国人说的话,结果我们读他作品的时候,便臆断我们将发现智慧的话语,我们确信,我们将发现那智慧自始至终都是卓越的。如果我们碰巧在他的书里碰上某颗奇怪的彗星,那么那就根本不是彗星,而是一个谜语,即使如果它似乎完全不合情理,那么也不是作者的过错,而纯粹是我们没有能够理解他。而且必须承认,此人有一种奇特的爱胡诌的癖好——而且是深刻的胡诌的癖好。"

在整个演讲的过程中,易卜生都是镇定自若地坐着,并且似乎带着极大的兴趣盯着讲台上的人。甚至在演讲者捉弄这位伟大的戏剧家而引得听众哄堂大笑的时候,他也是不露声色。

掌声持续了很长时间,也就让演讲者有时间离开讲台又返回讲台。大多数听众欣赏汉姆生的勇气,但也有的人发现他的无礼是惹麻烦的,还有的人深感忧虑。这些人当中的一位就是《世界之路报》的主编奥拉夫·汤梅森,汤梅森在演讲之后向易卜生表达了他的义愤。易卜生插话说,要是他们生活在一个文明国家的话,那么学生们就会在那天晚上把那家伙的脑浆打出来。

第二次演讲,许多人因为满座而被拒之门外。但挪威的政治精英们,尤其是首相和司法大臣,却被引导到靠近讲台为他们留的座位上。易卜生也确实享受了此种待遇。当他的女性同伴吃惊地问他,他为何竟想再次听这个"无耻之人"的演讲,他的反应是:"毫无疑问你必须明白,为了学会写作,我们必须前去。"

易卜生的具有讽刺意味的姿态,可能掩盖了他年轻朋友们所未能理解的一个严肃的意图。在他的第二次演讲中,汉姆生将陈述他本人有关"心理文学"的思想。易卜生并非没有意识到,有一些人认为,他的戏剧处理的是社会,而不是灵魂的活动。事实上,这是多年以来,他从几个消息来源听到的一种看法。只不过是几个月以前,萧伯纳就把他描绘为主要是一位社会作家,而不是心理作家。在8月的时候,他曾访问哥本哈根,为的是更仔细地亲自看看"刻画灵魂的戏剧家"奥古斯特·斯特林堡的作品。现在,在1891年的10月,他正在构思他的下一部戏剧。

大厅已经热得不寻常了。五个枝形吊灯上的一百六十盏煤气灯,以及大约八百个人,产生出了相当大的热量。而且讲台上的那个人,也没有给他的听众多少能够冷静下来的机会。

但在作了这第二次演讲之后,克努特·汉姆生便在报纸上遭到了更多的反对。他们感到,他是极大地夸大了心理写作生存条件的贫瘠。

他的第三次演讲仍然是爆满,在这次演讲之后,各家报纸并不写这种泛泛而论的文章,而宁可发表读者的来信。许多来信感到,奥斯陆的公众在为汉姆生喝彩的时候,在对待挪威的最伟大的作家,包括易卜生却又行径可鄙。一般说来,对这种批评汉姆生可以不予理会。但一位主编,也就是《世界之路报》的奥拉夫·汤梅森对他的攻击却深深地伤害了他。

江湖骗子逃走

克努特·汉姆生离开了奥斯陆,他再次成为一个因敌人欲加害于他而处于险境的人。

以前他曾经在这个城市里挨饿,受冻,受到屈辱,但却从未成为诋毁的目标。然而这恰恰是奥拉夫·汤梅森似乎执意要做的事情,汉姆生曾经在《饥饿》中,满怀深情地把汤梅森刻画为长官。1891年10月15日,星期四,汤梅森在《世界之路报》上发表了一篇重要社论,这篇社论将使这一天成为克努特·汉姆生一生中最黑暗的一天:

"这位伟人(指汉姆生)讲话了。他带着他的心理洞察力前往特隆赫姆。没有任何批判能力的人们被他的评论强烈吸引住了。也许说起来刺耳:似乎他的听众,几乎就像汉姆生这位伟大的灵魂探索者本人一样无知。他们当然是在教养和乖巧上与他旗鼓相当。这位心理学家就当着亨里克·易卜生的面,百般谩骂易卜生;听众狂热地鼓掌——尤其是那些不久前曾称赞过《群鬼》(Ghosts)和《青年同盟》①作者的人。从一开始,对这种假内行的心理批评所产生的激动,就达到了高峰。但一门为期三个小时的课程,授课内容就是无知、肤浅和无礼,太过分了。而现在——回想起来——那种激动已经减少了,行将结束。汉姆生先生猛烈抨击了欧洲最伟大的作家,就像他两年前猛烈抨击美国一样——而有关美国他所知甚少,只不过事实上没有汉姆生先生,美国尚且还能幸存。美国依然完好——我们的作家们也依然完好。"

---

① 《群鬼》和《青年同盟》均为易卜生的剧作。

唯一一个为汉姆生辩护的人是他在卑尔根的新的捍卫者博莱特·帕韦尔斯·拉尔森。她写了一篇热情的支持文章,寄给了特隆赫姆的《每日新闻报》(*Dagsposten*),而汉姆生的下一个系列演讲就定于在特隆赫姆举行。她认为,汉姆生既表现出了革命的力量,又表现出了谦虚,她还指出,汉姆生从未寻求要获得政府津贴。她描绘出了一个天才的这样一幅画面,这个天才在一种要开拓自己道路的不可压制的冲动的驱使下,不得不迈向讲台——尽管他厌恶把自己推向前台。她预言,谁也不应该怀疑,汉姆生将最终取得成功。

当他到达特隆赫姆的时候,她的文章正在那里等着他读呢,这毫无疑问使得他在到达的时候心情轻松了。他在特隆赫姆的演讲又再次爆满。

汉姆生再次乘船,沿着海岸前往克里斯蒂安桑①,克里斯蒂安桑是临近特隆赫姆的一个城市,他打算在那里住上一段时间,继续写他的心理小说。

这里并不像在利勒桑那样有与丈夫分居的女人,而是有一位二十一岁的钢琴教师朱莉·阿曼达·劳斯。她长得娇媚,浓浓的眉毛特别令汉姆生喜爱。不过正是在她坐在钢琴前琴凳上的时候,他才感到涌起一阵激动,有一种压倒一切的欲望,想成为她世界的一个部分,那是有教养的资产阶级的世界,在那个世界里,盛着茶水的茶杯上有家族的盾形纹章,每一个家具和物件都能讲得出故事来。

朋友们叫她卢丽,很快她就让汉姆生也喊她卢丽了。然后她又允许他有过分亲昵的言行。卢丽爱上了他。她从未遇见像克努特·汉姆生这样的人,尽管她在书中读到过一个非常像他的人——是在《饥饿》中读到的。

她也去听他的演讲,在克里斯蒂安桑汉姆生认识的人全都去听。他们都听到他作为一个现代心理学家,调查并阐明了在忧伤与欢乐中的灵魂,在清醒与睡眠中的灵魂:"当灵魂迈着理性的步子穿越这里的现实时,我走在灵魂的旁边;我狂热地紧随灵魂之后,进入别的世界,在它的穿越空间的旅

---

① 克里斯蒂安桑(Kristiansund),挪威西阿格德郡首府、港口和城镇。1641年克里斯蒂安四世在此修筑城堡并建立城市,城市后以其名命名。

行中追逐着它,爬进童话中的蓝天,与星星嬉戏,迎接太阳的神灵,越过世界的界限,飘浮下来,在一个金色城堡的边上落了下来,那城堡是在西方的大门处群山的后面。我做了这一切,而且在这样做的时候,又带着一个有意识的目的,那就是照亮灵魂的深处,一直照进灵魂的神秘之处。"

在他到达克里斯蒂安桑后不久,这个小城的居民便注意到,克努特·汉姆生的举止相当古怪。他们没有意识到的是,他的举止与他的最新作品的主要人物约翰·尼尔森·纳吉尔,是互为关联的。

在刚过完圣诞节的那一天,他隔壁房间的一个老太太死了,这时汉姆生声称,他能够看见幽灵,他已经接受了她的一次来访;他说,她来到他的房间几次了,有一次是为了寻找一把旧雨伞,她坚持说,那把伞一定是在他的东西当中。她(与他)感到唯一不幸的就是,第二天她就要被埋葬了。

汉姆生处于一种有点儿过于容易兴奋和敏感的状态。当他读陀思妥耶夫斯基的《被欺凌与被侮辱的》(The Insulted and Humiliated)的时候,他深受感染,不得不长时间散步。路上他从一个盲人身边走过,那个盲人用最大的气力吹口哨给自己听。这是一件小事,然而却又是一件给他留下了深刻而又持久印象的奇特小事:汉姆生把它写进了一段描述之中,描述的是目盲的天使们,他把这段描述增加在一堆越来越多的速写之中,那些速写将形成他的下一本书《神秘》(Mysteries)。他正在用一种新的工作方法做实验,那就是慢慢收集互不相干的片段,然后再把它们拼合起来。

汉姆生的脑子里有许许多多的想法,但他抱怨说,那些想法中的任何一个他都搞不清楚。不过最终,他还是成功地把条条线索聚合在一起。《神秘》的开头是:"去年仲夏,一个挪威沿海小镇成了最引人注目的事件的发生地点。一个陌生人出现在镇子里,他叫纳吉尔,是一个奇特而又引人注目的江湖浪子,他做了许多非同寻常的事情,然后又像突然到达那样突然消失。此人也接受了来访,那是一个年轻而又神秘的女人,天知道她来访是为了何事,她不敢多呆,没过几个小时又再次离开了。但后来又发生了下面的一切……"

如果可以这样说的话,那么汉姆生笔下的纳吉尔就是被界定为持续的不稳定。那就好像,他的突出特色恰恰就在于他没有性格。对某物的一瞥,一种含糊的气味,一个想法或者一个单一的字都足以在他的精神状态中激发起一种戏剧性的改变。在独自一人的时候,在状态好的时候,他明显地能够与他的种种个性对话。在与他人在一起的时候,他的往往是矛盾而又捉摸不透的举止让某些人着迷,但也导致混乱、藐视、嘲笑、敌对行为,并最终导致被摈弃。最终,纳吉尔的潜能减少了,每一个人的关注也随之减少了。那是一条通向失望的捷径,随着失望而来的就是愤怒,而这又造成了内疚和最终的耻辱。

对于克努特·汉姆生来说,这是一个他所熟悉的领域。当他写作《神秘》的时候,他获得了甚至更大的洞察力,因为他本人就是调查的主要对象。他把他本人对权威人物、权力和群众的看法赋予了这个中心人物,把他对城市资产阶级、对英国人、对思想顽固的格莱斯顿[①]的不屑赋予了这个中心人物,甚至还把他对亨里克·易卜生的敌视也赋予了这个中心人物。

但在某个方面,汉姆生认定,或者说是发现,在他本人与他的创作物之间有着基本的不同。作品的主人公纳吉尔与作者非常相似,他也梦想能有巨大的成就,尽管最后他成了"一个流浪者,他的道路被堵塞了……,他成了生存的局外人"。纳吉尔的思绪是把他更深地驱赶进混乱和疯狂之中,而作者则是给他的思绪带来秩序:作者是一位诗人。纳吉尔缺乏把他的思想改造成不仅仅是卤莽行动的能力。汉姆生的母亲从家中跑了出来,大叫大嚷着谁也不懂的东西;而从那时开始,她的儿子就一门心思要找到正确的话语,找到把那些话语写在纸上的一种方式。

有一个跛子,当地人叫他米纽坦恩,也就是"矮子"的意思,他处在《神秘》的中心。克努特·汉姆生本人就曾和两个跛子一起长大,那就是他的姐姐和舅舅,而在与他们一起生活的时候,他体验到了一切可能的矛盾的情感,从同情到嫉妒和辛酸都有。

在《神秘》中,汉姆生让纳吉尔作了大量努力,试图把矮子从他的奴性

[①] 格莱斯顿(William Ewart Gladstone,1809—1898),英国自由党领袖,曾四次任英国首相,实行无记名投票,通过爱尔兰土地法案,进行议会改革,对外推行殖民扩张政策,出兵侵占埃及,著有《荷马和荷马时代研究》等。

心态中拯救出来——并且取得暂时的成功。是否汉姆生试图让他的姐姐摆脱掉相同的奴性心态？那种心态是他们的舅舅以及舅舅的管家逐渐灌输给她的。索菲·玛丽，尽管臀部有残疾，却事实上仍然从师范学院毕业，并在瓦德瑟①学院被安排了一个工作，瓦德瑟位于挪威的最北部。但在《神秘》中，那位跛子在镇广场里跳舞以取悦当地人，这个景象也就损害了纳吉尔对生活目的所可能拥有的任何信念。汉姆生还描述了一个吓人的幽灵访问了纳吉尔，这个情节系产生自他本人的童年回忆，那时他住在舅舅汉斯家里，离坟地非常接近。

　　为了他的艺术，汉姆生显然挖掘了他本人的经历、情感和见解。他让纳吉尔宣告："你知道，伟大的诗人是什么吗？伟大的诗人是一个没有羞耻感的人，他对什么事情也不感到羞怯。别的傻瓜有些时候私下里因为羞耻而脸红，而伟大的诗人并不脸红。"

---

　　①　瓦德瑟(Vadso)，挪威芬马克郡首府和城镇。位于瓦朗厄尔峡湾北岸。

文 学 小 偷

1892年4月,克努特·汉姆生登上了沿海航船,取道卑尔根前往哥本哈根。与他曾呆过的其他小镇的情况一样,他已经从克里斯蒂安桑为他的下一部作品获得了足够的印象和经历,因而也就不再需要它了。

汉姆生几乎完成了他的书——但与他生活纠缠在一起的那些人,却并没有与他了结。在萨普斯堡①,一个旅馆女佣无法忘记他;在利勒桑,一个海军军官命令他的妻子忘记他;而现在,在克里斯蒂安桑,朱莉·阿曼达·劳斯又不想忘记他。在他呆在那里的最后几个月里,她不顾一切地爱上了汉姆生,而且在复活节星期日的夜晚,就在他离开之前,她把自己给了他。但现在,在返回哥本哈根的时候,汉姆生却不想再与她有任何瓜葛了。他拒绝给她写信,并严格指示她,不可与他联系,他告诉她,为了写完他的书,他需要绝对的平静。在克里斯蒂安桑的时候,有一个朱莉·阿曼达·劳斯和他都认识的人,那就是卡罗琳·内拉斯。卡罗琳给他写了一封信,为她的朋友的荣誉辩护,并希望他们之间能够和解。她的来信激起了汉姆生的最大怨恨。"我只是要告诉你一件事情,"在布雷德盖特,他租住在一个寡妇家里,他在出租屋里写道,"而且这是我的最后的话:去年冬天她对我所具有的影响力,在很大程度上是由于她绝对没有竞争所致。现在这一点很可能要改变了!"对克里斯蒂安桑的另外一位通信者,他在回信中咆哮道,"哈,当我想到,在漫长的冬天里她让我感到这么喜欢她,我就不得不大笑起来。她是这样一个拘谨得可怕的例子,说明她是一个完全没有性感的女人,永远

---

① 萨普斯堡(Sarpsborg),奥斯陆峡湾沿线的一座城市。

也不能真正坠入情网。"

克努特·汉姆生是严重地错误估计了,那位钢琴教师的感情该有多么大的力量。卢丽①永远也不会忘记他。对她来说,这个失败的关系将会是她生活的悲剧,在二十五年之后,这个失败的关系将会返回来给汉姆生带来麻烦。

在哥本哈根,汉姆生并不缺少渴望取悦他的女人。"该死的,有一个晚上,我与一个年轻女子做爱七次,最后的一次是在我们分手的那个上午在饭馆里做的。我想叫她什么时候来,她就什么时候来,她是学医的。"他兴奋地吹嘘道。

在广阔的世界上的某个地方,玛丽·查维莉塔·邓恩也做好了准备,在他的手指咔哒一响的时候便跑来。这两个人自从在1890年的秋天,在阿伦达尔②相遇以来,就一直继续通信,而且在玛丽看来,汉姆生的信越来越浪漫了。现在,当他们终于再次见面的时候,汉姆生意识到,与他面对面站着的这个女人,与他想像中的写作对象和所写出的那个完美的人大为不同。他情愿固执地坚持他的浪漫理想,他讨论了托尔斯泰有关禁欲的理念,易卜生的《海达·高布乐》(*Hedda Gabler*),斯特林堡把女人描绘成雌性动物以及尼采。然后他们各行其道,许诺把彼此的来信烧掉。玛丽情绪低落,但聊以自慰的是,她认为她是上了一个天才的当。她告诉他,她将把她的经历变成文学作品。

汉姆生恰恰已经把这个经历变成了文学作品,是在他的小说《神秘》中。

到1892年6月初的时候,就在他三十三岁生日以前,克努特·汉姆生已经写完了《神秘》,并把定稿送去排字。他感到满意的是,这本书与以前写的任何作品都不类似。

还没有过几个星期,他就被指控为文学小偷。

---

① 卢丽即朱莉·阿曼达·劳斯。在上一节有一句话,"朋友们叫她卢丽,很快她就让汉姆生也喊她卢丽了。"可以佐证。
② 阿伦达尔(Arendal),挪威南部东阿格德尔郡首府和港口,自14世纪以来即为挪威良港。

玛丽·赫茨费尔德——汉姆生以前与她通过信,曾把他的短篇小说《危险之源》以及他的论潜意识的文章寄给她,由她译成了德语——突然不再回他的信了。她本来已经同意把《神秘》译成德语,因而汉姆生急于同她保持联系。在给她写了几封信之后,他终于收到了一封信,信的内容令人震惊:那是从柏林杂志《自由舞台》上剪下来的一份剪报,那是戏剧导演兼批评家费利克斯·霍兰德尔的一篇文章。霍兰德尔读了《危险之源》之后,公开指责汉姆生抄袭了陀思妥耶夫斯基的《赌棍》。文章上还附有赫茨费尔德的一个正式的短笺,简慢无礼地告知汉姆生不要写信给她,要是再写信的话,就直接写给霍兰德尔。

这篇公开指责他剽窃的文章,不论就发表的时间还是发表的地点而言,所造成的伤害都不可能更大了。汉姆生的德国出版商,萨姆埃尔·菲舍尔也无意中看到了《自由舞台》杂志,因而立即意识到,他刚刚出版了其第一部小说的那位作者受到了多么严重的谴责。

有两年的时间,德国的出版商和翻译家一直讨好汉姆生,急切地打听他的下一本书的情况。现在,尽管他力图与他们进行讨论,他们却都对他不予理睬。在德国,没有人想要《神秘》。

汉姆生给玛丽·赫茨费尔德写了一封长信,说明三年以前,当他发现在他与陀思妥耶夫斯基文本之间有类似之处的时候,他是多么心烦意乱——而且他也曾不顾一切地试图阻止他的故事在《世界之路报》上发表。然而他却并没有向她解释,为什么一年半以后,他又决定把这个故事寄给她,而又没有作任何修订,以减少那些类似之处。汉姆生敦促她把他的信的内容转达给霍兰德尔,并要霍兰德尔与奥拉夫·汤梅森联系,以确认他所言无误。

《世界之路报》的主编近来虽然因为汉姆生对待易卜生的态度而猛烈抨击了汉姆生,而且还给他扣上了江湖骗子的帽子,但汉姆生仍然相信,尽管如此,汤梅森会说话算数,会认可他对这些事件的说法。当汉姆生看到霍兰德尔的文章全文的挪威译文的时候,事情也就清楚了,原来一定是他的一位挪威作家同行,给这位批评家提供了错误的信息。

汉姆生离开了哥本哈根,只是希望有人来拯救他,宣告那些德国人的恶意指控是不实之词。

既然他已经挥霍了《神秘》的大量预付稿费,他也就再次放弃了前往东方国家①旅行的计划:也许是因为有一个甚至更有说服力的威慑因素,那就是他计划访问的那些国家正流行霍乱。他决定,代之以前往瑞典南部的哥得兰②,但在瑞典边界,他看到那一天的《晨报》的头版,这时他的行程便突然中止了。这份挪威报纸,曾经在这么长的时间中迫害过他,现在又刊登了霍兰德尔文章的修订本,这个修订本又增添了几条谎言。

现在极其重要的是《世界之路报》的主编应该挺身而出,为他仗义执言。

汉姆生再次改变了计划,于是前往丹麦的萨姆索岛,打算把大量的笔记,包括以前的一些笔记改造成另外一本书。有五六年的时间,他都在考虑要描绘堕落的波希米亚人和假艺术家的生活:毫无疑问,他已经在他的作品中使用了这个主题的元素。但他现在设想,这本新书应该描绘这样的作家,他们并不是真正的艺术家,而只不过是时尚的跟风者和寄生虫。故事应该发生在奥斯陆,他计划到春天的时候把书写完。

但汉姆生的意图再次受挫。他患上了令人恐慌的皮肤病,感染严重,结果越来越像麻风病人。汉姆生不得不返回哥本哈根进行治疗,在那里,郡医院的外科医生们不得不两次切开他的疖子。汉姆生由于脸上满是手术刀造成的伤口,于是便把自己关在旅馆房间里。

批评家们众口一词,对《神秘》一书大肆攻击。

还是没有人宣称汉姆生是天才。在挪威的各家报纸中,《日报》和《卑尔根时报》(博莱特·帕韦尔斯·拉尔森是其撰稿人)对他的评价最高。但《神秘》却引起了大多数批评家的反感:《晨报》指出,其作者并没有放弃《饥饿》中的那种精神紊乱的幻觉。《晚邮报》(*Aftenposten*)对汉姆生不以为然,该报把汉姆生与爱德华·蒙克归于同一类,认为他们都是"非自然地"唤起了醉态的谵妄、发烧的幻觉和变态的想像。

在丹麦,爱德华·勃兰兑斯在《政治报》上撰文,他认为,《神秘》给人留

---

① 东方国家(the Orient),指地中海以东的国家。
② 哥得兰(Gotland),瑞典的波罗的海岛屿和省名。

下了一个相当稚气的印象,他认为米纽坦恩是"一个非常俄国式的人物"。"米纽坦恩是住在利勒桑,"《神秘》的作者在读了勃兰兑斯的评论后十分不满,于是给他的出版商写信说,"我并没有让那个人得以幸免。他引起了我的兴趣,在利勒桑我与他寄宿在同一幢房子里,我每天都同他讲话。"

汉姆生对菲利普森抱怨说,他完全可以把爱德华·勃兰兑斯等人的评论撕了,一篇一篇地撕了,但这么费事又不值得。在他自己生活中的人们的许多迹象都在《神秘》里的人物中有所反映:不得不如此,因为心理诗人须研究真实的世界。在1891年这一年,汉姆生在十二个不同的地点,三十六次讲述了这个课题。但这也无济于事。指控他剽窃,冒充内行,是骗子,这在挪威和丹麦的批评家们中占了主流。

毫无疑问,最令汉姆生不安的那篇评论,就是出现在奥拉夫·汤梅森的《世界之路报》上的那一篇,那篇评论把汉姆生描述为现代俄国文学的一个可怜的机会主义的模仿者,他写了一本书,讲的是一个精神失常的变态人物,与作者本人惊人的相像。

汤梅森不仅食言,拒不对有关剽窃的指控公开表示抗议,而且他担任主编的那份报纸现在还对汉姆生大加谩骂,而不是澄清事实。汉姆生作为作者的一切怒火,现在都以奥拉夫·汤梅森为靶子。他决定,他将以他所知道的最佳方式进行报复:他的下一部书,将会是对一位带有汤梅森的一切特征的主编的尖刻抨击。

汉姆生给他的出版商寄去了严格的指示,要尽快地把书印出来。他打算让《主编林奇》(*Editor Lynge*)这本书,在政治上具有极强的破坏力,它将揭露愤世嫉俗的主编,以及一切见风使舵和不讲信用的人。在选举年它将敲响警钟,并且在那个意义上成为煽动性的材料。

汉姆生出击了,而且他的夙敌易卜生,现在就在他的视野之内。

就在1892年的圣诞节之前,那位老斯芬克斯[①]出版了他的剧作《建筑师》(*The Master Builder*)。在第一幕中的关键性的一场中,那位上了年纪的艺术家吐露出了他的恐惧,他害怕被淘汰,害怕使他失去位置的那些变革:

[①] 这里"老斯芬克斯",即指易卜生,参见"无谜可猜的斯芬克斯"一节。

"我能够意识到,它靠得更近了。有人很快就要下命令了:让开,让我过去!然后别的人就会冲过去,他们在威胁,在尖叫,让开,让开,让开!"

索尔尼斯①对年青一代的那种惧怕,是否也为他的创造者所拥有?汉姆生的造反式的进攻给易卜生带来的影响也许使得易卜生并不像他外表表现的那么超然。

《建筑师》一剧具有象征性,玄而又玄,人物表演的动作令人困惑,因而批评家们也就不知道如何看待这部剧作。由于对正确的阐释感到困惑,有几位评论者也就转弯抹角地承认,汉姆生在他以前的系列演讲中说得有道理。因而汉姆生重新振作了起来,接受了邀请,在1893年年初在哥本哈根大学学生会里作讲演。这是一个攻击易卜生的新的机会,而且他感到,他能够有力地发起攻击。

十八个月之前,在挪威作巡回演讲期间,克努特·汉姆生一贯拒绝在演讲后进行讨论,他还严格指示,这一点应该再次坚持。他从辛酸的经历中领悟到,尤其是在哥本哈根的资产阶级的客厅里领悟到,在与有学术水平的对手进行口头争论的时候,坚持他的立场是非常困难的。

就在复活节之前,大厅里出现了许多熟悉的面孔。格奥尔格·勃兰兑斯就是熟悉的出席者之一。在一个半小时的时间里,勃兰兑斯,他本人就是研究易卜生的学者,听着汉姆生试图把有关易卜生的天才的神话撕成碎片。汉姆生吼叫道,在二十年的时间里,易卜生编造出有关他自己价值的一种观念,让公众产生出对他的远见卓识的信念。这种大腹便便的虚伪几乎无人能与之匹敌。

汉姆生的演讲被掌声打断了二十次。

汉姆生自鸣得意,正在离开大厅,这时格奥尔格·勃兰兑斯开始发言了。四年前,勃兰兑斯曾滔滔不绝地把甜言蜜语送进这只年轻的鹰的喙中,现在他又同样滔滔不绝地把他身上的羽毛一根根地拔了下来。汉姆生试图振作起来,进行反击。他感情外露地站在勃兰兑斯面前,向这位文学博士挑战,他指出,甚至勃兰兑斯两兄弟本人,在应该怎样阐释《建筑师》上也有着

---

① 索尔尼斯即《建筑师》中的老艺术家。

根本的分歧。但在他还没有来得及再说什么的时候,勃兰兑斯便反驳道:"可那又怎么样呢?"大厅里哄堂大笑了起来。汉姆生被气得连鼻子都歪了,于是便迅速从他的危险的对手那里撤退。

巴 黎 之 行

汉姆生低垂着头,离开了哥本哈根大学学生会。勃兰兑斯的攻击,再次强调了汉姆生不足的学历以及劳工阶级的背景。尽管去柏林、罗马和巴黎进行一次文化旅行并不是一个新的主意,但现在却似乎是一个好的时机。在几次推迟了他的旅行之后,在1883年的4月中旬,他终于坐上了开往巴黎的火车,行前还是一如既往,先放荡地狂饮了一番,喝了送行酒。

对汉姆生来说,在贝尼纳酒店举行的酒会通常是先喝威士忌,酒里加了少量甚至更为浓烈的丹麦出的荷兰杜松子酒。当汉姆生情绪亢奋的时候,比如他现在有了《主编林奇》的预支稿酬,他就会要"挪威人"这道菜,那是一盘火腿加炒鸡蛋,边吃边喝更多的杜松子酒,最后再抽大雪茄。然后那种所谓的"右侧击地反弹球手"①,也就是一大杯混合以生蛋黄的波尔图葡萄酒,就可以端到桌子上,在此之后,一场最喜欢的痛饮游戏就将开始。游戏从东道国丹麦出的荷兰杜松子酒开始,竞争者们将看看,谁能够在欧洲各地喝得更远。所喝的酒有挪威的"生命之水"②、苏格兰威士忌、英国的"老汤姆"杜松子酒、荷兰的库拉索酒③、法国的科涅克上等白兰地,以及意大利的切尔托萨酒。凡是还举得起酒杯的人,都要一边喝荷兰杜松子酒,一边喝甜茴香酒、加了香料的黑樱桃酒、让人醉醺醺的荨麻酒④、让人镇静下来的本

---

① "右侧击地反弹球手"(leg-breaker)原系板球用语。
② "生命之水"(Aquavit),由马铃薯提炼,并用一种蒿草籽作香料的斯堪的纳维亚烈酒,澄清透明,常作开胃之用。
③ 库拉索酒(curacao),一种带有橙皮味的甜酒。
④ 荨麻酒(chartreuse),一种呈绿色或黄色的烈性酒。

尼迪克特甜酒①,以及爽口的樱桃白兰地。而对那些仍然进行比赛的人来说,如果东道主不能上点俄国伏特加或者日本清酒②,就会遭到起哄。还有的时候,他们要看到,谁能够喝上"魔鬼潘趣酒",这是一种由十七种含酒精的原料配制成的饮料,发明者是汉姆生本人,这个绰号也是他起的。

汉姆生非常擅长花钱,但据他的一位丹麦酒友、记者弗雷伊利夫·奥尔森亲眼所见,他搞钱也非常有本事。就在动身前往巴黎之前,这两位朋友坐在哥本哈根的一家咖啡馆里,又饿,又因为余醉未醒而感到难受,而且是一文不名,这时古斯塔夫·菲利普森走了进来。"我们有救了!"汉姆生宣告,他把他的出版商拽到一个角落,商谈了很长时间。他回到他的酒友那里,洋洋得意地挥舞着四百克朗的钞票。奥尔森纳闷,他究竟怎么得以从出版商那里榨取来这么一大笔钱,而事实上,那位出版商本来以为,只不过几天以前,他已经给了汉姆生旅行用的预支稿费,因而汉姆生已经是在去巴黎的路上了。当然,汉姆生是再次信誓旦旦,他将在那天晚上上火车。

那天晚上他并没有上火车。但他确实把那四百克朗花掉了。

金钱就是力量。汉姆生展现出了他把更多的现金搞到手的力量,还试图证明,他又是多么能够挥霍钱财。

在最终到达巴黎之后,汉姆生与他的旅行伙伴兼作家同仁斯文·兰格一起,寄宿在沃日拉尔大街八号的一所供膳食的寄宿舍里,就在卢森堡公园附近。他们很快就被介绍给在法兰西剧院对面的丽晶咖啡馆里的斯堪的纳维业人群体。这家咖啡馆提供大量的北欧报纸,而汉姆生也就能够亲自确认,没有人能够批评他的最新的书过于脱离现实。

远非如此。克努特·汉姆生已经决心要向所有的人讲清楚,书中的那位愤世嫉俗的主编是以谁为模特的:其实,正是在汉姆生的出版商的说服下,他才没有在书名上使用汤梅森的名字。

---

① 本尼迪克特甜酒(benedictine),由法国本笃会修士们首酿,酒中含香草。
② 日本清酒(Japanese sake),一种米酒。

在《主编林奇》一书中,对从1888年左翼的挪威自由党①的分裂开始,一直到1893年春天所发生的那些事件为止,挪威的政治进程,汉姆生言辞激烈地作了他的描述。他并没有掩饰他书中的任何人物的身份,也没有掩饰《世界之路报》的主编的身份。汉姆生支持激进分子为获得更自由的知识环境所作的斗争,也支持他们在挪威从瑞典独立的问题上,所持有的愈来愈强硬的态度。奥拉夫·汤梅森却全然不同。多年来汉姆生看到,每当他或者他的报纸准备获益的时候,他都是改变了立场。汉姆生感到,在追求订阅量的时候,新闻业已变得愈来愈无情,而《世界之路报》的主编就是这个领域的带头人。

在《饥饿》一书中,汉姆生曾描述了他与一位勇敢的主编的初次见面,那位主编在与保守派所进行的斗争中,既表现出了力量又表现出了才华。现在,在他的最新作品中,莱奥·赫伊布罗(在这部小说中他在许多地方是汉姆生的喉舌)则把主编描述为,"他就像我们其他人一样,是一个土包子学者,由于被转移到陌生的土地和氛围而内心受到了伤害,他是一个想装出自由战士和绅士样子的乡下佬,而他天生既不是自由战士也不是绅士。此人既不文质彬彬,又不真诚。"

汉姆生还把一个温柔的爱情故事编织进他的情节之中,由此表明,愤世嫉俗的现代人是怎样毁灭了最美好的东西:在一个男人和一个女人之间的亲密的信赖。赫伊布罗倾心于夏洛特·伊赫伦,但她却听任自己被土包子学者恩德雷·邦德森诱奸,邦德森又把主编林奇当偶像崇拜。一种用后便丢的心态玷污了书中的一切,而其传染源就是主编以及他的报纸。

《主编林奇》就像朝一个公众人物扔去的一颗燃烧弹,引起了轩然大波。人们吵吵嚷嚷,急于否认自己与那件丢脸的丑事有关系,但又仍然挤上前去,呆呆地看着。这本书销售不过一个星期,出版商菲利普森就宣布了那个大好的消息,已经命令重印了。

几天以后,汉姆生坐在丽晶咖啡馆里,匆匆翻阅着报纸,他能够从对他

---

① 挪威自由党(Venstre Party, venstre 在挪威语中意思就是"左",用于政党上则指"自由主义"),创建于1884年,是挪威最古老的政党。

的书所作的激烈反应中看出,他是多么精确地击中了目标。奥拉夫·汤梅森挑选了一个可靠的神枪手,来报汉姆生的诋毁之仇,他委派诗人兼作家阿尔内·嘉宝,为《世界之路报》写对汉姆生的书评。嘉宝已经是汉姆生的一个势不两立的竞争者,他宣告,汉姆生在对别人作出道德判断的时候,只不过是在轻蔑地指责他自己,是在指责他本人的"那种难以克制的冲动,那就是要造成骚动,让人感到意外,令人震惊,要当大腕,让大家都谈论他,要用一切可能的手段成为关注的中心,也许被人仇视,但起码是被人惧怕"。嘉宝在文章结束的时候,指责道,"《主编林奇》是为暴民而写的。"

克努特·汉姆生在巴黎并不愉快。在1893年的夏天和秋天,每一次他离开寄宿的公寓时,都有事情提醒他,不管他读了多少书,作了多少讲座,或者写了多少作品,他的身上总是有欠缺之处。他总是面对着他永远也不能成为的一切,他不能与有教养的斯堪的纳维亚同胞为伍,也不能与拉丁区的众多学生为伍,那些学生在父母、亲戚或者资助人的支持下,来往于巴黎大学的许多教学楼之间。而他的父亲当年则是强迫他当鞋匠的学徒。

他把这些自卑的感觉吐露给了埃里克·斯克拉姆,他也许希望,斯克拉姆可以来访,使他呆在巴黎更加惬意。"你会说法语,你读过有关这里的艺术和生活的书,这一切你都了如指掌。你知道,我的情况不同:我是野蛮人,我缺少那种教育。"

但与此同时,汉姆生却又不能不怀疑他们的优越感。似乎每一个人都蜂拥前往巴黎,以艺术家和作家自居,过度地自信和闹腾,他们中的大多数人是江湖骗子,而且将始终是江湖骗子。以前在奥斯陆和哥本哈根,这一切汉姆生都见过。他们全都是寄生虫,拼命大吃并不是他们自己的东西,好像只是为了反刍。汉姆生认为,女人努力要变得摩登时髦,结果却失去了魅力,变得工于心计、冷漠和善于控制他人。他已经在《神秘》中描绘了这样一个女人:卖弄风情,始终在追求什么东西,永远耍花招。

当然他也曾迷恋过这种女人。

他几乎是违背了他的意愿,拿出了那份手稿,那份手稿他曾写了这么长的时间,但又一再搁置在一旁。故事的背景是汉姆生所非常鄙视的奥斯陆那种艺术环境——那是一种巴黎让他回想起来的艺术环境。

从他已经写出并认为并不完美的笔记和段落中,一部新的小说正在成形。它将再次抨击胆小的政客,抨击那些破坏了正常生活的当代趋势——尤其是那些破坏了妇女正常生活的趋势。他同这些摩登女人每上一次床,他的鄙视就加深一步。"我们的年轻女人丧失了她的力量,丧失了她的丰富而又珍贵的简朴,丧失了她的深深的激情,丧失了她的教养,她不再是献身于一个男人,不再是献身于她的英雄、她的上帝,而是产生了一种对甜食的爱好,而是依偎在每一个人的身上,那样情愿地凝视着每一个人。"他在一部书名将是《浅薄的土地》(Shallow Soil)的小说中这样写道。

汉姆生对假艺术家们感到厌倦,他们既吸引自己与他人,又欺骗自己与他人。在这本书中,家庭教师科尔代温是他的代言人:"我们的年轻作家们在提高水准上根本就是无所事事,至少这并不是我自己的看法。他们欠缺那种动力……他们什么也想不到。"科尔代温的另外一个演讲表明,汉姆生对汤梅森以及他的报纸所怀有的愤怒尚没有减少:"不。人不应该宽恕,永远也不应该宽恕。人应该报复。宽恕就是卑怯。它把每一个公正的东西都颠倒了。仁慈应该回报以更大的仁慈,但邪恶的行径却应予以报复。"在对待报复和恶意上,克努特·汉姆生是以眼还眼,以牙还牙。

在这本书中,只有两个人物在很大程度上没有堕落,他们都是实业家、商人,此类人在过去的十五年中汉姆生所见很多。在这里,他描述了艺术家圈子里的人,对商人的慷慨的回报,就是使商人的女人堕落。过去汉姆生写作起来一般是非常缓慢,现在则是一页接着一页粗制滥造起来。

汉姆生在巴黎分批把《浅薄的土地》寄往他在哥本哈根的出版商。1893年10月底,正当汉姆生把该书的最后一个部分寄出的时候,他精神崩溃了。保守报纸《晨报》对他发起了又一次尖刻的攻击,再次指责他是不能更糟糕的江湖骗子——是挪威文明中的每一个浅薄之物的活的体现。

汉姆生是用右手写字,当他烦恼的时候,他的右手就开始颤抖得更加厉害。他在沙发上躺了几个小时,使自己足够平静下来,于是便写信给他在卑尔根的忠实朋友博莱特·帕韦尔斯·拉尔森。他问道,她是否知道还有别的人曾受到祖国这样恶劣的对待?他无法理解:"每一章里都倾注了我的心血——在整个夏天,我一个又一个夜晚与我的人物一起哭泣和受难,在写《神秘》和《主编林奇》的时候也是如此。"他纳闷,难道这是因为他没有像在《浅薄的土地》中所描述的那些寄生虫那样博得评论家们的欢心吗?他举证了众多的例子,证明他受到了迫害。汉姆生确信,事情的发展有一种模式——有关他一定有某个可怕的谎言在传播。他恳求拉尔森,请她使用她对挪威和丹麦的主编们的影响,停止这种虚假谣言的流传。

汉姆生确信,他是恶毒捏造的牺牲品。他周围的人们试图说服他,事情不是这个样子,但说服他却并不容易。甚至在《世界之路报》和《日报》上刊登的对《浅薄的土地》肯定的评论,也没有减少汉姆生认为自己受到了迫害的想法。然而,他却似乎在某种程度上,相信了博莱特·帕韦尔斯·拉尔森所作的合理解释,即他纯粹是文化精英们对任何没有资历的人所表现出来的傲慢的牺牲品:"我是自学成才的。现在不管怎么说,对此我无能为力;不过当我老了的时候,再也不能写作或者做一个铁匠的时候,我就能够总是参加那种学业考试(Examen Artium)①,因为到那个时候我大概会很有钱。而且毫无疑问,谁也不相信我拿不到文凭。而这也将会是荒诞的。"

不过汉姆生将很快就体验到,他的自信增强了。在巴黎,他结识了二十四岁的阿尔贝特·朗根,朗根是科隆一位德国糖厂厂长的有钱的儿子。有一段时间,这个雄心勃勃的年轻人一直想着要自己成立一家出版社。现在,《饥饿》一书给他留下了深刻印象,又听说德国的出版商全都抵制《神秘》,他看到机会来了,于是便决定要使他的梦想成为现实。1893年12月1日,他成立了阿尔贝特·朗根书籍与艺术出版社,该出版社将在巴黎和科隆两地办公。他获得了把汉姆生的所有作品翻译成德语和法语的权利。作为交换,这位新的出版商须开出一个慷慨的预支稿酬的账户。

与此同时,波兰最大的出版社已经托人把《主编林奇》和《浅薄的土地》翻译成波兰语。《饥饿》的波兰语译本已经在头一年出版了。

然而,翻译成英语的一切努力却仍然没有结果。

---

① 学业考试(Examen Artium),拉丁语,即入大学的资格考试。

对埃德瓦尔达的渴望

1893年秋天在巴黎的那几个月是痛苦的,这期间,克努特·汉姆生开始写一本新书。他来到南方时带着几个想法,其中一个想法就是要写一本以北国为背景的小说。诺尔兰的生活是汉姆生最熟悉的生活。他对诺尔兰生活的理解,与作家约纳斯·李在方式上不同,而且他也更加熟悉诺尔兰的生活。李因为他写的有关挪威北方的大自然和人民的作品而获得了巨大的成功。现在李长期住在巴黎,由于比昂松不在巴黎,李也就被尊为在巴黎的斯堪的纳维亚艺术家聚集区之王。

李和他的妻子托马辛住在军团大街,对于在他们家里举行的集会,汉姆生是退避三舍。甚至在他来到巴黎之前,他就已经听到谣传,说是在他在演讲中对她的丈夫作了批评之后,托马辛就把他列入黑名单了。

1893年11月,巴黎的斯堪的纳维亚艺术家聚集区为李举行了一次巨大的聚会,庆祝他的六十岁生日。汉姆生并没有参加。他有远为更加重要的事情要做:"老天作证,现在我要写一本富有魔力而又感情强烈的书,请相信我。我因为这本书而飘飘然了。……博莱特·拉尔森,下一次我将用我写诺尔兰的书让你震惊,老天作证,我会的。那本书将会是优雅的。"

不久以前,汉姆生写了一篇论奥古斯特·斯特林堡的文章,收入一本纪念这个瑞典人四十五岁生日的文集。在这篇文章中,他把斯特林堡比作一个渴望逃避文明、返回自然的动物。汉姆生坐在他在巴黎的房间里,房间面对着一个修剪整齐的公园,他突然醒悟到,他本来也完全可以这样来描述他自己。他已经在他的小说《神秘》中触及到了对大自然的这种渴望，现在他决心对此继续进行探讨。

笔记越记越多，但汉姆生却发现，他无法把他的那些想法和随笔整理成形。已经到了1894年的第八个星期了，他只写出了一页半纸。他的前两部书是需要他攥紧了拳头来写，需要他一拳一拳地打出去，但这部小说则要求写的时候笔触要更加温柔。他须敢于深入进他的童年的全貌之中，再次发现当他感到自己与大自然为一体的时候的那种感觉和感受。

他闭门不出，不再写回信，写满了一页又一页的纸，最终却又是把那些纸撕得粉碎，一头倒进沙发里，绝望地嚎叫着。他的任务似乎是不可能完成了。汉姆生不仅是在急切地寻找对大自然的描述，寻找将能展现景色之美的词语，他还面对着一种挑战，那就是要记录下恋爱的整个体验——那是一个人同时既感到温柔又感到有强烈的激情的体验。但多年以来，汉姆生只是同他想与之发生性关系的女人鬼混。那种占有在事后总是让他充满了悔恨。

他把她称为埃德瓦尔达，并在眼前描绘出了她的形象。一张晒黑的脸庞，一个同样晒黑的脖子。她把围裙稍微朝下结在腹部，这样她的腰部也就宽大了一些。她的嘴巴大，她的微笑危险。她是一个成功的商人的女儿，而且不可否认，汉姆生把他的初恋对象，也就是生活在特拉诺伊的劳拉的一些特征，也赋予了她——尽管在过去的二十年里，汉姆生有很多女人，可以从中汲取素材。

汉姆生发现，在巴黎越来越困难。

汉姆生想让他描写诺尔兰的小说产生强烈的脉动，但他却抓不住那种强度。就像以前他经常做的那样，现在他又在他的卑尔根的朋友博莱特·帕韦尔斯·拉尔森身上寻求安慰："我的最亲爱的，向上帝祈祷吧，把写我书的力量给我吧！"

使汉姆生确信他必须返回祖国的那种力量，究竟是来自尘世还是来自天国，他并没有泄露出来，不过在1894年的6月初，还没有过上两个星期，他便离开了巴黎，前往挪威。首先他买了一套漂亮的新行头——是由他的新的国际出版商阿尔贝特·朗根付的费。

结果，为了替他的书找到灵感，汉姆生却并不需要大老远地返回诺尔

111

兰,返回他的童年。他在安特卫普①登船,开始旅行,途中晕船,于是便在克里斯蒂安桑上了岸。对于他的目的来说,这已经是足够远的北方,而且具有强烈特色的沿海风光,很快就在他后来的一部小说的写作中证明了它的效果,那部小说就是《牧羊神》(Pan):"从我的船舱里,我能够看到杂乱的一堆大小岛屿和碎礁,看到一点点海洋,看到某些雾蒙蒙的山峰,而在我的船舱后面,则是森林,一片巨大的森林。我嗅到了树根和树叶的味道,嗅到松树散发出来的那种酷似骨髓的浓烟,这时我充满了欢乐和感激;而且只有到了森林,我内心中的一切才得以休息,因为我的灵魂充满了和谐和力量。"汉姆生开始从他的经历,以及他年轻的时候在诺尔兰所遇见的人们中汲取写作素材:在特拉诺伊,他与商人瓦尔瑟呆在一起,在基林格伊,他访问了伊拉斯谟·扎赫尔,在诺尔兰沿岸各地,他访问了别的商人。《牧羊神》的中心人物,托马斯·格莱恩,是一个猎人、渔夫、中尉,又是有势力的商人麦克家里的客人。而且,就像他的创造者一样,他也是独自生活,能够从他所租用的位于森林边缘的小木屋里,瞥见这个贸易中心的巨大的白色楼房,瞥见其码头和百货商店。

诺尔兰、萨米人②、迷信、神秘的事物、午夜的太阳,以及遇见了一个精神自由的诺尔兰姑娘的一个卢梭式的陌生人——这些就是《牧羊神》的构成要素。《牧羊神》要成为这样一本书,在某个俯瞰着夏季白昼的任性精灵的指引下,它探索了一种关系奇怪的复杂之处:"夜晚正在变得更短,太阳还没有浸入大海,便又升了起来,鲜红,补充了精力,好像它的降临是为了饮酒似的。谁也不会相信,在那些夜晚里我的身上发生了奇怪的事情。是否潘神③正坐在一棵树上,满怀期待地注视着我的下一个动作?"

商人的女儿埃德瓦尔达在港湾遇见了格莱恩。她迈着纤细的美腿走近了。她扑到他的身上,抱住他的脖子,吻着他的嘴唇。埃德瓦尔达说了什么话,但格莱恩并没有听见。他被她的热情似火的黑眼睛迷住了,被她的高高

---

① 安特卫普(Antwerp),比利时北部港市。
② 萨米人(Sami people),居住在由挪威、瑞典、芬兰以及前苏联等国北部地区,构成北欧严寒地区的民族,也称拉普人(Lapps)。
③ 潘神(Pan),希腊神话中的畜牧神,人身羊足,头上有角,爱好音乐,创制排箫。

拱起的眉毛、她的起伏着的柔软的胸部迷住了。

埃德瓦尔达告诉格莱恩,当他看她的时候,就好像他是在触摸她。她是夜间来到他这里的。当地的医生告诉格莱恩,埃德瓦尔达是一个过于被宠坏的孩子——一个喜怒无常的女人,极其固执,不明事理又工于心计。医生的结论是,她需要管教。有的时候格莱恩确信,他们的关系不可能有好结果。然而,当夏夜慢慢失去其有魔力的亮光时,格莱恩便意识到,埃德瓦尔达已经让他变得虚弱了。他的高超的狩猎本领退化了。他成了埃德瓦尔达熟练而又无情地摆弄和戏耍的猎物。

10月15日,汉姆生寄出了手稿,登上了一艘开往哥本哈根的船,他将在哥本哈根乘火车返回巴黎。

汉姆生把《牧羊神》的故事发生的时间设定为1885年,由格莱恩在事情发生的两年之后讲述这个故事——大概是有意试图遏制人们对他的批评,说他总是只写他自己。

这是一个有效的方法。

只有少数例外。《世界之路报》发现《牧羊神》中有着汉姆生其他作品中的那种浅薄,而且最令汉姆生憎恶的《晨报》则抵制了他的作品。但除此之外,《牧羊神》获得了一片高评,热情洋溢的文章接踵而来。在《日报》中,有一位著名的批评家写了几篇专栏文章,慷慨地给予赞扬。有几种挪威报纸和丹麦报纸也亦步亦趋。

在哥本哈根,菲利普森出版社不得不安排重印。汉姆生的新出版商阿尔贝特·朗根出版了《牧羊神》的德语本和法语本。《浅薄的土地》被译成了俄语,《神秘》被译成了荷兰语。显然汉姆生时来运转了。毫无疑问,这让他在私下里喜不自胜,然而他又拒不对他人承认这一点。有一位挪威作家,他对汉姆生总是想把自己描写为受迫害的人的欲望作了评论,他提醒汉姆生,他得到了这么多好的评论:"你不再是那个被追猎的猎物了。你必须让这一点对你产生影响。"

这个呼吁是徒劳的。尽管销量和评论极佳,但汉姆生却继续认为自己是受到了文学界掌权派不公正的对待。1895年新年伊始,他便开始恳请菲利普森说服挪威各家报纸刊登一则启事,说《牧羊神》正在第二次印刷。在汉姆生看来,他在新闻界的敌人试图用有计划有步骤的沉默来扼杀人们对这本书所怀有的一切兴趣。然而在所有的大报当中,只有一份大报忽略了汉姆生以及他的文学新作。

我把易卜生打倒在地！

克努特·汉姆生写过诗歌、长篇小说、短篇小说、散文和讲稿。只有一种体裁他尚未触及：戏剧。戏剧对他来说具有极大的吸引力，尽管事实上他每每对戏剧不乏贬低。当戏剧上演的时候，可以获得巨大的经济回报，既然在他的书中他开始更关注对话，转型也就会更加容易。

汉姆生怀有一个秘密的梦想，那就是要使他的夙敌易卜生黯然失色，而且是在易卜生得心应手的领域里使他黯然失色。汉姆生开始雄心勃勃地构思一部戏剧作品。

返回巴黎后不久，汉姆生便遇见了那位对戏剧的形式进行了革命的剧作家，在他看来，他比别的剧作家胜过一筹，他就是奥古斯特·斯特林堡。在接下来的几个星期里，他们花费了大量时间呆在一起。在斯堪的纳维亚社区有众多的成员，他们曾经和这个捉摸不透的瑞典人吵过嘴，他们也认识这个古怪的挪威人。现在那些人打赌，赌的是他们两个人什么时候会打起来。

1895年初，汉姆生开始写一部四幕戏剧。他一如既往，想写一部大作。这部戏剧将是一个三部曲的第一部，写的是一个不屈不挠的人的兴衰，此人叫伊瓦尔·卡雷诺。

汉姆生本人对易卜生怀有固定不变的反感，那种反感愈来愈像是明白无误的仇恨。他似乎是从这种纷争中汲取了力量。他在一封信中嘲弄道，易卜生应该听他的劝，封笔，这样他就不会用毫无才能、年老昏聩的喋喋不休来摧残一生的工作。按照汉姆生的说法，这位神气活现的先知所犯下的最新罪行,就是他的剧作《小艾友夫》(*Little Eyolf*)。当《饥饿》在巴黎的《新闻报》(*Le Journal*)杂志受到了热情赞扬的时候,汉姆生洋洋得意地对菲利普森说:"我是巴黎的一个大人物。我正在把易卜生打死。把他埋葬!"

1895年的春天,奥古斯特·斯特林堡由于精神上愈来愈有问题而住进了医院。在斯堪的纳维亚的各家报纸上出现了一则启事,警告说,如果不帮助斯特林堡返回瑞典,解除他在经济上的困难,那么他就有可能完全崩溃。克努特·汉姆生是这个呼吁的幕后策划者,他还在阿尔贝特·朗根的帮助下,在德国策划了一个类似的活动。人们开始不断地送来钱,要提供帮助。

但汉姆生的关怀却产生了事与愿违的结果。脾性反复无常的斯特林堡在报纸上发表了反声明,声称汉姆生的呼吁是在他不知情的情况下发出的,而且他根本也不需要钱。

那些已经把汉姆生看作一个夸夸其谈的自我宣传家的人,现在又有了可用来为他们谋取利益的材料了。汉姆生绝望地试图说明,他的此举是得到了斯特林堡的完全同意,他也确实得到了完全同意,但他的申明毫无用处。这位病人继续痛斥他的助手,他的助手沮丧得卧床不起。

朗根邀请汉姆生去德国与他住在一起,去年圣诞节的时候他就做过如此邀请,当时汉姆生已经到了车站,却又改变了主意。这一次朗根也没能说服他。

不过汉姆生却不能继续住在巴黎了。1895年5月底,他离开了这座过去两年当中他住了七十个星期的城市。

汉姆生情绪糟糕透了,返回了挪威。在过去的十年期间,许多家庭供膳旅馆在利勒哈默尔①突然出现,他入住的便是其中之一。这个小小的城镇,濒临米约萨湖以及挪威山区的入口处,对于那些寻求逃避现实、治疗身心的人来说,是一个广受欢迎的目的地。

托尔普医生的疗养院是一个著名的治疗精神疾病的中心。一个星期天,在疗养院里接受治疗的一位客人意外地访问了汉姆生。他就是瑞典诗

---

① 利勒哈默尔(Lillehammer),挪威东南奥普兰郡首府和城镇。

人古斯塔夫·弗勒丁①。在汉姆生作了抨击易卜生的尖刻演说之后,汉姆生便引起了他的注意。弗勒丁对《建筑师》所作结论是,这部戏剧是剧作家对年青一代近来对他的攻击所作的一个勇敢的回答,而在这些攻击中汉姆生当然是先锋。因而他想亲自仔细看看这个挪威人。在离开的时候,他得出的印象是,汉姆生拥有未受神职的平信徒传道师的那种强烈的热忱。

《王国之门》(*At the Gates of the Kingdom*)是汉姆生戏剧三部曲中的第一部,与政治相关,是作为对挪威议会的决定的回应而写出的。1895年夏天,在瑞典军事力量的威胁下,挪威议会决定放弃独立的要求,宁愿为获得单独的挪威领事职权而谈判。从对抗到调解:这促使克努特·汉姆生和许多人提出了抗议。

在这部戏剧中,汉姆生抨击了那些放弃了他们青年时代的火热理想的人。中心人物是二十九岁的哲学家伊瓦尔·卡雷诺,他忠实于他的信念,不管他的信念与时下的见解有多么大的冲突。卡雷诺把顽强、报复和仇恨当作理想来予以支持。甚至在国家之间的和平,也可能并非总是可取:"让战争到来吧,"卡雷诺宣告说,"保留这个或者那个数目的生命并不那么重要,因为生命源源不绝,重要的是要使人类在我们内心中昂然挺立。"

卡雷诺的情绪,几乎一字不差地反映了汉姆生在一封信中所表达出来的情绪。1888年的秋天,汉姆生给一个美国朋友写了一封信,信中他谈到,他对选举、民主和议会制政体缺乏信心。卡雷诺宣告,他信任"天生的领袖,天生的暴君、统帅,并非选举出来的自封为尘世大众的领导人的人。我相信一件事情,并且希望那件事情能够发生:那位伟大的恐怖分子的复归,真人的复归,恺撒的复归。"

卡雷诺的最好的朋友背叛了他的理想。他的妻子埃莉娜被邦德森诱奸,邦德森就是汉姆生在《主编林奇》中描述过的那位新闻记者兼机会主义者。然而卡雷诺本人却坚定不移——实际上汉姆生总是坚定不移的。

汉姆生对软弱、犹豫不决的政客们的鄙视愈来愈甚。1893年圣诞节期

---

① 弗勒丁(Gustaf Froding,1860—1911),瑞典抒情诗人,把通俗的口语与丰富的音乐形式结为一体,使瑞典诗歌摆脱传统形式。在卡尔斯塔德任新闻记者的十年期间,因遗传性精神病被迫长期在疗养院治疗。

间,还是在巴黎的时候,他就曾写了一首诗,《世界倾斜了》(The World Tilts):

> 夜复一夜,日复一日,我看到,感到:
> 我们被挤压进泥土,全都被挤压进泥土……
> 但在人类生活的漩涡深处
> 永恒而又潜在的力量在睡眠
> 又在历史性的时期被唤醒,
> 天才们,尚未被认可的天才们,
> 在等待着人民和国家的召唤,
> 啊,伟大的、光彩照人的天才们。

在他三十六岁生日过后不久,汉姆生去了奥斯陆,住在首都南大约十公里处一个家庭供膳旅馆。在这里,他继续写有关他固执的天才卡雷诺的三部曲的第二部。

在这里,在1895年的秋天,汉姆生又开始与一个已婚妇女私通。第二年春天,当她不得不离去,前往维也纳的时候,汉姆生决定陪她去日耳曼人的国度。他们很可能结伴去过瑞典的大部分地方,去过丹麦,以及德意志的大片地方。

汉姆生对德国人所怀有的亲切感情开始于十二年前,当时那位航运公司经理给了他去美国的免票;汉姆生从来也没有忘记这个人的非同寻常的慷慨。不久以前他对阿尔贝特·朗根解释说,他越是呆在法国,就越强烈地感到自己毫不含糊是德国人。

最后,在发出了众多的邀请之后,这位成功的出版商在慕尼黑接待了汉姆生,他现在是与他的新婚妻子定居在慕尼黑。朗根的婚礼是件非同寻常的事情:他与他的妹妹分别与比昂松的两个孩子结了婚:达格尼和埃纳尔,两个婚礼同时举行。汉姆生等待着,在这个大喜的日子过后才露面,但他一到达,朗根便把他介绍给该市的各个文学圈子,包括那些与他的讽刺杂志《低能者》(Simplicissimus)有关联的人。这位出版商的新岳父比昂松也仍然在慕尼黑。

二十年前,在北极圈以北,汉姆生曾非常仔细地研究了比昂松的农民故事,渴望能有一天写得像他一样;现在他则是和比昂松在阿尔卑斯山山脚下互相恭维了。自从他们上一次交谈,已经过去许多年了。在此期间,汉姆生曾一再公开批评这位老人家——与此同时又偶尔给他写信,安抚他。

比昂松的最新的剧作,也就是《权限之外》第二部(Beyond Power II),得到了汉姆生的毫无保留的赞扬,因为汉姆生现在更意识到,要写出产生预期效果的戏剧是极具挑战性的。而且比昂松也有可与这位年轻人分享之物:他写了一篇论当代挪威文学的文章。在这篇文章中,尽管对汉姆生作品的某些方面有所保留,比昂松也写道,"在这一切的背后,有一张热情、淘气的脸在笑我们,这是错不了的。而且在他的近期作品中,似乎有一种良知与正直的感觉在指引着他故事中的活动和事件。"比昂松尤其推崇《神秘》,认为它是伟大的文学作品之一,并且指出,《牧羊神》中对大自然的描写是挪威文学中最壮观的描写。

在吃饭以及其他聚会期间,比昂松抓住每一个机会,做出令人开心的姿态,表明他对汉姆生怀有父亲般的爱。在他提到这位年轻的艺术家的方式上,有几分骄傲在里头,好像是要惊叫,"瞧,我带来了什么!"

当汉姆生继续讨好他的新崇拜者们的时候,比昂松动身回家了。

慕尼黑是欧洲的一个文化中心,它由于有重要人物而充满活力,那些重要人物的影响跨越德国,来到临近的国家。慕尼黑与各国的报纸、杂志、出版社和剧院有着密切的联系。例如,比昂松的文章就同时在挪威杂志《克里斯蒂尼亚周刊》(Kringsjaa)[①],德国杂志《未来》(Zukunft)[②],以及纽约杂志《论坛》(Forum)上发表。人们急于知道,汉姆生的哪些作品已经在翻译之中了,新的译本和舞台演出正在考虑之中。作家阿图尔·霍利舍尔为维也纳的《新白由报》(Neue Freie Presse),写了一篇极其肯定汉姆生的文章。

比昂松还没有到达挪威的时候,就看到了一本《够了》(Basta),《够了》是朗根的杂志《低能者》的挪威版本。它的封面是一张大胆的插图,画的是

[①] 《克里斯蒂亚周刊》(Kringsjaa)是一种挪威周刊,刊行于1893至1910年,由位于克里斯蒂尼亚市(Kristiania)的奥拉夫·诺里斯出版社(Olaf Norlis forlag)出版。

[②] 《未来》(Die Zukunft)是一种德国社会民主党周刊,刊行于1892至1923年,由马克西米连·哈尔登(Maximilian Harden)创刊和主编。

一个年轻的女人与她的情人站在门口,在他们身后则是一个死人躺在一口敞开的棺材里。杂志里是一部中篇小说《生命之声》(Life's Voice),是克努特·汉姆生写的。那位情人刚刚发现,在毗连的房间里的那具尸体,就是他刚刚与之做爱的那个女人的丈夫,于是便坦率地反思道:"我坐着沉思了一会儿。一个男人有一个妻子,妻子比他小三十岁。他长期生病,一天他死去了。而那位年轻的寡妇如释重负,叹了口气。"

比昂松义愤填膺。他写了信,认真地威胁这篇小说的出版商——他的新女婿阿尔贝特·朗根——指责他既出卖了他自己的荣誉,又出卖了比昂松的荣誉。那位淫荡寡妇的故事纯粹是淫秽作品,要么朗根必须改变他的编辑方向,要么比昂松就会公开谴责他。

汉姆生还在慕尼黑,他通过朗根得知了比昂松流露出来的这种强烈反感。更加使他受到伤害的是,事实上比昂松已经表达出了对卡雷诺三部曲的第二部的厌恶,第二部是《生活的游戏》(The Game of Life),刚刚出版。

学徒敦促师父再次读一下他的剧作。"你谈论这部作品,却又不懂这部作品,你也就使得它不能用德语出版。它是我写的最深刻的书。我把我的所有来之不易的思考倾注了进去,请相信我,我是作了反复思考的。"汉姆生还多少有点暴躁地告诉他,他写这部戏剧的时候,是"用尽了我的灵魂,也许我并不是全然不知伟大的作品是什么。《生活的游戏》是会获得成功的"。

评论文章出现了。《日报》猛烈抨击它,说它就像一场闹哄哄的滑稽说唱团演出一样毫无新意。而另一方面,《世界之路报》却发现,它富有令人愉悦的效果、深刻的洞察力、使人目眩的意象、尖锐的反论以及奔放的想像。

在《生活的游戏》中,卡雷诺返回了他在北方的童年时代,他曾在北方做家庭教师。自从他的妻子离开他,与新闻记者邦德森私奔以来,已经过去了十年。卡雷诺还是一如既往那么不屈不挠,并用业余时间建造一座塔,他打算透过塔的玻璃和棱镜,解开光的最深的秘密。不久他便从他的生活的科学调查中离开,转而谈恋爱去了。

美丽的特蕾西塔,展现出了与《牧羊神》里面的埃德瓦尔达一样迷人的矛盾:与和谐的满足相比,她们都更被色情力量自身的游戏所吸引。所产生的后果,对《牧羊神》中的格莱恩来说是致命的,对《生活的游戏》中的卡雷诺来说也是致命的。

汉姆生本来可以像在他之前的易卜生一样,或者确切地说像任何一位想培养他们与德国联系的作家一样,通过在慕尼黑而大有收获。但他却无法安定下来。他终于找到了他的公主——一个叫贝尔格丽特·贝赫·戈普费尔特的女人——但他能否赢得她的芳心,他却没有把握。

谎　　言

汉姆生的讲座谈的是奇怪的心态,写的又是在情感上不稳定的人物,因而他也就一定会吸引几个古怪的人。有一位现在是愈来愈执意,而她的鬼迷心窍则开始威胁到汉姆生生活中一个主要的浪漫关系。

安娜·蒙克首次露面是在汉姆生1891年巡回演讲期间。她的目光若有所思,戴着夹鼻眼镜,左手掌上有一个小圆镜子,好像镜子就长在手掌上似的。她跟着汉姆生去了哥本哈根、奥斯陆和巴黎,在那些地方汉姆生费了好大的力气才让她不接近他,她也在利勒哈默尔汉姆生所入住的家庭供膳旅馆里出现。她相信,她与汉姆生命中注定是一对,她的来信也越来越感情强烈。

1896年夏,在快过三十七岁的生日的时候,汉姆生返回了挪威。安娜本人也入住了在奥斯陆的同一家家庭供膳旅馆,再次徒劳地试图建立联系。

汉姆生的作品中有大量的人物,他们展现出了奇怪的非理性冲动和对生活的变态看法,但他却能够操纵他自己所创造出来的人物;安娜·蒙克他则完全不能控制。她完全是被她的鬼迷心窍所主宰,1896年秋,她的鬼迷心窍变得越来越不祥。在奥斯陆的那个家庭供膳旅馆里,她目睹了汉姆生勾引一个已婚女人。

汉姆生的朋友和熟人们开始收到匿名信。不久收信人就包括了住在家庭供膳旅馆里的客人、杂志社和报社里的雇员、戏剧界人士、书店老板、餐馆老板。这些信件告诫他们,要小心汉姆生,因为汉姆生利用了他所接触的每一个人,尤其是利用了女人,他是既劫财又劫色。

如果说汉姆生在性关系上曾经是态度暧昧和不光明正大的话,那么现在情况就不再如此了。他在巴黎期间,有关他的流言只是他凭空想像出来的。这一次,谎言确实被散布出来了,而且这些谎言威胁着他与他所渴望得到的那个女人的关系。

汉姆生有生以来第一次写出了这样一封信,信中使用了代词"我们"的主格(we)和"我们"的宾格(us)。在此之前,他从未把任何一个人包括在他的生存之中。现在他想像,与一个女人共度余生是什么样子,如果他赢得这个女人的话。

贝尔格丽特·贝赫·戈普费尔特是诺尔兰一位有钱的船长和发明家的女儿。她的丈夫是奥地利人,比她大两岁,她遇见她丈夫的时候是十九岁,他们是在她母亲的亲戚所拥有的位于黑尔戈兰①沿岸的一个贸易中心里相遇的。他来到这里是为了狩猎,而与《牧羊神》中的格莱恩不同的是,他俘获了他的诺尔兰姑娘。他们结了婚,有了一个女儿叫玛丽亚·贝尔格丽特(但她妈妈叫她韦斯拉),并在维也纳安了家。

新娘很快发现,她丈夫的狩猎本能已经扩展到了对别的女人的追逐和纠缠之上了。

贝尔格丽特来到奥斯陆,照顾患病的母亲,但她母亲还是于1895年在首都城外的一个家庭供膳旅馆里死去了,年仅五十二岁。贝尔格丽特继续与她的父亲住在一起,她父亲是一个令人畏惧的人。就是在这样的背景下,她邂逅了克努特·汉姆生。

他是名人,又老于世故,他告诉她,她将会使他成为一个皇帝。她年轻,美丽,有钱——而且是属于另外一个男人。他希望得到她,胜于他所认识的别的任何一个女人。她在他的身上既激发出了巨大的温情,又激发出了一种危险的渴望,那种渴望要求她完全屈服。

不久贝尔格丽特呆在奥斯陆的时间就多于维也纳了。她愈来愈难以区分她前来的理由:究竟是要逃避她的丈夫,还是要为她的鳏居的父亲尽孝,

---

① 黑尔戈兰(Helgeland),隶属于挪威的诺尔兰郡,系位于该郡的北极圈以南的那个部分。

还是受到了对她的情人所怀有的那种被禁止的渴望的诱惑。

一个女人在三个强大的男人中间。其中的一个男人是如此的强大,因而逃避也就是不可能的。

贝尔格丽特思考着,在汉姆生的书里什么是真实的,什么是虚构的。而他则是热心地听着她的故事。她告诉他的越多,他就越想听。他听着有关她与她丈夫的每一件事情,现在他开始把她的丈夫称之为"那只奥地利犬"。贝尔格丽特是一位被诱拐的公主,他要把她拯救出来。

自从他的第一本书出版以来,他已经描述了许多风流韵事——不过却从未描述过一件幸福的风流韵事。纳吉尔、格莱恩以及《饥饿》中的中心人物,全都没有赢得他们所爱的女人。而且凡是已订婚或者已结婚的人物,都总是遭到了背叛。在《牧羊神》中,他描述了在格莱恩与铁匠的妻子埃娃之间的一个场面:"我告诉她,今晚我在想心事,而且悲伤。她则是出于同情而一言不发。我告诉她,我爱三样东西:我爱我曾做过的一个永恒的爱的梦,我爱你,我爱这块土地。"

"那三样东西哪个是你的最爱?"

"那个梦。"

在首都,汉姆生从一个家庭供膳旅馆搬到另一个家庭供膳旅馆。两人要见面变得越来越难了。匿名诽谤信被寄给了越来越多的人:贝尔格丽特的丈夫在维也纳收到了几封,她的父亲和兄弟姐妹也收到了。这些信提醒收信人,不要跟克努特·汉姆生打交道。

但贝尔格丽特·贝赫·戈普费尔特却没有气馁,还是喜欢他,并且申请与她的奥地利丈夫离婚。在1896年的冬天,那场离婚戏剧的正式诉讼程序开始了,汉姆生就是那场离婚戏剧的根源,就在此时,《王国之门》也开始在奥斯陆上演。

五个星期以后,在1月初,《生活的游戏》首次上演。观看这两部戏剧的观众川流不息,现在汉姆生终于得到了《晨报》的赞扬:《晨报》的专职戏剧批评家完全被吸引住了。但这家报纸原先对汉姆生所采取的可憎态度,却没有完全根除:没过几天,主编便发表了一篇矛盾的评论,结果造成了那位戏剧批评家的辞职,并且更造成了一场丑闻。

不过还有丑闻在等待着汉姆生。就在圣诞节之前,二十六位社会人士在《晨报》和《晚邮报》上的一份请愿书上签名,抗议在《生活的游戏》的舞台演出中对特蕾西塔淫荡行为的刻画。这封请愿书很快就赢得了支持。突然汉姆生遭受到了来自各方的压力。

在那些公开谴责他作品的奥斯陆社区的知名人士中,有教授、校长和牧师。北方的那位巨人扎赫尔,现在要讨还他十七年前借给汉姆生的那笔借款,并且威胁要采取法律行动。戈普费尔特既拒绝放弃他的妻子,又拒绝放弃他的孩子。那些匿名信正在各处散布诽谤。

而最为糟糕的是,汉姆生突然无法写作了,尽管也许这并不令人感到意外。

然而六十八岁的易卜生,却仍然是勉为其难地进行写作。令汉姆生大为恼火的是,易卜生的新剧作《约翰·加布里埃尔·博克曼》(*John Gabriel Borkman*),就在1896年的圣诞节前问世了。汉姆生决定登上奥斯陆大学学生会的讲台,再一次对这位老文学卫士进行猛烈抨击:"多年来他们哄骗了我们。……因为这些是老年人写的书,那是用颤抖的手勉强凑起来的,是在空虚和没有灵感的状态下写出来的。"

那些正在传播的谎言威胁着要毁灭他与贝尔格丽特的关系,对此汉姆生决定迎头攻击,于是便把他们之间的秘密公开了。1897年5月,奥斯陆的各家报纸报道说,在过去的十八个月里,他是一个无耻的匿名迫害的受害者;警方的特别调查组的组长声明,调查正在进行,并悬赏征集可导致嫌疑人被捕的信息。

汉姆生借了 大笔钱,让警方使用,他要求,应该逮捕安娜·蒙克,对其进行精神检查,并予以起诉和惩罚。但现在他也感到,他好像受到了监视。警方须自己搜集证据。

奇怪的是,安娜·蒙克在1897年的春天自己出版了一本书。她描述的是,一个女人迷上了一个作家,一直追求他到了奥斯陆、哥本哈根、巴黎和利勒哈默尔,她的描述似乎有点露骨。然而这位受到指责的安娜·蒙克,却仍然否认做错了任何事情:"就我本人而言,我把我的这本书——在这本书中我宣告他无罪,而让我自己'惹人讨厌'——看作是我的无辜的最好证据。"

压力正在影响着汉姆生。有生以来他第一次独自饮酒。1897年秋,他向拉尔森吐露道,"今年春天和夏天,我喝了大量的威士忌。在三个月的时间里,我独自喝了六十瓶,全都是在晚上独自喝的。我非常沮丧,支撑着我的唯有威士忌。"他在给另外一位朋友的信中写道,"最好的事情大概就是给自己开上一枪。但不幸的是,那需要勇气,而我又没有多少勇气。"他想逃到某个地方,逃得远远的,这样也就不受谎言的影响了:西藏、非洲,或者突尼斯,在《神秘》中,纳吉尔就去了这些地方。

但汉姆生去的最远的地方不过是在奥斯陆郊外一家家庭供膳旅馆。

在这里,在一个森林的边缘,在湖边,汉姆生再次能够写点东西了。此时是夏末,他马上就要三十八岁。自从一年前完成了《生活的游戏》以来,他一直都无法在任何深度上集中精力。现在他终于恰当地控制住他的戏剧三部曲的第三部。

1897年春,《午睡》(Siesta)出版,但《午睡》只不过是一个短篇小说集,汇集了一些已经在报纸上发表过的短篇小说以及散见于别处的几篇短篇小说。这个短篇小说集里还有几篇令人不免生疑,也许那些匿名信就是汉姆生本人写的:短篇小说《示巴①女王》(The Queen of Sheba)描述了一个男子追求一个女人,而在另外一篇《秘密的痛苦》(Secret Pain)中,叙述者遭到了一个男子的追捕,这使得叙述者向警方告发了他,而那位叙述者又不可思议地与汉姆生相似。

《午睡》是由金谷出版社出版的,而不是由菲利普森出版社出版。汉姆生以前的那家出版社,也就是菲利普森出版社已经与另外两家出版社联手,成立了一家不为汉姆生的吸引力所影响的出版社,所预支的稿酬比起汉姆生的预期要差上许多。但鉴于仍有七千册汉姆生的书在库存,这也就不令人感到意外了。《神秘》在经济上是一个灾难。《饥饿》在出版了七年之后仍然没有卖完。几乎没有人购买汉姆生的剧作。这些剩余图书的全部零售

---

① 示巴(Sheba),古代赛伯伊王国所在地。示巴地区位于阿拉伯半岛西南角,今也门所在地。在基督教《圣经》中,示巴女王曾朝觐所罗门王以测其智慧。

价值是三万克朗,但由于看到汉姆生没有多大希望了,新的经理也就提出按照其价值的三分之一付报酬。汉姆生的感情自然受到了伤害,于是便在他遭到弗雷德里克·黑格尔的拒绝的十八年之后,转而投向了金谷出版社。

汉姆生也在权威人士那里碰了一鼻子灰,挪威作家联合会提议,应给他一千二百克朗的政府津贴,这个提议遭到了权威人士们的拒绝。冠冕堂皇的理由是因为他的短篇小说《生命之声》,比昂松发现这篇小说令人作呕,而且检察局局长也取缔了这篇小说。

几乎每一个作家,不管是年轻的还是年老的作家,都为了汉姆生的利益而团结起来,提出了公开抗议;令人注目的是,亨里克·易卜生并没有厕身其中。有一本作品集带给他六百克朗的收入。汉姆生得到了这笔收入,但又感到失望。不过汉姆生再次在德国找到了朋友,在德国他的声望正在迅速增长。他的书的新译本正在稳定地流入德国,他的短篇小说被刊登在各种各样的杂志和报纸上。阿尔贝特·朗根听说,汉姆生被拒绝给予一份津贴,朗根便与别的加盟了他的《低能者》杂志的人一起表达出了愤慨,其中就有托马斯·曼和弗兰克·魏德金德[①]。朗根与他的兄弟马丁一起,在报纸上刊登了一份支持宣言,马丁经营的是柏林报纸《星期一世界商报》(*Welt am Montag*)。不久他就收到了来自德国的捐款,比在挪威募捐的总数还要多。在汉姆生事业的最早期,德国就承认了他,这是这位作家永远也不会忘却的事情。

不过却有一件事情,他现在开始希望能够忘却:他要娶贝尔格丽特的誓言。

[①] 魏德金德(Frank Wedekind,1864—1918),德国剧作家,表现主义戏剧的先驱,作品多以两性关系为题材,写有剧本《青春觉醒》、《地神》、《潘多拉的盒子》等。

自由的热度

1897年11月,贝尔格丽特·贝赫·戈普费尔特收到了与她的奥地利丈夫的离婚判决。为了能够再次结婚,她须申请获得挪威司法部的批准。

1898年新年伊始,贝尔格丽特就将庆祝她的二十五岁生日,而她的女儿将是三岁。她渴望重新开始,把她与她的情人在过去的两年中所谈论的那个家建造起来。但近来汉姆生却变得不愿交谈。从这种沉思中的思维定式出发,汉姆生精心写出了他的三部曲的最后一部《夕照》(*Evening Glow*),《夕照》毫无疑问是从他与贝尔格丽特的生活中汲取了素材。

这部剧作的焦点是埃莉娜,埃莉娜先前曾被邦德森勾引。在这部剧作中,她带着跟另外一个男人所生的孩子,返回到那位显然绝不让步的卡雷诺身边。卡雷诺要求,孩子应该跟其外公住在一起,但当埃莉娜的父亲去世的时候,孩子又来到他们身边。卡雷诺的不快和嫉妒渐渐增加,而当埃莉娜提醒他,有了她所继承的财富,他将有幸不再需要津贴了,这时他的自尊心受到了伤害。"这么说我要成为领你的奖学金的学生了吗?"他辛酸地脱口而出。

卡雷诺让这个女人进入他的生活,也就似乎是要在一件又一件事情上变得宽容了,到后来《主编林奇》中的莱奥·赫伊布罗,也就是那位铁石心肠而又毫不妥协的莱奥·赫伊布罗出现了。他试图让卡雷诺鼓起劲头来,提醒他,他本人对生活的立场原本是不妥协的。"咳!因为知道人生的一切就是这个胸膛和这两只手臂,而无所事事……因为知道从根本上讲,人是同一个人的遗体结了婚……总是注定要呼吸着失败的气味。每呼一口气都嗅到另外一个人的气味。"

汉姆生本人正开始通过赫伊布罗的带有偏见的目光来看他的未婚妻。

贝尔格丽特是一个"用过的"女人,被"那只奥地利犬"用过了。汉姆生的激情不仅仅是冷却了下来;随着追求所带来的那种刺激的结束,激情也死去了。他要贝尔格丽特重新考虑他们的婚约,他提议,他们两人都应该给自己更多的时间。她明确表示,不得对她拖延,也不得对她进行劝阻。

由于针对他的诋毁在继续扩散,汉姆生也就发现愈来愈难以把现实与虚幻分开。在12月的一天,在闹市区里,他数了数,有八个人在暗中监视他,于是便给挪威首相写了一封信作了汇报,信的开头是,"首相阁下,想必在我极度痛苦时,您不会拒不使用您的权威来帮助我。"

那是要寻求帮助的一个绝望的恳求。首相并没有回复。

当汉姆生本人现在成为调查中的最重要的可疑分子的时候,他要求终止这场调查;但这根本就没有减轻警方的怀疑,而这又并不使人感到意外。

汉姆生给挪威议会议长写了一封长信,在挪威,议会议长是仅次于国王的最强大的人。他恳求议长着手处理他的案子:"在这最后一封匿名信中,我被以决非含糊的话语告知,这个迫害将永无终止。这封信告诉我,迫害我的人人数众多,而且只要我活着,他们就将对我穷追不舍,而且不管我呆在哪个国家,他们都会知道能在哪里找到我。"

汉姆生感到中了圈套。一旦贝尔格丽特的离婚确定下来,他就不可能从他对要娶她的许诺中逃脱出来。如果他不娶,那么安娜·蒙克所提出的那些有关他是一个骗子和玩弄女性者的"谎言",就会证明全都是真实的。

贝尔格丽特先前的婚姻,使得要找到一个愿意为他们主持婚礼的牧师变得困难了,不过他们还是找到了,并于1898年5月正式宣告为丈夫和妻子。证婚人是汉姆生的朋友:作家汉斯·安鲁德和书商克里斯蒂安·迪布瓦德。贝尔格丽特赠送给汉姆生一个镶嵌有一颗东方珍珠的领带别针,与他所做的那件长礼服匹配完美。他们在奥斯陆的一家旅馆里举行了婚宴。相当多的一群人聚集了起来,希望能够看到这位名人以及他的美丽的新娘。当夫妇二人出现在位于角落处的阳台上的时候,欢呼声爆发了出来——但新郎并没有显得特别高兴。

第二天,夫妇二人离开奥斯陆,去了首都郊外的一栋小房子。贝尔格丽特所提供的是从她的第一次婚姻中所挑选出来的许多玻璃杯、陶器和台布。她的丈夫在城里买了香槟酒、葡萄酒和别的饮料。

贝尔格丽特有一大笔钱可供她支配：一笔从她母亲那里继承下来的遗产，以及从她与戈普费尔特的婚姻中获得的财产，而且她父亲去世的时候她还会有更多的遗产可继承。新郎本人的财力也在很长的时间里处于最佳状态。他欠扎赫尔的债务已经被一笔勾销了，不可否认是耍了花招勾销的，汉姆生坚称自己是个诚实的人，而这个花招却使他的这个坚称打了折扣。汉姆生断言，当他签署借款协定的时候，他尚未及法定年龄，因而也就免除了责任，汉姆生起诉了扎赫尔，并赢了官司；他被免除了总数大约两千克朗的债务，加上将近二十年的利息，以及打官司的所有费用，最终让扎赫尔替双方付出了代价。

但汉姆生也付出了沉重的代价。他只好让自己过上一个没有激情的婚姻和家庭生活，就像在《夕照》中，那位原先狂热后来又冷淡的伊瓦尔·卡雷诺所做的那样；那年春天，汉姆生写完了《夕照》。

汉姆生带着他的新娘去了瓦尔勒斯，并着手写他的下一部小说。如果说汉姆生在生活中感到无能为力的话，那么起码在他的写作中，他能够把每一件事情都写到最细微处。他的主题是一种将永不衰颓的爱，因为它永远也没有得到实现。

在《饥饿》《神秘》和《牧羊神》当中，汉姆生写的是那样的男人，他们一旦愿望得到满足，便毁掉一切。他们寻求的并不是满足感本身，而是满足感的梦。在他的新小说中，爱将会通过虚幻和诗意保持效力，而且爱的理想也相应地使话语和艺术在感情上更强烈。

1898年初秋，在不到四个月的时间里，汉姆生就完成了他的小说《维多丽娅》(Victoria)。在此期间，他已经把他的新娘送回了首都。

在这本小说中，汉姆生第一次在他的作品中，把一段往事给了他书中的人物。在小说的开头，十四岁的磨坊主的儿子约翰内斯，爱上了庄园主的女儿维多丽娅。他想像，迟早有一天她将拜倒在他的脚下，乞求做他的奴隶。

约翰内斯最终来到城市,成了一位著名的作家。他有关爱的信念是他的灵感的来源:"爱是上帝所使用的第一个词,是漂浮在他脑海里的第一个思想。当上帝说'要有光'①的时候,就有了爱。他看到,他所创造的一切都是好的,他希望此后什么也不会改变。爱是世界之源,是世界的主宰,然而爱的一切道路都布满了鲜花和鲜血,鲜花和鲜血。"

当他们在闹市区里见面的时候,维多丽娅正戴着一枚订婚戒指。他向她吐露,仅仅是知道她可能继续爱他,继续有一点爱他,就足以使他成为一个伟人。第二天晚上,他进入了一种有创造力的恍惚状态之中,通宵未眠,耗尽气力,奋笔疾书,把他的信念写了下来。在凌晨的时候,他用力打开窗子,欢呼起来。他的房东发火了,他解释道,"那就像一道叉子状的长长的闪电。我看到,有一道闪电落在电话线上,愿上帝帮助我们吧,它就像一片火一般。昨天晚上在我身上流淌过的东西,就是这个样子。"

时光在流逝。约翰内斯应付着所蒙受的羞辱,并庆祝在文学上所取得的成功,但对维多丽娅的思念却始终给他的写作带来动力。一天,他遇见她以前的家庭教师,那位家庭教师告诉他,他本人在年轻的时候曾追求过不幸福的爱情。由此产生的结果,就是暗中写出来的那些作品,而决非生活。现在他安顿下来了,娶了一个以前结过婚、已经有了一个孩子的女人。他向约翰内斯解释了他为什么放弃了他的爱之梦。"你是否见过,甚至有一次见过,有这样的一个男人,他的女人适合于他?……因而这样一来,一个男人也就只好接受他所能得到的最好的爱,而且他也不必因为这个妥协而死去。容我告诉你,造化是如此聪明地安排事物,因而人也就完全是忍受着这种安排。看看我就足矣。"

他告诉约翰内斯,维多丽娅已经死了,并把她死前写给他的信交给了他:"我永远也不会再见到你,因而我感到遗憾的是,我从未拜倒在你的脚下,吻你的鞋和你走过的土地,我从未向你表明,我对你的爱是多么的无可估量……亲爱的上帝啊,你本来应该知道我是多么地爱你,约翰内斯。我没有能够向你表明,有这么多东西在阻碍着我,尤其是我自己的天性在阻碍着我。爸爸对他自己也是同样的残酷。……这是维多丽娅写给你的信,而且

---

① 见《圣经·旧约·创世记》第 1 章第 3 节。

上帝也在我写的时候读了这封信。"

汉姆生在写这本书的时候,经历了一场自我厌恶的危机。"上帝啊,这个写作是多么令我作呕。我厌倦了小说,而我又始终瞧不起戏剧。我开始写诗了,因为诗歌是唯一一种并非既矫情又毫无意义的形式。它只是一种毫无意义的形式。"他对一个朋友这样抱怨道。

他的写作与生活之间的脱节已经变得过于巨大了。

他们的生活以后应该成为什么样子,这对新婚夫妇无法达成一致。

贝尔格丽特由于有四岁的韦斯拉需要考虑,也就希望能够有一个新的家:这个孩子不能在家庭供膳旅馆里长大。但任何要买一幢房子或者一个套间的计划,汉姆生都反对。他告诉过几个人,他神经紧张,其中的一个原因就是因为他的继女的出现。他感到他得脱身,"睡点觉,离开这个小家伙"。

由于夫妇二人在安家上谈不拢,因而为了她丈夫的缘故,贝尔格丽特再次作了牺牲,她把韦斯拉送回奥地利,让她与她父亲住在一起。

然而汉姆生对这些事件的说法是,他"站着尖声大叫,我要她"。

东 方 之 旅

到1898年的晚秋,有一点已经清楚了,头一年曾拒绝给予汉姆生的那笔政府资助,现在将要提供给他,这时他便打定了主意。他将前往他曾长期梦想的东方国家旅行——或者带着贝尔格丽特,或者不带贝尔格丽特。他将在明年夏天动身,而在此期间,他们将住在芬兰的赫尔辛基。这将会成为前往东方旅行的一个极好的起点,这里不会像在巴黎那样有语言上的那种挑战,而且夫妇二人还可以逃避开迫害他们的人。那里有很多人汉姆生认识——他在巴黎和哥本哈根所遇见的那些文人学士,包括德裔瑞典作家阿道夫·保罗,作家兼外交官比尔盖尔·莫尔纳,以及作家埃里阿斯·库赫勒菲尔特和卡尔·阿道夫·塔瓦斯蒂尔纳。

1898年11月初,夫妇二人入住了赫尔辛基的克莱内赫旅馆。正是在这里,汉姆生读到了《晨报》对《维多丽娅》的评论。

对汉姆生以前的作品,这家保守的报纸几乎都不能接受,在对《王国之门》和《夕照》所作的评论中,又几其批评了汉姆生对埃莉娜所作的刻画。那篇评论提出,像汉姆生这样出身社会下层的人,由于对上层社会的妇女的洞察不够,也就不能精确或者精彩地描述上层社会妇女——(言外之意就是,)更不用说是娶上层社会妇女了。在对《维多丽娅》所作的一个刻薄的评论中,又重复了相同的刻薄批评。汉姆生稍微冷静下来以后,便给该报的主编写了一个简慢无礼的条子,条子上只有短短的一个句子:"谢谢你近来的非同寻常的无礼。"

汉姆生给丹麦的格奥尔格·勃兰兑斯写了信,勃兰兑斯是唯一的一个举足轻重的人,能够限制这种毁灭性的评论所带来的伤害。汉姆生与勃兰兑斯有几年没有通信了,但现在形势正变得极其严峻:颇有影响力的《晨报》所作的谴责,正在说服购买图书的挪威中产阶级对汉姆生的作品退避三舍。如果勃兰兑斯能够写一篇文章,来维护汉姆生的才能,那么一切都能得到拯救。汉姆生这个挪威人,向另外一个作家发出了一个作家的衷心恳求:"我现在三十八岁了,从事写作十年,出了十一本书,但今天我却坐在这儿,不知道我是否值得继续写下去。"

勃兰兑斯的答复,甚至比《晨报》的评论伤害更大。这个丹麦人既让人们注意到,汉姆生与批评之间关系尴尬——这一点他本人就目睹了,又让人们注意到,汉姆生作为一个裁缝的儿子,其文化背景不容置疑是狭窄的。

在那年的圣诞节,狂怒的汉姆生对勃兰兑斯作了回答,极尽讽刺挖苦之能事。现在他能够清楚地看出了,为了能被算作是文化人,一个人就须无数次地到国外旅行,读无数本书,看无数幅画;而所谓没有文化,就是"父母并不是在这个或者那个领域中的一个学者或者博士,没有文化,就是被迫前往美国,被迫在北美大草原做体力劳动,并最终发现,自己不能接受大多数有教养的人有关公认的准则的见解,尽管他最诚恳和最坚定地作出了努力,要说服自己接受那些人的见解"。

就在圣诞节以前,贝尔格丽特与汉姆生从克莱内赫旅馆搬了出来,搬进就在赫尔辛基市中心边上的一幢房子。贝尔格丽特仍然一门心思要实现她的建造一个家的梦想。需要做大量木匠活,汉姆生自从去美国以来,就没有使用他的实践技能了,现在他为自己买了大量的工具。

终于这对已结婚六个月的夫妇,能够邀请他们的迅速增长的熟人圈子,来访问他们的家了。汉姆生的最亲密的朋友是书商兼作家温策尔·哈格尔斯塔姆和亚历山大·斯洛特,斯洛特也是位作家。然而让·西贝柳斯[①]却并不高兴,这位作曲家并不喜欢汉姆生的缺乏教养,汉姆生的缺乏教养在暴

[①] 西贝柳斯(Jean Sibelius,1865—1957),芬兰作曲家,不但在芬兰和斯堪的纳维亚的音乐上占有特殊地位,而且也在交响乐发展史上占有特殊地位。作品具有民族特色和艺术独创性。主要作品有交响诗《芬兰颂》、《图翁内拉的天鹅》、《塔皮奥拉》及交响序曲《卡勒利亚》等。

躁的脾气和古怪的行为中显现了出来,西贝柳斯认为,那种暴躁脾气和古怪行为有时太过分了。

凡是访问过汉姆生夫妇的人都不能不注意到,这对挪威夫妇关系紧张。一分钟以前,汉姆生可能会骄傲地介绍贝尔格丽特,但下一分钟就可能冷落她,或者表示在生她的气。贝尔格丽特一定是原本希望他们以前的困难,尤其他的强烈的喜怒无常,是由他被跟踪所带来的紧张造成的,是要完成他的小说的压力造成的。在这里,在赫尔辛基,显然她是嫁给了又一个她并不了解的人。不仅如此,她还须与寒冷的天气进行搏斗,她对她妹妹埃莉特吐露道,"上帝啊,这里可怕极了,我们两个人都要因为这无法描述的疯狂的冬天——因为疾病和苦难而发疯了。"

春天过了一半的时候,他们又租了一幢不太大的房子,在卡塞尔内加坦大街23号的背后,对面就是鲁内贝里①的塑像。在拉霍尔曼大街的那幢小房子他继续留用,这样他就可以在那里工作。他写了一篇短篇小说,《征服者》(The Conqueror),写的是一个作家,在试图赢得女人芳心的时候,陷于令人不安的心态之中。女人越难以得手,他的欲望也就越强烈,他就越认为那种关系将永远持续下去——直到他拥有了她们的时刻为止。

在过去的一年里,他在经济上获得了成功——《维多丽娅》在丹麦和挪威出了两版,并被译成了德语、瑞典语和芬兰语;《主编林奇》和《午睡》用德语出版;《王国之门》在斯德哥尔摩和卑尔根上演;还有各种各样的短篇作品发表在芬兰、德国和奥地利的期刊杂志上——现在汉姆生有了足够的财力,可以考虑他的长期计划中的前往东方国家的旅行,他们夫妇定于那年晚些时候成行。

夏初,贝尔格丽特前往奥斯陆和维也纳,先是看望她的父亲,然后是她的女儿。在她离家期间,汉姆生作为一个与妻子暂时分离的男人,度过了一段快乐的时光。但当贝尔格丽特于秋天返回的时候,他的不适之感也全都

---

① 鲁内贝里(Johan Ludwig Runeberg,1804—1877),芬兰诗人。他的作品表达了芬兰人的爱国精神,由于作品用瑞典文写成,故对瑞典文学产生巨大影响。

返回了。甚至有关他们未来旅行的想法,也未能让他振作起来。在给博莱特·帕韦尔斯·拉尔森的一封信中,他写道,"顺便说一句,我并不在乎我是否能活着从土耳其返回。该死的,这是什么生活!"

9月2日,他们出发了,取道维堡①前往圣彼得堡。汉姆生随身带了一个笔记本,计划写一本旅行札记,也许写上一整本书。在莫斯科的一家餐厅里,他草草记下:"我坐在这里,感到非常舒适,也就是说感到与世隔绝,因而感到很自在。"

在俄罗斯,他注意到,主人与仆人之间的关系无处不在。"人服从一个知道怎样发布命令的人。人们是快乐地服从拿破仑。服从是一种快乐。而俄国人仍然知道怎样这样做。"

当他旅行的时候,对往事的回忆也不断地被唤起。当他看到农场工人以古老的方式给谷物脱粒的时候,他意识到,为什么在他们的位于诺尔兰的小磨坊,他父亲和邻居们所磨的俄国谷物里总是有沙粒。他曾在阅读中读到大量有关高加索山脉的事情,现在他是骑着马穿过了高加索。在到达卡兹别克山②的时候,他在笔记中写道,他感到就像与上帝面对面似的,并同时默默思考着东方的宿命论。东方的宿命论是如此的简单,经受了尝试和检验,就像铁一样坚硬。

英国人到处都有,英国人似乎非常傲慢地看穿他的那种样子,并未减轻他的负面的偏见。汉姆生看到英国人在土耳其的统治,便写了文章,感情强烈地为苏丹辩护——而苏丹则是一个普遍受到欧洲媒体猛烈抨击的人物。

从君士坦丁堡③动身,夫妇二人穿过保加利亚和塞尔维亚,进入奥地利,贝尔格丽特要在奥地利再次见她的女儿。汉姆生是身边带着一个美丽的女人,走过了一片童话般的土地,但事态却一再提醒他,她并不是他想像中的公主。贝尔格丽特偷看了他的笔记,抱怨说,如此公然说谎是不能被接受的。

---

① 维堡(Vyborg),俄罗斯西北部港市,濒临芬兰湾,为一渔业中心。
② 卡兹别克山(Mount Kazbek),位于格鲁吉亚境内,为大高加索山脉最高峰之一,海拔5033米。普希金和莱蒙托夫都吟颂过当地风光。
③ 君士坦丁堡(Constantinople),土耳其西北部港市伊斯坦布尔的旧称。

六个星期以后,在10月中旬,他们来到哥本哈根,在市郊租了一个套间。汉姆生向他的芬兰朋友温策尔·哈格尔斯塔姆承认,他并不愉快,他"愈来愈确信,生活的满足和意义是杯中之物。该死的!这并不是因为酒的味道好,而是因为天空高了一些。然后就是高加索山脉!在我的最疯狂的梦中我从未想像有任何东西如此巨大。它对我产生了这么强烈的效果,使我哭了起来。——但坐在这里,写书。这恰恰是糟糕透了"。

贝尔格丽特又回到奥斯陆,去看望她的父亲。汉姆生呆在哥本哈根,除了他计划要写的一个新的短篇小说集以及一些文章之外,他需要独自一人来写他的旅行札记。汉姆生再次身无分文了。贝尔格丽特说,他们可以使用她的钱。他不同意,但又不得不一再服软。

他在高加索山脉看到的农民生活让他生动地回想起了他的童年——他生活在汉姆松德和哈马略时的那些美好时光。他开始把这些回忆编织进他正在写的那本书之中,书名他定为《在仙境》(*In Wonderland*):"天气好的时候,我仰面躺在石南属灌木林中,用我的手指在整个天空中写字,过着令我陶醉的日子。我让动物一个又一个小时地漫游,愿意在哪里就在哪里漫游,当我得再次找到它们的时候,我就得爬上一座山,或者爬上一棵高树,嘴张开着倾听。……当我坐在马车里,沿着一条宽阔的高加索马路隆隆而下的时候,我想到了所有这些事情。每一件事情似乎都是如此奇妙,我感到,似乎我能够在这里扎下根来,三生有幸地远离这个世界。倘若我有足够的教养,能够真正从我的当前的生活中受益的话,那就会完全是另外一回事;但我却并非……"

克努特·汉姆生坐在哥本哈根的一个套间里,匆匆翻阅着他在高加索山脉旅行时所作的笔记,在各处增加一些新的段落——这些段落把他在北方的童年经历,与他在旅行的时候的童话般的经历交织在一起了。

浪子——不合格的丈夫

1900年晚春,克努特·汉姆生登上行程,回到了诺尔兰,回到了他在哈马略的童年的家。他离家已经二十一年了。

他童年时期的家人和别的人,有许多已经死去了,或者搬走了,但他的父亲和母亲还活着。母亲托拉在1月的时候就已经七十岁了,而父亲佩德尔则是刚刚过了他的七十五岁的生日。他们住在汉姆松德小居民点的一个小村舍里,村舍非常小,汉姆生得弯下腰来,才能走进他睡觉的那个阁楼房间的门,他打量了一下,阁楼不过一米三高。

汉姆生注意到,与他所记得的那种简单的生存相比,村庄的生活已经有了变化。种田的人现在须生产出更多的粮食,以便偿还购买现代工具和机器时不得不借的贷款。渔夫须作出更大的投资。人们正在商店里购买更多的现成物品。

他父母的村舍,以及他哥哥奥莱的简陋小屋,地处与汉姆松德小居民点不相连的一小块农田里,两幢房子都需要修理。汉姆生雇佣了工人,并写信让贝尔格丽特寄钱。她寄来五百克朗,这笔钱两个农场工人要干上一年才挣得出来。她也给汉姆生的年幼的侄子们寄来了礼物,这是他要她买的。

贝尔格丽特也相应地想知道,在他按照他的计划秋天完成写作之后,他打算做什么。她想知道,他们将要到哪里居住?汉姆生告诉她,她应该因为他终于又写作了而感到高兴。但在仅仅一个星期以后给她的另外一封信中,俏皮话又开始出现了:"我们两人都必须向上帝希望,我不会完全江郎才尽。啊,但我不能——可悲的是,我大概在秋天根本就完成不了。啊,我的上帝啊,这一切是多么的痛苦!"

他发现,他不可能与他的父母、他的哥哥家以及别的亲戚住得这么近,于是不久便搬进三四公里以外的一个"领地小屋"里,那是萨米人的一种传统的用草皮盖成的小屋。

甚至在那里,他也只不过维持了两三个月。

回到奥斯陆以后,汉姆生在一个供膳宿的私人住房里找到了住处,而贝尔格丽特则继续与她的父亲住在一起。他会偶尔来访,与她呆上几个小时,但这种安排让她非常不悦。

由于汉姆生仍然在为写作而拼搏,因而夫妇二人便在秋天一起去了哥本哈根,在腓特烈斯贝区租了一个套间。

汉姆生如饥似渴地阅读报纸。有关德兰士瓦①布尔人共和国的绝望的总统保罗·克留格尔②的报道,让他惊呆了。克留格尔正在试图促使欧洲的主要强国采取行动,反对英国人。英国向德兰士瓦派出了四十万人的部队,有一些所谓集中营的令人震惊的新闻报道,指控英国人把在集中营里的妇女和儿童饿死。汉姆生的新年祝愿就是,俄国沙皇能够在布尔战争中进行干涉,"这样一来英国就将回答:不许干涉,孩子!然后也许会有一场小小的世界大战,那就可能使事态发生重大的变化"。

与此同时,汉姆生的写作仍然处于危机之中。有两年的时间了,他都没有写出任何令人满意的作品。他向一个朋友承认:"我思考我的人物,脑子进入空白状态,结果没有进展。已经有好长的时间这个样子了。我经常发现,由于乏味、厌倦和疲惫,我已经无法甚至这样写上几行。事情就是这个样子。我们得走着瞧!"

这些感觉,也毫无疑问让他们的婚姻阴云密布。汉姆生意识到他的举

---

① 德兰士瓦(Transvaal),南非共和国最北一省。北界博茨瓦纳和津巴布韦,东接莫桑比克和斯威士兰,南临纳塔尔省和奥兰治自由邦,西与开普省接壤。1837至1838年半游牧的布尔人进入这一地区。1852年英国承认德兰士瓦的布尔人独立。1902年成为英国直辖殖民地。1910年成为南非联邦的一个省。

② 克留格尔(Paul Kruger,1825—1904),南非裔布尔人,为建立布尔人国家——德兰士瓦而战斗的军事家和政治家。他的父母是荷兰移民的后裔。1883至1902年任德兰士瓦共和国总统,英布战争(1899—1902)爆发后任总司令,联合奥兰治自由邦对英作战,战败媾和,死于瑞士。

止所带来的后果,因而有时也能够悔悟。与贝尔格丽特在奥斯陆的一次会面之后,给她写这封信的人已经是一个表示悔恨的人了:

> 你跟着我受了这么大的罪,在过去我经常让你受不了。因而如果今天在闹市区里你也许感到不那么开心快乐,你不可责备你自己——仍然是别人在极大程度上亏欠于你。我记得有一次,在赫尔辛基的拉霍尔曼大街上,我严厉责骂你,因为你为鸟儿买了十欧尔的动物脂肪。而你则是什么也没有说。我现在回想起来,感到非常悲伤。我当然确实感到,我现在比以前好,而且我也并非仅仅是这样说说而已。如果我又变坏,那只不过是我内心里生了病。贝尔格丽特,我因此痛苦死了。

贝尔格丽特离开了哥本哈根,去奥斯陆过圣诞节。六个星期以后,汉姆生写来了信,问是否他应该到那里与她团聚。他得催她作出答复,因为往往是他让她不知所措,不知他真正想要的答复是什么。她得为他的旅行付费,而他又明确反对,不让她因为他而再次取她的钱;但他又并不隐瞒这个事实,他是被困在哥本哈根,身无分文。他已经典当了一些财产,还一厢情愿地希望,他下一次买的彩票有可能会为他提供出车船费来。

如果贝尔格丽特同意他来奥斯陆的话,那么他就会住在足够近的出租公寓里,这样在写作完毕之后就可以看望她和她的父亲。"当然不是每天晚上都去,而是偶尔。而且每隔一段时间,你我也可以在晚上坐在我的旅馆里,喝上一杯。"

贝尔格丽特终于把钱寄来了,2月初,汉姆生把他的脏衣服装了箱,把钉在他前门上的姓名牌取了下来,以免邻居偷去,然后登上了火车。

他们结婚几乎三年了,却并没有一个值得一提的固定的家。贝尔格丽特终于说服了汉姆生,在奥斯陆定居下来开始新的生活。她在1901年的春天回到哥本哈根,在公寓套间里收拾行李。她的丈夫拘泥形式,连珠炮似地详尽指示她,应该怎样把毯子卷起来,把躺椅脚的螺丝拧下来,把他的床拆开,把柳条椅捆在一起。他还就他们在比格德于大街7号的新公寓套间的房间分配,作出了决定:贝尔格丽特的卧室和会客室将面对花园,他的卧室和会客室以及餐室将面对后院。

与此同时,汉姆生正在重写《危险之源》,现在他将其称为《父与子》

(*Father and Son*),这一次要写得让故事情节不那么像陀思妥耶夫斯基的《赌棍》。有关在轮盘赌牌桌上赌博的念头,现在开始让他心神不宁了。

他的妻子对此一无所知。

我将蔑视上帝

克努特与贝尔格丽特·汉姆生曾经讨论过,他们将在1901年的夏天去北方旅行。贝尔格丽特将首先看望在诺尔兰的家人,然后跟着他去哈马略。后来人们得知,贝尔格丽特是独自一人旅行:汉姆生宣布,他要写作。

贝尔格丽特一离开他们的公寓套间,汉姆生便找到贝尔格丽特的银行存折,他的妻子坚持,存折上应该用他们两个人的名字。他去了银行,取了一大笔钱。然后他先是坐船,然后坐火车,去了安特卫普,又从安特卫普去了沿海城市奥斯坦德①——奥斯坦德是一个以赌场而著称的城市。

在他达到目的之前,他并不打算放弃:那就是要使他自己在经济上独立于贝尔格丽特。汉姆生着手用钱来使他从婚姻中获得自由。

但不久他就发现,自己不知不觉给温策尔·哈格尔斯塔姆发了一封求救信,哈格尔斯塔姆是他在赫尔辛基交的朋友。"我不敢再次回家了,哈格尔斯塔姆。挽救我的好名声和我的生命吧。自从我来到这里,我的精神就遭受到这样可怕的折磨,我再也不能忍受了,我的灵魂失去了平衡。"他乞求这个芬兰人与他的有钱的朋友们接洽,借一笔款子。"我并非不诚实,我将全部还清。请原谅我提出这个巨大的要求!"汉姆生向他的朋友保证说。他已经赌输了一万三千法郎。

汉姆生乞求贝尔格丽特原谅,隐瞒了他的赌债真正达到了什么程度——他按时收到了原谅他的电报。"我的上帝啊,"他回复说,"除了我们

---

① 奥斯坦德(Ostend),比利时西北部港市。

结婚前的那一年,这些是我生命中最糟糕的几个星期。我纯粹是瘦得皮包骨头,眼睛深深陷在颅骨里。不要紧。上帝保佑你,我的贝尔格丽特,因为你从未因为任何事情而生我的气。"但尽管汉姆生表示了悔悟,但他却解释说,他尚不能回家。他要去在比利时的一个更南部的赌场里,试试他的运气,那个赌场在那慕尔①。

在那慕尔他收到他的妻子的另外一封来信,询问他,是否从银行账户上取出的钱全都输光了。他否认了。"亲爱的上帝啊,"他向哈格尔斯塔姆吐露道,"我宁可让她恶狠狠地骂我,说我是狗,是败家子。"哈格尔斯塔姆设法说服他的朋友们,让他们以最快的时间寄出所需要的款子。"我真的从来也没有那样糟糕透了;但我却有意走得更远,我并非那种最自我克制的人。"汉姆生承认。

从赫尔辛基寄来的钱,是在哈格尔斯塔姆的组织下,在他的芬兰-瑞典文化环境中,所作出的一种令人吃惊的募捐努力的结果。汉姆生把这笔钱直接带回到轮盘赌赌桌上去了。不久这笔小小的财产就缩小为几个法郎了。他对他的妻子悲叹道,他的对手太强大了;而他则正在毁掉他的妻子:"我们的天国的父亲,在发慈悲的时候,让我深深地陷于不幸之中,而现在,既然他已经做了这样一件精彩的事情,也就毫无疑问坐着搓他的仁慈的手。在整整一个月的时间里,也许在五个星期的时间里,我曾不止一次在奥斯坦德的街道上,跪着求救于他。而且他听我说话,就像他听每一个人说话一样。现在,在我的余生,我将蔑视他。我成这个样子是他造成的,他应该负责。"

贝尔格丽特再也不能对下述有最起码的怀疑了,她嫁给了汉姆生在《饥饿》中所描述的那个人。也许最令她痛苦的,莫过于他的下一个提议:他乞求她同他一起去赌场。去两三个星期也就足矣。"是这样,我可以仅仅下上二十法郎的赌注,七分钟以后那二十法郎就能轻易变成十万法郎。"

贝尔格丽特并没有来。他的祈祷也没有带来对灵魂的拯救。上帝并没有理他。

天气变冷了。汉姆生不得不把衬衫一件件地穿在一起,因为他的夏天

---

① 那慕尔(Namur),比利时中南部城市。

的外套不暖和,而且他的鞋底也完全穿破了。贝尔格丽特给他寄来了钱,要他回家,但他却害怕在船上遇见她的做海员的哥哥。10月底的一个星期五下午,他写了一个告别短笺,在信封上写上贝尔格丽特的新地址,从安特卫普把它寄出去了:"亲爱的贝尔格丽特,我现在要上船了,而且将永远也不会再上岸。再见了。上帝保佑你,谢谢你。你的克努特。"

但在1901年的那个10月份,汉姆生并没有自杀。

相反,他回到了贝尔格丽特的身边,创造了新的生命:汉姆生的妻子怀孕了。

汉姆生现在开始做几个项目:一个短篇小说集,一本薄薄的但又大有希望的诗作手稿,一本文集,他的旅行札记,以及他的诗剧,所有这一切都可望改善他的地位。有几个月的时间,他都在对他的出版商们作出许诺。他们也许开始自问,是否他已经把他的最好的作品给了他们。汉姆生须证明,他们错了。

她怀孕四五个月的时候,在她的二十九岁生日前后,汉姆生把又一个行动的种种问题和可行性强加在她身上。他们现在应该成为一个体面的家庭,以一种令人尊敬的方式生活。夫妇二人租了一幢两层楼的大别墅的一楼,那幢别墅位于一个好的地段,有一个前花园,又远离街道。

尽管如此,大部分时间,汉姆生仍然呆在位于闹市区之外的公寓里。

到1902年6月,他完成了那部他为之奋斗了三年半的诗剧。这应该标志着又一个三部曲的开始。第一部将描述对上帝的反抗,第二部将描述顺从,第三部将描述信念。他将其命名为《托钵修士文德特》(*Friar Vendt*)。从剧名就可看出,它与易卜生的《培尔·金特》(*Peer Gynt*)的相似之处,不仅仅在于剧名。汉姆生的与剧名同名的主人公这样向观众自我介绍:"我本应是一位神父,/但说实话,我是被奇怪地嫁接起来的;/在我出生的时候,一只狼进入了我的血液,/他在我的马甲下面躺着,吼叫着。"

但汉姆生却并没有创造出一个温柔的索尔薇格①,来拯救托钵修士文

---

① 索尔薇格(Solveig)是易卜生的剧作《培尔·金特》中的一个中心人物,她所唱的《索尔薇格之歌》(*Solveg's Song*),已成为名曲。

德特。酗酒和欺骗,以及对一个女人的背叛,让文德特身败名裂。他最后死去了,在他的皮夹子里人们发现了一张纸,上面盖有国王的印鉴,证明他已经为他的罪孽赎了罪。

在仲夏期间,贝尔格丽特与汉姆生一起住了几天,感到七个月大的胎儿在她的身体内部移动了,因而他也许感到有了一线希望。他也从生活中吃够了苦头,也许就要时来运转了。他把贝尔格丽特的剩余存款从银行里取了出来,又回到比利时的赌场,在那里他再次听凭上帝的摆布。

他把他妻子剩余的财产输光了。他确信,留给他的一切就是进一步的落魄和惩罚。不过也许命运三女神毕竟朝他微笑了。他偶然碰到一幅基督被钉死在十字架上的绘画,画中圣方济格①匍匐在基督的脚下。安特卫普的一位画商正以似乎极其合理的价格出售这幅画。汉姆生越看越确信它是一幅戈雅②的画——而在他当前的状态中,画中所刻画的场景尤其对他具有吸引力。他确信,他将把一件值钱的宝贝带回家,给他的妻子和孩子。

1902年8月15日,克努特·汉姆生当了父亲。他决定,婴儿应该同他在文学中创造的一个人物一样,也叫为维多丽娅。生产顺利,贝尔格丽特做得好——令人吃惊的是,新的父亲也做得好。不错,他大多是呆在家庭供膳旅馆里,因为他的神经无法忍受婴儿的哭闹,但与多年来相比,汉姆生现在的写作要更流畅,也更好。

他试图说服金谷出版社,为未来的书给他预支一些稿费。他要两万五千克朗。那是一个天文数字,相当于奥斯陆市该年拨给帮助孤儿款项的总数。它能为在奥斯陆的一个宽敞的公寓套间付上三十年的房租。但这笔巨款却只是用来达到一个目的:补齐贝尔格丽特的银行存款,并让汉姆生从一个婚姻不幸的作家变成一个离了婚的多产作家。

位于哥本哈根的金谷出版社的雅各布·黑格尔,拒绝给汉姆生这笔借款。他完全意识到,汉姆生的书销售额平平,而且近来他还听到人们的很多

---

① 圣方济格,即阿西西的圣方济格(St Frances of Assisi,1182—1226),意大利天主教领袖,创立方济格会。
② 戈雅(Francisco de Goya,1746—1828),西班牙画家。

议论，说他花销过分，债主众多。不过他也的确帮了一把手，他印了两千五百册《托钵修士文德特》，尽管事实上只有易卜生的剧作才以书的形式销售过。

《托钵修士文德特》得到了批评家们的普遍好评，不过却并未被赞誉为天才作品。汉姆生深感失望。还令他不安的是，他的那幅戈雅的画并不是戈雅的作品。这似乎是迄今为止见过那幅画的人的共识。

汉姆生与阿尔贝特·朗根接洽，请求这位德国出版商，如果他本人不能提供整个数目，那就调动他的一些更有钱的朋友。朗根接洽了三位朋友，但并未获得成功，不过他试图安慰汉姆生："难道你的处境真的那么绝望吗？一位负赌债的作家！你并不是一个有可能失去职位的有地位有面子的官员！当然你是轻率的——但你仍然有你的才能，有你的天才。"

朗根向朋友们所作的恳求，引起了有关汉姆生的健康的谣传。德国的报纸走得更远，报道说，这位挪威作家已经消失得无影无踪了。挪威的报纸转发了这个消息，不久便有报料说，汉姆生自杀了。

到1902年的年底，汉姆生不得不通过一家通讯社，公开否认他自己的死亡。真相是，他由于患有严重的痔疮出血而不得不住院。定期发作的屁股发痒已经折磨他多年，现在恶化了。比昂松的七十岁生日的庆祝活动，邀请了国内外的客人，但他却没有参加，而这就是一个合理的理由，尽管是令人尴尬的理由。

人们把一本《纪念文集》呈献给了比昂松，文集中有汉姆生给他的献诗一首，比昂松收到后兴奋极了。他去医院找到他，向他表示感谢。

这位著名的挪威老民族诗人的来访，极大地激励了汉姆生。不久他便给金谷出版社寄去了圣诞贺信，信中吹嘘说，某些仍然在与他作对的批评家们应该意识到，"在未来，他们要应付我将会是困难的。我仍然有又大又沉的烙铁，我打算把那些烙铁烧得发红。"

圣诞节前，他出院了，回到家后，汉姆生骄傲地品头品足，说维多丽娅能吃，爱打嗝，体重增加了。他还喜欢告诉客人们，他曾经救了她的命，当她生病的时候，他把婴儿抱在赤裸裸的胸前，这样她就能够吸收他所称之为"动物的温暖"。忠实的贝尔格丽特也对每一个人夸耀，她丈夫曾拯救了他们的小女儿。

1903年的第三个星期,汉姆生不得不回到医院,做后续手术。他的痛苦不仅仅是肉体上的。他趴在床上躺着,向比昂松抱怨他的处境糟糕。他透露,他曾去外地赌博,从银行账户上取了两万五千克朗,又欠几个芬兰人的钱。汉姆生与比昂松都与哥本哈根的金谷出版社有业务关系,他乞求比昂松向该出版社施加他的巨大的影响力。

对于比昂松的话,黑格尔是言听计从的,因为比昂松有恩于他;比昂松曾起了很大的作用,说服了两代挪威作家在金谷出版社出书,其中最引人注目的就是易卜生。但毫无疑问,使得黑格尔坐下来倾听的,正是汉姆生本人的威胁,汉姆生威胁说,他要脱离金谷出版社,让挪威的阿施霍尤格出版社出他的书。汉姆生被选为1903年度的挪威作家联盟主席,在此之前他曾两次拒绝了这个职位;而在当选作家联盟主席之后,汉姆生在同仁中的地位正在提高。黑格尔担心,一旦汉姆生脱离他的出版社,他就可能把别的挪威作家带走。汉姆生与黑格尔达成了协议,于是贝尔格丽特的银行差额又补了回来。

然而汉姆生本人却远非具有偿付能力。他与出版商达成的协议的一个部分,就是他的预支稿费和酬金将会减少。除了要还他的老债主的钱之外,他还要还那几个芬兰人的债。在签协议之前,为了提高版税,汉姆生与金谷出版社进行了激烈的争论。他过分直率地问道,难道是他的年龄使他不能挣易卜生那么多的钱吗?那几乎不可能是一个才能的问题。

1903年3月,易卜生庆祝了他的七十五岁生日。甚至没有人会想到,曾经纠缠了这位世界闻名的剧作家几乎十五年的汉姆生,会为《纪念文集》撰稿或发表演说。不过话又说回来,也没有人会想到,他能选择这个庆祝的时刻,在他的下一本书中对易卜生再次进行攻击。而且在一本游记,在他的《在仙境:在高加索山脉的生活和梦想》(*In wonderland:Lived and Dreamed in the Caucasus*)中,他又攻击道:

"多年来,亨里克·易卜生养成了一个习惯,那就是在某个时刻,就像斯芬克斯一样,坐在慕尼黑的某个咖啡馆里的某把椅子上。从那时起,他就得继续这个行动:不论他到哪里,他都得为人们像斯芬克斯那样坐着,在某个时刻,坐在某把椅子上。人们期望着这个行动。有时这可能令他不胜其烦,但他又太坚强了,不会放弃。啊,这两个人是多么强大的人物啊,托尔斯泰和易卜生!……但倘若他们更伟大一点的话,他们就可能不这么把自己当成一回事。他们就会觉得自己的虚荣有点可笑。"

到处都有人写文章评论易卜生,有人讨论易卜生,他笔下的人物充斥着欧洲的舞台。在挪威、斯堪的纳维亚地区,甚至德国,都没有一个戏剧导演对把克努特·汉姆生的《托钵修士文德特》搬上舞台感兴趣。他的戏剧三部曲也没有激发起他所希望的那么多兴趣。他意识到,他须把他的再写两部诗剧的计划搁置一旁——起码暂时搁置起来。然而,他却并没有放弃这个希望,那就是写出这样一部戏剧,它将能给他赚钱,同时还将提高他作为剧作家的声望,能与易卜生比肩,要是能够胜过易卜生,那就更好了。

1903年的冬末和春天,汉姆生的朋友们隐约感到他的婚姻不幸,与此同时汉姆生本人正在写一部新的戏剧,剧名是《塔玛拉女王》(*Queen Tamara*)。

吉奥尔基亲王是格鲁吉亚王国的塔玛拉女王的丈夫,在王国里,他的多才多艺无与伦比,然而他的妻子却让他感到自惭形秽,因为她拥有他所没有的政治和经济权力。他背叛了她,又被宽恕,这使得他愈加蒙受耻辱。最终他寻求毁灭自己,但命运却在其永恒的游戏之中施惠于他:爱最终使得亲王成了他的女王妻子的统治者。

在他的作品中,克努特·汉姆生一直对爱的力量持有信念。在他的生活中却并非如此。他向比昂松吐露道,在他的内心深处,黑暗正在降临。比昂松邀请他们夫妇二人去他的家奥莱斯塔德庄园度夏,他拒绝了。比昂松无力帮助汉姆生解除这个特殊的痛苦。

两个联盟的解体

贝尔格丽特的银行存款可以恢复到原先的样子，但她与汉姆生的关系却做不到这一点。他在社交聚会上尽情欢乐，没写出什么东西，也很少在家里与他的妻子女儿睡在一起。

1903年的仲夏前后，他离开挪威，前往哥本哈根，这一次是由另外一笔津贴提供了资金。这个城市里满是他所认识的人，而且他也充满着自我仇视：不论是对他的皮夹子还是对他的神经来说，这都是一个危险的结合。

三个月之后，当他决定他起码应该看望一下他妻子和女儿的时候，他已经把数目可观的补助金全都挥霍掉了，不得不为了买车票，而当掉他的一些财物。

那年秋天，汉姆生回到家的时候，政治形势正处于极度紧张状态。

1895年，瑞典威胁要采取军事行动，以阻止挪威-瑞典联盟的分裂，当时这在挪威造成了广泛的不满。这种不满又因为欧洲各地所发生的事件而愈演愈烈。挪威议会已经数次表现出意欲获得独立的迹象，包括摒弃联盟的旗帜，为挪威的民族英雄竖立雕像，装甲舰的首次下水，军火工厂的开办，以及新的要塞的建设。汉姆生嘲笑挪威和瑞典的谈判者所提出的妥协，但比昂松对形势的看法则不同。比昂松多年都是赞成独立，现在却站到了联盟派的一边。

1903年，瑞典人把诺贝尔奖颁给了比昂松。要是放在前几年，他就可能拒绝，以示在政治上提出抗议，但到了12月，他却是前往斯德哥尔摩感激地接受了它，这令克努特·汉姆生和许多人勃然大怒。在他们看来，比昂松是个叛徒:"那个杂种在他七十一岁的时候到瑞典人那里,为了得到十四万克朗。我可以这样做,他的所有的追随者都可以这样做,因为他们只不过是比昂松的旁系亲属——但这个人自己却不可以这样做,因为他的某种成就应该归功于他的过去,归功于他的整个过去。"在汉姆生看来,倘若易卜生获得这个奖项的话,那就是唯一可能比这更加糟糕的事情了。

在那一年,汉姆生出了两本书:他的游记于 3 月出版,《塔玛拉女王》于 9 月出版。现在一本短篇小说集,《灌木丛》(*Brushwood*),赶在 1903 年的圣诞节前发行了,其中一些经过了部分修订。

批评家们逐渐地更加支持他了。但汉姆生却仍然渴望能得到欧洲戏剧导演们的关注,能获得他所梦想的喝彩和高收入。自从在奥斯陆首演以来,已经过了七年,但《王国之门》仍然只是在卑尔根以及斯德哥尔摩、慕尼黑和柏林的非常小的剧场里演出过。

汉姆生永远也不能长时间在家里定居下来,他再次提出,第二年他可能外出旅行。这一次贝尔格丽特有了自己的要求,而且不容否决:在他离家的时候,她想在首都帝国医院上一年助产学课程。维多丽娅将在附近的利勒斯特龙市与贝尔格丽特的守寡的姨妈住在一起,这样她就可以住在附近,在周末没有课的时候去看维多丽娅。

汉姆生同意了,但又只是勉强同意,他轻蔑地说,贝尔格丽特的志向是异想天开。他坚决认为,她要训练技能一事,绝对是不值得考虑,他不想让人们在他无力养家的谣传上添油加醋。

在贝尔格丽特的培训开始之前以及汉姆生返回丹麦之前的这一期间,一家人搬到了位于挪威乡下的德罗巴克,在奥斯陆南大约三十公里处,他们在那里租了一个公寓套间。汉姆生豪赌之前,他们曾考虑要在首都附近买一幢小房子;既然钱已经花掉了,他们的财力也只能按照半年的合同租公寓套间。现在只有在金谷出版社寄来钱的情况下,他们才能再有买房的想法,汉姆生许诺,这一年过去之后,他们将建造一幢自己的房子。

汉姆生仍然是身无分文,于是试图用一本他正在推出的诗集《疯狂的唱诗班》(*The Wild Choir*),来借上一笔钱,但未获得成功。《疯狂的唱诗班》

受到了好评,但并没有令人欣喜若狂。

1904年秋天,当汉姆生整理行装准备前往丹麦的时候,他过了四十五岁生日,尽管在公开场合他仍然少说一岁。

他并没有呆在哥本哈根,而是选择住在西兰岛①北海岸的小镇霍恩贝克。这是要尝试躲避首都酒吧和餐馆所每天带来的诱惑,但由于坐上两个小时的火车就可到达商业区,因而他发现,要远离酒吧和餐馆是不可能的。

他的越轨行为变得越来越古怪,便有了各种各样的谣传。有关他的举止何以如此另类,每一个人都有自己的看法:他是在充当上帝,他是贪得无厌地需要人们对他关注,他与他笔下的人物纳吉尔都是同样力量的牺牲品——是一个为他的冲动所左右的神经极其敏感的人。

有一次,他的行为变得尤其荒唐。霍尔格·德拉克曼②是汉姆生最喜欢的丹麦诗人,汉姆生坚持要德拉克曼的妻子接受他所钟爱的金表作为礼物,可第二天,又不得不通过两人都认识的一个女人把金表要回,并提出用另外一块表和一个胸针来交换。还有一次,当汉姆生在贝尼纳酒店痛饮的时候,他夸夸其谈,痛骂时代的愚蠢,谈话间又停了下来,盯着酒吧间的女招待。那位女招待已不再是年轻害羞的年龄,她显得疲惫和相当不幸;这并不奇怪,因为当时他与他的仰慕者们是坐在那里大吃大喝,所花的钱的总数起码是这个女人所赚的钱的十倍。她应该得到鲜花!这个酒吧间应该被玫瑰花压倒。汉姆生冲了出去,招手让一辆马车停下,给了马车夫一些钱,要求把他带到蒂沃利③,那里仍然还有花卖。十五分钟以后,马车夫猛敲着窗子,汉姆生抱着一大捆玫瑰返回了。他走到酒吧间的那个女人面前,宣告这些玫瑰是给她的,并深深鞠了一躬,然后消失在夜色之中。

一天夜晚,他决定顺便访问住在拉尔斯莱伊街的诗人约翰内斯·维·

---

① 西兰岛(Zealand),位于丹麦东部。
② 德拉克曼(Holger Drachmann,1846—1908),丹麦作家,他的抒情诗使他成为19世纪后期丹麦的杰出诗人之一。
③ 蒂沃利(Tivoli),哥本哈根的游乐园。1843年开放。花园中有咖啡馆、餐馆、亭阁、露天剧场和娱乐场。入夜后,烟火、彩灯和照明喷泉使满园生辉。夏季演出交响音乐会、哑剧和芭蕾舞。

延森①。这个丹麦人以脸色阴沉而臭名远扬,其不苟言笑令人胆怯。他从不大笑,然而这两个人似乎共享一种没有几个人能够领悟的理解。汉姆生正站在延森的小小的公寓套间里,为了表示对他的丹麦同事的崇敬而滔滔不绝地讲话。终于为了喘一口气,他在房间里四下打量了一下。他的目光不是落在一张舒适的椅子上,而是落在一个陶瓷火炉上。他跳了过去,来到陶瓷火炉前,估量了它有多结实之后,便举起他的右手,用力对准它打了一下。火炉砰的一声摔了下来,碎成两半,于是炽热的煤和灰撒在地板上。汉姆生突然感到尴尬,便用铲子把煤推到倒塌下来的火炉底下。延森看着他的眼睛,干巴巴地说道,不管有没有炉火跟随在他的身后,克努特·汉姆生始终是受欢迎的。

延森有很多机会可以观察这个捉摸不透的挪威人。他在一篇诗歌随笔中记录下了他的印象,描述了他酒友的巨大的幽默感、不羁的精神、真诚、对生活的渴望、温暖和机智,但也记录下了他的深深而又巨大的孤独,当延森瞥见那种孤独的时候,那种孤独便立即使他变得清醒了。

在一首描写汉姆生的诗歌中,诗人霍尔格·德拉克曼注意到了同样的事情:"……在森林的深处坐着一个孩子,/……一个迷途流泪的孩子。"

当汉姆生在哥本哈根造成严重破坏的时候,奥斯陆遭到了地震的打击,1904年10月29日,星期日,一场里氏5.5级的地震发生了。有些人把这场地震看作是一种征兆,说明有一些轻微的震动威胁了挪威-瑞典联盟。早些时候,在那年的春天,政府曾提出了一些建议,详细说明了一个独立的挪威领事体系可以如何行使功能。在那年的夏天和秋天,挪威人焦虑地等待着,看瑞典将会有什么反应。有谣传说,在斯德哥尔摩有强烈的意见分歧,不论是在政府之内还是在更广泛的瑞典议会范围都是如此。还有人声称,王储古斯塔夫正在对现在身体欠佳的国王奥斯卡二世②施加压力,要他对

---

① 延森(Johannes Vilhelm Jensen,1873—1950),丹麦小说家、诗人。1944年获诺贝尔文学奖。
② 奥斯卡二世(Oscar II,1829—1907),1872至1907年为瑞典国王,其中1872至1905年兼挪威国王,力图维持瑞典与挪威的联盟,1905年被迫将挪威王位让给哈康七世。哈康七世(Haakon VII,1872—1957),1905至1957年为挪威国王,系在瑞典-挪威联盟解体后,由国会推选为国王。

挪威人采取更强硬的立场。

到那一年的年末的时候,汉姆生对比昂松发起了猛烈攻击,比昂松现在是亲联盟派的领军人物。"你已经老了,大师,这就是问题所在。要是你没有变老那该多好!……在七十年的岁月里,你都是坚强地站在一边,而在你七十一岁的时候,你却发现,你的正确位置是在另外一边。老年人认为,老的时候也就越来越聪明,但实际上却往往是变得越来越愚蠢。"他在一篇刊登在报纸上的文章中粗暴地说道。

这些刻薄的话在许多文章中被引用了,招致了几个人的反驳,其中就有挪威作曲家爱德华·格里格。

随着圣诞节期的临近,汉姆生又开始酗酒了。一次次狂饮成了他一次次希望获得自我控制尝试的失败。有一次在片刻的懊悔之中,他写信给一位朋友,说他正在进行一次为期七周的纵酒,是在乘车往返于霍恩贝克与首都之间。他发誓他将适可而止,他承认他又欠债了。他承认,他感到自己就像一个骗子,因为他做了这么多可怕的事情,举止就像猪猡。那是1904年12月12日。

甚至还没过两个星期,汉姆生就似乎不那么悔悟了。他在哥本哈根的一家餐馆里遇见了作家拉格恩希尔德·耶尔森。她已经与托马斯·克拉格订了婚,克拉格是少数几位能够在调情的艺术上与汉姆生相媲美的人之一。现在,在圣诞夜的前一天,汉姆生并没有竞争。只有他们两个人。

前一天,汉姆生给她写了一封信,信中充斥着勾引人的许诺。他描述道,他想像她应该是又高又苗条,有纤细的手,头发就像埃及艳后克娄巴特拉一样,"而且我认为,当你行走的时候,撒旦一定触到了你的双唇和眼睛"。他提醒她,他将需要乘坐最后一班火车,从哥本哈根前往霍恩贝克,"但如果我和你在一起,咖啡馆里又满是灯光和音乐这样的东西,那么我就完全可能再次失去自制。这一点我并不明白,那么晚安吧,我的孩子。你一定要明白,我可以成为你的父亲。"这个四十五岁的人调情道。

耶尔森二十八岁,刚刚出版了她的第二本小说,写的是一个女人为了她的家庭而牺牲了一切。她本人是一个挪威地主的女儿,那个地主曾不得不卖掉家庭几乎有三百年历史的庄园。

在几个小时的时间里,拉格恩希尔德·耶尔森似乎就像一个逼真而又栩栩如生的维多丽娅,也就是作品中那个庄园主的女儿。但汉姆生却并不像在小说中那样,他并不再是一个不知所措的约翰内斯,他宁可写作,而不是接受生活所提供的东西。他也不是他当年的那同一个作家。

而且第二天,他也不再是那同一个丈夫了。

贝尔格丽特是汉姆生曾经爱过并赢得的女人,随着他对贝尔格丽特越来越冷淡,他也就开始在他本人与他笔下的人物之间产生出更大的距离。在描写对他来说是痛苦的事物的时候,他经常使用反讽,但现在反讽却仅仅成为一种无所不在的工具。这种新的距离减少了那种要描写他的人物的每一种思想或者冲动的必要性,并且使得写作的过程不那么痛苦了。他的写作更依赖于一种在文本之下透露出来的微妙的调侃。

当他坚持着这种反讽的距离的时候,汉姆生所能够写作的速度也就令他吃惊。他的下一部小说,《梦想家》(*Dreamers*),只用了两个月的时间就写完了,这本书在1904年的圣诞节之前问世。

汉姆生以前从未做到在遣词造句的时候轻而易举。但这种新的方法起码意味着,他既能够保持重点又能保持距离。这就好像他变得有远见了,能够更加客观地审视他笔下的人物。而且在《梦想家》中,又是人物众多。有管家玛丽·范·卢斯。集电报员、讨人喜欢的人、硬汉子与发明家于一身的奥韦·罗兰森。教堂司事的女儿奥尔加,她的双眼就像一对孪生的幽灵似的。虔诚的埃诺克,头上总围着一条手帕,还有埃诺克的永恒的敌人莱维恩,他把埃诺克的耳朵扯了下来。拉格娜,这个姑娘在罗森加尔德的马克鱼胶工厂里工作;马克的住在西里伦德的兄弟(西里伦德是《牧羊神》中的地名);以及马克的女儿艾莉斯,艾莉斯身材高挑,皮肤晒成了棕褐色,她人长得美丽而又让人搞不到手。

那是一个野性而又使人兴奋的诺尔兰的春天,它似乎迫使一切生物都达到其限度。一个教区牧师的年轻妻子来到了村庄,她既天真又轻信。"甚至看看我都是对你眼睛的虐待。"罗兰森告诉她,并且对她唱小夜曲,直唱得她因动情而脸红。

确实,罗兰森知道,怎样才能使每一个女人脸红。为了索取酬谢,他不实地承认马克的财产失窃了,而用这笔酬金,他完成了他自己的鱼胶发明。天气刚有了秋意,罗兰森便给当地的大人物马克下了最后通牒。他精心安排,让一切都完全达到他的要求——此外还获得了马克的美丽的女儿。

小说《牧羊神》中,春天、夏天和秋天期间,在西里伦德一切都出了岔子,而在《梦想家》中,一切都最终圆满,有了美好的结局。总的看来,这些人物并没有焦虑而又绝望的情感,而当他们确实有这种情感的时候,这些情感又是带着使人放心的距离和某种宽容被简述了出来。硬汉子赢得了姑娘。不可能的事情变得可以实现了。罗兰森显示出,他是自己命运的主人,而汉姆生则是让他的善于创造、大胆和洋溢的幽默得到了回报。

汉姆生是在金谷出版社的文学部经理彼得·南森的劝说下创作了《梦想家》,南森曾对汉姆生近来的产量感到不安。自从他的上一部小说《维多丽娅》出版以来,已经过了六年的时间。那些填补了这时期的剧作和匆匆编定的短篇小说集以及诗集,不论是对汉姆生的名声还是对他的钱包都没有起到什么作用。

南森要求,汉姆生应该为他的通俗文学系列《金谷出版社北欧文库》(Gyldendal's Nordic Library),写一本篇幅不超过一百页的书。带着能够有一个广泛的读者群和两千克朗的前景,汉姆生把他原先要写一部喜剧的计划搁置在一边——在某种程度上把他本人在文学上的疑虑搁置在一边。从表面上看,他所表达出来的唯一的保留就是,他对不让他刻画教区牧师妻子的那种强烈感情,而感到不满。写给《文库》的书,应该是一本适合全家人读的书,不得伤害任何人的感情,而这恰恰是汉姆生曾强烈鄙视的文学。

通过诱使汉姆生为系列丛书撰稿,南森也试图把汉姆生带到一条让读者读起来更容易的道路上。他成功了,但所付出的代价是,该书未能获得批评界的推崇。丹麦的《政治报》主编斯文·兰格作了无情的批评:这本书中的人物和大致情节,只不过是对汉姆生以前作品的机械刻板的重复,起作用的反讽、机智和魅力并没有在心灵上留下强烈的印象。

在哥本哈根狂饮作乐六个星期以后,汉姆生终于在1905年的2月返回了挪威。

他在德罗巴克一家旅馆住下。过了六个月后,汉姆生、贝尔格丽特和维多丽娅将尝试作为一个家庭住在一起。这是可能的,他并不想放弃一切希望,但具有讽刺意味的是,他的不忠使得他更加难以放弃他与异性的肉体关系。若干年以后,他这样描述了他对自己不忠的感受:"在第六年,我得到了一笔津贴,得到国外去,她[贝尔格丽特]想'独立',于是便开始做她的事情——因而也就不是我们的事情。事情就是在那个时候发生的。我并没有欺骗任何人,只是欺骗了我自己。那是人所能做的最低级、最恶劣的事情。没有爱,没有温情,只有堕落。在你的内心,你谴责你自己。……它决非爱的证明,只是一种解脱。而事后我但愿我能够远离,没有说一句谢谢你,没有一个吻。"

作为一位作家,汉姆生找到了一种生存的手段:更远的距离。而对一个丈夫来说,这个方法却彻底失败了。

森林中的一个幸福的家？

在《神秘》中，纳吉尔梦想与马莎一起，躲藏在森林中的小木屋里，同样，汉姆生也想在德罗巴克北边的森林边缘建造一座小房子。1905年春天，他为房屋的建造画了详细的草图。房子将具有十九世纪初法兰西第一帝国时代流行的风格，将会有一个曲线形的屋顶，还会有凸出于墙壁之外三面有玻璃的窗户。它将会有一个带有门廊的入口，有他本人设计的走廊和楼梯，有餐室，以及一个面对峡湾的客厅。在一楼，将会有女佣的房间，贝尔格丽特与维多丽娅合用的房间，以及他自己的房间。还将会有一个存放柴火的附属建筑物，一个洗衣房，一个小酿酒厂，厕所和作坊。

当汉姆生为自己建造房子的时候，挪威为战争武装起了自己。谈判破裂了，因而希望也就寄托在给瑞典施加压力，让瑞典接受有九十一年历史的联盟和平解体。1905年6月7日，挪威议会通过了一个单方决议，宣告挪威与瑞典的联盟终止。到了8月，百分之八十五的合格男性投票人前往投票，有三十六万八千三百九十二人赞成解散挪威-瑞典联盟，反对者只有一百八十四人。挪威妇女尚无投票权，但她们也在这场争论中增加了自己的声音，提交了有二十五万个人赞成的签名。这个年轻的国家要获得独立的一致愿望给欧洲其他地方留下了强烈的印象。

瑞典与挪威很快便回到谈判桌上，但争议点颇多，因而谈判在一个星期以后便告失败。直到进入9月之后，商讨才又再次进行。与此同时，挪威议会命令进行部分的军事动员。

汉姆生把自己摆在最激进的位置上，他为奥斯陆的一家报纸写了一些富于战斗精神的诗歌,甚至还参加了一个射击俱乐部。在边界的另外一边也有不可忽略的军事扩张,而瑞典的新闻部门又煽动起民族骄傲感,用对古代的伟大回忆,让瑞典公众重新振作起来。在伦敦,《泰晤士报》(The Times)刊登了著名的挪威探险家弗里德肖夫·南森的文章,即使瑞典探险家斯文·海定①在同一种报纸上发表了一篇反驳文章之后,南森的那些文章仍然在英国激起了对挪威人观点的巨大同情。现在显然,不论是英国还是德国都看不出战争会有什么好处,于是便建议瑞典谈判。

那年的晚秋,两国的代表团终于达成了协议:挪威将获得独立。

挪威人民现在面对的是要作出决定,挪威究竟应该成为一个共和国还是一个君主国。在三个月的时间之内,选民们又再次投票。这一次不再是举国一致。在挪威的某些地方,拥护共和政体的力量极其强大,但最终拥护君主政体的力量以二十六万票对七万票取得了胜利。丹麦王子卡尔是一个受大众喜爱的挪威王位竞争者,他与欧洲其他王室有密切联系,而这种联系在动荡时期可以增强挪威的安全,而且他也已经生了一个嗣子。但在最终接受挪威议会的推举之前,他要求进行全民公决,这时他也获得了大众的巨大同情。

1905 年 11 月,欧洲唯一的一位选举出来的国王到达挪威首都。他采用了新的名字,哈康七世②,他的儿子亚历山大采用的名字是奥拉夫,而他的妻子,也就是爱德华七世③的女儿莫德,则保留了她的名字。

在此期间,汉姆生正准备把他的家人搬进他们的新家。

结果表明,新家比他原先的计划要昂贵得多。他特别提到,总共花了九千九百三十一克朗。筹款是极其困难的。在头一年,他在经济上是成功的,而且也有理由成功——《在仙境》已经用德语出版,一起用德语出版的还有

---

① 海定(Sven Hedin,1865—1952),瑞典探险家,曾多次穿越亚洲中部探险,发起并主持中国和瑞典 1927—1933 年的联合考察,在考古和地理方面有重要发现,著有《穿越亚洲》、《丝绸之路》等。
② 哈康七世(Haakon VII,1872—1957),挪威国王(1905—1957)。挪威-瑞典联盟解体后,由议会推举为国王。
③ 爱德华七世(King Edward VII,1841—1910),大不列颠和北爱尔兰国王(1901—1910),维多利亚女王之子,讲究穿着,性喜交际,到欧洲各国旅游,促进相互了解,改善英法关系。

《托钵修士文德特》和《夕照》,而《牧羊神》和《维多丽娅》已经用俄语出版,《梦想家》也已经在瑞典出版——但汉姆生把由此赚的钱大量耗费在他的新住所上了。

自从他在1905年2月返回挪威,他幸运地得以把他的一些短篇小说和诗歌刊登在欧洲各地的报纸和杂志上。5月,他寄出了又一个短篇小说集《奋斗生涯》(*Striving Life*),主要是根据他在美国的经历和他在东方旅行的见闻写成。有一百六十二个选段被译成了德语,而阿尔贝特·朗根则一如既往,在经济上全力以赴,给汉姆生提供了几千马克。金谷出版社借给他建造房子需要的大部分钱,以汉姆生正在写的两本新小说作保。其中一本,他将继续像在《梦想家》中那样,描写诺尔兰人的生活,而另外一本则将是第一人称的叙述,但这一次将保持他现在写作时所需要的那个距离。

汉姆生把他的房子称作"蚁冢",一个可让人变老和变得明智的地方。

汉姆生给他的最好的朋友汉斯·安鲁德写信,描述了他非常糟糕的混乱状态,他宣告,任何人也不应该结婚。在1905年圣诞节到来的前两个星期,汉姆生、贝尔格丽特和维多丽娅终于搬进了新居,对于这家来说,这并不是最乐观的开端。

贝尔格丽特既不务实,也不喜爱操持家务。在《梦想家》中,汉姆生描写了牧师所作的尝试,他要把他的配偶变成一个严格意义上的家庭主妇,试图把一种秩序和勤奋感灌输给她。在"蚁冢"也完全是如此。"蚁冢"是他所创造的一幢房子,是他的家,而这个家要容纳另外两个人。她们可能并非完全是陌生人,但她们也并非他想要的那种样子的人。

贝尔格丽特已经变得惧怕出错,因为汉姆生能够激动得大发脾气。进行报复并不是她的天性。她接受一切指责,作出道歉,并许诺要改正。汉姆生的看法是,多年来他一直对自己严格,而这又有助于他,那么让贝尔格丽特和维多丽娅也学会有条理和节俭,也就没有坏处。鉴于他已经挥霍掉这么多的钱财,因而这就是一种适时发作的健忘症。汉姆生是怀着愧疚返回他婚姻生活的,因而一门心思想让情况变得非常不同。

但这却并不是他所渴望的那种生活。

汉姆生开始写大自然的魅力,这是一种想走进森林的欲望,是想像五年前在哈马略那样,再次独自住在一个用草皮盖成的小屋里的欲望。但那又会是一种什么生活呢?他在一本书名将是《最后的喜悦》(The Last Joy)中问自己:"你并不知道你谈论的是什么。那是一种你一无所知的生活。你的家在城市里,是的,你为它配备了装饰品、绘画和书籍,但你却有一个妻子和女仆以及成百上千种花销。而且不论是睡着还是醒来,你都始终在奔忙着,内心永远也不平静。我的内心是平静的。保留你趣味高雅的抱负吧,保留你的书、艺术品和报纸吧,保留伤你心的咖啡馆和威士忌吧。"

汉姆生现在开始写的第二本书,讲的是渔夫兼邮递员贝诺尼·哈特维格森的故事。故事以西里伦德为背景,在《牧羊神》中,格莱恩就是在西里伦德这个地方试图赢得埃德瓦尔达的芳心,未获成功。而在这本书中,贝诺尼与埃德瓦尔达的拥有无上权力的父亲麦克,就一项可赚大钱的捕鱼交易达成了协议,并且用从中所得的钱为他的窗户购买了窗帘,为教堂中的会众购买了优质的白衬衫。

在《最后的喜悦》中,有这样一位作家,他梦想逃避汉姆生生存中心的每一件事情。而在另外一本书中,则有这样一个人物,他的生活与二十年前汉姆生在诺尔兰的生活惊人的相似。汉姆生内心的危机,似乎被照搬进作品中。

对汉姆生来说,圣诞节从来就不是一段轻松的时间,这个圣诞节也决非例外。他总算把他小说的一个选段卖给了一家杂志,故事讲的是那个在森林中寻找自我的人。他又把他的另外一本书的前三章,卖给了一家报纸。但他的花销失控了。他清醒的时间变短了。他被吸引到首都的餐馆里,很少在家,就是在家也只是为了见他的女儿。他往往由于无法心地坦然地直视贝尔格丽特,而对她猛然怒斥。独自一人的时候,他懊悔而又困惑地哭着。一天,作家克里斯蒂安·吉尔洛夫发现他在一家宾馆里,像胎儿那样蜷作一团。按照吉尔洛夫的说法,他的啜泣听起来就像是从他的身上挣脱出来似的。吉尔洛夫从未见过孩子或者成年人这样哭过。

他做了准备,要把汉姆生送进诊所。

1906年3月的第一天,汉姆生本人的话几乎占满了奥斯陆的一家报纸的头版,大标题是《在诊所》(At the Clinic):

"我躺在这里,数着墙上的钉子,听着外面马具上的铃声,我的每一根神经都冷颤得发出呵呵的声音——简单说,我把自己送进了诊所。我无法照顾自己,而且在若干天内将是如此,谢天谢地。不用亲自做任何事情,周围只有医生护士和仁慈的人,他们想为我做一切事情,这真是令人高兴。我内心从未感到这样开心,这样温暖,我确信,这将不是我最后一次把自己送进诊所。

事情是星期一发生的,我身上有什么东西一下子崩溃了。为了我的工作我已经辛苦了一段时间,有几个日日夜夜内心颤抖得厉害,完全睡不着。然后我被咖啡馆里盛着威士忌加冰块的高杯酒和音乐吸引,被灯光和我的朋友们所吸引——若干天后我的整个存在慢慢地停止了。

你怎么啦?医生问。

我说,在旅馆里得不到全脂牛奶。我想离开。我在这里不愉快。

你的手在颤抖。

你应该看我的内心!我多么想让这个房间只有它的一半大小,让它没有门,让我什么声音也听不见。

你的神经紊乱了,医生说。

然后我帮助他让我住了院。"

这份报纸很快卖光了,而且谣言四起。

三天以后,汉姆生把《在诊所》寄给了阿尔贝特·朗根。他是在旅馆房间里再次给他的德国出版商写信,吐露说:"现在我把我可爱的住宅建造出来了。但它刚刚建成,我的家庭就解体了。世界是一个多么令人伤心的地方啊。你认为慕尼黑是我居住的好去处吗?"

汉姆生并没有前往慕尼黑。相反,他搬到了首都西南仅仅几英里外的一个家庭供膳旅馆。

这个循环完成了。几乎十年前,他在一个与这个地方十分相似的地方见到了贝尔格丽特;现在,1906年的春天,他们正式签署了离婚文件。贝尔格丽特将第二次离婚。她丝毫也不抱有他们能破镜重圆的幻想。

汉姆生接手了"蚁冢"和抵押权,以便能把它卖出去。他把自己想要的家具带走,把其余的家具留给了贝尔格丽特。他们共有的资金转到了她的名下,因为那是她结婚时带来的。但是孩子归谁要难些。贝尔格丽特想把维多丽娅带到八岁,八岁以前汉姆生将每月付赡养费,八岁以后维多丽娅将给汉姆生。不论是谁在此期间再婚,另外一方都可以要求立即获得监护权。

8月,汉姆生四十七岁了,他全身心地投入到写作之中。

在9月和10月期间,他夜以继日地改着一部在哥本哈根的时候就一直修修补补的手稿。11月底的时候,《在秋天的星光下》(Under the Autumn Star)出版了。这本书正式定名前的暂定名是《神经机能病》(Neurosis)。在驱除了他的恶鬼之后,汉姆生在这本书中又返回到第一人称的叙述。那是一本薄薄的书,只不过比《维多丽娅》多出十来页。《维多丽娅》是1898年在瓦尔勒斯,他当单身汉的最后的日子里完成的。他已经违反了他在圣坛所作的不管怎样都要去爱的誓言。

1890年代上半叶的那些存在主义反叛者们已经不在了。《在秋天的星光下》中,克努特·佩德森是一位步入老年的作家,眼神忧郁,他正在乡下休养以医治他的神经过敏。与他的前辈相比,他既没有给自己带来威胁,也没有给别人带来威胁。他更是一个观察者,而不是一个积极的参与者,更有可能在他自己的头脑里进行争论,而不是采取行动。他乐意接受他能够接受的任何女人:牧师的女儿伊丽莎白,伊丽莎白的母亲,以及别的女人。但他最想讨其欢心的,却是那个不能得手的女人。她就是路易丝·法尔肯贝格,路易丝是船长的妻子,而船长又是佩德森的老板。佩德森跟着路易丝来到城区,但又再次没有得手:"然后是喝了更多的葡萄酒,然后是威士忌……然后当一个帷幕落在我尘世意识之上的时候,又是一连二十天的饮酒。"甚至爱也失去了其危险。它不再是一个生死的问题。它似乎几乎不值得一写。

《世界之路报》欣喜若狂地欢迎《在秋天的星光下》。该报的批评家措辞激烈地表明,与汉姆生笔下的那个头脑和身体都灵巧的流浪汉相比,别的书所刻画的漂泊人物是多么的蹩脚和苍白。《晨报》的批评家们则是一如既往,再次态度尖刻,他们宣告,这首掺有威士忌的挽歌证明,汉姆生作为一位作家已经没有希望了。尽管他们作了谴责,但《在秋天的星光下》仍然不得不在圣诞节前重印三次。汉姆生以前从未有过这样的销售额。

汉姆生向挪威作家联盟主席投诉,说《晨报》迫害他。这是一个仔细策划出来的行动,与他的长篇小说和短篇小说全集版本的出版,是在同一个时间。汉姆生想把支持他的文人学士动员起来,在赞美他文学才能的宣传文章上署名,以此来抵消多年来报刊对他的持续的负面评论,尤其是来自右翼报刊的负面评论。这样一来,他就可能最终获得至今还鄙视他的报纸的读者。很大程度上,克努特·汉姆生现在处于成败的关头。

易卜生已经在那年的5月去世了,但汉姆生仍然感到,自己还是处于这个伟人的阴影之中。

他觉得,金谷出版社能为他做更多的事情了,最起码也应该把他与易卜生和比昂松同等对待。汉姆生指出,"这两个人已走到他们创作的尽头,但我却处在我力量的高峰,在我前面有一个前景。……我决非新手,我工作了十九年,出版了十九种作品,被翻译成了十六种语言,我的作品多次重印,在德国和俄国尤其多次重印(尽管我没有得到俄国的一分钱报酬),人们从世界各地,从远至澳大利亚和南非,给我寄来了感谢信,当然大多是从欧洲国家寄来的。而这里,在国内,我所获得的,仍然是与我十九年前初出茅庐时相同的一次印数。我希望现在能改变风向了。"

在他与金谷出版社签订新的合同的那一天,他收到了信息,他的八十二岁的父亲去世了。

离 开 城 市

汉姆生并没有回家与母亲一起参加葬礼。

他曾公开而又频繁地希望,能够有机会重访他童年的地方,但现在他却不合情理地拒绝了这个机会。他有足够的钱,而且由于通往诺尔兰的交通已经大为改善,回家的旅行也只不过是几天的事情。这也将毫无疑问激发起更多的回忆,而这将对他正在写的以诺尔兰为背景的作品大有帮助。那里还有他的兄弟姐妹,其中就有他几乎三十年没见的哥哥。此外还有他的母亲,一个七十七岁的悲伤的寡妇,倘若大名鼎鼎的儿子出席父亲的葬礼,她会不胜感激的。

而汉姆生却在着手要作一个讲座,为了"向你的父母表示敬意",这个讲座对《圣经》中所给的戒律大加挑剔。他宣告,所谓满意的童年时光这句古老的格言,是一句谎言和一个幻想。哪一个成年人也不像敏感的孩子那样没完没了地受苦。"只不过幸运的是,孩子忘得更快,更迅速地克服了苦难——在突然遭受新的苦难之前便走向下一个欢乐。童年是人最困难的一段时间。"

他声称,第四诫是一句过时的无关紧要的话,它无耻地颠倒了真相[①]。生儿育女只是一种满足了父母欲望的冲动,孩子在其中并不起作用。孩子并没有要求进入这个世界。孩子对抚育是无须感谢的。

六个星期以后,汉姆生在挪威学生会作了这个讲座。新闻界立即爆发了一场风暴。

[①] 十诫中的第四诫说:"当孝敬父母,使你的日子在神所赐你的地上得以长久。"(见《圣经·旧约·出埃及记》第20章第12节)。

1907年7月,汉姆生带着维多丽娅离开了奥斯陆,暂时带着女儿度过夏天的几个星期。他想把她带到乡下,但又离城不太远,不至于在乘火车返回的时候困难。他带着女儿住在孔斯贝格①的一家旅馆,孔斯贝格是一个内陆小镇,是随着银矿而兴建起来的。

汉姆生决定,在夏天结束之后继续呆下去。他保留了一楼走廊最远端的那个房间,从里面可以俯瞰安静的院子和花园。靠着整整两面墙以及第三面墙的一部分,他竖立起书架,上面放满了书。成堆的报纸杂志在咖啡桌上越积越多。他什么东西也不扔,也拒不让女佣在任何东西上掸尘。

冬天临近的时候,他甚至在他的房间里储藏了柴火,把柴火交叉着高高堆起。他亲自劈柴,运上楼,按照他舅舅教他的堆放起来。这样,在散发着松枝的芬芳气味中,他写作,阅读和睡眠。他床的上方挂着一幅维多丽娅的照片,照片上装潢着她离开前送给他的一根丁香树枝。

现在在奥斯陆是难得见到汉姆生了。随着他婚姻的结束,他再也不需要逃避任何事情。他找到了安宁,给炉膛里填充松树原木,外出散步,与熟人一起打牌,但打牌却并不是为了赢钱。

他放弃了为《在秋天的星光下》写一部续篇的计划。克努特·佩德森是一个征兆,说明他既需要逃避贝尔格丽特,又需要逃避城市。现在既然已经分手了,他也就返回到那个更年轻,也更有生命力的人物,贝诺尼·哈特维格森,几年前在原先那个"蚁冢",他就已经开始写这个人物了。随着1908年新年的开始,一些新的想法和大量人物在他脑海中涌现了出来。

一个又一个形象围绕着贝诺尼涌现出来,这些都是汉姆生年轻时认识或者听说的人中汲取出来的人物。他在美国时从阅读马克·吐温的书中所受到的教益,现在可以派上用场了。在《梦想家》中,汉姆生已经开始用这种不同的写作方法做实验了,但现在他有了充分地探索这种方法的时间。漫画手法和闹剧感得到了发挥,善意地取笑他的人物但又保持着温暖和慷慨。当他作为一个雄心勃勃的二十岁青年离开诺尔兰的时候,他放弃了方言,现在他又采用了方言,从而给他的作品带来了一种新的神韵。一个又一

---

① 孔斯贝格(Kongsberg),位于挪威中南部的布斯克吕郡(Buskerud)的一个镇。

个刻画得精彩的人物从人群中走了出来,他们的讲话有个人特有的习性,他们犯愚蠢的错误,他们发音出错,有词语的荒唐误用,他们还过度地作刻板的阐释,这一切都使得他们与众不同,栩栩如生。

现在汉姆生就像一个关心备至的叙述者一样,走在他的人物当中。他把他们揭示出来,包庇他们,为他们辩解和作出解释。在以前的书中,他主要是与自己对话,但在这本小说中,他使用了大量的技巧,更直接地对他的读者讲话。这本书开始创作后不久,他就决定,书的名字干脆叫《贝诺尼》(*Benoni*)。

在写作《贝诺尼》的过程中,汉姆生证明了他是情境大师。

现在汉姆生四十八岁,他终于成功地把他自己与他的故事分离开来。这不仅对他的艺术是必要的,对他的心灵也是必要的;他再也不能为了寻找素材,而无情地挖掘他自己的灵魂了。现在当他为了在《文集》中重印他早期的书而翻检那些书的时候,他系统地作了些修订,让那些书中如痴如狂的情绪缓和下来。观察者和被观察者的距离愈来愈远。现在他的作品中,有一种幽默的眼光和一种敏锐的反讽在颤抖。

汉姆生不再习惯抱怨写作痛苦了。与贝诺尼为伍有利于他。贝诺尼这个有抱负的少年渔夫,是一个单纯得令人感动的人物,在事关重大的时候他的神经坚强如钢,在好人面前吞吞吐吐,然而却又是一个令人极不愉快的高明的丑角。贝诺尼想与罗莎发生性关系,罗莎是牧师的女儿,有着起伏的胸部,红润的嘴唇,使人目眩的微笑,以及无比美好的浅棕色头发。贝诺尼的情敌是教堂司事的儿子,他是一个学法律的学生,愈来愈肤浅,从本质上讲是一个懒散的人,被城市生活毁掉了。就像一个半神半人支配着所有这些人的是商人麦克。麦克的床有四根柱子,每一根柱子上都有一个银制的天使,但对睡在床上的姑娘们来说,他却是一个魔鬼。在光天化日之下,他也对姑娘们随心所欲:举个例说,在那些姑娘当中就有眼睛水汪汪的雅各宾娜,她的黑色的长鬈发非常浓密,结果她的绰号就是长着黑色火药般头发的布拉马普特拉河①;还有女佣埃伦,尽管她有一个好嫉妒的男朋友。位于中心的是贝诺尼,他愈来愈获得他本人与他人的敬重。汉姆生暗示,在他这种

---

① 布拉马普特拉河(Bramaputra),即雅鲁藏布江。

人身上什么事情都可能发生。

作者写到结局的时候,他暗示,续篇中将有另外一个女人出现。贝诺尼成功地把罗莎追求到手,但罗莎却并没有让汉姆生足够激动。他想写出一个更加危险的女人,一个不论是贝诺尼还是他都不能完全控制的女人。

似乎通过他的再次写作,克努特·汉姆生瞥见了自己生活的前景。

汉姆生于1908年4月8日写完了《贝诺尼》,一个星期以后,他住进了首都一家旅馆,打算狂饮一番。这是一个庆祝的间歇,然后他将再次与埃德瓦尔达结识,埃德瓦尔达是《牧羊神》中造成格莱恩不振的那个引诱男人的女子,她将成为汉姆生正在计划的续篇的中心人物。汉姆生在《贝诺尼》结束语中告诉读者,她已经在春天的时候到来了。而现在在奥斯陆也是春天,这个春天似乎再次给世界注入了使人精力充沛、几乎令人狂喜的能量。汉姆生与女人们的关系有许多是在一年的这个时候成熟的,这一点也许并不令人惊讶。

在他回到城里的第一个晚上,他的朋友们就已经聚集了起来。第二天下午,他的一个酒友,国家剧院的经理威廉·克拉格给汉姆生打来电话,问他能否到剧院一坐。这与他们头一天晚上讨论的事情有关。他的长腿只需带他走上几步远的距离。

这注定会改变他的生活。

第 三 部

我在这个地球上唯一的爱

国家剧院内的楼梯边站着一个二十六岁的女人。当威廉·克拉格给汉姆生打电话,请他顺路来访的时候,她就在克拉格的办公室里,现在正急切地等待这位作家的到来。

她叫玛丽·拉维克,之所以采用这个名字,是为了减轻她母亲对她生活在罪孽之中所感到的极度苦恼。她与比她大十八岁的多雷·拉维克同居了五年,他们一起随一个剧团在挪威、瑞典和丹麦各处巡演。玛丽在《王国之门》一剧中饰演埃莉娜这个角色,她的表演令人赞叹,因而国家剧院便接纳她为学员。既然这部剧作要在国家剧院上演,也就再次考虑让她饰演这个角色。克拉格想让她见见伟大的汉姆生本人,有关他,她已经听到人们说过许多精彩但又十足令人不快的事情。

如果她能留下一个好印象,她就可能获得她梦中的角色。而且汉姆生也能够帮助她演得与以前任何人都不一样。

当汉姆生上楼的时候,一群正在排练的演员走了出来,朝他簇拥而上。其中一位年龄大的女演员朝着他扬起头:"你还记得吗,汉姆生,你曾经告诉我,我有一张坚定的脸?"

他微微一笑,机灵地回答说:"哦,是吗?不,我不记得了,那一定是很久以前的事情了。"

汉姆生从人群中挤了出来,来到供演员进出的剧场侧门办公室,说要见玛丽·拉维克。那些傻笑声随之消失了,玛丽迈步走了出来。

"哦,我的天哪,你是多么漂亮啊,孩子!"

171

谁也不会听不到他邀请玛丽陪他去剧场咖啡馆。他跟着她下了楼,让她从剧场侧门带路,穿过议会大街,进入了餐厅。

这甚至还没有六十步远,但却远得足以改变在他身边的那个女人的命运。

汉姆生小心地脱掉他的高统橡皮套鞋,把一根沉重的手杖放在他选择出来的角落里。玛丽注意到,他稍微有点内八字,在把一条腿向前摆动的时候尤其如此。她仔细观察着他。他与她从看他的照片和阅读他的书和戏剧所获得的想像不同。她寻找那种优雅,寻找他举止中的那种美感,但给她的最主要的印象却是一种生硬的感觉。

汉姆生并没有因为出神而变得目光模糊;他的眼睛太亮了,有点充血,好像流了太多的泪水,度过了太多的不眠之夜,或许是因为喝了太多的酒。棕色的头发开始变灰白了。他的面部侧影十分高雅,他的小胡子突出了他相貌的严峻之处,当他微笑的时候这种严峻也没有完全消失。

男侍应生送上了波尔图葡萄酒,他们举起了杯子。他更快活了,她更大胆了。

玛丽告诉他,她决定献身于戏剧,这时她注意到,他露出了讽刺的眼神。

他们在那里坐了一些时间,然后汉姆生护送她回到剧院侧门,他站在那里,手里举着他的帽子,注视着她在里面消失了。

第二天一大早,一个插着红玫瑰的高高的花瓶被送到了剧院。它立在门卫的办公室里,等着玛丽的到达。她颤抖着数着:二十六朵,正是她的年龄。并没有留下名片。

那天晚些时候,她收到一个邀请,要她去一家旅馆见汉姆生。他领着她从关闭着的门后走过,进入餐厅,他已经把挪威最著名的戏剧批评家都聚集在那里了,他们围着一张桌子坐着。

"示巴女王到!"他宣布,同时敞开了他的双臂。

玛丽穿着她拥有的最美丽的连衣裙——苔藓绿的连衣裙,它飘拂着,令人赏心悦目。她是那天晚上桌边的唯一的女人,也是第二天晚上,以及此后晚上在桌边的唯一的女人。她极其迅速地投身到对一个苛求的角色的学习中去。并没有经过排练。

一天晚上,汉姆生使她成了他的人。从那个时刻开始,玛丽的关注就将不再是献给剧中的角色,而是献给他的现实中的角色。她是在汉姆生的聚光灯下过着她的生活。

他们在一起度过了疯狂的两个星期,其间只有短暂的分离,当时汉姆生用铅笔给她写了一个条子,是从他住的宾馆里派人送去的。这些是他第一次书面给他新的钟爱之人写出的话:"我的玛丽,我是你的,全身心都是你的。我爱你,这是我用我的整个灵魂说出的。愿上帝保佑你,使我在今生遇见了你。暂时先悠着点,随着时间的过去我们可能会找到出路的。我的玛丽,我的玛丽,天哪,你是多么美啊。你一点都不知道你是世界上最可爱的人。我现在看见你朝我走来——一位公主。你未曾有一秒钟的时间离开我的思绪。不幸的是,我向男侍应生承认我只爱一个女人,但我又没告诉他这个女人的名字。但愿上帝能准予让你家里的事情不过于糟糕,因为你不得不返回到以前的那个样子!要是我能够带着你逃走,那该多好。要镇定,最亲爱的,要努力镇定下来,要记住,不管有什么事情发生,我都是属于你的。"

第二天,现在是在孔斯贝格,他给她写信,承认当他们一起坐在咖啡馆的时候,他感到了妒嫉,而且也想到,她对他有兴趣,可能只是为了能获得扮演埃莉娜的许诺,这个想法折磨着他的灵魂。又过了一天,他写信问,他什么时候可以去看她。

他也高兴地给一个朋友写信,"从我的笔迹你大概可以看出,我刚刚从市区回来,酒色过度了——听我说!——我恋爱了。见鬼了,我从未如此着迷!"

三天以后,他收到了他所需要的来自玛丽的再次保证:"我爱你,我是全身心地爱你。而且绝对不是为了获得任何一个演出的角色,你必须相信这一点。"

他要她在戏剧的小丑世界里,在围绕着她的那些无用之人当中,能够高高在上,因为那些人只是要利用她,羞辱她。她告诉他,她一直都在想他,想他的淘气的神色和他嘴角上那种讽刺而又倨傲不逊的微笑。

玛丽读了《贝诺尼》,告诉汉姆生,当她看到所有那些极好的评论时,她感到多么骄傲。他屈膝跪着感谢她。"啊,请你能够长期对我有耐心,玛丽,如果你想做的话,你就能够如此神奇地帮助我,你能够使我成为一个王子;作为回报,我将源源不绝写出书来。"

拉维克只是在途径奥斯陆的时候作短暂来访,玛丽并没有告诉拉维克,这个非同寻常的人想从她当前的生活中获取她的欢心。

汉姆生想知道玛丽生活中的每一个细节:她七岁的时候,她的家不得不从他们的大房子搬到一幢小房子,当地的孩子们叫喊着"破产的流浪汉",奚落他们。而且还远不止此,另外一次强迫的拍卖又把他们送到了另一幢破旧的农庄住宅。她十六岁的时候,玛丽又再次迁居,前往奥斯陆,她的父亲一心想让他的明星学生女儿拥有最好的老师,使她有所成就。她被送往私立学校,由于获得了奖学金,而成为她班上继续上到高年级部的三名学生之一。十九岁的时候,她就成功地通过了期终考试,表达了对父母的感激。

汉姆生坚持要听听,她与多雷·拉维克是怎么相遇的:她一直在一个小镇教书赚钱,为上大学做准备。拉维克当时在镇子里表演一部戏剧,就住在她租住的公寓里。整个冬天他们都互相通信,第二年春天他又回来了。他比她大十八岁,秃顶,离了婚。但他能够实现她秘密的梦想,在舞台上表演。她为他进行了试演,而且她违背了她父母的意愿,在二十三岁的时候首次登台演出。

玛丽感到好奇的是,汉姆生认识这么多伟大的和著名的人物,却又可能想知道她普通生活的一切,这究竟是为了什么。

汉姆生回答说,难道她没有意识到,她是这个地球上他唯一的爱?

绝无和谐这种事情！

1908年的夏天，汉姆生对玛丽的感情强化了，随之还有他的妒嫉。他变得尤其任性，要求对方做出更大的牺牲。他当众吵闹。他逼迫玛丽终结某些关系，玛丽在市区的时候，禁止人们跟她打招呼。她不得不明确地告诉拉维克，他们的关系结束了。他逼迫她从国家剧院辞职，永远放弃戏剧。除此之外，他的计划是，他们应该远远地离开这座城市，汉姆生解释说，他们俩谁都不会把他们的生活建立在冲动上。这种事情他全都知道，他说。他的钱包里，放着他女儿的鞋垫和她女儿的一张照片。他已经把他的前妻的像剪去了。

汉姆生不断地跟踪玛丽，在排演之间给她打电话，强要占用她的一切自由时间。拉维克在卑尔根进行巡回演出的时候，给她写来感情强烈的信，并发来电报。白天，玛丽演练着一些小小的角色，到了晚上，她表演她扮演的那个小角色。一天二十四个小时，她一直受到两个男人的骚扰，他们都要求她在他们的生活中扮演重要角色。她的健康开始受损，这也就不令人感到意外了。她住进了医院，诊断为肾脏感染。

多雷·拉维克也因剧烈疼痛突然住进了医院。玛丽想去看他。汉姆生不许。

拉维克做了手术，但康复却显得不大可能。玛丽向汉姆生吐露了她的恐惧，她认为在她困惑的感情上汉姆生是能够信赖的人："我相信，要是他死了，那就将全都是我的错。他经常说，当他不再感到我爱他的时候，他就会死去。现在我脑子里总是看见他的脸，他的脸因为痛苦而变形了，我听见他说:'你不爱我了,所以我必须死去。'"

那天下午她得到信息,说多雷·拉维克死了。她请人给汉姆生打电报,告诉他这个消息。但从这个表达了这么多爱的人那里,玛丽并没有收到任何安慰的话语,只是收到了一封愤怒的来信。汉姆生怒气冲冲地说,她从来也没有爱过他,他从未在她的头脑里占有最突出的地位。她并没有让他免遭她与那个死去人的亲密生活的干扰,而是把她"对他[即拉维克]以及他'渺小灵魂'的温柔回忆,全都强加在他的身上,把那个人说的话、做的事强加在他的身上。而现在,当他宣告没有你的爱他就不能活着的时候,他就死去了——死于肿胀的结肠!而我——他的继任者——则须收到你怀着极度悲伤发来的电报、信件和泪水——因为他没有你便不能活——因为结肠肿胀而不能活。"

他解释说,玛丽应该看到,上帝已经通过种种事件,帮助他们在某种程度上得到了满足。

她觉得,不应该这样看待拉维克的死亡。在玛丽看来,似乎这是对她对那个与她一起生活了五年的人不忠的惩罚,是对她没能告诉他真相的惩罚,是对她在他病中没能看望他的惩罚。她要为她的罪孽作出补偿。玛丽将在多年以后逐渐意识到,若是没有这种自我谴责和羞愧感的话,她不会这么大度地容忍汉姆生。

玛丽不得不许诺,不去参加拉维克的葬礼,永远也不去扫墓,也永远不再提死者的名字。汉姆生告诉她,她必须避免激怒他,这样他才能强压住他的嫉妒感。玛丽吐露出了她的恐惧,认为一种和谐的关系也许永远是不可能的。

"在爱中绝无和谐这种事情!"他告诉她。

"你是这个意思吗?"她吓坏了,问道。

"绝没有。"他回答说。

玛丽的极度虔诚的母亲试图说服女儿,不要为了一个离过婚而且年龄大的人而放弃事业,放弃她在国家剧院中的职位。玛丽也确实做了一个英勇的尝试,她申请了一个家庭女教师的职位,也获得了这个职位。但汉姆生轻而易举便把她要获得自由而作出的努力剥夺掉了。

他现在第二次求婚。玛丽和他将在第二年的春天结婚。这个决定意味着,汉姆生将会获得一个妻子,但又将失去一个女儿,因为根据离婚协议,他的再婚将意味着维多丽娅将不会按照原计划在十八岁的时候归他。

汉姆生开始为他与玛丽的未来做计划,他们将住在一个小小的农场里,远离任何人。她将照料牲口和他们未来的孩子们,他将写书,戒酒。但玛丽却必须首先在首都经受考验。

他把她安置进市中心一个街头房间里,俯瞰着城市的种种乐趣和诱惑,然后又禁止他的未婚妻与她从事戏剧的时候认识的任何人接触。如果她在市区里办事,她须给他写一个条子,事后解释她是怎么使用她的时间的。与此同时,汉姆生住进附近的一个阁楼房间。他将在约好的时间来看她,不过他也会出其不意地出现,以一种奇特的方式用手指甲敲她的门。这种声音让玛丽想到雹子落在窗玻璃上的那种轻柔的声音。

汉姆生的藏书(主要是从其他语言翻译过来的译作),占了玛丽房间的整整一堵墙。玛丽问他应该读什么书,才能多少深入了解她要嫁的这个人。汉姆生立即回答:叔本华①。

阅读这位德国哲学家的著作,使玛丽得知,生活的意志是人的存在的基础。那是一种只能浅薄地而且是转瞬即逝地得到满足的意志。生活是对满足的一种持续而又永远受挫的寻求。然而人又与别的生物有别,这又是因为人拥有智力,这使得人有可能接受这种困境所带来的绝望。这种意识就是人赖以容忍这个状况所采用的手段。我们不得不承认,从根本上讲我们是不满意地活着和死去的。

玛丽沮丧了。她问,她想了解的是有关生活、幸福,以及不言而喻的爱情,而未婚夫为什么要她读这么愤世嫉俗的东西?

与其期望太多,不如期望少些,他回答说。

不久玛丽和汉姆生便不再外出就餐了,他在她的临时住所的同一层楼

---

① 叔本华(Arthur Schopenhauer,1788—1860),德国哲学家,唯意志论的创始人,认为意志是人的生命的基础,也是整个世界的内在本性,著有《意志和表象的世界》、《论自然界的意志》等。

上租了一间厨房。玛丽从她的女房东那里借来了一本食谱,但汉姆生不久便下达指示,土豆应该怎么煮,他的饭应该怎么准备,怎么端上来。他坚决要求,她必须学会成为一个贤妻,成为一个自己能依靠的妻子。在附近的一家洗衣房里,她学会了熨他的衬衫并上浆。一天,他把一把剪刀放在她的手上,要她给他理发。她还要记账。

玛丽要时常思索,找到谨慎的方式,以应付汉姆生的烦躁和要作出荒谬行为的倾向。一天上午,汉姆生丢了一个补铁药丸。为了寻找这个药丸,整个房间都翻了个个儿。烧木柴的炉膛是最后地方,于是汉姆生便冲了出去,想把女佣叫来,把炉膛拆掉。可药丸盒子就立在桌子上。当汉姆生带着女佣返回的时候,玛丽正高高地举着那个药丸。她宣布,正像他所想到的那样,她是在炉膛的后面找到的。当然她是在说谎。

每天白天,还有大多数夜晚,玛丽都是独自呆在她的套间里,等待着汉姆生到来的敲门声。而就在外面,她以前的那种戏剧生活仍一直沸腾着。

临近1908年圣诞节的时候,《罗莎》(*Rosa*)出版了。这是自遇见玛丽以来,汉姆生的第一本书。她一页页地彻底搜查,以期在罗莎这个形象中找到她本人的痕迹。玛丽来自戏剧舞台,而在舞台上,一个演员的人生经历必然会影响到在舞台上最后的表演,因而玛丽自然期望,在作者克努特·汉姆生度过了那整个春天之后,《贝诺尼》的中心人物也一定有戏剧性的改变。然而却并没有改变,也没有对他们之间的关系有任何暗示。她感到失望,感到受到了伤害,尤其是因为汉姆生曾经宣告,不管他写作还是不写作,对她的关切都日日夜夜充满了他的整个意识。

大概玛丽永远也没有想到,埃德瓦尔达这个人物与她根本就没有关系。

十四年前,在《牧羊神》中,汉姆生曾经把埃德瓦尔达打发走,让她与一个男爵一起去了芬兰。现在,他与玛丽建立了关系,他发现玛丽既具有威胁又具有魅力,就在这时,他又把埃德瓦尔达带了回来。在小说《罗莎》中,她保留了在《牧羊神》中让格莱恩神魂颠倒的那种危险的品质——"我信赖疯狂,"她说道,"我信赖疯狂的必要性的力量,信赖疯狂作为一种平衡力而具有的自身逻辑的力量……"

但好像汉姆生又想因为埃德瓦尔达并没有挑选格莱恩,而报复她,想把她的不幸向一切人展示出来,以此来惩罚她。他甚至把托钵修士文德特这位玩弄女性者召唤了回来,迫使她因为遭到他的全然冷遇而蒙受侮辱。她逐渐意识到,她从来也没有从格莱恩那里恢复到正常状态。这一次汉姆生让她与那位喝醉了的休爵士一起去了英格兰,不过他对休爵士的刻画又并非不带有同情。她进入了一个因为传统和老规矩而僵化的家庭,对感情强烈的埃德瓦尔达来说,这毫无疑问是一种惩罚,而不是报偿。要找到一种更远离开家的那种宏伟的、开放的海景画一般的命运,那会是困难的。然而在最后的时刻,她起码决定要把孩子们带上,也就随之带上了幸福的机会。

看来汉姆生是与像埃德瓦尔达那样的女人把关系了结了,那种女人不顾一切,令人捉摸不透,又苛求。女人应该感情强烈,玛丽毫无疑问就是感情强烈的女人。但她们却须服务于一个更高的目的。孩子是一个女人存在的完成,一对夫妇所能够忍受的最大的悲伤,就是没有子女的婚姻带来的空虚。这是一个他将在下一部小说中进行探索的主题。但与此同时,有关一部新的剧作的构想正在更迅速地成长起来。

现实和虚构总是以不可预测的方式纠缠在一起。

1909年的新年,汉姆生开始翻阅一些笔记,以便再写一部戏剧。玛丽试图说服他别写,她以为,他是为了她才迫使自己承担这个任务的;老早以前他就说过,他要为她写一部剧作,尽管他禁止她再次参加演出,但她认为,他可能仍然感到有必要履行诺言。现在她体恤地免除了他的这个任务。但她又再次遭遇失望。这个显然鄙视戏剧的人告诉他的妻子,他正在写一部新的戏剧,但却不是为了她,而是希望获得一个确定的成功——不论是在艺术上还是在经济上都获得成功。他决心要最终胜过易卜生。

他的新剧作讲的是一位原先的女演员,她背叛了她的岁数大上许多的丈夫。

不久以前,汉姆生向海因里希·格贝尔略微透露了他的一些工作方法,格贝尔是德国人,他打算把《疯狂的唱诗班》译成德文:"我所写出的大量东西是在晚上完成的,我是先睡上两三个小时,然后醒来。那时我头脑清醒,而且极其敏感。我始终在床头放着铅笔和纸,我并不开灯,如果感到有某种东西掠过我的身体,便立即在黑暗中写出来。这已成了习惯,而且到了早晨把我写的东西辨认出来也毫不困难。"

他并没有对格贝尔提到,事实上他写的东西大都扔进了字纸篓。他也没有告诉他,他已经非常疲惫和易怒了。当汉姆生坐在那里,一个星期又一个星期地沉思着,仔细阅读他的笔记,这时,玛丽就不得不接受他因恼怒和情绪波动所带来的冲击。当他们在一起的时候,他的恼怒和情绪波动更加恶化。一天,玛丽从厨房的地板上拣起一粒撒落的豌豆,扔进了垃圾桶,汉姆生逼迫她再把它找出来,冲洗干净,放进一个他贴上了"豌豆"标签的盒子里。

玛丽愈来愈痛苦地意识到,她在他的生活中的角色,既不是女王,也不是缪斯,而是一个卑贱的女仆——尽管她在舞台上有更多的台词,也有更多的表演时间。或者说也许她只不过是一个工具,是汉姆生写作所需要的许多工具之一?

1909年6月25日,星期五,在奥斯陆,治安法官为克努特和玛丽主持了婚礼。这一次,汉姆生需要费心与一个在再婚问题上更开明的牧师接洽,但再次遭到拒绝。因而他要求立即中止他的挪威国教成员资格。

玛丽的父亲是一位证婚人,另外一位证婚人是玛丽治疗肾脏感染的那家医院的主治医生。

仅仅在首都之外一家农场里度过了六天的蜜月之后,汉姆生就遗弃了他的新娘。他把玛丽留在她姐姐家里,前往厄斯特谷①,这个山谷地区靠近瑞典边界,在这里他在一个农庄租了一个房间。

维多丽娅约定要来跟他一起呆上几个星期。

他们两个人散步,在湖上划船。他们访问了一个夏季乳牛场,这样维多丽娅就能够看到奶牛,而且汉姆生是背着她前去的。她给房间里摆满了鲜花。然而汉姆生对女儿的感情正在改变。她与他呆在一起才不过一个多星期,他便写信给玛丽:"你是我的一切,我甚至开始多少对维多丽娅疏远

---

① 厄斯特谷(Osterdalen),挪威东南部海德马克郡的狭窄谷地,从多夫勒山脉东侧大约呈南北向延伸约120公里。

了。"话是这样说了。不过维多丽娅当然并没有意识到她父亲做了什么,也没有意识到,由于再婚,他已经放弃了监护权。

她问他,报纸上的再婚报道是否属实。汉姆生不得不三缄其口,但又一再心不在焉,用他妻子的名字喊他的女儿。她一再问他,他是给谁写信,是不是写给玛丽。

玛丽并没有试图掩饰她的悲伤或者说是妒嫉,因为他在他们的蜜月后不久便离开了她。为了纪念她丈夫的五十岁生日,她给他寄了几张她本人的照片,又附了一个条子,这个条子完美地总结了迄今为止他们在一起度过的时光:"谁也没有使得我悲伤得如此可怕,谁也没有使得我如此幸福。"

返回奥斯陆以后,汉姆生再次狂饮作乐。也许他由于借到了一笔相当于一个女仆半年赚的钱,又接连两天要求他的出版商再给他钱而变得温柔了。在他称之为"凄凉的8月4日"那一天,他用多少有点残忍的笔调,对妻子祝贺他生日作了答复。他问她,她是否记得,孩提时,为了不让别人吃,把一张饼咬下一块来。他要在老得配不上她的时候,毁掉她的容貌,让别的男人得不到她——他平静地提出,也许会把硝酸泼在她的脸上:"不过话又说回来,当然,我会每一个晚上都和你一起睡觉,爱你,但要分开,因为我已经让你终生破了相。不过那时我大概会比现在心绪平静,我现在不得不生活在永恒的恐惧之中,担心某位森林居民会使你欢乐得脸红。"

他不在家期间,这对新婚夫妇每个星期都通上三四封信。这些信中往往有使对方悲伤或者狂怒的话语。她的过去就像一顶荆棘花冠,他们俩都不停地被上面的刺戳着。

她乞求他信任她,她仍然不知道,在这位独裁者的王国里,她可能为自己找到什么样的位置。

别理会肮脏的城市生活

1909年秋天,汉姆生正埋头写一部新小说《一个流浪汉在装上弱音器的琴弦上演奏》(*A Wanderer Plays on Muted Strings*)。

在这里,六年以后,他又返回到《在秋天的星光下》中的人物。克努特·佩德森现在成了汉姆生的观察者——几乎是他的隐秘刺探者——他尤其对法尔肯贝格船长与他妻子路易丝之间愈来愈深化的疏远,进行了反思。无所事事、冷漠和无子女,对他们产生了严重的不良影响,而夫妻间的不忠又产生了更恶劣的影响。路易丝被一个具有现代思维方式的人勾引,那人就是年轻的工程师拉森。克努特·佩德森跟随着这对夫妇,从乡下奥弗雷博庄园来到城市,城市生活迅速地毁掉了路易丝。她失去了她的和蔼和温柔的凝视;克努特·佩德森注意到,她的眼睛就像在杂耍表演的入口处的两道闪光。路易丝并不关心她的丈夫,不关心家庭的农场,也对拥有孩子不感兴趣,结果在败局已定的情况下借酒消愁,这也许就是她本人的自杀。汉姆生认为,只有通过母性和婚姻中的满足,一个女人才能在崩溃和灾难中得到拯救。

为了达到这个目的,汉姆生让他的新妻子认识到,搬到乡下的必要性:"别理会城市生活的一切放荡、诱惑、污垢和污秽。我们住在乡下还有另外一个原因,在乡下,有一天你对我厌倦的时候,你就不会有那么多机会走入歧途。在市区你在街道上只停留上一秒钟,男人们就会走向你。而在乡下就不那么容易了。"

在小说中,佩德森看到,两个农夫情人站在桥上,冷漠地径直朝前方凝望。"天哪,爱是这样转瞬即逝的事情!……啊,他们曾经彼此爱恋得那样特殊！之后他们过度享乐,他们把爱变成一种用米这种长度来衡量的产品。他们是多么愚蠢啊。"

在他的婚姻中,汉姆生似乎尽了最大的努力,以确保爱情首先不会处于有利的状况。

1909年9月初,玛丽把她套间和汉姆生阁楼里的物品打起包来。自从汉姆生第一次来到奥斯陆,几乎有三十年的时间过去了,而此刻他与玛丽将永远地离开首都。

他们在离瑞典边界不远的一个很大的山区农场里租了房间。汉姆生做了安排,两人在主楼各有一个房间:玛丽的房间又长又窄,墙壁是没有加工的原木建成。汉姆生在院子对面占用了一个写作小屋,没有配备多少家具,一把椅子,一张小床,一个他临时凑成的桌子,只是在两个支架上放了一个桌面。就在窗外,河水从一个小小的瀑布上流下。水流的声音意味着,他不大会被别的喧闹声打扰。

在这里,汉姆生总算安顿下来写作了。他往往一大早就躲进他的小屋里,将直到晚饭的时候玛丽才能见到他。在某些夏季的夜晚,他们与别的居民一起玩槌球游戏,玛丽很快就发现,他输不起球,他们在同一个队时,一输球,他总是责怪她。

汉姆生坚持,玛丽应该与别的居民保持距离。他还指示她,她的熟人只限于管理这幢房子的那位寡妇,因为客人与主人过于亲密是不妥当的。

对玛丽来说,日子漫无尽头。她设法搞到了一台缝纫机,好打发她的时间,但汉姆生又再次无法抗拒要取而代之的诱惑:这位裁缝的儿子替她剪裁服装的样式,给她下指示,并纠正她。

1909年11月,汉姆生把《一个流浪汉在装上弱音器的琴弦上演奏》的最后一个部分寄给了他的出版商。

玛丽乞求做校对,结果发现,这部小说让她代表的女性使她感到愤怒。难道汉姆生所见到的女人,全都是如此不负责任,自负而又容易腐化堕落吗?毫无疑问她正在证明自己是不同的。她告诉他,她想要他在书中不再使用第一人称叙述。

汉姆生尤其对这部小说的补充说明感到骄傲。他的中心人物陷入了沉思:"毫无疑问,需要有某种程度的无知,才能不断地对自己以及别的一切事情感到满意。但我们全都有满足的时刻。一个囚犯坐在大车上,前往被处决的途中,一个钉子戳进他的屁股,他移动了一下,感到舒服了。……肉体感受到疼痛,人的头发变灰白了,但一个流浪汉却因为有了生命而向上帝表示感谢,因为活着真有趣!……而这正是问题的要害:赋予了生命这个绝对的仁慈,对每一个和任何一个人来说,终究是对苦难的足够的预先报偿。"

一个人在五十岁以后,在装上弱音器的琴弦上演奏,仍然可以发现欢乐。"我根本就不匆忙。不管我在哪里,对我都是一样。"汉姆生以此结束了他的书。

1909年11月玛丽刚刚二十八岁,她并非完全有这种感觉。

汉姆生违背了他找一个农场,让他和玛丽安顿下来的许诺。他需要把他的关注全都集中在他的工作上,他又回过头来创作他在奥斯陆放弃了的那部戏剧,因而他从毗连他妻子的那个房间搬了出来,搬进他的小小的写作室。

但他一拿出笔记,就好像在做坏事时被人撞见一般。他根本就不能在戏剧创作上有任何进展,那部戏剧将描写一个女演员,不过他也无法把这部戏剧放弃。他准备猛烈抨击任何人,任何事情。此时他要猛烈抨击的是俄国人。

他的书在俄国盗版猖獗,汉姆生努力要杜绝在俄国的盗版,他甚至威胁要为此事与挪威国王接洽;1907年,汉姆生与圣彼得堡的兹纳尼耶出版社达成了协议。他定于先于他的所有其他出版商,提前两个月把他的手稿交给他们,这个协议保证了他每个月有一笔可观的数目固定的卢布。但这也没能让汉姆生不再大叫大嚷,说他们不愿意付给他预支稿费,他同时还因为圣彼得堡与汉姆生在挪威的遥远角落之间的邮路不畅,而责怪他的俄语译者们。

尽管他心情恶劣地大发牢骚,但对汉姆生来说俄国却是越来越重要。俄国的剧院开始上演他的戏剧。著名女演员玛丽亚·尼古拉耶夫娜·杰曼诺娃①为享有盛誉的莫斯科艺术剧院,在卡雷诺戏剧三部曲中饰演了埃莉娜的角色。实际上在就要与玛丽结婚之前,汉姆生就曾在奥斯陆的一家餐厅里与这位美丽的女演员共过餐,这使得他的未婚妻不无惊恐。

另外一个俄国女人的遭遇,却在相当程度上不那么彬彬有礼。翻译家玛丽亚·布拉戈维申斯卡娅被汉姆生迷住了,她在1909年整个下半年给他写了无数封信。她发誓说,他们要是不见面的话她就死去,她还用礼物诱惑他:陀思妥耶夫斯基的画像、给他女儿的一个玩具娃娃、糖果、一个烟斗和烟草。汉姆生相当粗鲁地拒绝了布拉戈维申斯卡娅,以及她的所有的花哨的小玩意儿,不过汉姆生也收到了一个同样粗鲁的回答。她要求他道歉,她提醒他,他的才能是来自大自然的一个馈赠,他不能将其归功于自己:"诗人是用情不专的人。但我却不会容忍你一时的心血来潮,我绝不会用友好的微笑屈从于你夸夸其谈的攻击。"她宣称,她已经完全治愈了她的激情。

对《一个流浪汉在装上弱音器的琴弦上演奏》所作的评论,一般说来是肯定的。《法兰克福日报》购买了这部小说,予以连载。但甚至现在,汉姆生也没有获得意义重大的销售量,这一点应归咎于他的出版商们,他指责他们广告做得不够好。他十分需要钱,尤其是因为他愈来愈决心放弃城市,返回到他出生的诺尔兰。他写了一篇文章,赞美那块童话般的土地,文章描述了那些星光照耀的夜晚和北极光,那些令人惊奇的夏季和多风暴的天气,还有那里人们的独特性格。"诺尔兰人心地善良,有耐性……与南方人不同,他们并不是又吝啬又贪婪地紧紧抓着东西度过一生,他们作为渔夫的不受拘束的生活,自然导致他们更为大自然所宽容。"

玛丽现在热衷于他们应该安顿下来。汉姆生偶尔表现出要改变他计划的迹象,而当他表现出这种迹象的时候,她就试图使他相信,她也想过一种安静而又勤劳的生活:"我已经浪费了我这么多年的生命了,居无定所,老是搬家。你是不是也是这样,亲爱的?生命并不是非常漫长的,我们应该安顿下来,因而我想有个家,有个丈夫和孩子——我很快就二十九岁了。你本来也始终是想这样,但从你的回答来看,你似乎不再这么想了。……去年冬

---

① 杰曼诺娃(Mariya Nikolaevna Germanova,1884—1940),俄国女演员。

天,你画出了一个家的图纸,我欣喜若狂。但在我默默地为你祈祷的时候,我乞求能有一个日复一日,越来越小的家。我并不想要某种带有圆柱大厅的古希腊神殿,我是衷心地想要一块有两头奶牛的小小的地方。"

比昂松的宝座空了

1910年夏初,克努特·汉姆生写完了剧本。这个剧本他费了很大的气力,写了两年,那是他与一位前女演员一起度过风波不断的两年,他老是指责那位女演员想回到她以前堕落的生活。他本来许诺要为玛丽写一部戏剧,但相反却创作了一部他本人与城市以及城市的一切习俗算旧账的戏剧,尤其是与戏剧算旧账的戏剧。

尤莉安·伊赫莱原是一位歌舞表演的歌手,她嫁给了一个衰老的老人。她几次对他不忠,但每次她接受一个新情人的时候,她都须稍微降低一下她的标准:"你知道我的命运将会怎样?你知道,对像我这样的人,事情只能走下坡路。你知道我总是说最终将和一个黑人结束吗?确实是如此。而且我尚且一点也没有变丑或者衰老。"她在《紧握生命》(In the Grip of Life)的第一幕中这样说道。

汉姆生证明了她说的完全正确。在最后一场,她委身于一个十八岁的黑人男仆,他是冒险家佩尔·巴斯特从非洲带回来的。尤莉安的强烈情感最终驱使她犯下了谋杀罪,当巴斯特想与更年轻的范妮,而不是与她发生性关系的时候,她就杀死了他。

汉姆生警告说,城市里的每一个人,不论老幼,都堕落了,但最能对灵魂造成伤害的环境,又非戏剧莫属。

他对该剧的剧名《紧握生命》感到得意,他希望它能出版,让欧洲的主要剧场都争着首演,就像当年争着要首演易卜生的戏剧一样——而在汉姆生看来,争着要首演易卜生的戏剧是完全没有道理的。

哥本哈根的皇家剧院表明,他们并不感兴趣。莫斯科艺术剧院的导演,弗拉基米尔·内米罗维奇-丹琴科最终捎来话说,他能够上演这部戏剧,最早也应该是1911年的新年。

当汉姆生试图与丹琴科以及他的俄国出版商兹纳尼耶讲道理的时候,汉姆生的翻译者,彼得·伊曼纽尔·汉森以及他的俄国妻子却不断地造成了延误,最终汉姆生发现,问题的根子在翻译家本人。1908年,也在兹纳尼耶出书的马克西姆·高尔基,谴责了这对夫妇对《贝诺尼》所作的"俗不可耐的"翻译,而汉姆生现在则发现,他们对这部新剧作的翻译既没有让剧院满意,也没有让出版商满意。

这对夫妇提出要来挪威访问汉姆生,汉姆生拒绝了,他们的关系也就破裂了。他与梅纳尔兹·列文取得了联系,列文是一个出生在俄国的记者,住在奥斯陆,在过去的两年里他一直与他有通信关系。列文与另外一个住在挪威的俄国居民组成了搭档,那人就是莱伊莎·蒂拉斯波尔斯卡。不久不论是兹纳尼耶还是莫斯科艺术剧院,都发出了更为肯定的声音。在德国也是一样,杜塞尔多夫的戏剧剧院为《紧握生命》草拟了新的合同。而且在奥斯陆,威廉·克拉格决定把它搬上国家剧院的舞台,作为他们秋季演出季的一个组成部分。

1910年春天,比昂斯藤·比昂松去世了。汉姆生曾在1903年因为比昂松接受了诺贝尔奖而谴责他是卖国贼,以后又试图重建他们的关系。现在他在一首新诗歌里,把比昂松描述为挪威有史以来最伟大的人之一——不论是作为诗人还是作为政治家。

这就好像汉姆生认为,比昂松的衣钵已经传给他了。他的嗓音现在将会是指引着民族作家的嗓音。他将会是挪威的民族诗人。

带着一种深化了的责任感,汉姆生卷入了围绕斯瓦尔巴和斯匹次卑尔根[①]的挪威领土冲突。他因为北极探险家弗里德肖夫·南森支持挪威政府的决定,邀请俄国和瑞典来到谈判桌上,而指责他不爱国。汉姆生还写了一

---

① 斯瓦尔巴(Svalbard),挪威王国群岛,在特罗瑟姆以北580英里,由几个岛群组成,其中最主要的岛群就是斯匹次卑尔根(Spitsbergen)。

篇措词激烈的文章,发表在奥斯陆的《世界之路报》和哥本哈根的《政治报》上,文章谈的是旅游给挪威带来的影响。汉姆生认为,这个国家正在被变成一个其大无比的旅馆。外国人充满了街道、山坡、河谷、农庄和山区农场。更为糟糕的是,挪威人正伸开双臂欢迎他们:父亲和儿子站在农场的大门口,手里拿着帽子鞠躬,接着扔进帽子里的铜币,而母亲和女儿则在家里伺候着外国主子。英国人已经使得一度骄傲的挪威农夫沦落成了猴子。汉姆生悲叹,当他们忙于给大门配备人员的时候,他们也就不再有时间耕地了。报纸用了更多的篇幅,报道旅游业的丰收年,而不是报道庄稼的前景。"我们现在能够获得咖啡,并且付得起预付款,我们能够在我们的小木屋里挂上窗帘,我们能够对司机讲英语,但我们却牺牲了我们的温和的天性,牺牲了我们的平静的习惯,牺牲了我们的不起眼的喜静的习惯,牺牲了我们的勤奋感,我们的内心的自我丧失了。……盎格鲁-撒克逊人把他的现代的、乖戾的生存观输入进来,盎格鲁-撒克逊人让生活偏离了正常进程。"

1910年夏天,汉姆生被告知,政府想封他为圣奥拉夫骑士团骑士。一个授衔的绝好机会,就是在大家都认为是汉姆生五十岁生日的那一天,也就是1910年8月4日。同僚们鼓励他,应该代表所有以写作为业的人接受这个荣誉。克努特·汉姆生谢绝了这个奖项。

他可能因为政府在1899年拒绝给予他政府津贴,而仍然耿耿于怀。以前他曾发表过嘲弄的言论,说荣誉只是给老年人保留的,也许这些嘲弄言论使得他接受这个荣誉显得尴尬。也许他所关心的是,这样一种荣誉将会增加他遗产的分量。也许这些全都是促成他不接受的因素,但还有另外一个因素:他已经从他的年龄上减掉了一岁。他将不会是五十岁,而是五十一岁。

汉姆生把这个事实吐露给丹麦图书馆学专家兼作家杜姆莱切,杜姆莱切曾在7月采访过他。既然那显然是一个揭示真相的时刻,因而汉姆生这个挪威人也就稍微谈了谈他自己:他贪婪地阅读了狩猎故事、有关大自然的书,以及史书,但却没有时间阅读文学作品。尽管他乐于为报纸撰稿,陈述自己的意见,但多年来他真正感兴趣的写作,却是诗歌创作——但既然他的收入大多是来自国外,而诗歌又既不能卖钱又不可翻译,因而他也就继续写小说。他声称,写戏剧最不合他的口味。

尽管戏剧写作可能不合他意,但当《紧握生命》于 1910 年在奥斯陆国家剧院上演的时候,汉姆生却又只能感到骄傲,而且超过一千二百克朗的版税也是令他愉悦的。在杜塞尔多夫这部戏剧演出了十九场,被宣告为大获成功。莫斯科艺术剧院,定于将在即将到来的春季演出中上演这部戏剧,(在第一导演被解雇之后,)将由丹琴科亲自执导。译成俄语的十二卷本的《汉姆生文集》,也在那一年完成了。在德国,《一个流浪汉在装上弱音器的琴弦上演奏》的德语译本问世了,而阿尔贝特·朗根的出版社也终于推出了卡雷诺戏剧三部曲的第二部《生活的游戏》(*The Game of Life*)。

如同前几年一样,那一年汉姆生的收入大部分也将会是来自俄国和德国。

汉姆生与玛丽在埃尔韦勒姆租了一幢房子,埃尔韦勒姆是玛丽成长时的一个内陆小镇。

这个五十一岁的人正在开始感到岁月不饶人。他患有严重的坐骨神经痛,按摩也无济于事。感冒经常让他卧床不起。他脱发严重,并试着服用一系列新的、昂贵的特效药。他定做了一条电动的特效腰带,立即感到好些了,于是便幽默地对腰带的发明者表示了感谢。

给他刚刚感受到的乐观锦上添花的是一封从哈马略寄来的信,这是他童年的朋友格奥尔格·奥尔森寄来的,信中带来了一个绝妙的消息。一个可爱的农场,斯科海姆农场,正在出售,它靠近汉姆生童年的家。汉姆生对它很了解。它原先是行政司法长官的。

三十一年前,汉姆生曾访问过比昂松的农场,奥莱斯塔德。现在,汉姆生想过同样派头的生活:他的双脚紧紧地固定在他自己的那块土地上,他的胳膊像摇篮一般抱着一个刚刚出生的孩子,而他凝视的目光,则转向对于一个淳朴农夫生存来说是至关重要的季节变化。

扎　根

1911年春天,克努特·汉姆生还乡,回到诺尔兰。他许诺,这一次将是永远。他想把多年以前他如此决绝地拔掉的根再次扎上。在他与玛丽恋爱的早期,他就已经告诉她,在田野和土地上的生活将会恢复他的健康——并在他的身上产生奇迹。

在3月初,玛丽一看到这幢房子,就爱上了。那是一座照料得很好的朴素的建筑,门前有老白桦树。房子的上方是大路,下方是一个商店。旷野是在面对着太阳的微微起伏的坡地上。未开垦的落叶林地延伸到了一个湖泊,连着格利马河,汉姆生告诉她,那条河里有容易使人上当的暗流。

玛丽想立即搬进斯科海姆农场,但汉姆生却远远没有满意。他宣告,它将需要大规模的重建,他决心,他们应该拥有某种生活标准。实际上,汉姆生甚至还给奥斯陆写了信,询问使用地方行政官官邸房顶上的红釉瓦是什么价格,那种房子是挪威政府官员的豪华住宅。他几乎日夜不停地忙于监督斯科海姆农场内外的工作,并考虑新的计划。

他们终于在那年夏末搬了进来。卧室和汉姆生计划用作书房的房间,都在楼上。那种安逸的农庄住宅的装修方案不见了。每一个房间都糊上了墙纸——客厅是红色的,餐室是绿色的——现在它是以法兰西第一帝国时代流行的风格装饰起来的。

在营造工作进行的时候,克努特和玛丽经常从教区牧师住宅的庭院前,在少年汉姆生与舅舅汉斯住过的那幢房子旁边走过。汉姆生的妻子自然对她丈夫的童年感到好奇,而在他们到达哈马略时,刊登在《世界之路报》上的采访也就令她愈加好奇。汉姆生的母亲,他的哥哥奥莱,以及一个童年的朋友,全都谈到这位著名的还乡者以前在镇子里的生活。朋友描述了汉姆生的舅舅曾经打得这个孩子出血。玛丽温柔地问汉姆生,在这样一位残忍的亲戚的监护下,他怎样生活。

"他是邮政支局局长,所以我的书法非常好。"汉姆生回答道。

当她在这个问题上抓住他不放的时候,他便咕哝着说,他舅舅拥有所有的一切。但玛丽发现,难以理解的是,当他挨了这么重的打之后返回家,他母亲又怎么能把他又送回来。他拒绝回答。玛丽不得不明白,他们穷,他的父母为他们的孩子们做出了牺牲——尤其是他母亲做出了牺牲。

在她到达六个月后,玛丽仍然没有见到她的婆婆。汉姆生本人也只是看望了她一次。他勉强地描述了那次会面,他告诉玛丽,她是她以前的自我的一个影子,与十一年前的她完全不像。汉姆生正在发现,要与她的变老妥协是困难的。也许当他看着她的时候,他是看见了他的未来的自我正在回头注视着自己。

四年前他父亲的去世,曾刺激汉姆生对要求尊敬父母的第四诫作了猛烈的攻击。现在他回到哈马略老家,以及他的年迈的母亲身边,则促使他写了另外一篇文章,题目是《尊敬你的年轻人》(*Honour Thy Young*),这篇文章是对他原先的那篇煽动性演讲的扩展。

他用最狠毒的话描述了老年的丑陋:"老人只不过是一个人的残存物,是一种歪曲,一种虚假的幻想。"米开朗琪罗曾经拒绝画老年人的像,因为老年人是如此令人厌憎,难道不是这样吗?"一个年老的动物,比如说一匹马,就从来不像一个老人变形得那么厉害。老人走路腿脚笨拙,弯腰曲背,或多或少都是秃顶,而且眼睛看不清东西。老年人有丑陋的饮食习惯。"在汉姆生看来,老年是一个解体的时期,但社会却又改善了这个时期。汉姆生激动地写道,老年人是已经死去一段时间了,他们也就是还没有埋葬。

秋末的一天,汉姆生不在家的时候,玛丽——她已经怀有四个月的身孕——乘坐一辆敞篷二轮小马车,亲自去看望她的婆婆。托拉·汉姆生与一个照料她的人一起,住在一个小小的破旧村舍里。她八十一岁,瘦得可怕,几乎全聋,一只眼睛已经完全瞎了,另外一只眼睛也正在丧失视力。她让她的儿媳想到了木乃伊。她的嗓门大而且声音粗,她仍然还说着山村的方言,尽管自从她来到这个北部沿海村庄以来,已经过去五十年了。玛丽注意到,她已经努力把自己修饰打扮了一番,而且尽管她有一个儿子是鞋匠,她却穿着一双工厂里制造的尖头鞋。

1912年3月初,玛丽的预产期马上就要到了,她的丈夫再次消失了。他要写作。他去了足够远的地方,以确保在一个小时之内找不到他,甚至一天之内也找不到他。

他差一点就逃脱不了。就在两天之后,玛丽给他发了电报,告诉他,他们有了一个儿子。汉姆生命人把一箱子血橙送给他的妻子和孩子,他又从一位巡回推销员那里买了一根巨大的鸵鸟羽毛,与他为玛丽买的那顶巨大的帽子相配。那是他能够找到的最昂贵的东西。"你将永远也不能为此而偿还我,即使在整个大斋节①我都和你一起睡觉。"他写道。

汉姆生决定,婴儿应该取名为托雷——毕竟汉姆松德小居民点的那个老妇人②必须受到尊重——玛丽为施洗礼和命名做了安排。新爸爸还是没有回来。玛丽给他写信,描述了他们的小儿子是多么漂亮,她无法让她的目光离开他,因而晚上也就醒着。汉姆生提醒她,应该把她的一些温柔的情感留给他。

大约两个月以后,汉姆生回来了。玛丽一直在思量,这位诗人对他的儿子所说的第一句话会是什么。他站了一会儿,研究了托雷的脸,然后宣告:"天哪,这孩子的鼻子是多么大啊!"

但尽管这句打趣的话不无矫揉造作,但这个诞生却预示着在汉姆生身上产生了一个新的决心。他要着手扩建更多房子的工作,开出新的地基。斯科海姆农场不仅应该是让邻近教区尊敬的农场,而且也应该是他的第一个儿子兼继承人能够感到骄傲的家。写作从未像现在这么重要,因为他的话语正服务于一个更高的目的:作家应该使土地上的人高尚。这是一个他的同胞应该实施的方案,他在报纸上发表的文章《给我们说句话》(*A Word*

---

① 大斋节(Lent),指复活节前为期40天的斋戒及忏悔,以纪念耶稣在荒野禁食。
② "那个老妇人"即汉姆生的母亲,叫托拉,汉姆生给儿子起名托雷,以表示对他的母亲的尊重。

for Us）把这一点讲清楚了。汉姆生诊断出了社会中的一种疾病，并且提出，在土地上的工作以及与土地的再次联系就是治病的药："我们一定要把手从口袋里抽出来，再次开始工作。我们将不仅仅是一个旅馆老板和服务员的国家。我们将排光我们沼泽里的水，将栽种新的树林，将在广阔的诺尔兰土地上移民。"

这些正是汉姆生本人正在做的事情。他还要写作。

汉姆生比以往更集中于为家庭赚钱。由于现在他从几个国家收到了预支稿酬和版税，他的经济状况已得到了引人注目的改善。俄国已经逐渐成为他的一个重要而又难以置信的赚钱的市场；他已经与一位俄国出版商为他的下一本书达成了一笔交易，那本书就是《最后的喜悦》，为此书他收到了一笔五千卢布的款子——足以付三四个长工一年的工资。而且汉姆生也履行了他的诺言，禁止任何俄国出版社和杂志不付稿酬地出版他的作品，为此他请在莫斯科的挪威公使馆和驻圣彼得堡总领事馆帮助他追收版税。

他的戏剧写作的存在的理由（raison d'etre），本来纯粹就是为了获得经济上的报偿。现在他能够对自己承认，原来戏剧写作也能够成为一种非常巨大的挑战。从现在开始，虚构将是他的主要优先考虑的事情。有一天，玛丽发现他坐在烧木柴的炉膛面前，把纸片和写满了他的整洁字迹的整张的纸投到火中去。自从他逼迫她从国家剧院辞职以来，已经有四个年头了，而现在这位剧作家正在一页一页地把他自己的演出启事投进火里去。

玛丽一定会感到，这是一个胜利。

汉姆生原先计划，要在这一年结束之前，除了完成他的小说《最后的喜悦》之外，也要写完这部戏剧，现在这部戏剧已经被放弃了。把《最后的喜悦》的原稿写完，现在是件在某种程度上紧迫的事情。在1912年的整个夏天，他都是坐在住宅最大的房间里，而在斯科海姆农场干活的妇女们则蹑手蹑脚地走着，注意不笑出声来，不让深平底锅发出撞击声，不大声说话，或者在他示意可以过来之前不走近他。

托雷也迅速适应了这种新的气氛。他很快就发现，如果他发出最小的喧闹声，他的父亲就会把他抱起来，和他玩，或者指示他的母亲把他抱起来和他玩。那个夏天,维多丽娅获准来斯科海姆农场探望,但汉姆生却发现,他的女儿轻浮,而且非常贪玩。她离去后,他给她的母亲写了信抱怨;贝尔格丽特为他们的女儿辩护,毕竟她才只有十岁。

自1880年代他呆在瓦尔勒斯的时候起,汉姆生一直确信,内陆气候有利于他的健康。现在他在内陆旅行,来到云克达尔,云克达尔距离瑞典边界只有三英里远,不过在离开家的时候,他并没有停止为斯科海姆农场操心。玛丽收到了长信,信中有她应该记住的一切细节。不得让霜冻冻坏芜菁叶子和马铃薯枝蔓,还有,工人们还在翻地吗?电话装上了没有?有没有请铁匠为炉子做一个排风罩?玛丽要是对他好,就会做得好。也许铁匠也能够让客厅里的那个烧木柴的炉膛,不再发出让他不胜其烦的喧闹声?她与女仆是否最终不再沿着走廊去取水?她是否给地窖通了风?花园需要施肥,也需要好好挖掘一下。最好是在仆人生活区附近的贫瘠土地上,再加上一些土,新土要平均撒开,不能撒得太薄。没有必要劈更多的柴,因为从沼泽地里正挖出这么多可以燃烧的材料。

他不时地分享了农场提供的欢乐,比如他们收获了六十桶马铃薯,但欢乐很快又被更多的担忧取代:猪是不是养在谷仓里了?他们是不是在罗斯马林家的牲口棚上打开了一个口子,使得她的那头牛犊能够跑过去吃奶?那两块毁坏了收割机的石头是不是从地里挖出来了?所列出的问题无穷无尽。

在渔场社区,把妇女留在家中料理家务并非非同寻常,但却没有一个家像斯科海姆农场那么大。玛丽从早晨六点钟就开始忙,一直忙到深夜,上午和傍晚是在牛棚里干活,并且整天都准备饭,往往要开上两轮饭,因为他们的雇工太多了。而且在农场里,还有别的事情要做,列出来要做的事情在不断地增长,因为汉姆生让更多的扩张计划运转起来了。

对于丈夫为了写作而离开她,玛丽感到不快。她感到,那是一种背叛。毕竟,这就是他们原先许诺要创造出来并应该感到满足的那种生活:培育田地,培育话语,培育家庭——这是种神圣的三位一体。但现实却是非常不同。汉姆生的写作领先于每一件事情。事实上,他告诉玛丽,额外的花销将意味着他需要写更多的作品。她试图说服他,在斯科海姆农场的建筑没有必要这么大,这么好或者这么多,土地也不需要增加,而且她拥有并照料三头奶牛、一只猪和一些母鸡,已经绰绰有余了。

汉姆生的妻子感到,她的根最终被根植上了,那些根就像野草一样坚韧。但在她丈夫的内心,玛丽却看到了在农夫与作家之间的一种永恒的斗争。对于要阻止这场斗争来说,她是无能为力的。要是作家战胜了农夫的话,那会发生什么事情呢,想到这一点,玛丽便彻夜不眠。

只是歇斯底里和神经过敏

1912年的秋天,只不过是在哈马略呆了十八个月之后,玛丽便收到了汉姆生的一封来信,信中带来了她最惧怕的信息:"不,让我们保留这个农场大概是不可能了,它似乎完全耗尽了我的生命,只要想到家里的一切事情,我就变成了一个软弱无用的人,只要离开它任何一段距离,我就能够再次工作,也能够再次感到更健康。主啊,我们该怎么办呢?"

汉姆生写这封信的时候,正处于完成《最后的喜悦》的最后阶段,这部作品开始于1906年,是在他最终与贝尔格丽特决裂之前。那位不知其名的叙述者,一位上了岁数的作家,离开了城市,前往森林深处,去寻找内心的平静和复活了的创造力。他说,写作过程就像一个铁匠在一块铁上捶打,那块铁就是他的灵感的原矿石:"我在森林里寻找,想找到孤独,也是为了寻找在我内心中的那块铁,那是在我的内心中的一块大铁,它就要烧红了。……我遵守我原先的誓言,要使这块大铁在我的心中燃烧,但如果我认为这是一个轻而易举的任务,我也就只能是可笑。而且我甚至都不能确定,我是否把那块铁留在我身上,或者即使我还有那块铁,我是否还能够再锻造它。"

这些话远非油嘴滑舌。多年以来,汉姆生作演讲,写文章,写信提出警告,认为老年会削弱作家的能力。现在《最后的喜悦》要为圣诞活动季节而完成,并按时提交给出版社。他需要使自己放心,他还有能力,而且也一如既往,他还能赚钱。

现代性、女人的堕落和挪威社会的衰退,是汉姆生在《最后的喜悦》中始终关切的问题。故事发生的地点，是一个接纳客人的山区农场。游客们有悖常情的懒散，侵蚀了农夫们骄傲的基础，打乱了他们的工作节奏。对来到他的祖国的那些考虑不周而又糟蹋地利用自然资源的来访者们，汉姆生是耿耿于怀（这一点第一次是在1910年的文章中表达了出来），这种耿耿于怀在这里充分地发泄了出来。他对英国人的描述，尤其是对来到家庭旅馆的两个闹哄哄地忙乱着、粗鲁的上了岁数的英国人的描述，尤其尖刻。一天晚上，叙述者撞见他们在羊圈里做出下流的举动，于是便反思道：

"邪恶就像美德一样，也是以环形移动，在循环中移动，我已经开始认为，没有什么事情是新的，每一件事情都返回自身，重复自身。罗马人曾经统治世界。啊，他们当时是多么强大啊，多么难以攻克，他们允许自己犯下一两个罪孽，他们足以生活在角斗场里，他们用年轻人和动物使自己获得享受。然后，有一天，对他们的惩罚开始像下雨一样落在他们的身上：他们的孙辈们打败了那场古怪的战役，而他们的孙辈们的孙辈们所能够做的，则只是坐着回忆。这个周期结束了，突然间任何人对这个世界所拥有的权力，都不少于罗马人。在羊圈里的那两个英国人对我来说并不重要；我只是一个本地人，一个挪威人，在这些强大的游客面前我最好还是保持缄默。但他们所属于的那个民族，却是由短跑选手、驾马车的人和性欲倒错者构成的，而迟早有一天，德国的强有力的命运之神将一定会用死亡来惩罚他们。……如果德国没有能够使他们保持警觉的话，那么他们就将会在两三代人的时间里沦落为鸡奸者。"

汉姆生现在正在挥舞着他的文学之笔，打着一场不仅仅是针对评论者和批评家的战役。不论是在汉姆生的作品中还是在更广阔的世界里，要无视政治方面的问题不再是可能了。现在甚至在他的小说中，汉姆生也看到自己是在讲台上。在这本书的结尾，汉姆生直接对他的读者大众讲话："我是为了你们，为了挪威的新的精神，我在一场灾祸的过程中并且因为这场灾祸，而写了这本书。对于阻止这场灾祸，我是无能为力的；它的成长是不可战胜的，它带着我们国家的赞同和极度兴奋而造成了其严重的破坏。大概有一天它会结束。但在此期间，我将尽力反对它。即使你们所做的是恰恰相反。"

汉姆生提醒他的读者，他将不会停止充分而坦率地发表意见，他计划写出对社会的更多的批评:"我甚至要迫使你们明白,我代表着真理。"

汉姆生的一些最严厉的批评,是留给现代女性的。在《最后的喜悦》中,那位美丽的小学教师英格堡·托尔森离开了山区度假地,前往城市,结果葬送了自己,她先是与一个当代的术士私通(他是又一个来自那个现在已变得恬不知耻而又愤世嫉俗的国家的人),然后又与一个演员私通。她通过嫁给了一个淳朴的木匠兼农夫,而得到了拯救,于是叙述者便赞许道:"啊,主啊,那个年轻的母亲是如此幸福,如此美丽。她是无与伦比的,她的眼睛充满着她以前从未有过的一种神秘的善。"英格堡最终找到了生活的意义:孩子,他们是完美的奇迹。她想有许多孩子,孩子们一个个地站在一起,就像管风琴的音管一样。

拒绝现代世界的平庸,与乡村的生存再次建立联系,并与生活签订新的契约:这就是汉姆生的哲学的缩影。

那些存在主义的人物、那些放荡的窃贼和流浪汉、《饥饿》中所描述的那种人物、纳吉尔、格莱恩,以及托钵修士文德特,他们全都一去不复返了:取而代之是老年人,以及老年人的继承者。而且汉姆生的女性人物,也不再仅仅是艺术家的陪衬,那种陪衬的目的是要刺激艺术家的工作——首先屈从于爱的狂喜,然后屈从于一种痛苦的性游戏,最终又是永远也让人搞不到手(这一点相继被《神秘》中的达格尼、《牧羊神》中的埃德瓦尔达,以及《生活的游戏》中的特蕾西塔刻画了出来)。汉姆生在他的小说的进程中,实现了一种转变。他的作者视角从耽于内省的参与者,转化为观察者和刺探隐秘者。而且随着汉姆生开始与他的作品保持更远的距离,他书中的女性也就越来越具有母性。

经历了第一次婚姻的失败,以及第二次婚姻的到来,汉姆生仍然真诚地怀有这种想法,认为一个理想的女人将会给他带来灵感,给他的艺术带来灵感。在他与玛丽的关系迅速发展的时候,他曾向她保证,她将会使他成为一个文学王子。但在赢得了她之后,汉姆生便立即开始再次塑造她,把他娶的这个女人塑造成一个农夫的妻子的样子,而那个农夫妻子又是居住在他童年生活过的地方。

在圣诞节购物热潮还远未到来之前,汉姆生被告知,《最后的喜悦》第一版印刷就将会是五千册,他以前从未有这么巨大的销售额。"这太难以置信了,我都难以理解。尤其是因为我的《一个流浪汉在装上弱音器的琴弦上演奏》要好上许多——因为我写它的时候要年轻上三四岁。"他对在哥本哈根的他的出版商开玩笑说。

对这部作品所作的评论形形色色,但肯定的评论写得非常之好。斯文·兰格在《政治报》上定下了调子:"整个汉姆生都在这本书当中!在这里,我们拥有了在《牧羊神》中用非凡的散文写出来的那位年轻的大自然的崇拜者;这里有《浅薄的土地》的那种尖锐而又变幻莫测的论争,有《生活的游戏》的那种迅速升温的色情,而且还有《神秘》的那位讲究艺术风格的巫师兼奇迹创造者的格调。"按照斯文·兰格的说法,最妙之处就在于,作者正在撤消他自己有关人老便无用的理论。

成功似乎也涌入了别的领域。就在圣诞节之前,他不雅地对一位老相识吹嘘道:"嘿,春天似乎已经来到我身上了,该死,我正在像一头公猪一样使用我的女人,我很久没有吃得这么好了。"

当然汉姆生是又回到了尘世,而且玛丽也并不能完全假装认为,他的要卖掉农场的威胁在没有事先通知她的情况下,而完全消失了。尽管如此,对这个小小的家庭来说,这个圣诞节还是比他们在斯科海姆农场所过的第一个圣诞节要好,在第一次过圣诞节的时候,汉姆生的神经机能病毁掉了他们所有人的整个节日。

1913年1月,他再次离开农场前往内地,在一家马车店里租用了一个房间。对于他的离开,玛丽并没有试图掩盖她的悲伤。她本来已经试图使他免于被打扰,但这无济于事。

尽管有极大的困难,但汉姆生的写作还是在进展着。他正在收到数量巨大的来信,那些来信须处理——曾经有一天收到十七封信,而这又是一个星期中第三次送来信。他的租住房间冰冷,四扇能透过穿堂风的窗户,对于挡住挪威的冬天来说是于事无补,他的温度计有一次降到了摄氏副39度。但空气是干燥的,而且汉姆生是包裹得严严实实地坐着,他的后背几乎伸到烧木柴的炉膛里去了。

随着1月的流逝,汉姆生对他的新作的怀疑也减少了,成功的前景让他情绪高涨。2月底,他写信给玛丽:"这一次它将是一本巨大的书,但它也将意味着要做大量工作,这应该不是过于夸张。也许我已经来到了足够远的地方,因而能够在家里继续下去了。"但他又反驳说,斯科海姆农场的喧扰,又使得他害怕丢掉他的线索。"要是我听不见托雷的声音就好了。那并不是说他打扰了我,可怜的小东西,而是我害怕极了,害怕会出什么事情。我无法休息,我只是坐在那里听。然后我只是坐在那里,看着钟,心里想,他应该睡觉了,应该学走路,应该睡觉或者洗澡,等等。……不,我是不能忍受的,我不再是一个人了,而是一个工具,只是歇斯底里和神经过敏。"

汉姆生对他的脆弱的感受性所作的解释,是完全不必要的。玛丽曾经在极近处观察过丈夫的一切神经机能病。然而他又再次自己作出了诊断,这一定是某种解脱吧。

过了两个月之后,汉姆生回到了斯科海姆农场。在经济上极为重要的就是,他必须尽快地完成他的下一本书。农场需要重大的投资。他从俄国获得的收入已经降了下来。汉姆生仍然欠金谷出版社一大笔债(在1912至1913年之交总数为一万八千二百五十五克朗),而且该出版社每个月付给他的三百克朗又意味着,这个数字在稳固增长。

汉姆生还发现,自己卷入了与他的两位德国出版商之间的一场司法战斗。在朗根于1909年去世以后,汉姆生与阿尔贝特·朗根图书与美术出版社的关系恶化了。当他们在出版《全集》(*The Collected Works*)上犹豫不决的时候,汉姆生与在慕尼黑的另外一家出版社签订了合同,那另外一家就是格奥尔格·米勒出版社。阿尔贝特·朗根的继承人科尔菲兹·霍尔姆勃然大怒。他要求对方应该付十万马克,以解除在过去的二十年里所出版的汉姆生的全部作品上的权利,从朗根与汉姆生在巴黎初次见面时开始算起。这两位出版商随后的战斗愈来愈激烈。汉姆生本来以为,他可以力求与两位出版商都交往,但又很快便意识到,这是不现实的,而返回到他原先的出版社则会得到回报。当格奥尔格·米勒出版社没有及时按月付给他报酬的时候,汉姆生看到,跳槽的机会到了,于是便指责该出版社未能履约。对方立即作出了回复:威胁要起诉他,并要求对违反合同作出补偿。那年夏天,这位作者不得不前往奥斯陆,去咨询他的律师。

在那个时候,玛丽正急于把她的头生儿子抱给她在奥斯陆的父母亲看,并且提醒她的丈夫,他应该承认,她是过于没有人跟她做伴了。1913年6月初,汉姆生、玛丽和托雷登上汽船,前往位于南方的博德;从博德,他们将上豪华渡船,前往特隆赫姆,第二天再登上另一班火车。但汉姆生却拒不让他的妻子和孩子再往下陪同他了,他们将不得不在特隆赫姆等他回来;与此同时他单独上了火车。汉姆生原先所作的安排,就没有把他们俩包括进去。

当他的火车到达离首都大约二十公里远的利勒斯特龙车站的时候,汉姆生的已近十一岁的女儿维多丽娅,正在站台上等他——等待他,只不过是为了和他交谈几句。几天以后,她给住在奥斯陆的宾馆里的父亲写信,告诉他,她仍然没有收到他所许诺的给她写的信;她不知道,他是不是寄错了地址了?如果他想让她到城里去看他,她向他保证,她阿姨家的一个女仆许诺要带她去。"那么最好还是快点,最亲爱的爸爸,如果我在奥斯陆见不到你,那么你就必须告诉我,你什么时候回来,我将去车站接你,你的维多丽娅给你一百个最美好的祝愿。"

在回信的时候,汉姆生允许她,当火车经过利勒斯特龙车站的时候,她可以再次站在站台上。这一次,他从车厢的窗户递给她一个信封,里面有一些钱,他强调,应该仔细把钱看好了。维多丽娅用右手紧紧地攥着那个信封。

返回斯科海姆农场以后,汉姆生便给他的女儿写信,申斥她在与他握别的时候伸出了左手。维多丽娅写了回信,感到既受到了伤害又困惑:"你认为是冷漠使得我在与你握别的时候伸出了左手,这让我非常伤心。我记不得是否我伸出了左手,我不明白我为什么会伸出左手,因为我与人握别从来没用过左手,而是用右手;不过也许是因为我正在用我的右手举着你给我钱的那个信封,你说我得把它看好了。"维多丽娅可怜地,但又多少是大胆地反驳她的父亲:"在你呆在奥斯陆的那些日子里,整个时间我都是只希望你能够给我写信,告诉我,我能够来看你,我几乎确信你会的——而且英格丽德也许诺要带我去宾馆,因而我认为,我只能从车厢窗户见你两分钟,这很让我伤心。"

她还道歉说,实际上她已经为他做了一个生日礼物,而这个礼物对他来说又没有用处:她为他缝了一个小包,用来放他的怀表。

从宾馆看到的景色

1913年夏天的晚些时候,汉姆生再次离开农场、玛丽和他的一岁的儿子,去写作。

不久以前,汉姆生曾让玛丽把他的一封信的修改稿誊清,在这封信里,玛丽读到了她最害怕的话语:汉姆生对他的熟人描述道,他渴望见到他城市中的同伴,渴望与他们交谈。那是他曾经把玛丽从中带离的世界。她曾经把她的手放在他的手中,她相信,他会把她带到一个好的地方,带到某个地方。现在的感觉却是,他撒手了。

汉姆生与自身处于深深的冲突之中。在一封本来是工作来往的信件的末尾,汉姆生对他在哥本哈根的出版商吐露道:"在这里,我正生活在这种深深的沮丧之中,我正在走向我自己的死亡,而且有这么巨大的工作量在等待着我。不,我确实本不该为我自己买一个农场,仆人们的不合理的要求使得我极其焦虑。我本来只应该拥有一个乡村小屋。我本应该在一棵棕榈树的下面懒洋洋地坐着,做一名手中拿着一个笔记本的佛教徒,相反,为了组织好对农场的维持,我却老是被我的工作所折磨,被我自己所折磨。要是我能再次摆脱掉这个农场,那该多好。"

那个夏天,为了探讨购买别的房产的可能性,汉姆生与人交换了信件:在离奥斯陆不远的德拉门①的一幢大的市区新式住宅,或者是在一个高原谷地的一座宅第。只要不是斯科海姆农场,哪里都行。

---

① 德拉门(Drammen),挪威东南部布斯克吕郡首府,在奥斯陆西南。

汉姆生回到了他自己的人民当中。但事实上,他倒是想尽可能与他们少有瓜葛。有大量的哈马略居民试图与他会面,想迫使这位著名的作家接受他们。他根本就不想见。对他的仔细保护着的隐私的任何闯入,他都是不可容忍的。

诺尔兰人也并非他曾经理想化了的那些人。他们既不比别的任何地方的人好,也不比他们差:这里,人们也是对他们的上司愈来愈缺少尊敬,他们并不像他记忆之中那样愿意工作,而是同样贪婪和看重物质。他们也是抛弃了土地和大海,转而在城市里工作。他们是新时代的孩子,是迷途的孩子。

汉姆生,这位大文豪,不再属于他们的世界了——生活已经把他与平民百姓分离了开来。他写了一篇文章,对所有那些试图把他当成他们的同等人的人们,那些不能感知到他的不同的人们,表达出了他的愤慨。

确实,在他看来,挪威社会的整个金字塔正处于倒塌的过程之中。旧的统治阶级正在变得愈来愈孤立,而普通人的自我重要感则正在膨胀,对工资、自由时间和平等提出愈来愈不合理的要求。普通民众提出了荒唐的理念,即应该把他们看作是与医生、行政司法长官、商人——以及他本人——平等的人。

旧的时代正在与新的时代相遇:这就是他的下一部小说《时代的孩子》(*Children of the Age*)的主题。

在斯科海姆农场只呆了几天之后,汉姆生便继续前行,去了博德,在那里他在一家宾馆的塔楼房间里继续写《时代的孩子》。

谁也无法设想,甚至玛丽也无法设想,他若是要掌握他想像中的宇宙的整体,竟需要作出超人般的努力,那是一个不断受到解体威胁的宇宙。一个喧闹声。某个东西引起了他的注意。人们在楼梯上或者街道上走得与他太近了。在餐室里被人们盯着。还有发来的信件、电报和电话,都要求他放下他的工作。每一件事情都能垮掉,有时又是彻底垮掉,结果他又再次从头开始。他就是阿特拉斯①,用肩膀扛着整个世界。

汉姆生的创作过程总是以相同的方式开始。他用所能找到的任何一片

---

① 阿特拉斯(Atlas),希腊神话中的以肩顶天的巨人。

纸——日历或者别的便条的背面,或者手头的不管什么纸——在一有想法的时候就奋笔疾书写下来。他会把这些由小纸片写成的笔记分成小叠,摊放在他的书桌上,就像玩单人纸牌戏一样。汉姆生的任务就是要看出,哪些纸片能组装起来,形成一个更大的整体,或者彼此混合,而活了起来。在他工作的这个阶段,机会就是主人。过后他就将扮演上帝的角色。

往往当他由于有一个喧闹声或者由于灯熄灭了,而被带回到现实的时候,他就会惊讶地看着他所创作出来的东西:一种对话的交流、一个人物命运的梗概、一个情节的基本组成部分、一个动人的描述。现在他是比以往都更发疯地追逐这些灵感的闪光。随着年纪的变老,汉姆生不再睡得那么沉了,一天的大部分时间都可能不知不觉进入半打盹状态;而如果他能够抓住他想法的话,也就对他的精力的欠缺作出了补偿。汉姆生是一个愈来愈神经质而又饥饿的捕食者,为找到可能的猎物的痕迹而彻底搜查着,始终准备着要进行追逐。

这就是他的方法。留心地等待着这些似有魔法保护的时刻的出现。他说,任由生活把这些小纸片摊放在桌子上吧。然后就会有生命,有如此多的生命,以至于人物都拒不服从他们的创造者了,都逃脱了他的掌握,然后他又最终再次驾驭了他们。

幽默始终在汉姆生的小说中起着作用,但现在反讽的笔触,那些使得他窃笑或者偶尔使得他径直大笑的事情,对他来说正在变得越来越重要。他的写作往下也就进展得稍微容易了。尽管现在在斯科海姆农场里情绪确实是阴沉,不过当他给家里寄礼物的时候,他的情绪也能够提起来——而且他的内疚也能够得以减轻。玛丽又怀孕了,恶心头晕,她怀托雷的时候就是如此。一天,在夫妻二人通完电话之后,汉姆生想,她说话的样子就像一个要死的人一样。

圣诞节这个对图书生意来说最赚钱的季节,正在迅速来临。汉姆生不知道,他还敢等上多久,才把手稿交给他的出版商。他必须让这本书按时出版,以赶上这个购书狂热之机。金谷出版社给他发来了电报,做出了极其讨好的答复:克努特·汉姆生的书,他什么时候想出,就能什么时候出版,而他的手稿,在收到最后一页的几个小时之内就可付印。

1913年10月25日,最初的一百五十页手稿发给了金谷出版社。汉姆生松了一口气,再加上知道绝对的截稿日期正在来临,这使他突然爆发了创造力。他骄傲地告诉玛丽:"我直到凌晨五点才睡觉,我累极了,但老天啊,我就像当了冠军一样高兴,因为昨天和昨夜我得以写出的,比这几个月写的都多。昨天我工作了十个小时。今天我颤抖得厉害。这本书的结束就在眼前了,但又由于有这么多的人物,有这么多线索需要拢在一起,因而所花费的时间也就比我认为的要多。亲爱的,今天就写这些吧。你如果高兴,那就对我有好处了。"

圣诞夜送来了多年来汉姆生最渴望得到的礼物:一个确实无疑的销售成功。《时代的孩子》超过了他的出版商的期望。在挪威和丹麦的需求到圣诞节的时候急剧上升,结果金谷出版社不得不把第一版的印数扩大到一万四千册。不仅如此,付给汉姆生的每一册的版税也高于以前。他的前一本书,《最后的喜悦》,总销售额现在已经达到了六千册。已经准备把《最后的喜悦》寄往德国和俄国,这本书在俄国定于将由玛丽亚·布拉戈维申斯卡亚翻译,而这位女士曾发过誓,再也不和他打交道了。《贝诺尼》那一年也得到重印,而《牧羊神》则在《金谷出版社北欧文库》系列中印出了二万册。

克努特·汉姆生的生活,经历了在挪威农民文化中的一个巨大变革。他目睹了,也实际上加入了那些涌入西方大陆和北方仙境的大批人群。在他的五十年的生涯中,他愈来愈尖刻地评论现代生活:工业化、城市化、民主化,以及阶级斗争。挪威人民已经被引诱得离开了他们的被束缚在土地上的生活:"他们所拥有的小块土地,他们可以进入的未开垦的土地,从野生森林把冬天的柴火带回家的劳作——小农场主的那种整个生存不再值得过下去了;为什么,因为现在人们可以在港口购买现成的磨好的面粉了。"他在《时代的孩子》中写道。

威拉茨·霍尔姆森是位中尉,是挪威北方的塞盖尔福斯镇的第三代最大的地主。他的妻子阿黛尔海德是古老的德国汉诺威王国王室成员的后裔。他们有丰富的传统,尽管在资本上并不富有,但他们却受到寻常百姓的尊敬。托拜厄斯·霍尔门格拉是当地的一个渔夫的儿子,他带着在南美洲发的财,像国王一样返回了村子。他从霍尔姆森的手中购得了土地,建起了工厂,引诱人们离开耕犁和渔船。村民们变成了苛求而又固执的工人,有的村民甚至继而成了自负的"学者"和政府官员。霍尔门格拉是个暴发户,他具有抓住机会和推翻传统的阶级划分的才能。他打破了在绅士和普通人之间的古老关系。威拉茨·霍尔姆森当然并非没有看到把他的土地卖给这位新近到来的人所带来的后果:"他似乎已经品尝到了他自己的毁灭。"汉姆生在书中沉思道。

二十五年以前,汉姆生笔下的人物听凭自己被冲动所驱使——有时是带来了灾难性的结果。而在这里,威拉茨·霍尔姆森则是坚定地把他的天性的锋芒磨光了,以征服每一个冲动。他的意志之坚强,到达了毁灭的程度,他头脑僵化,一门心思要维护他的名字和声望。这样一来他也就留意到,依附于塞盖尔福斯庄园的当地人,变成了塞盖尔福斯镇的城镇居民。这个社区渐渐陷入工业化了的城市苦难之中。他失去了财产、妻子和儿子。没有人直接向这位最大的地主的权力提出挑战,但他却逐渐变得失去了权力,而托拜厄斯·霍尔门格拉,这个出身卑微的男孩,则成了庄园的真正的主人。

现代社会把生活的每一个领域,都变成了一个冲突的地区。在《时代的孩子》中,社会由于新与旧的不可兼容,而崩溃了。新与旧无法来到彼此的一方,霍尔姆森的婚姻也是如此。虽然汉姆生对社会动向的描述变得不那么细致入微,但他对婚姻的刻画却运用了一种愈来愈广阔而又细微的趣味。阿黛尔海德淹死了,作品又暗示说在某种程度上那是有意的,这就与在《一个流浪汉在装上弱音器的琴弦上演奏》中的法尔肯贝格如出一辙。婚姻把这两个女人都打败了,但却有着一个根本的不同:阿黛尔海德是一位母亲,她通过她的孩子找到了救赎。在小说的结尾,威拉茨与阿黛尔海德的儿子回来了:托拜厄斯·霍尔门格拉的女儿玛丽安娜正在等他。

在圣诞节与新年之间,汉姆生开始暗示说,他得再次离家去写续篇。玛丽现在已怀有六个月的身孕,试图把他拉回来,但却无济于事。在进入1914年的几个星期以后,她站在斯科海姆农场的台阶上,与托雷一起挥手与他道别。玛丽知道,每一次作家汉姆生战胜了农夫汉姆生,他将决定卖掉农场也就变得更加可能。

汉姆生住在博德的一家旅馆,在顶楼上租用了三个房间:一间用来睡觉,一间确保不会有邻居来打搅,第三间能看得见院子,他将在那个房间里写作。

汉姆生的经济状况已经大为改善。《时代的孩子》的四次印刷给他带来了九千克朗的收入,而旧作重印的收入超过三千克朗。在1913年,他也从德国和别的地方赚了三千到四千克朗。这些钱的大部分都用来还他欠出版商的债;他已经总算还了一半,还有一万克朗未偿付。在他的银行账户上他几乎有八千克朗。商船上的大副每年可以挣到两千克朗,所以汉姆生可以认为自己是相对有钱,当俄国的钱在3月初开始到来的时候,他尤其可以认为自己相对有钱。莫斯科艺术剧院付给了他五千克朗,并且表达了对下一部戏剧的兴趣,这就使得他从那个国家收到的钱的总数几乎达到三万克朗。他也将很快就收到慕尼黑德国剧院付给的报酬,在马克斯·赖因哈特的执导下,该剧院将上演《紧握生命》。

但汉姆生却也确实不得不面对一个经济上的失望。他在比利时狂赌的时候买的那张"戈雅"的画,在他的墙上挂了十年,在这一期间它数次被讥之为一件毫无价值的仿鲁本斯①之作。现在这一点得到了一个其判断力被汉姆生所信赖的人的证实。不管怎么说,那幅画都是毫无价值的。

3月底,汉姆生回到了哈马略。他曾在博德坐着,像洗牌一样洗着他的那些珍贵的纸片,但却未能使它们当中的任何纸片搭配成形。在斯科海姆农场,他也没有设法做成任何更有意义的事情。

1914年5月3日,克努特·汉姆生第三次做了父亲。他的新儿子取名为阿利尔德。两岁的托雷被迫离开了母亲的膝下,他父亲两岁的时候也恰恰是如此。在随后的几个月里,汉姆生花费了大量的时间与托雷在一起。玛丽觉得,这太感动人了。

维多丽娅非常想来看她的父亲,但却有话传给她,说不方便。

---

① 鲁本斯(Peter Paul Rubens,1577—1640),佛兰德斯画家,巴洛克艺术代表人物,在欧洲艺术史上有巨大影响。

战争与谋杀

1914年夏,汉姆生买了一些新的欧洲地图。那年秋初,一场将威胁欧洲结构本身的大战爆发了。

当第一次世界大战宣告开始的时候,克努特·汉姆生立即写信给他的德国出版商,朗根出版社,再次让他们相信他的支持:"你们知道,我本来就赞同你们的国家,而不是英国。只要德国仍然是欧洲的主人,挪威和瑞典就会再次得到拯救。"

他的情绪在德国杂志《低能者》中,甚至更为强烈地表达出来:"我坚信,有朝一日德国将战胜英国。这是决定于自然法则的秩序。英国是一个发现自己正在稳定地衰落的国家;它仍然保留着某些长的坚硬的根,但它却没有花,没有花冠。相形之下,德国却是洋溢着力量和青春。"他完全确信,有朝一日德国将会统治英国。"而且我希望,这一次德国能获胜。一种被我原有的对德国的不可动摇的赞同所指引的希望,而且也是被我对我自己的祖国的爱所指引的希望,只能够从德国的胜利中获得。"

在同一期杂志上,朗根出版社为《最后的喜悦》刊登了一则广告,广告显著地引用了小说中的一句话,以预言堕落的英国人的命运,"他们所属于的那个民族,却是由短跑选手、驾马车的人和性欲倒错者构成的,而迟早有一天,德国的强有力的命运之神将一定会用死亡来惩罚他们。"这句话引起了格奥尔格·勃兰兑斯的注意,他在《政治报》上对汉姆生发起了抨击。勃兰兑斯认为,他是在从这场战争中渔利;汉姆生曾在数量众多的文章和信件中吹嘘他的亲德态度,而在他的亲德态度与他的书在德国公众中的销售之间的关系,又是显而易见的,也是相当不合时宜的。

汉姆生把勃兰兑斯的文章寄给了朗根出版社,要求他们抵制他。按照汉姆生的说法,勃兰兑斯的情感爆发,是对汉姆生不久前说的话的一种充满了仇恨的反驳。不久前汉姆生提出,这个老朽的丹麦人应该从与他自己同年龄档次的人当中寻找他的忠实的读者大众,那个年龄档次大致是七十五岁。

与此同时,汉姆生又把他的怒火转向了奥斯陆大学的一位欧洲文学教授,该教授曾在报纸《未来的特点》①中,批评了汉姆生的大量反英言论。他嘲笑这位学者,说他读了这么多有关英国的书,却仍然认为英国是个强大的国家。"(你问)为什么德国将战胜英国完全是决定于自然法则的秩序?德国人由于实际上是一个兴旺的健康民族,因而有一个高的出生率。德国需要殖民地,而英国和法国的殖民地则多得超出了需要。"他提醒这位教授,德国的人口在四十年的时间里增加了三千万。"毫无疑问这就是大自然的一种力量。英国有能力压制它吗?请解释,能够怎么做!甚至战无不胜的无敌舰队也不能阻止德国的人口增长。有朝一日,也许不是在英国正在获得半个世界的帮助来对付德国的时候,也许过不了多长的时间——但有朝一日德国将会用死亡来惩罚英国,因为那是唯一的自然的结果。"

汉姆生的文章《孩子》(*The Child*),处理了一个非常不同但又同样引起争议的话题,它引发了一场将郁积多年的论争。有一个年轻妇女,她谋杀了她的新生婴儿,却只是得到了一个入狱八个月的判决,对此汉姆生勃然大怒。他宣告,事物的自然秩序被颠倒了。家长与孩子之间的关系——这是他抨击第四诫的演讲的主题——紊乱了。孤儿被迫卑躬屈节,而社会却为伤残的人、盲人和老人修建豪华住宅,并让谋杀孩子的人只是蹲八个月的监狱。汉姆生要求判处死刑:"把两个家长都绞死,涤除他们的罪恶!把他们当中的头一百个人绞死,他们已无可救药。"

为数众多的人公开反对他,他们质问,他是否理解产生出这种悲剧的社会结构。在这些声音当中就有一个年轻作家,她后来获得了诺贝尔奖:西格

---

① 《未来的特点》(*Tidens Tegn*),一种在奥斯陆发行的挪威报纸,1910年创刊,1941年停刊。

里德·温塞特①。自从于1907年初出茅庐以来,她的小说探索了年轻妇女的生活,吸引了巨大的关注。温塞特和其他人指出,犯下杀婴罪的女人在服完刑期之后,几乎全都最终成了好人。

汉姆生反唇相讥,他说,一个女人的自然的目的,并非主要是做一个好人:"当她生育了的时候,她作为一个女人的目的就是要做一个母亲。"

当汉姆生在1915年3月写下这些话的时候,玛丽刚刚告诉他,她就要生他们的第三个孩子了。

---

① 温塞特(Sigrid Undset,1882—1949),挪威女小说家,作品多以妇女问题为主题,代表作为三部曲《克里斯汀·拉夫朗的女儿》,还写有长篇小说《珍妮》、《镜中形象》等,获1928年诺贝尔文学奖。

不计其数的人物

在奋力为《时代的孩子》写续集的时候,在1915年的1月底,汉姆生去了北方小镇哈尔斯塔德。刚过了一个多星期,他便告诉玛丽,他感到糟糕极了:"从来也没有像现在这么糟糕过。这甚至并不是说我脑子空了,而是说我无从开始。从我的上一本书里我剩下了不计其数的人物,我有内容翔实的工作笔记,为每一个人物都准备了成叠的速写和对话。"

用如此丰富的概念来给一本全新的书开头,是不可想像的,但汉姆生却恰恰急切要这么做。"材料的量是如此之大,使我不知所措,无法恰当地起头。每天我都是坐在这里,挣扎着。但现在我则是向上帝祈祷,能让我找到某种解决办法。"一个月以后,毫无改善。他日夜尝试,但却毫无进展,因而彻底泄气了。"我将永远也不再写续集了,写续集让我垮掉了。毕竟,在《时代的孩子》中我已经有了二十九个主要的和次要的人物,现在我正在又带着那个数目动身。但我已经做了这么巨大的准备工作,因而也不想放弃。"

3月的时候,他告诉玛丽,他想试图在家里写作。玛丽感到担忧的是,她将没有能力清除干扰,于是便提醒他:"搬一次家将是一个巨大的变化,我害怕你可能会停滞。"

到了8月,他已经完成了手稿的一半,但又对克里斯蒂安·柯尼希(柯尼希现在是哥本哈根的金谷出版社奥斯陆分社的经理)抱怨,他不能许诺,让这部小说赶在圣诞节时完成。他告诉那个丹麦人,他急于要把那个农场处理掉,不知他的出版商能否购买它,以帮助他解决问题。他并没有收到回复。

在9月的时候,他把手稿的前半部分寄给了奥斯陆,而到10月的时候,他已经到了收尾的阶段,再有十五页就写完了。他紧张得开始颤抖,但他又感到得意。到这个月结束的时候,他把书名《塞盖尔福斯镇》(*Segelfoss Town*)用电报发了出去,而到11月的第一个星期,他又把写在一些校对纸上的最后一个部分发了去。他愤怒地对他的出版商抱怨说,他曾收到一封信,信封上的收信人写的是匿名的"致作者"。他挖苦地问道,是否金谷出版社觉得有必要在给易卜生和比昂松的信封上,也以这种非人称的方式写上收信人的姓名?"这并不是说我是拿我自己来同他们进行比较——尽管我所做出的事情,这些绅士即使脚朝天也永远做不出来。"

汉姆生悲叹自己的健康状况可怜。在给首都的一位编辑的信中,他描述说,他不得不用回形针把纸别住,这样他就可以用一只手写字,用另外一只手把一个电极举在他的头上。他已经从使用电腰带,进展到使用能产生静电的仪器:"有两年的时间我都是不得不这样工作,我的神经糟糕透了。"

但事实上,他的工作能量是巨大的。

作为一位最重要的社会评论家,汉姆生在挪威和丹麦的报纸上写了不计其数的文章,还发动了两次引起了广泛兴趣的论争。

作为一位文学作家,他创作了几乎两百篇作品,其中有一些是长篇作品,而且所有的作品都是先写出草稿。他频频返回到与国际政治风云相关的相同的主题:英国代表着对挪威和每一个别的小国的一种危险,德国必须迫使英国屈服。

作为现在已是八十五岁的托拉的一个儿子,他花费了大量的时间与一个童年时期的朋友通信,委托他替她安排有关衣食住行等生活实事——在这些信件中反复出现的主题就是,他对她用完的钱的数量感到惊讶。

作为一位农夫,他在哈马略创建了一个磨坊和乳牛场,他以"农场无小事"为座右铭进行监管,后来该磨坊和乳牛场成了一个可观的企业。

作为一位艺术品爱好者,他在几个城镇里搜寻,想找到一张漂亮的日历,以便挂在斯科海姆农场的餐室里;结果找不到,于是便在回到家之后自己做了一张,给它配上画框。他还抽出时间给他的艺术家朋友们写信,购买绘画和雕塑,并委托他们作画和制作雕塑。他喜欢让他们承担不可能完成的任务。阿克塞尔·埃贝①显然是只要人能想出来,他就能画出来:汉姆生要他画沙漠里的一个尖叫声。

而作为一个有家室的人,他带回家食物及其他必需品,当他离家在外的时候,他便把成箱的食品寄回家。他给他的儿子们买了装有发条的汽车,以及各种各样的玩具,并为小埃莉诺尔采办了各种各样的新礼物,埃莉诺尔于1915年10月来到了这个世界。

除了所有这一切之外,在1915年期间他还写了《塞盖尔福斯镇》,这是他迄今最长的书,分两卷印行。汉姆生声称,他是在卖命工作,为的是供养在三个家庭中的八口人。他们每一个人都依赖于他的书。"我是用在我墨水里的血液写作——到最后墨水在我的血液里流淌。"他悲叹道。

汉姆生说服他的出版商,把两卷本的《塞盖尔福斯镇》减价销售,以便增加销售额。这是一个明智的举动。最初的第一版印刷是八千册,但出版商立即不得不从印刷商那里又定了几千册,到圣诞节的时候又定了第三批。《政治报》的丹麦人主编亨里克·卡弗林打来电报,说《塞盖尔福斯镇》几乎全从哥本哈根的书库的书架上下架了,汉姆生俏皮地说:"今年我贱卖。库存清空!"

所作的评论,几乎无一例外全都是欣喜若狂。批评家们赞许,汉姆生开发了塞盖尔福斯这个小镇的情节,并描述了自《时代的孩子》以来这个小镇发生的变化。托拜厄斯·霍尔门格拉和西奥多·帕布阿现在在镇子里的地位至高无上,但他们两人都欠缺那种来自古老的乡绅传统的高贵特性。他们的举止是一种装腔作势,尽管是一种绝妙的装腔作势:"在有教养的人之间的每一个有价值的东西,包括他们的说话方式,他都把它变成他自己的东西——做得好,霍尔门格拉先生,做得不能再好了!但他却比塞盖尔福斯庄园的居民要年轻上两个世纪;他学会了把帽子举起来,但又是像个奴隶一样把帽子举起来。"

时代的精神是一个巨大而又骇人的铸模,它抓住人们的天性并再次铸

---

① 埃贝(Axel Ebbe,1868—1941),瑞典雕塑家。

215

造人们天性的形体。作品中的人物迷恋于对权威和金钱的欲望。托拜厄斯和西奥多在每一个方面都受到了人们的挑战,那些人要求获得权力,并亲自攫取权力。地位最低的人也敢于贬损他们,因为对惩罚的恐惧已经被民主化得不复存在了。汉姆生深深地鄙视寻常百姓,鄙视渔夫和农夫,他们被富裕所吸引,而又既没有良好的趣味又没有良好的品质来处理富裕:"他们的欲望是无产阶级的欲望,"他在《塞盖尔福斯镇》中写道,"他们的持久的不满又与任何动物的不满足不同,因为他们的张开的嘴总是要为更多、更多的东西张着。"由医生、律师、报纸编辑和几个其他人组成的人数甚少的中产阶级,不停地从上层和下层当中寻求结盟。这些是汉姆生用最少的人性所刻画出的人物,这清楚地表现出了他对他们的追逐私利的狡诈所作的嘲弄。

这部小说的核心,是实业家托拜厄斯和商人西奥多所抱有的秘密的梦想,以及他们的梦想对社区所带来的后果。托拜厄斯·霍尔门格拉渴望受到尊重,并且发明了一些新的方式,以维持他的神秘性;西奥多在远处崇拜着霍尔门格拉的女儿玛丽安娜。这两个人是有权的人物,但相比于像麦克和威拉茨·霍尔姆森这样的族长,他们却显得软弱。麦克和威拉茨·霍尔姆森这类人物在汉姆生的早期作品中占主导地位。霍尔门格拉既没有麦克那样的与女人的无情而又占有的关系,也没有像霍尔姆森那样严格地控制住自己的欲望,但汉姆生却被他强烈吸引住了:霍尔门格拉在一个南方的航线上神秘地退出了故事,就像他当初是神秘地进入故事一样。西奥多是典型的新一代商人,作者是带着巨大的同情刻画了他。他是佩尔·帕布阿的儿子,佩尔·帕布阿是一个恶魔似的人物,与汉姆生的舅舅汉斯非常相像。西奥多对玛丽安娜所怀有的伤心的渴望,使得他得以增长了力量,爱的神奇力量把他改造成了一个好人。

《晚邮报》的评论对这本书的颂扬,是批评界对《塞盖尔福斯镇》所作的反应的典型:"用挪威语从未写出过更好的作品——像这样一种小说不可能写得更好了。……它是一本可以反复读的书,它一次次地把人吸引住。而且它老是返回到脑海,凡是给生活带来意义的东西都是如此。"

汉姆生则是更不耐烦地等待着来自某些批评家的评论。这些批评家之一就是丹麦人斯文·兰格,在评论汉姆生最新的大作时,他往往通过汉姆生的全部作品来追溯发展的线索。他发表在《政治报》上的文章,恰恰在1916年的新年之前来到了克努特·汉姆生的手中。

它来的不可能更恰到好处了。

完全控制——但又付出了多少代价

1915年的岁末,汉姆生深深沉浸于他自己的作品之中,这一次不是写作品,而是读作品——也就是说,阅读自从1888年的秋天以来他所有的文学产品。

金谷出版社终于接受了他的意见,出版另一部《全集》(Collected Works),这部全集不仅收入他的长篇小说和短篇小说,还将收入他的戏剧和诗歌。在11月,在寄出《塞盖尔福斯镇》的手稿之后,汉姆生立即开始筛选他的早期作品。他再次开始了一个修订过程。他想既重写他的诗集《疯狂的唱诗班》,又重写他的诗剧《托钵修士文德特》的某些部分,同时还要对其他作品做一些小的改进。在读了《饥饿》一半以后,他对柯尼希抱怨说:"老天作证,我无法忍受它,你必须愿意怎么对我做,就怎么对我做。……问题在于,我太尴尬了,恨不得让它全部报废,全部重写。"

汉姆生现在把斯文·兰格的评论《塞盖尔福斯镇》的文章摆在面前,在文章中评论者也综合论述了汉姆生的文学创作的全貌。在兰格看来,汉姆生的作品开始于某种突发奇想,《神秘》就是一例,《神秘》就像这本最新的小说一样,也是以一个小镇为背景。他的风格在早年随着《牧羊神》而达到了顶峰,在《塔玛拉女王》的空洞的效果中跌了一跤,在他的游记作品中又活跃了起来,在他尝试粉饰《罗莎》的那个富于青春活力的幻想世界的过程中迷了路,又在那部令人绝望的戏剧《紧握生命》中完全消失了。但另一方面,按照兰格的说法,一个奇迹又产生了。在汉姆生五十岁生日前后,按照他本人的断言他本应该停笔或者死去,他却又好像鲜花盛开,进入了文学上的完全成熟。《最后的喜悦》的核心问题是,"我,一个老年人,还能够再有任何成就吗?"这是一个非同寻常的自我评价。汉姆生因为上了岁数而嘲弄自己,然而却又惊讶地倾听着来到他身上的种种噪音。而且他又把众多的新人物带进文学的永恒之光:渔夫、工匠、商人、农民、工人以及人数甚少的上层阶级,他们都属于这个小小的北方沿海社区。

这样的一大群人物,就像系在作者手指头尖上的提线木偶一样在舞蹈着。给兰格留下了极其深刻印象之处在于,汉姆生能够在读者的心目中让他们全都活了起来。

这位五十六岁的作者戴着桂冠坐在荣光之中,坐在他童年家附近他自己的农场中,再次阅读他最早写出的小说。那是一种他感到尴尬的冲突。

只是在1888年的那个秋天,汉姆生才第一次成功地以他梦想了十年多的那种方式进行写作。他学会了应该怎样捕捉他从自己身上瞥见的那些扭曲的形象,捕捉他的头脑的活动。但是在写作《饥饿》,以及写《神秘》的过程中的那种极度紧张,是可怕的。多年来,他都是过于卖命工作,他为了替自己辩护而备受折磨,给自己带来了永久性的伤害。以那种方式继续下去是不可能的。在写完《神秘》之后,他开始在像《梦想家》、《贝诺尼》以及《罗莎》这样的书中,把挪威北方的丰富的织物编织进他的作品之中。其艺术性在于,他在刻画被这种优美的织物所装饰起来的人物的时候,使用了丰富的土话、奇特的姓名、独特的景致,以及他小时候听到的故事。随着每一本新书的出现,在叙述者与被叙述者之间的距离更大了,也变得更安全了。

他主要的挑战就是,要监视这种迅速增长的人物阵容的一举一动。汉姆生现在是完全控制住了。

在《塞盖尔福斯镇》中有两位艺术家。第一位,巴尔德森,是一位不成功的剧作家,他的工作是电报员;他饿死了。第二位,小威拉茨·霍尔姆森,是一位乐师兼作曲家,但在他的内心深处有两种天性在冲突着:一是来自她母亲阿黛尔海德的艺术才能和想像力,阿黛尔海德是位歌唱家、乐师和日记作者;一是他的乡绅父亲的执拗性格。也许在这个人物中,有着汉姆生本人的某种矛盾天性。当然对霍尔姆森的汹涌奔腾的灵感的再现,是重复了他在十八九岁时写的《比耶尔格》中的描写,也重复了他几乎三十岁时写的

《饥饿》中的描写:"它从一个装得太满的头脑里流淌着,流淌了出来,并继续流淌;他就像一个盲人一样坐着,接受着来自上面的光,用光来写作。写了又写。偶尔他把他的手砰地落在平台式钢琴上,又再次写作,在和谐中抽泣着,感到恶心,吐了一口痰,又继续写下去。这继续着,时间一个个小时地过去,啊,那一个个小时在这个波浪上前进!"

他本人就非常需要这种汹涌奔腾。

在这本书的结尾,霍尔姆森去了南方,完全就像霍尔门格拉一样。不论是冒险家还是艺术家,在挪威北方的沿海地区都不能获得成功。

那么汉姆生本人呢?

在他的书中,汉姆生一次次地描述了那些被拔掉了根的人们的不幸,那些人在漂浮着,与大地分离了开来。在汉姆生于1910年所写的一篇文章《给我们说句话》中,他警告说:"我们在我们的土地上有某些根,我们不能把根砍掉,我们能够挺直地站着靠的就是根。"

我必须把这个农场处理掉

四年半以前,克努特·汉姆生返回了他童年的土地,在刚刚犁过的土地上扎下了他的根。但不管在他身上的那位农夫扎根于他的田野有多长的时间,在他身上的那位诗人兼流浪者却不停地在他的劳动中打断他。那位话语的耕作者悄声对土地的耕作者作出了欺骗的许诺。每一本新书,都使得作家一离开农场就是几个月。而且每次他身上的那位作家漫游的时候,他身上的那位农夫对他的鄙视就增长。

1916年新年伊始,汉姆生在他思索着的那些纸片上,找到了一个解决他困境的方法。他的新小说将描写一个务农的人。与此同时,他在报纸上登广告,要出售斯科海姆农场——事先又并没有告诉玛丽。玛丽把当地的司法行政长官、牧师和医生动员起来,说服他放弃,他们成功地阻止了这个行动。那年的播种晚了。

汉姆生已经为他的新书写下了详尽的笔记,那本书很快就将以《大地的成长》(*The Growth of the Soil*)为书名而举世闻名。这本书生动地再现了汉姆生本人同时既寻求又否定的那种田园诗般的乡村生活:"数百年来,他的祖先都是播下谷物的种子,那种播种是在一个温暖无风的傍晚做出的一个敬畏的举动,要是能在一场幸运的细雨中播种就更好了,要是能在灰天鹅一返回的时候就播种,那就更好了。"

当他写他的最新的人物艾萨克播种的时候,汉姆生也在他自己的地里播下了种子。然而作家却告诉人们,他再也不想种地了。他必须离开斯科海姆农场。他只是给了玛丽一个暂缓执行令。

但玛丽从她母亲的家庭所继承下来的那双坚定的农民的脚,现在却牢牢地根植在斯科海姆农场的春天的土地上。她提醒他,他曾做过那么多许诺,他们曾共有那些梦想,并一起使那些梦想得以实现。她三十四岁,有三个小孩子,而且她与他不一样,她是把来自她的旧世界的一切都留在后面了。他则纯粹是像以往一样,把一切都带在身上并继续下去。

玛丽愤怒了,又吓坏了。她是在为她在生活中的角色而战斗,那个角色她最初承担的时候是颇为踌躇的,但她又愈来愈有把握地掌握住了那个角色。那是一个她带着决心和智慧稳固地扩大了的角色,因而也就不再能够被理解为是附属于他的角色。她已经不仅仅是这位作者的家庭主妇。

然而,汉姆生却与诺尔兰断绝了关系。那年的除夕,当家里的人都就寝的时候,他给一个朋友写道:"请听我说。现在我必须把这个农场处理掉。我再也不能和农场一起继续工作了,我的健康完全垮掉了。"

1917年伊始,克努特·汉姆生打定了主意。如果他要继续写作的话,他就不得不逃脱农民的生活。玛丽和孩子们将不得不让步。

他与在奥斯陆有钱阶层中一个交际广泛的人接洽。三十五年前,《晚邮报》的主编曾把栏目的空间给予年轻的克努特·汉姆生,现在主编的继承人又来帮汉姆生的忙了。这位主编,与首都的十四位有钱人一起宣告,他们愿意从这位作家手中把农场买过来。如果情况变得最糟,他们蒙受某种经济损失也能挺过来;毕竟,他们是在为国家获得一笔文化财富。

2月初那些商人便得到消息,所有权必须迅速转移。汉姆生一个春天也应付不下去了:"我想钻进一个大森林中去,在那里什么也不能打搅我。我手头有一部伟大的作品——只要我的健康能够稍微得到改善!"

他正在写《大地的成长》,讲的是拓荒者农夫艾萨克,以及他的长着一双强壮的大手的妻子英格尔。还讲到他们的两个儿子,埃勒苏和塞维尔,以及埃勒苏从一位来访的工程师那里偷来的一个铅笔头,那个铅笔头将决定他的整个未来——一个来到城市并摆脱掉他们在塞尔朗拉的农场的未来。

尽管玛丽提出了抗议,汉姆生还是在1917年4月初把家从哈马略撤离了。他们要回到南方。这位作者正在写一部书,在书中他赞美农民的生活,认为那是生存的唯一自然的形式,但他却使得自己失去了土地。他卖掉了他的农场、牲口和用具,把他的家搬进拉尔维克的一个药商的别墅,拉尔维克是奥斯陆峡湾旁边的一个小镇,从首都坐船大约需要四个小时。

事实上在过去的六年里,汉姆生作为一个农夫度过了许多幸福的时光。他把这些幸福的时光用在《大地的成长》,再现了耕种土地的那种纯粹的欢乐:"而且日复一日的时光都被他用在在地里干活上了:他清理掉新土地上的树根和石头,犁地,耙地,给地施肥,用镐和铁锹干活,他破土,用手和脚后跟把泥土粉碎;他是一个彻头彻尾的农夫,他把他的土地变成了天鹅绒地毯。"播种是一个农夫的活动中最为神圣的活动:"艾萨克光着头走着,以耶稣的名义播下了种子,他的手就像树桩,但在内心深处他却像一个孩子。他仔细撒下每一把种子,他既和蔼又顺从。瞧,这些微小的种子将一定会发芽,抽穗,变成更多的谷物;而当谷物被播种下来的时候,整个地球都是这样。在巴勒斯坦、在美国,在居德布兰河谷——世界是如此辽阔,而艾萨克前来播种的这一小片地就是全世界的中心。"

对汉姆生内心的那个乡下农夫来说,那座农场给他的感觉经常就是这样:斯科海姆农场就是世界的中心。但这位作者却又对这种感受造了反。自他在哈马略的童年时代,对土地的一种爱就在汉姆生身上根深蒂固,但与艾萨克的被书籍所腐蚀的儿子埃勒苏一起,他又发现了一个铅笔头就可能将握铅笔的人带入的那个迷人的世界。这部作品的开头是农民的福音,而恰恰在这个时候他又逃脱了他如此珍视的那个世界,这是一种反讽,然而又是一种必然。

我在城市里并不幸福

当他们于1917年4月来到拉尔维克的时候,玛丽·汉姆生正怀孕八个月。对他们的新家她并不满意,那是一座高傲的两层楼别墅,带有高的花园台阶,位于市区的一个最时髦的地区中心。在她看来,它只不过是她丈夫要进上流社会的一个反映。玛丽已经非常适应经营诺尔兰的那个农场,并在他们对简朴的乡村生活的共同看法中找到了满足。当汉姆生离家在外的时候,她就是她的诺尔兰王国的最高君王。而现在,除了她是孩子们的母亲之外,她还能是什么呢?而且在这里还有这么多的人,吵吵嚷嚷地想吸引她丈夫对他们关注。

5月13日凌晨,汉姆生第五次做了爸爸。又是这样,玛丽把一个孩子带到了这个世界,而她的丈夫却在同一个屋檐下睡觉,未受打扰。甚至在那天的上午,汉姆生的命令还是被不折不扣地执行了,那命令就是,在早饭前无论如何也不得打搅他。玛丽和孩子们在他看不见的地方,等着他走出房间,而且在餐室里为他一个人服务的那位女仆也没有跟他说一句话,因为汉姆生也没有对她说话。直到汉姆生看见一个奇怪的女人离开家的时候,他才意识到,那个女人是产婆。

看到新婴儿时的激动是不可抗拒的。汉姆生决定,应该给她取名为塞西莉娅。他说,那就好像有蚕丝从这个名字中滑了过去。

在市区的水疗浴池的那个美丽的瑞典女人,也叫塞西莉娅。

快到1917年11月的时候,汉姆生就要把《大地的成长》写完了。在六年的时间里,他都是过着他为别人规定出来的那种生活,而不能过自己的正常生活。当他坐在位于拉尔维克的他的后院的时候,他就开始以愈来愈理想化的笔调,来写艾萨克和英格尔的生活——如果他要继续相信他本人的启示的话,那就必然是如此。

吉斯勒在艾萨克和英格尔的小家庭的上方挥舞着他的魔杖,而且汉姆生也给了他一个愈来愈核心的角色。尽管吉斯勒本人常常会是灾难性的,但他却找到了一种方式,使用自己给别人带来好处。他是一个爱捣蛋的人物,是从某个地方被驱逐过来的,完全依赖于灵感,汉姆生笔下的许多别的流浪汉人物都是如此。他们是好心的帮助者,是颠倒了的童话故事人物,因为驱使他们的并不是要赢得公主和半个王国的那种梦想:他们完全没有为了他们自己的利益而产生出来的幻想。

吉斯勒把有教养的世界与未开化的世界沟通了起来,他站在艾萨克的农民文化与现代社会之间。汉姆生不能允许当代社会用其对有条理的文书工作的要求,来把艾萨克吞没,同样他也不能允许英格尔被社会对报应的要求所吞没,英格尔出于怜悯而杀死了她的刚出生的孩子,因为女婴继承了她的唇裂;汉姆生早年对杀害婴儿的关切,在这本书中得到了比他在报纸文章中更复杂的层次上的讨论。在《大地的成长》中,汉姆生表明,他明白了别的社会评论家所拒不考虑的东西:要逃脱进一种完全没有现代的商品与服务经济的传统的农业生活,是不可能的。吉斯勒传递的信息就是,民法就像大自然的法则一样重要。

这样一来,《大地的成长》也就标志着一种妥协,一种对大自然与文化必须结盟的承认。

当他处于最佳工作状态的时候,也许汉姆生也就看到了他作为一个作家所负有的使命,那就是应该创作出这样的人物,他们使过着一种得以施展抱负的人生似乎变得可能了。在达到这一点之前,他的人物全都有着某种内心的冲突。他现在则要求,人物应该从始至终,都是用同样可靠的牢固材料铸造出来:那是一个通过他的神圣的劳动而与土地成为一体的人。

《大地的成长》的最后一页,是在1917年11月初写出的,那是对这样一个人的道德说教:"再见了,再见了……艾萨克在那里播种:他是一个巨人般的人,一个树墩般的人。他穿着家织布做的衣服,衣服上的毛料是用他自己的羊毛织成的,穿的靴子是用他自己的母牛和小牛的皮做的。当他播种的时候,他是虔诚地光着头走着……他知道他需要什么。在身体和灵魂上他都是一个田野的人,是一个毫无自怜的农夫。他是一个来自过去的幽灵,那个幽灵指出了通往未来的路。"

在《时代的孩子》和《塞盖尔福斯镇》中,汉姆生刻画了古老的族长制农民社会的崩溃及其所带来的后果,而现在汉姆生则是指出了前进的道路。开出新的土地就是对今天的年轻人所提出的挑战。

在完成了他的手稿的一个月之后,汉姆生对他在诺尔兰的一个熟人吐露道:"奇怪之处在于,我摆脱掉了农场,但我的健康却并没有得到改善,我因为不再是一个农场主而万分苦恼。……我对土地怀有一种不能根除的欲望。"九天以后,他重申了对土地的这种强烈欲望。他感到,他"渴望再次来到田野。这一点毫无奇怪之处,它只不过是我的命运。我的根在乡下。每天上午我最先读的东西,就是农夫杂志"。新年过后不久,他坦承:"我厌恶市区。在这里,我的孩子们不能在我的花园里倒立,因为花园里全是黑土。倘若现在我的健康稍微好一点的话,我就会再次为我自己买一个小小的农场,再次拥有田野、草地、牲畜和森林。"

他解释说,《大地的成长》是一本为服务于一个有价值的事业而写的书,他甚至想给它加上一个副标题,"一本献给我的同时代挪威人的书"。但它也是一本他本人所需要的书,它使得他能够离开斯科海姆农场。实际情况是,他毕竟并不是直截了当地离开了,现在他不断留意有关出售农场的各种信息。毕竟,在这个小镇里的药商的别墅里的生活,并没有给他带来幸福。

《大地的成长》改变了汉姆生的时运。在圣诞节之前,就不得不印了一万八千册。单是挪威版和丹麦版就为他赚了两万七千克朗。在别的许多国家的出版商也想出版。汉姆生的作品现在已经被翻译成二十三种语言。

首次印出的八千套他的全集,也几乎全部售出。又一次印刷为他赢得了七万六千八百克朗的收入,这相当于二十五位以上教师的一年的薪水的总和。贝尔格丽特收到了两万五千克朗,这是汉姆生1901年间欠她的赌债。他的别的私人欠债也全都偿清了。在德国,他的书继续以新的版本问世。除此之外,朗根出版社开始出版他的《全集》。汉姆生给赫尔曼·黑塞①写了信,感谢他如此高评他的作品。

克努特·汉姆生刚刚五十九岁。二十年前,当他快四十岁的时候,他针对易卜生和别的上了岁数的作家,作了鄙视他们的演讲,他描述说,他们是用颤抖的手艰难地把他们的书凑集起来的,他们是处于一种空虚的状态中写作。当他快四十岁的时候,他又作了另外一个演讲,认定衰老必然会带来可怕的后果。本来他是把发展的停止定在五十岁,不过后来他又变通地提出,这个停止可以有十年的变化:"在他五十岁的时候,他是不知不觉地进入了人生正餐后的阶段,从现在起,他进入了衰退的阶段,他将保持在这个阶段,直到死亡。他养成了习惯和常规,沿着特定的路线进行特定的散步,晚上十点钟以后在他的生活中什么事情也不发生,他愈来愈少把自己暴露给任何不熟悉的事情,他限制自己旅行,由于健康欠佳或者老衰而放弃他以前的许多娱乐,喜欢安静,他忙于倾吐对他年轻时所持有的见解的嘲弄,而且当人们对这个活动没有给予相应的尊敬的时候便生气。这就是老年人的生活。"

当然,凡是对汉姆生对亨里克·易卜生发难一事略有所闻的人都完全知道,这个激烈的长篇演说针对的是谁。

自从《饥饿》于1890年问世以来,汉姆生在二十八年的时间里写了二十六本书,而且他现在正在为他的第二十七本书做笔记。哈里·费特是瑞典文学院的文化遗产部的主任,有权向瑞典文学院提名候选人,他告诉汉姆生,他已经提名他获诺贝尔奖。

汉姆生可能已经五十九岁了,但他却完全再打算写出更多的书。他正在意识到,尽管以前他提出了那么多的异议,但他却毕竟确实需要那种通过在土地上劳动而来到他身上的力量。也许正是在这个意义上,《大地的成长》才成为他所写的最真实的书之一,因为已得到证明,这是一本写他自己的书。

---

① 黑塞(Herman Hesse,1877—1962),瑞士籍德国作家,获1946年诺贝尔文学奖。

1918年夏初,汉姆生发现了一个古老的农场,诺尔霍姆庄园,它在挪威沿海地区更往南的地方,离利勒桑不远,他在1890年写《神秘》的时候就住在利勒桑。这个地方极其投他所好,有关对它的购买也作了试探。在他的生活中就要开始出现一个新的理由了。

尘 世 乐 园

克努特·汉姆生购买了在南方沿海地区,位于格里姆斯塔和利勒桑这两个小镇之间的那个有些破败的农场。这笔交易如果说不是在他灵魂上使他不好受的话,也是在汉姆生的钱包上使他不好受。

这处房地产的卖方是一个老练的炒房者,他一生都是在为可进行贸易的任何一件东西讨价还价。他充分利用了汉姆生这位买家的弱点,这位买家有着暴发户对待金钱的那种古怪的态度:汉姆生始终是在过分的慷慨、佯作不在乎、十分小心和吝啬之间摇摆着。这个农场的拥有者坚持他的要价,尽管他已经把原先的牲畜、农具和木料就地卖掉了,而且全都卖出了好价钱。事实上,在发现了汉姆生目光中流露出的欲望之后,他还抬高了价钱,接着又进一步抬高了价钱。最终为了购买诺尔霍姆庄园,汉姆生给了他二十二万克朗,这笔钱足以为周围的五个村庄的全部五十八位教师,付上一年的薪水。

汉姆生决心表明,像诺尔霍姆庄园这样带有丰富传统的一个农场,它的拥有者将会怎样迎接现代社会的挑战。

在他新近出的书中,他描绘了没有土地的乡下人可以怎样通过他们自己的劳动,塑造出他们自己刚刚耕耘出来的乐园。他需要玛丽采取肯定的态度,并且像在《大地的成长》中的英格尔一样能干,而不是像他的《塞盖尔福斯镇》中的阿黛尔海德那样不高兴。

汉姆生要求玛丽表现出热情来,但当她在秋天第一次来访的时候,她却无法对他们的新家激动起来。她看到,树木茂盛的落叶树森林就像火焰一样,在灰色的群山面前升起,天空和大海在远处愈来愈狭窄的海湾处相遇。但尽管山水的线条和诺尔霍姆庄园的建筑是美丽的,但一切却又似乎全都被团团包围了起来。玛丽费劲地爬上了一个小山丘,看了海洋一眼,但她却仍然不为所动。她正在寻找她所要的东西,但什么也没有看到。这里没有什么东西能让她想起她童年时代的那些无边无际的森林。这是一个供巨人生活的地方,在这里巨大的岩石从大地上升起,岩石如此巨大,没有一个人能够移动它们。

十一月份寒冷的一天,夫妇二人带着他们所有的财产来到了诺尔霍姆庄园,他们发现,在他们的计划中有一个严重的瑕疵:主楼里既没有电又没有水,这一点他们本来就略知一二,但他们俩却谁也没有把一只煤油灯装在行李里。他们点上大量的蜡烛,但即使那个郡里的所有的蜡烛,也不足以照亮那幢鸦巢似的房子。

不久汉姆生便雇佣了十一个人,里里外外地忙着。购买那幢房子本身的费用,以及现在的不断增长的工资和账单,都要由尚须挣来的钱付款。他现在着手做的这个重建工程,将持续二十二年,包括修复所有的现存建筑并建造新的建筑,改建谷仓和牲口棚,试验种植新的植物,开垦新的土地和种植林地,建起更多的篱笆,并建起一个花园,里面的路将有几公里长,有众多的桥梁和一个码头。

当地居民以及在诺尔霍姆庄园被雇佣的人们,很快就对汉姆生太太产生了好的看法,认为她是一个和蔼、务实的女人。然而有关汉姆生先生,他们却可能有点不肯多谈。他可能在一个时刻友好,但在下一个时刻就会因为鸡毛蒜皮的小事而爆发,大发雷霆,而过了一会儿又回来,好像什么事情也没有发生似的。有关考勤单他是迂腐的——对任何想悄悄获得额外一小时报酬的人,或者未能记录缺席的人来说,这是场灾难——但有时他却又慷慨地增加一点每周的工资。

人们很快便明白,直接在汉姆生面前忙乱是非常危险的,更为安全的是,通过他的妻子或者其中一位女管家来接近他。他毫不掩饰,事实上他喜欢某些人胜过别的人。但他的偏爱和反感却并非总是容易理解。在某些情况中,他能够表现得几乎是天真,而在别的时候,他却又展现出对想不到的问题的一种极度敏锐的洞察力。他似乎听力有困难,不过有些人却暗示说,那是装的,需要的时候就装。如果有某个东西需要拾起来,他有足够的气力这样做,不过一般说来他并不做这种事情。只有极少的人敢问他,他是怎样写作,什么时候写作,得到的回答含糊其辞。有几个人看见他在一段距离之外的地方站着,从口袋里取出铅笔和纸,在做笔记。

妇女们为汉姆生出色的孩子们而叹息。

最大的孩子,六岁的托雷,很快就在当地农场里找到了朋友,并且非常巧妙地甩掉他的小弟弟阿利尔德。托雷从挪威的北部和东部学会了一些相当生动有趣的措词,而阿利尔德则迅速掌握了当地的艾德①方言。由于看不见他的大哥,阿利尔德便依恋着当地的工人们,因为他既精力充沛又爱说话。

三岁的埃莉诺尔和十八个月大的塞西莉娅,则是与她们的妈妈和女仆们呆在一起。

只过去了一个月,汉姆生便发现,他的建设费用总数已经达到了一万零三百四十六克朗五十六欧尔,这个数目足以付一个工人四年多的工资。银行存折与汉姆生自己书之间的相互依赖,对于他来说从未这么清晰,因为1918年的圣诞节就要到了。倘若他还是呆在诺尔兰或者拉尔维克的话,汉姆生靠着他以前的书所获得的收入就完全可以过得好,而并不需要再写书。但现在这是不可能的。这位五十九岁的作者无法让自己放松下来。

1918年变成了1919年,克努特·汉姆生继续塑造他的乐园,而战争的胜利者英国和法国,则正开始再塑欧洲。

在战争爆发的时候,挪威对德国抱有某种同情,但当德国潜艇在中立的旗帜下攻击挪威商船的时候,这种同情便被撕破了。然而却有一个挪威人仍然忠贞不渝。汉姆生告诉朋友们,他为他的同胞们的极端的愚蠢而哭泣,他们正在庆祝英国再次获得海洋的霸权。他轻蔑地说,他们就像愚蠢的孩子一样。

---

① 艾德(Eide)是诺默雷(Normore)地区的一个部分,其行政中心就是艾德村。1897年1月1日成为一个单独的自治市。

克努特·汉姆生输掉了他的第一次战争。

1919年的第六天,汉姆生收到了他母亲去世的消息。她活了八十九岁。

托拉·汉姆生给了她著名的儿子生命,并从根本上塑造了他的个性。但她的生活却几乎没有受到他生活的影响。汉姆生的名声和财富给了他能够完全改变他父母生活的力量,但他们却从未想到要改变自己的生活。而他给他们提供的那种他们永远也买不起的奢侈品,却为数甚少:好一点的咖啡、在商店里买的面包、一块桌布、一块丝绸披肩、一个供特殊场合使用的胸针。他父母的欲望远非没有节制。他能够给他们提供的最有价值的东西,就是应该知道,他们将永远也不会依赖于教区。

从诺尔霍姆庄园向北方送去了信息,说他们都不会去参加葬礼。

在汉姆生被告知他母亲死讯的那一天,他拿出了一个木制玩具,那是在哈马略他小时候的玩具。那是坐在一辆马拉大车上的一个马车夫,他坐在一大堆木料上,手执缰绳。在线绳的聪明安排下,马车夫和马匹可以移动。但现在这个玩具坏了。他仔细地把它包装了起来,附上了一些钱,连同一封信,寄给了当年做这个玩具的人,请他修好,而且是多少有点紧迫地请他修好。当玩具寄回来的时候,汉姆生将给它上漆。它将会完好如初。

起码,玩具是可以修复的。

在凡尔赛,一个旨在恢复世界秩序的会议召开了。英国和法国牢牢地掌握着控制权,决心要德国顺从。在和谈开始的那同一天,汉姆生收到了他在慕尼黑的出版商朗根出版社的一封信。尽管德国失败了,尽管德国国内有危机,而且国民对一个"中立的"挪威有敌对情绪,但德国公众却没有抛弃汉姆生:他的全集正在德国吸引着巨大的兴趣。

朗根出版社问,是否他想立即要稿费,但由于汇率太低,因而汉姆生感到最好还是等等,他补充说,他对德国的未来抱有一切信心。不久他又从朗根出版社得知了激动人心的消息:有几家剧院有意上演他的戏剧,而且也对购买《维多丽娅》的电影改编版权表现出了兴趣。

汉姆生仔细地跟踪丹麦的《政治报》,以及各种挪威报纸上有关德国的一切。在德国大选中,左翼的自由党和天主教中心党①获胜。德国的政治家们聚集在法兰克福,要制定一部新的宪法。

在挪威,与瑞典的联盟解体时所产生的政党合作的脆弱精神早已烟消云散。挪威工党愈来愈得人心,赢得愈来愈多的政治影响。挪威工党也正在稳固地与国际共运建立起更密切的联系,最终成为共产国际的一个组成部分。别的政党则正在试图确保使社会主义者被拒之于权力走廊②之外。

克努特·汉姆生弓着背看着报纸上的标题,常常勃然大怒,因为世界正面临毁灭,而且挪威也面临一同毁灭。

但起码他对一件事情是有把握的:他已经为自己购买了一个乐园。

---

① 天主教中心党(the Catholic Centre Party),1871年建立,1933年解体。
② 权力走廊(corridors of power),指暗中左右决策的权力中心。

诺尔霍姆庄园的主人

1919年1月底的时候,克努特·汉姆生在利勒桑的一家旅馆里把自己安顿下来。他再次洗着他的小小的笔记,就像玩单人纸牌那样把笔记摊开来,试图使它们当中的一些能够相配,能够把它们组成某种东西,那将不仅仅是散见在一页页纸上的想法。

他只在那里呆了几天,便因为感到身体不适而回到了诺尔霍姆庄园。玛丽在过去的十年里注意到她丈夫的健康模式,因而已经预见到,在经受了他母亲的死讯以及德国的失败之后,会有这种反应。汉姆生之卧床不起,起因往往与疾病无关:他有种不幸的倾向,当生活中的事情不合意的时候,便感到身体不适。

在家里受到了一个星期的精心护理之后,他摇摇晃晃地从床上起来,让自己乘坐出租车走了九公里,返回了利勒桑。他一如既往,在利勒桑继续要求农场里发生的事情,事无巨细,全都要告诉他,包括房屋的建造和孩子们的活动。与此同时他也强调,不可使他分心是重要的。玛丽给她丈夫提供了有关真相的带有玫瑰色的说法,总算在某种程度上完成了这个不可能完成的矛盾任务。

汉姆生每天都在利勒桑这个小镇散步。他坐在他旅馆房间的桌子边,面前摆放着他的纸条。他站在那扇面对着桥和市场广场的窗子前,观看着。但汉姆生的写作却并非只限于对那个世界的精确描绘。他决非新闻记者。他是一个作家,他对他所访问过的众多地方所获得的印象,做了多层次的暴露。

汉姆生这样维持了四个星期,不过还是发现难以完全集中注意力。他返回了诺尔霍姆庄园,再次向他的所有的孩子们炫耀着各种各样的东西,并给托雷送了生日礼物,1919年3月6日是他的七岁生日。汉姆生把这个过生日的孩子带进楼上的那间大客厅里,要他挺直腰板,站在门框边。他用铅笔在门框上画出了他儿子的身高。托雷的爸爸告诉他,在孩子七岁的时候,就可能预测他成年后的身高。汉姆生骄傲地说,根据这个估计,托雷将比他高。

比爸爸还高!托雷现在站在汉姆生身边,他抬头看爸爸,几乎都要把脖子折断了。

到了晚上,汉姆生有时会坐在楼上客厅的大桌子旁,给孩子们读书。有关什么是合适的读物,克努特和玛丽并非总是意见一致,因为孩子们的年龄跨度有五年半的时间。汉姆生会挑选出玛丽为那两个年龄大的男孩留出来的书,甚至那些从来也没有摆在孩子们房间的书。他会把他们的母亲永远也不会说出来的奇特的事情告诉他们,尽管孩子们也知道,当他们争论的时候,或者同时讲话的时候,或者打断他的时候,他也会比他们的母亲更迅速地发起怒来。

对某个作者的风格他发牢骚,这是常事。但他的小听众却并无异议;如果那本书水平欠佳,他们的父亲就把它扔在一旁,讲他自己童年的故事,这更好。

在关灯之前,他会提醒他们,应该为来到诺尔霍姆庄园这样绝妙的地方而感到骄傲,这个庄园拥有着该地区最悠久和最受人尊敬的历史。

汉姆生已经在农场住宅上做了大量工作,现在他的关注又转向了附属建筑,那些附属建筑既有牲口棚,又有谷仓。他已经有了计划,要建一个更大的、为特定目的建造的牛舍。那些母牛可能总有一天要被送往屠宰场,但它们却可能为来自一个体面的家而心怀感激。

一直到1919年的春末,工作一直进展顺利,但到这年的春末时,汉姆生突然想到,这个牛舍下面的粪窖可能需要扩建,以便能够装下他未来的第一流的母牛能排出的所有粪便。由于这个牛舍几乎完工了,那么也就有两种选择,一是仔细地加固其结构,在底下挖,一是把牛舍炸掉重建。

庄园主和建筑师同意使用炸药。他们意见一致的是,需要精确测量和仔细安放炸药,以免万一带来破坏。然而他们意见不一致的却是,应该怎样实施这些规则。巨大的爆炸并没有朝内炸,也没有把地窖炸大,而是朝天爆炸,撕裂了牢固的谷仓,使谷仓朝天空散布开来。钉子、砖头、石块、木板和粪,飞到这个集两位爆破专家与一身的人的耳朵边。

在远处,在邻近的郡里,人们笑得打起滚来。汉姆生不予理会。

但难以不予理会的,是他的下一部小说的进展之慢令人惊讶。他本来已经向他的出版商克里斯蒂安·柯尼希许诺,他将会为圣诞节及时写完一本新的书。

那年夏天在报纸上读到的消息,也没有使汉姆生的心情得到改善。1919年6月28日,德国被迫在《凡尔赛和约》上签字。在汉姆生看来,似乎东道国法国以及盟国们正在无耻地掠夺德国:除了拱手交出它的整个海军以及大部分商船队,减少其工业产量之外,德国还不得不丧失它的百分之十三的领土,声明放弃它的殖民地,接受法国对莱茵河西岸的占领,没收它在国外的黄金储备和投资。协约国战胜者们还不满意。在伦敦举行的另外一个会议,将解决赔款额的问题。在德国各地,各家公司匆匆要求付清有待偿还的债务,它们担心稳固增大的通货膨胀将会大幅度削减那些债务的价值。汉姆生并没有追要德国应该付给他的钱。他有大量的现金从别的地方汇来:单是金谷出版社的挪威分社,在1918年付给他的版税就超过九万克朗,这相当于十二位以上郡法庭法官的一年的工资。然而汉姆生的花销却正在把他的财富抛在后面。现在他用一本几乎还没有开始写的书,从他的出版商那里借了更多的钱。

汉姆生再次试图通过离家出走,来把他的流动的思想释放出来。但他现在又突然想到,他不再需要去那么远的地方了。在购买这个庄园的时候,附带着也买下了两间空着的佃农用的小屋,他便住进了其中的一间,并愉快地将其命名为哈泽尔山谷。它离家只不过是步行十五分钟多的时间。

但汉姆生仍然发现,要让自己投身他笔下的人物的世界,并把农场上的每一件事情和每一个人都挡在外面,是困难的。

我们都在斗争

1919年夏天的到来,使得汉姆生的六十岁生日更近了。金谷出版社热衷于在《牧羊神》初版的第二十五周年,出版该书的一种特殊的插图版,纪念汉姆生的六十岁生日。

汉姆生二十九岁的时候,决定把自己的年龄说得比实际年龄小一岁,从那时起,他的年龄问题便一直是一颗等待引爆的炸弹。金谷出版社的奥斯陆办事处紧张地做着猜测,议论纷纷。无可否认,自从庆祝了汉姆生五十岁生日以后,只过去了九年的时间,而倘若这家丹麦出版社似乎无法追踪他们的挪威撰稿人的生日,那么挪威新闻界在对待这家出版社的时候,就会毫不留情。

克里斯蒂安·柯尼希别无选择,只好问汉姆生本人。这使得诺尔霍姆庄园的人们手足无措。汉姆生的解决办法是,干脆让玛丽代人受过。在一个旧信封上,他仔细写下了电文,以她的名义用电报发出:"金谷出版社奥斯陆办事处。汉姆生的六十岁生日是今年的8月4日。汉姆生太太启。"

雇佣义人们仍然无法不对这个非同寻常的事实唠叨不已,即挪威最著名作家的五十岁和六十岁生日的十年间,竟少了一年。谁也从未想到,汉姆生本人可能是困惑的核心。这只能怪别人。

当诺尔霍姆庄园遭到国内新闻界围困的时候,汉姆生藏身在附近的一个镇子里,而玛丽则指挥着庄园里的部队。挪威几家大报在几天的时间里,把众多的篇幅献给汉姆生。小报们也让特约通讯员写长篇大论,其主编们把他们的专栏献给了汉姆生。汉姆生的生日在丹麦、瑞典和德国也受到了新闻界的广泛关注。

哥本哈根的《贝林时报》(Berlingske Tidende)的赫尔格·罗德定下了调子:"他是北方的伟大的文学魔术师。……他玩弄他的读者,就像猫玩弄老鼠一样,而且做老鼠又是多么令人愉快啊。"在瑞典,安德斯·奥斯特林在《瑞典日报》(Svenska Dagbladet)上写道,在最近的作品中,汉姆生为自己在挪威人民的意识中铸造了一个位置,成为指引者和阐释者,他既是属于人民的阶层,又具有贵族气质。汉姆生完全明白,奥斯特林是负责诺贝尔奖的瑞典文学院的院士。

但也可以发现一些强烈反对的意见,主要是见于左翼报刊,他们不喜欢汉姆生的反动观点,指出他"与进步的进程不一致"。

汉姆生发现,他是在大量思考着死亡的问题。玛丽试图提高他的情绪,便在一封信里描述孩子们。他的回答并没有使她感到鼓舞:"是的,他们在努力,我们全都在斗争和努力——然后没过几年我们就死了!我们所拥有的一切,就是我们留在身后的孩子们。天哪,那些小孩子们!……生活是多么悲惨啊。但我们大概会回来,当我们死去的时候我们并没有完蛋。尽管令人悲伤的是,我认为在来生我们不会再次遇见我们的孩子们,也不会认出他们。要是能够为他们成为杰出人才而充满喜悦,那会是多么奇妙啊。"

在他当前的作品《汲水的女人》(The Women at the Pump)中,他考虑的恰恰是这种思想,在这部作品中,一位邮政局长对转世说提出了有力的争论:"从本质上讲,我们全都是站在平等地位上的,拥有相同的机会,有的人使用机会,另外的人滥用了机会。……但重要之处在于,我们并不是每一次都返回到相同的状态,我们自己有力量为我们的来生而改善我们的状况。"

汉姆生也大力致力于改善他在尘世上的生存。

他随时了解他的瑞典朋友阿尔贝特·恩斯特洛姆努力的最新信息,恩斯特洛姆正提名他获诺贝尔奖。瑞典的各家报纸声称,汉姆生有获奖希望,挪威的各家杂志也迅速随之作了相同的声称。

近来有关汉姆生,恩斯特洛姆在一家丹麦杂志上写了洋洋洒洒的文章,别的斯堪的纳维亚文化名人也写了文章。其中之一就是瑞典小说家塞尔玛·拉格洛夫①,不过她本人明显小心地把她的赞扬局限于他的最新的小说《大地的成长》。作为一位诺贝尔奖得主,又是瑞典文学院的院士,她极大地影响着谁应该获得这个荣誉。

1919年,汉姆生连续第二年被提名为诺贝尔奖的获奖候选人。从奥斯陆或者哥本哈根的观点来看,甚至从俄国、德国、波兰或者意大利的观点来看,他作为斯堪的纳维亚世界最杰出的作家之一的地位是无可争议的。但斯德哥尔摩的意见就难以判断了。以往挪威人总是为了能在瑞典获得承认而斗争。

但也可能有别的原因,让人们怀疑对他的提名的合适性:那就是瑞典文学院的某些院士感到,在第一次世界大战之后不久,有一些问题是无法回避的。尽管这位候选人来自的国家是中立的,但却不能说候选人本人也是中立的。汉姆生曾一再并感情强烈地宣传一种不可动摇的信念,德国应该迫使英国屈服。

汉姆生不仅宣讲了大地的福音,而且还宣讲了战争的福音。难道一个以承认战争无益为标准的机构,它的成员能够把汉姆生的作品完全置于他的政治主张之外吗?院士佩尔·霍尔斯特洛姆受命,对这位挪威作家,以及他作品中所表达出来的见解进行评估。

在二十八页手写的对折纸上,霍尔斯特洛姆宣布,汉姆生是挪威最杰出的作家之一,但却不是诺贝尔奖的合适候选人。在他看来,《神秘》是一部杂烩之作,其特色就是"非同寻常的粗鄙"。汉姆生所写的流浪汉传奇是"粗野的"。霍尔斯特洛姆承认,他的最新小说《大地的成长》是部开拓性的书,但单单一部高质量的作品不足以获诺贝尔奖。霍尔斯特洛姆的结论是,除此之外,汉姆生似乎是"一种鼓吹无政府主义的力量,他甚至都未能承认

---

① 拉格洛夫(Selma Lagerlof,1858—1940),瑞典女小说家,作品多取材于瑞典民间故事和北欧传奇,主要作品有小说《一座庄园的故事》、《耶路撒冷》等,1909年获诺贝尔文学奖。是获得诺贝尔文学奖的第一位女作家和第一位瑞典作家。

诺贝尔奖所寻求奖励的那些理想的合法性"。

这个报告在委员会成员中引起了一场争论,焦点是,这个奖项的原则究竟是什么,同时又斟酌了在艾尔弗雷德·诺贝尔的要求从最初制订到几乎二十年后的今天,应该怎样来阐释诺贝尔的要求。这些讨论是秘密进行的,但在夏天期间一些细节被泄露了出来。8月13日,《斯德哥尔摩公报》(*Stockholms-Tidningen*)报道说,下一位诺贝尔奖得主可能是汉姆生——但不一定是在那一年。确实,这家报纸披露说,瑞典文学院、瑞典皇家科学院、瑞典皇家卡罗林外科医学研究院,以及挪威诺贝尔奖金评定委员会,那年秋天可能根本就不颁发各自的奖金①。这个报道在某种程度上讲是正确的。那年的五个奖项当中,只颁发了三个,化学奖和文学奖就没有颁发。

当这一点公开出来后,汉姆生便匆匆让那些推举他的人放心。他代表他的将继承巨大债务的孩子们,告诉恩斯特洛姆,他虽然失望,但并不沮丧。至于他本人,他也许除了一件新的外套之外,什么都不想要;他当前穿的这一件外套,原先有丝绸里子,已经有十二年的历史了。

对汉姆生来说,这笔奖金将是一种令他感激的救济,因为他愈来愈担心,不知要过多长时间,他旧作的新版本才能问世,以便为诺尔霍姆庄园的经营和改善提供资助。他的新小说的写作,只是在短暂的时期进展顺利,然后又完全枯竭了。原先他曾向柯尼希表示,这本书将会在新年完成,可以在春天发行。他以前从未让每本书的写作超过两年的时间。现在他快六十岁了,他不得不把速度慢下来。

尽管在报刊上有这么多的猜测,但从各处寄来的事先准备好的祝贺信和他将不会获诺贝尔奖的消息,却与他在诺尔霍姆庄园的第一次秋收同时到来了。优质的土豆和芜菁像小丘般堆集起来,谷物获得了丰收,新谷仓里堆满了干草,而且现在养在牛舍里的一流母牛在那个9月里,为牛奶公司提

---

① 这都是诺贝尔在遗嘱中所提及的颁发奖金的机构:瑞典文学院(Swedish Academy)颁发文学奖;瑞典皇家科学院(Royal Swedish Academy of Sciences)颁发物理奖和化学奖;瑞典皇家卡罗林外科医学研究院(Karolinska Institute)颁发生理学或医学奖(以上均在斯德哥尔摩);由挪威议会任命的挪威诺贝尔奖金评定委员会(Norwegian Nobel Committee),负责颁发和平奖(在奥斯陆)。

供了五百一十九升奶。

但账目却表明,尽管获得了丰收,在不考虑任何投资的情况下,农场还是亏损了。汉姆生向几个人承认,他是以过高的价格雇佣了过多的帮手(他现在手下有六个员工),而且在销售他们的劳动果实的时候,欠缺一个真正的农夫的那种精明。

德国公众继续大量购买汉姆生的小说和他的《全集》,但协约国所推行的严格的经济限制,却使得汉姆生无法把他的钱带回家来。柯尼希建议,他可以把德国人欠他的钱转移为工业股份,但汉姆生回答说,这种事情他是一窍不通。如果他损失几马克的话,他不会悲伤。"在我看来,德国是和世界打了一仗,但又是代表整个世界,而且又是针对英国人无限的卑鄙,和世界打了一仗——将来一定不会仅仅是我持有这些见解。"

更多的德国人似乎认为,汉姆生是一个几乎像先知一样的作家。有一个人,克里斯蒂安·拉森,他以在未来的德国精英当中提倡他所认为的人物塑造文学为己任。不久前,他买了一千本托马斯·曼、恩斯特·贝尔特拉姆①,以及马丁·黑文斯坦写的书,在德国大学中散发。圣诞节前后,汉姆生的《时代的孩子》和《塞盖尔福斯镇》也被散发了。拉森告诉汉姆生,他确信学生们将会理解"这些书的核心:也就是尼采所称之的'内心的创造性'(Die Genialitat des Herzens),我亲爱的汉姆生先生,它总结了你写的一切!在三四代的时间中人类的兴衰问题,必须不带道德说教地来看待,而只是带着爱来看待——这个问题在你的作品中被强有力地表现出来"。

作家用他本人的一张照片对来信者表示了感谢,照片上他用粗体字写上:"德国万岁!克努特·汉姆生,于1919年11月20日。"

1920年新年伊始,汉姆生便与他的出版商们结清了债务:《大地的成长》重印了一万多册,为此他收到了两万四千克朗的版税;又从斯德哥尔摩收到了一万克朗,这是瑞典安德尔斯出版社预支给他的第一笔稿费。匈牙

---

① 贝尔特拉姆(Ernst Berstram,1884—1957),德国诗人,1922至1946年任科隆大学德国文学教授。

利在出版《饥饿》获得成功之后,也热衷于翻译他的几本书,而且荷兰和法国的出版商也对《贝诺尼》、《罗莎》和《神秘》感兴趣。

1920年年初,汉姆生正在写的那部作品进展得比他希望的要好,但要写出一个结尾却又是困难的:"在别的方面我并没有死去,只是我似乎无法完成这部小说。啊,这部该死的小说耗尽了我的欢乐、力量、时间、健康和平和的心境!这将是我最后的一部小说。如果以我们神圣的主的名义,我总算能把这部大书写完的话,那么也许我的内心就将不会如此直白暴露。"他从未像现在这样感到年老和虚弱,这时他便坚持并重复他的誓言:"这将一定是最后的垃圾——垃圾!"

玛丽与汉姆生一同生活了这么长时间,所以根本就不信他的话。她是他四个孩子的母亲,是经营他的第二个农场的妻子,而且还是他的秘书。当他们相遇的时候,他曾发誓,如果她许诺爱他,他就会使她成为一个女王,尽管不久便显而易见,爱是他的书的中心,而不是他的生活的中心。十二年前他给玛丽安排的主要角色,而且他继续期望她能够完成的主要角色,就是帮助他写作。有一天,她去他住的旅馆看望他,他又提醒她这一点:"你感到高兴的事情,对我来说就变得容易了。"

有一件事使得玛丽的负担减轻了。她比任何人都更接近他,因而她高兴地注意到,在二十五年的过程中,随着每一本书的问世,她的丈夫也就朝着自身之外迈出一步,并且进一步离开那种潜在的令人不快的暴露。汉姆生把他自己从一个自我暴露的作家,改造成为一个观察家。汉姆生愈来愈与主人公保持距离,也愈来愈无所不能,因而现在能够完全随心所欲地操纵他的人物。他本人的人格特征不再挡他作品人物的道了。那种戴上面具和去掉面具,过去那种充满了自我厌恶的内省的探索,已经一去不复返了。

汉姆生用《时代的孩子》和《塞盖尔福斯镇》这两本书,表现出了挪威大地主权力的丧失:像威拉茨·霍尔姆森这样的人,他们在遭遇到现代世界及其新的主人的时候,也就是遭遇到工业领袖的时候,便崩溃了。这些人之所以垮台,主要是因为他们太骄傲了,不屑与改变着的时代进行斗争。在《大地的成长》中,他进而刻画了一度没有土地的艾萨克,他征服了荒野,把荒野改造成为肥沃的土地和牧场。艾萨克坚定地对时代不予理睬,从不让自己被诱惑,卖掉他的土地。然而艾萨克的长子,埃勒苏,却被诱入了陷阱,被城市耀眼明亮的灯光引诱了。

当代世界的腐蚀性,正是在城市里出现的,它也是从城市里扩散开来的。

地狱就是城市

挪威正在经历一个非同寻常的社会变革时期。一度曾是自给自足的乡下小居民点，在上个世纪的最后几十年里愈来愈依赖贸易和世界经济。几乎挪威的一半人口现在生活在城镇里，自汉姆生用《饥饿》登上文坛至今，挪威的人口已翻了一番。城市地狱将会是他下一部小说《汲水的女人》的主题。

汉姆生利用的是对奥斯陆峡湾岸边一个小镇形成的印象。当他交了《大地的成长》的最后的校样之后，便立即躲进了这个小镇。一出戏剧在他的窗台上上演了。粪蝇正在吃家蝇，而当粪蝇把家蝇吃光了以后，它们又开始互相吃。对于城市里的人们来说，这是一个有说服力的隐喻，他们远离了他们的根，远离了土地和大海，结果变得彼此冲突起来。汉姆生把发表在1920年夏天《晚邮报》上的那篇文章，起名为《邻近的城镇》(*The Neighboring Town*)，文章强调，在现代挪威这种现象司空见惯是多么令人不安。

汉姆生写得流畅多了，每天有三个单元的时间写作顺利，那年夏天，《汲水的女人》接近完成。任何一部小说的开头和结尾，都始终是最具有挑战性的。他父亲的本行是裁缝，他总是要他的儿子牢牢记住，最初的几针是多么重要，而且如果在结束的地方匆忙，那对衣服的最终外貌来说将是一场灾难。

7月，汉姆生读了他所提交的那几章的校订稿。他并不信任排字工人。排字工人的一个过失就是，他们未能听从他的要求，不要排斜体字，而是在排版的时候留出间隔。"斜体字是一种麻风，一种兽疥。"他在7月的时候告诉柯尼希。四年前,他只是把斜体字描述为皮疹,这时,他变得更尖刻了。

他邀请柯尼希到诺尔霍姆庄园访问。这位喜欢孩子的出版商用丹麦糖果把孩子们宠坏了。汉姆生骄傲地带着他在他的乐园里四处参观。这位出版商也有一些重要的事情要讨论。金谷出版社正在审核汉姆生在英国的地位,就像许多国际作家一样,汉姆生在英国的地位也非常不令人满意。他们曾用各种书作了尝试,并与出版商接洽,但都未成功。金谷出版社正打算用《牧羊神》的一种译本,重新尝试把英国读者赢过来。为了有助于成功,黑格尔和他的董事会甚至正在考虑,要在伦敦和芝加哥成立金谷出版社分社。

在美国,为了获得汉姆生的某些小说版权,经纪人科蒂斯·布朗通过与艾尔弗雷德·克诺夫的大出版社进行谈判,已经取得了巨大进展。威尔斯[①]同意对《大地的成长》作评论,并提供了一个毫不含糊的认可:这是他所读过的最伟大的作品之一,从头至尾都近乎完美,充满了智慧、幽默和柔情。柯尼希许诺,将向金谷出版社驻哥本哈根办事处的经理们讲清楚,汉姆生对美国人非常不耐烦,对英国人则更不满意。

克诺夫给汉姆生提出了一个好的建议,但这位出版商的建议中,有一点却不得不立刻撤消:对于任何认为由于纸张和印刷成本暴涨,而从他的《全集》中去掉戏剧和诗歌的建议,汉姆生都不予考虑。

那年秋天,汉姆生写完了迄今为止他的最晦涩的书。

凡是现代的东西他都厌恶,他厌恶放荡的城市生活,厌恶民主化的进程,厌恶工业化和消费主义,所有这一切他认为都是源自战争的获胜者们,而这一点又使得《汲水的女人》的某些部分极其阴暗。汉姆生淘气的微笑,似乎已经被一个鬼脸所取代。

这些以塞盖尔福斯镇为背景的书表明,谁也逃脱不了社会变革带来的影响。在《大地的成长》中,汉姆生提出了一种看法,只要人们从城镇里逃脱出来,就能够获得理想的生活。几乎三十年以前,在《神秘》中,纳吉尔在小资产阶级生活的沉闷气氛中死去了,而那位掌握了自我欺骗艺术的跛子

---

① 威尔斯(Herbert George Wells,1866—1946),英国作家,主要作品有科学幻想小说《时间机器》和《星际战争》、社会问题小说《基普斯》,以及历史著作《世界史纲》等。

米纽坦恩,则得以幸存了下来。在《汲水的女人》中,跛子米纽坦恩成了焦点人物。

奥利弗·安德森是汉姆生所创造出来的最令人憎恶的人物之一。他几乎就不像人类,"甚至作为一个动物,作为一个有四条腿的生物,他也是不完整的。而且他不仅是个跛子,而且还是个被挖空了的跛子,是空的。他曾经是个人"。他非常满足于他的爬行动物似的生存,结果甚至都没有能力感到自我厌恶了。他是一个没有外生殖器的人,然而却又坚信,他是他妻子的四个孩子的父亲,同时还是一个孩子的母亲也很少见到的孩子的父亲:在城市文化中,自欺欺人位于生存的核心。

在这本书中,这个跛子就是现代城市人的一个象征,由于他寄生虫似的天性,他总是能幸存下来。汉姆生在他的书中写道,天性更为优秀的男人和女人可能失败,但无赖却是"用更结实的材料做成的,他不那么优雅敏感,而更不在乎他人,也就是用正确的人类材料做成的,足以承受住生活的磨难。还有谁出身比他更卑贱?但由于有了一点小小的运气,有了小偷小摸,有了奇特而又成功的违法犯罪活动,他再次成为一个幸福的人"。

那就再次好像,时代的精神使得每一个人都被拔掉了根;但在这里,汉姆生的刻画是尖锐的,甚至是武断的。那位工厂主是摩登时代的主人,他引诱"年轻人偏离他们生活中自然的位置,并为了他自己能获得经济上的好处而剥削他们的力气。这就是他所做的事情。他在一个已经有了太多的阶级的世界里,又建立了一个第四阶级,这就是工业工人的整个阶级,是所有工人当中最过剩的。然后我们就看到,在得知上层阶级的花招之后,这样的一个工人变成了一个多么扭曲的人:他放弃了他的船,放弃了他的土地,放弃了他的家,放弃了他的父母和兄弟姐妹,放弃了动物、树木、鲜花、大海、上帝的天空——相反他获得了蒂沃利这个哥本哈根的游乐园、工人俱乐部、酒馆、面包和马戏团。他之所以选择无产阶级的生活,就是为了获得这些好处。然后他吼叫道:'我们工人们。'"

这部小说所传递的信息是刺耳的,但为了写完这本书,汉姆生又累得筋疲力尽,终于在他的最后的截止日期的一个星期之前,把手稿呈交上去。他的出版商说,汉姆生累得筋疲力尽,一点也不令人吃惊:在过去的七年里,他写出了一千五百页。这是一个很了不起的产量,柯尼希赞许地补充说。

《汲水的女人》定于11月10日,在奥斯陆、哥本哈根和斯德哥尔摩三地同时出版。书的标价是十九克朗——几乎是一个女佣的一个星期的工资。书商们已经表现出了相当大的兴趣,因而汉姆生的出版商们决定第一版就印一万四千册。而且批评家们也是同样好奇,他们所写出的第一批定评,在11月11日,星期四的时候就面世了。

《晚邮报》在其主要是赞许的评论中作结论说,这是一本滑稽但又入木三分的书。瑞典批评家、心理学家兼文学学者约翰·兰奎斯特,已经有一本论述汉姆生的书问世了,他现在的观点极其直接:他看到,一方面,汉姆生有种冲动,想赋予他早年的流浪汉英雄以施虐受虐狂的特性,而另一方面,他当前又全神贯注于跛子的心理,而在这种冲动和全神贯注之间,就有一种强烈的联系。许多批评家厌恶在他作品中的这个主题和倾向,而别的批评家则暗示,也许汉姆生的作品已经失去了其激情。

如果说汉姆生他的前一部小说中,指出了前往理想乐土的道路,那么在《汲水的女人》中,他就穿上了最后审判日的牧师的斗篷,警告他的读者们,不要走现代的虚假先知们指出来的那条道路。汉姆生在他的意见上并不孤单。在挪威,其实在战后欧洲各地,人们都越来越坚定地与变革的力量进行战斗。就像汉姆生一样,他们也被拖进了在不可调和的对立面之间的斗争之中:农民的宿命论与现代人想控制自然的欲望相对,神秘与科学相对,生物学与智力相对,农夫与工业工人以及公民相对,族长制的秩序与解放和民主相对,农业与工业的人为状态以及消费经济相对。他们在这样一个运动中加上了他们的声音,这个运动许诺,要把过去的最好的东西带回来。

在这些年期间,当人们行使他们刚刚赢得的选举权的时候,汉姆生对当选的政客们的鄙视也在继续深化着。他怒气冲冲地说,政党体系已经成了野心家、平庸者以及政治欺骗的舞台。他被激怒了,在他看来,普选权并没有把最获得事业成功的人选举出来。他们选择了别的途径——在商业、艺术和学术上的途径。在美国的时候他就注意到了这一点,而现在他在挪威看见了相同的东西。

普通的乡下人也没有逃避掉汉姆生的愤怒。他认为,许多乡下人也被时代腐蚀了,时代把他们变成了寻欢作乐的消费者和无法容忍的暴发户。

生活必须返回到更自然的方式。他带着一种不可动摇的力量,在等待某个人,那个人将承担起让世界返回正轨的责任。

汉姆生曾经对那场战争抱有巨大的希望。但打了四年多的仗之后,英国人取得了胜利,不论是在战场上,还是在决定欧洲的未来的沙龙里,英国人都取得了胜利。他的仇英心理在《汲水的女人》中,得到了最为无情的表达。"我不知道,是否英国人有他们自己的上帝,一位英国的上帝,就像他们拥有他们自己的货币一样。如果不是这样的话,那又怎能解释,为什么他们有一种持续不断的欲望,要征服地球的更多的地方,而且他们还相信,当他们取胜的时候,他们就是做了一件好的高尚的事情?"他书中的一个人物问道。

越来越多的欧洲人把犹太人挑了出来,把他们当作造成社会不幸的动因。汉姆生大概是把英国人看成造成社会不幸的动因了。然而在政治舞台上,却普遍要求采取一种更为人道主义的态度:有关民主化和平等的理想,正在一个又一个国家里大行其道。斯堪的纳维亚地区的最著名的在世作家正在发现,自己愈来愈同这些发展不合拍了:他在感情上所支持和赞同的,是正在欧洲各地聚集起来的独裁的和反议会制度的力量。

在斯德哥尔摩的朋友和敌人们

1920年夏末,当汉姆生仍然还在完成《汲水的女人》的时候,瑞典文学院的院士们已经在辩论,应该把诺贝尔文学奖颁发给谁。

汉姆生是第三次被提名。许多人正为了他的利益,而积极地工作着,瑞典诗人埃里克·阿克塞尔·卡尔弗尔特①尤为积极,卡尔弗尔特是一位文学巨匠,又是瑞典文学院中的最主要的权威。1918年,瑞典文学院曾想把奖颁给卡尔弗尔特本人,但他作为这个机构的干事,自然拒绝了这个提议。

在头一年,佩尔·霍尔斯特洛姆提交了他的报告,指出在汉姆生的作品中,欠缺符合社会准则的理想,于是卡尔弗尔特就决定,调查这个阐释的合法性——毫无疑问,这是由于他本人为汉姆生的散文所着迷而激发起来的。

但卡尔弗尔特也有别的压倒一切的动机。从这个奖项开创以来,对"理想主义"在文学上的要求,就经常在涉及政治见解的争论上被引述出来,就像在有关文学质量的争论中被引述出来一样。卡尔弗尔特感到,这使得某些杰出的瑞典作家和文人不能当选瑞典文学院的院士,而且也使得诺贝尔奖的某些候选人——包括易卜生、斯特林堡、左拉、托尔斯泰、吐温、康拉德和高尔基——受到了非议,有时甚至因为政治的原因而被取消了资格。

作为瑞典文学院的干事,卡尔弗尔特感到,重要之处在于,应该界定诺贝尔奖颁奖所依赖的美学原则,而不是在非常主观的,而且又是当代政治问题上所可能有的歧义上,争论不休。卡尔弗尔特本人提名,汉姆生应获得

---

① 卡尔弗尔特(Erik Axel Karlfeldt,1864—1931),瑞典诗人,他的以民间传说为基础的诗作极受读者欢迎。1931年去世后获诺贝尔文学奖金,而在1918年他曾拒绝接受这一荣誉。

1920年的诺贝尔奖。

先是由一个预审工作委员会,给最有可能获奖的候选人排座次,然后文学院再进行最重要的讨论。在五票当中,汉姆生赢得了三票:在塞尔玛·拉格洛夫和亨里克·舒克二人当中,有一个人认为"汉姆生具有一种挪威式的野蛮",他们二人发现,他们无法"宣布"汉姆生已没有了那种挪威式的野蛮。他们感到,这个奖应该颁给格奥尔格·勃兰兑斯。

卡尔弗尔特是在为汉姆生的文学价值而争论,而委员会的主席,又是这个事业的支持者,哈拉尔德·耶纳①,则是做出了一个令人惊讶的举动。到目前为止,这个奖都是颁发给一位作者的作品的整体的,在某些罕见的场合中又是集中于全部作品的某些方面。现在,作为一名历史教授,耶纳又让文学院注意到章程中,以前在很大程度上遭到忽视的一点,即获奖者应该从在前一年中给人类带来最大的好处的那些人当中挑选。耶纳的结论是,规则并没有禁止他们因为一部单一的作品而颁奖给作者,而是鼓励他们因为一部单一的作品而奖励作者。尽管自从《大地的成长》出版已经过去了快三年的时间,它却是汉姆生的最后一本书,而且耶纳还认为,它是一部满足了标准的小说。

一位曾经嘲笑过对作品文本的学究式的书呆子研究的作者,是不是由于一位院士对遗嘱的过分注重细节的重读,而获得了诺贝尔奖呢?

汉姆生本人就违背了他最喜欢发的一个牢骚,在1920年9月,他指示他的出版商们,在报纸上把他新书的书名泄露出来。汉姆生本来是频繁讥讽易卜生,说他策划了把有关新作的信息透露给新闻界,以便使得他本人显得更为神秘和更为有趣。现在汉姆生做了同样的事情。

瑞典报纸《每日新闻报》(Dagens Nyheter)刊发了一篇文章,文章立即被欧洲和斯堪的纳维亚地区各地的报纸转载,包括挪威的《晚邮报》和丹麦的《政治报》,而这在很大程度上是因为,它激起了一种在性质上更为重要的猜测。"今年的诺贝尔奖要颁给克努特·汉姆生?"《每日新闻报》提出了这个问题,并坚持认为,可靠的消息来源已经进一步确定,这个挪威人将会是今年的得主。

---

① 耶纳(Harald Hjarne,1848—1922),瑞典历史学家、政治家、政论家。

在11月12日,星期五,猜测得到了证实。汉姆生占据了斯堪的纳维亚地区和德国的所有大报的头版。他赢得了诺贝尔文学奖。

在那个星期五的上午,给没有订阅报纸的诺尔霍姆庄园打电话的第一个人,是格里姆斯塔这个小镇的当地报纸的主编。玛丽接了电话,他为汉姆生所获得的胜利向她表示祝贺,并询问,是否可以请得主作一评论。

玛丽显然是大吃一惊。看来汉姆生夫妇并没有直接从瑞典得到消息。

玛丽同意,主编可以呆会儿再来电话。

同以往一样,在家里的时候,汉姆生都是独自坐在餐室里一张摆放得漂亮的早餐桌边。

玛丽已经在无数出戏剧中扮演了女佣的角色,在那些戏剧中,剧作家们总是给出了精确的舞台指示,要她从左边上或者从右边上,说出她的台词,然后再走下舞台。现在她忘记了她所学到的东西。她是欣喜若狂。

"对我们来说,这个奖现在改变不了什么。"他说道,并没有放下食物抬起头来。

玛丽没有离开。

"但这是种荣誉,克努特!"

他终于抬起头来,不快地厉声说:

"这么说,你并不认为我已经有了足够的荣誉了?"

成堆的电报和信件迅速地成长着。汉姆生的银行结存也在迅速成长着。柯尼希立即开始做计划,要出十二卷本的第三版《全集》,其版税将达到十四万克朗,相当于挪威政府中十二位工资最高的人的工资总和。汉姆生将在12月10日,在斯德哥尔摩再次收到大致相同数目的钱,这意味着,在这一年结束之前,他就不欠债了。然而,按照最恭维他的评论家们的说法,在整个文明世界各地,有两代读者在某个方面得益于汉姆生,那种益处是不能用金钱来衡量的,而且他们永远也不能足够地回报他。

瑞典文学院这一次的选择,并没有激起争论。在像英国和法国这样的国家里,可能会有人嘟哝着表示轻蔑,因为在那些国家里,在很大程度上没听说过汉姆生,但在他的书为人所知的地方,喝彩声是热情的——在德国和北欧各国,尤其如此。

251

穿着新衣前往斯德哥尔摩

一想到要前往斯德哥尔摩,汉姆生就越来越感到害怕。

大概正是与他自己过去的见解的不可避免的冲突,给他带来了最大的不安。难道这个曾经公开谴责作家崇拜的人,就要让人把一枚勋章别在他上了浆的衬衫上吗?他是不是要成为一个活着的证据,证明尊敬老年人是可耻的,尊敬濒临死亡的人和不值得尊敬的人是可耻的?并且通过他的出场本身来证明,当金钱和荣誉的诱惑足够大的时候,甚至对最真实、最坚强的人来说,上了岁数又怎么样?

他究竟应该说什么呢?这个人曾始终坚持认为,作家是流浪者的灵魂,更与手摇风琴师和被剥夺了公民权的乞丐密切相关,而不是与为了赚钱而兜售其才能的纳税的私房屋主密切相关。难道他应该穿上燕尾服,左右鞠躬吗?这个人曾经提出异议,认为这种做作的姿势和情绪激昂的敬重,污染了年轻人健康的判断力。

岁月已经老早把他的青春偷走了。不过等等……这些岁月也给予了他新的青春。若是把他的十八岁的女儿带着,前往斯德哥尔摩,那又如何?

维多丽娅谢绝了他的邀请。

颁奖仪式在瑞典皇家音乐学院礼堂举行。定于要颁发奖章的卡尔王子,与英格堡公主和玛莎公主一起,坐在讲台的前面。获奖者们在一个升高了的舞台上,在演讲台的后面就座。玛丽和其他的妻子们坐在观众席当中的第一排。委员会主席哈拉尔德·耶纳走向讲台,发表演说,并概述文学院选择的理由,这时玛丽带着几分关切,注视着她丈夫的脆弱的、毫无表情的脸。

汉姆生走了下来,接受他的奖章和支票,鞠了躬,并在发出回声的掌声中回到他的座位。玛丽开始为宴会以及他的受奖演说而担忧。

当她看到在他旁边就座的是谁的时候,她并没有放下心来。

玛丽知道,她丈夫对没有结婚又没有孩子的塞尔玛·拉格洛夫非常反感。在这样一个紧张的场合,就要作他的受奖演说了,而且手上还端着酒杯,一句判断失误的话就足以引发一场爆炸。但这两位客人正在进行一种明显没有摩擦的交流。毫无疑问汉姆生并没有意识到,这位与他共餐的同伴曾在委员会里投了他的反对票。

先是举杯祝酒,然后是交谈和演讲。很快就轮到诺贝尔文学奖得主发言了。汉姆生在雷鸣般的掌声中站起身来。此人经常叹息,自己神经过敏,但此刻却丝毫也看不出有神经过敏的迹象。他从内衣口袋里取出一张纸来,但开始讲话的时候却是发自肺腑。

玛丽看得出来,他是打算把自己暴露出来,这是他近来很少做的事情,不论是在他的生活还是作品中都很少这样做。听众被强烈吸引住了,深深地感动了。他的嗓音,他的出现,背景,话语——她看到,还没有说上几句话,人们就已经开始掏手帕了。坐在她右边的那位瑞典外交官正在不停地擦泪水。玛丽再次歇口气了,她对心中从未怀疑的事情有了把握:克努特·汉姆生将再次取得成功,将再次征服他自己。

他若有所思地说,不知应该怎样对这种温暖的慷慨作出反应,这种感觉把他抬高了,几乎要让他跌倒:"此刻要我做到自持是困难的。今天晚上荣誉和财富堆积在我的身上,但这最后一个礼物却就像波浪 样,已使我站立不住了。"

他说道,他将不向这样的听众发表聪明的演说,尤其是鉴于科学界人士已经发过言了。但他代表他的国家感谢瑞典文学院。他感到骄傲的是,瑞典文学院认为,他的肩膀已经坚强得足以承担这个荣誉的重量了。

他告诉他们,他是以他自己的谦恭的方式写出了他的书,但也向众多的其他人学习,尤其是向上一代的瑞典诗人们学习。但他又感到,要这样谈论文学,他既没有资格,也确实还不足够年轻:"我并不拥有那种力量。在璀璨夺目的灯光之下,面对着这显赫的集会,此刻我真正想做的,是把礼物、鲜花和颂诗献给你们每一个人。愿你们再次变得年轻,在浪峰上漂行。这就是在这样一个庄严的场合,我想做的事情,想最后一次做的事情。但我不敢这样做,因为这会使我免不了受到讥笑。"他所缺少的,是那个最为重要的礼物,而那个礼物就是青春。在结尾的时候,他愿为瑞典的年轻人举杯,为年轻的一切举杯!

他想到,要想让这个形成高潮的时刻真正感情丰富,他的十八岁的女儿应该在他的身边。

在接下来的几个小时里,汉姆生和人们碰杯。每一个人都想结识他:王室成员、政界人士和教会人士、商人,以及文人学士——除此之外,还有在大厅里走来走去的那几个为数不多的人。他是庆祝活动的中心,就像在世纪之交的时候,他在哥本哈根狂饮欢闹的社会中心一样。美丽的女人们朝他蜂拥而去。男侍应生们不得不一再为他斟满酒杯——确实他似乎是让几个侍应生忙个不停。玛丽试图限制他饮酒,她提醒他,第二天他的日程繁重,而且像这样的社交晚会会使他病倒,精疲力竭。她提议,他们应该在一个合理的时间回到他们的房间。

他却充耳不闻。

她愈来愈担心,于是便寻求阿尔贝特·恩斯特洛姆和阿克塞尔·卡尔弗尔特的帮助,起初是口头提出,然后又以写纸条的方式,请求帮助:"我已经返回我的房间了,317号房间。也许你与恩斯特洛姆能够让我的丈夫回去!为了明天,为了一切。"

这是一个巧妙的尝试,但又绝对没有效果。谁也不想失去这个兴致越来越高的获奖者,而他也无意放过任何事情或者任何人。

玛丽稍微有点担心,这大概是正确的。那天晚些时候,汉姆生遇见了院士亨里克·舒克,便开心地在他背上拍了一巴掌,并且告诉他,从根本上讲他是一个非常好的犹太人。

第二天上午,他更加妙趣横生。他虽然因为宿醉而感到非常难受,而且仍然穿着参加宴会时的盛装,但又仍然让玛丽的怒气全消。玛丽训斥他,因为在被恩斯特洛姆和一个侍应生拽进他的房间之后,他在爬上床的时候只是摘下了他的蝶形领结。

"亲爱的,你是说我没有戴蝶形领结睡了一个晚上吗?"

宴会结束了。

《瑞典日报》不再对《汲水的女人》进行评论了。在那个星期五,1920年12月11日,一篇极其无情的评论文章在这份报纸上,对这位经常宿醉的诺贝尔奖得主作出了批评。但这对他来说只是一场耳旁风。汉姆生正在一门心思享受这些庆祝活动。他们还要在斯德哥尔摩再呆上三天,而玛丽能够最终在他身边闪耀光芒了。

但她却不可闪耀得过于明亮。在来斯德哥尔摩之前,汉姆生的嫉妒就已经再次抬头了。玛丽为了参加盛典,在"丝绸之家"买了一件连衣裙,"丝绸之家"是奥斯陆一家专售高档商品的商店。那件连衣裙是洛可可式①的设计,有一个紧身的马甲,上面布满了像无烟煤那么黑的珠子,这是她有生以来三十九年当中见过的最漂亮的连衣裙——而且花费了一个工人不止一年的工资。当她带着她购买的物品回到诺尔霍姆庄园的时候,那位裁缝的儿子点了点头,对料子的质量表示赞赏,而且对花费也并不是一点不关心。毕竟他并不是每天都会让瑞典贵族看到,他为自己找到了一个多么美丽的妻子。

玛丽非常兴奋,试着穿上这件用塔夫绸缝制的连衣裙,她激动得容光焕发,旋转着身子奔向她的丈夫。接着她注意到,他面露怒色。难道她真的打算穿着这样一件领口开得很低的连衣裙,在斯德哥尔摩招摇过市吗?玛丽试图解释,说它是婚纱礼服,一种"型号服装",设计独特高雅——只不过有一点露肩。他用一种危险的口吻问道,为什么它应该稍微有点露肩,稍微有点无耻呢?

他要求她去格里姆斯塔镇买一些黑色的薄纱,这样那件连衣裙就可以有所变化。这位裁缝的儿子找到了那种额外的料子,他用颤抖的手把料子盖在她的胸膛上,遮住了那朵作为装饰的粉红色玫瑰。在宴会后的那一天,

---

① 洛可可式(rococo),18世纪初起源于法国,18世纪后半期盛行于欧洲的一种建筑装饰艺术风格,其特点为精巧、繁琐、华丽。现多用以指过分精巧,俗丽。

在斯德哥尔摩的皇家大酒店他们的套房里,玛丽·汉姆生把这件连衣裙收了起来。

她穿着这件连衣裙感到可笑,但还是穿上了它——也许既是出于胆怯的服从,又是出于固执的骄傲。

1921年新年过后不久,玛丽·汉姆生从阿尔贝特·恩斯特洛姆那里收到了一件恶毒的小纪念品:那是一幅素描,画的是一个忧心忡忡的男子,端着一个盛满威士忌的小酒杯出神。凌驾于他之上的是一个累赘的肥婆妻子。

让死亡来临吧!

就在1920年的圣诞节之前,克努特·汉姆生回到了诺尔霍姆庄园,回到了他例行的日常写作之中。

他确实曾对玛丽发誓说,《汲水的女人》将是他最后的一本书,但他的信念是短暂的。现在要停止写作,完全是不可能的。如果在接受了诺贝尔奖的奖金之后,他的产量要枯竭的话,那么他就将会是一个活着的证据,说明如果奖励老年人,那就是在死亡面前下跪。他不得不继续写下去。

年轻的时候,他作为一个作家,曾经嘲笑过老年,而随着一年年地过去,他又无视自己的变老。在《塞盖尔福斯镇》,他刻画了老年的一切丑陋之处,而在以前是很少这样做的。现在这位六十一岁的作家要写这样一部小说,他要捍卫死亡获得应有的权益。与此同时,他也打算延长自己的寿命。

在若干年的时间里,汉姆生对欧根·施泰纳赫博士[①]的著作越来越感兴趣。这位奥地利医生一直在调查性荷尔蒙对衰老过程所产生的影响,并且声称已经找到了一种方法,能够减缓衰老过程,在某些情况下还能把衰老过程颠倒过来。汉姆生要求柯尼希等人给他把文章寄来,从这些形形色色的文章中汉姆生读到,是有可能做一个小小的、完全是安全的和几乎是没有痛苦的手术,把输精管缝合起来,并使得男性性荷尔蒙的生产上升。这个处理将会使他失去生育能力,但按照施泰纳赫的说法,这样一来荷尔蒙就会被释放进血液中,而不是要浪费掉。

---

① 施泰纳赫(Dr. Eugen Steinach,1861—1944),奥地利一流生理学家,内分泌学的先驱。

对汉姆生来说,失去生育能力是一种解脱。他已有足够多的孩子,而且玛丽又是在不到六年的时间里,生育了四次。

不仅如此,他的右手的颤抖也恶化了,而且似乎这也可以通过手术得到改善。从年轻时起,汉姆生就把这个问题归咎于用手过度。他写得太多了,而且当他灵感来临时,写得飞快,而且由于终生都使用铅笔,他的手也就朝下压得过猛。随着时间的推移,他开发出一种技巧,用左手支撑右手,并想出一些办法,在两只手都忙于写字的时候又使得纸张固定不动。他还在铅笔的笔杆上系上一块铁,让铅笔重一点,继续用他的左手引导他的右手,写字的时候,在一行行之间两只手前后移动着。

他已经在很大程度上克服了手的颤抖,但并没有克服恐惧,即它可能是他遗传了曾经折磨他舅舅汉斯的那种疾病。这种能够使人丧失能力的疾病所带来的后果,让汉姆生想起来就觉得可怕:那是一种不能写作的生活。

1921年1月底,汉姆生使用假名,住进了奥斯陆一家旅馆。他要求每一个与他通信的人都把他的信烧掉,并对他呆在首都保密,他把这个非同寻常的要求归因于他生病了,无法应付更多的公众关注。

事实上,他所害怕的是,他不久前所做的事情可能被发现。

在那个月刚开始的时候,他就去了奥斯陆,并从奥斯陆去了丹麦。据认为,手术应该是在位于维也纳的施泰纳赫博士的诊所里进行,但汉姆生对长时间旅行感到紧张,因而决定呆在哥本哈根,那里有这位奥地利医生的一个学生在开业。1月18日,他住进了善终医院,第二天做了手术。

只不过几天以后,他便乘船返回了奥斯陆,现在正在一家旅馆里进行病后康复。

尝试要减缓衰老的进程,是累人的。

1921年一天天接近尾声,汉姆生收到了他一年中最令他惬意的年终账单。对《汲水的女人》的评论实际上是不冷不热,但这却根本也没有使销售减少。在这本书于11月问世后,还没有过两个星期,印数就达到了两万四千册。汉姆生全年从图书销售所获得的收入,单是在挪威,就超过了十一万克朗——相当于四十个薪金优厚的公务人员的工资。

纽约的出版商艾尔弗雷德·克诺夫通知汉姆生,《大地的成长》激发起了极大的兴趣,因而他们现在有意出版他的大多数书。出版商们正在从世界各地,把新的译本寄往诺尔霍姆庄园。从斯德哥尔摩传来的消息是,那笔奖金已经被兑换为十七万九千挪威克朗。

已经得到证实,德国公众醉心于阅读他的书,这种证实又继续从慕尼黑传来。那就好像,是德国人自己的一位作家获得了诺贝尔奖。在达姆施塔特①和布尔诺②,《塔玛拉女王》的演出获得了好评,而且新的演出也正在计划之中。朗根出版社准备出一种他的新《全集》,有十四卷,定于春天面世。汉姆生表示赞赏地写道,这是非同寻常的,因为此时"协约国们正在做一切所能做的事情,来毁灭你们国家的生活和价值"。

他将很快就发现,一次大战获胜的协约国们正在要求德国付出的总数是多少:一千三百二十亿金本位马克的战争赔款,每年付的利息是二十亿马克,而且德国的出口全都要征收百分之二十六的税。然而最令德国人民心酸的,则是和约的第二百三十一条,该条款毫无保留地声称,德国——而且也只有德国——才为那场战争负责。

克努特·汉姆生为德国民族的利益而怒不可遏。

---

① 达姆施塔特(Darmstadt),德国黑森州一城市。
② 布尔诺(Brunn,即 Brno),捷克斯洛伐克中部城市。

成功与焦虑

让下一部小说创作取得进展,是 1921 年整个春天和初夏克努特·汉姆生主要的重点。在诺尔霍姆庄园他的那个佃农小屋里,以及在附近镇子里的各个旅馆房间里,他反复"洗"着他的那些成把的纸条。他笔下的人物正在证明是难以操纵的,尽管比他生活中的人们处理起来要容易一些。

有一天,他搞得自己心烦意乱,因为他最小的儿子阿利尔德在走进餐室后没有随手关门,于是他呵斥了他。"我不应该对你们所有的人动辄发怒。"他向玛丽道歉道。但他的懊悔并没有深入他的内心;他指示她,避免这类事情今后发生,并且告诉这个七岁大的孩子,不要这样手忙脚乱。

这年秋天,阿利尔德就要上学了。在托雷一路小跑地上学的那两年,他父亲对正规教育的怀疑深化了。在他的下一本书《最后一章》(*Chapter the Last*)中,他将把有自杀倾向的伦哈德·马格努斯用作他的代言人,愤怒地写学校教育这个问题。生命是太短暂了,用在这样的鸡毛蒜皮上真是不值得;真正的学校教育的唯一的形式,"就是妈妈的日常教导以及爸爸的日常教诲,学校是某种刚刚被想出来的东西,是一种故意要使生活复杂化的机构,它使得生活从我们六岁开始,一直到死亡过起来都更加令人烦恼"。

汉姆生还与邻近的农场不和,原因就在于把他的牛奶从诺尔霍姆庄园运送到最近的格里姆斯塔镇那家乳品店,运输费应该是什么价格。他不再想对他们卑躬屈膝,于是决定自己运——用他自己的汽车运。要拥有一辆车这个主意让他迷了一段时间,现在他终于有了借口。他热切地给汽车经销商们写信,研究广告和宣传小册子,找出有关各种型号的信息、价格以及更细微的技术细节。"自然,我必须有一辆车,现在住在乡下,离最近的村子有十公里远,没有车的人已经不多了。"当然,汉姆生并不是仅仅与任何一个人进行比较——当时大概全国也不过五千辆车——但他却是那些为数甚少的买得起车的人当中的一位。这就要求再建房子,于是他命令工作立即开始:马匹不应该留在户外,同样汽车也不应该留在户外。

没有必要对他的邻居们让步了,也没有必要对别的任何人的要求让步。甚至也没有必要对他的美国出版商艾尔弗雷德·克诺夫的要求让步,克诺夫正在欧洲旅行,急于与他在其身上做了如此大投资的那位作者见面。汉姆生写信表示歉意,用他的神经紧张作为理由。他立即就能够睡得更香了。最能够使他平静下来的,莫过对不习惯被拒绝的强大人物说"不"了。

他的正在成长的孩子们,越来越经常地使汉姆生的神经紧张加重。他们中有三个人在1922年的春天过了生日:托雷十岁,阿利尔德八岁,塞西莉娅五岁。埃莉诺尔到秋天就七岁了。

他的第一个孩子维多丽娅蹒跚学步的时候,汉姆生便离开了她。在上一年的春天,他把她送到了法国,给了她一种他本人从未接受过的教育。汉姆生对他的大女儿有种种计划。维多丽娅已经长成了一个非常美丽的年轻女人。她有着她母亲的天真和温和的天性的一大部分,但也有相当数量的她父亲的韧性。那是一种她需要的品质。

维多丽娅的童年,是在一个忧心忡忡的母亲的过分保护下度过的,又得到了来自远方的很少对她感到满意的父亲的教诲,因而也许就不难预料,维多丽娅到了法国之后,将会在两种方式中取其一:要么是完全难以约束,要么是产生出一种强烈的依恋。她走了第二条道路。

尽管她的父亲具有享有盛誉的洞察力,能洞察人心的运作,但却并没有立即意识到,正在发生着什么事情。维多丽娅并不敢告诉他。直到她开始一再找借口,不想从沿海城镇翁弗勒尔[①]前往巴黎,他才明白了真相。汉姆生决心要把她从她的依恋中引导开来,带到在巴黎的正确的社交圈子,然后再带到纽约,他吹嘘说,在纽约有许多有影响的人都急于帮他的忙。汉姆生

---

① 翁弗勒尔(Honfleur),法国卡尔瓦多斯省海港。

意在提高他女儿的文化教养,这样她就不会蒙受他当年所蒙受的那些耻辱。他只要一个回报:完全的服从。

1922年仲夏,维多丽娅给她父亲寄来一封信,他把这封信看作是一种屈服,因为她许诺要前往巴黎。他用两千法郎对她的服从作出了报偿,却并没有意识到,第二封信正在寄往他的途中。

她订婚了,就要完婚。她的拥有无上权力的父亲并没有被征求意见。

在她的信中,维多丽娅描述了他的未来的女婿。戴德里克·查尔森是一位英国领事的二十七岁的儿子,在一战期间曾作为一名英国军官服役。她附上了她的未婚夫的一张穿着英国军服的照片,希望她父亲不会对他们的订婚有任何反感。看来她是绝对不知道汉姆生对她的未婚夫的国家怀有强烈的厌恶。若干天以后,维多丽娅收到了她父亲的无情回复,他拒绝再与她有任何关系。维多丽娅的欺骗行为使得与她有任何关系变得不可能了。在他看来,她已经是宁愿要她的新姻亲,也不要他了。

在随后的几个星期,几个月和几年里,维多丽娅给他写了数不清的信。

他一封信也没有回。

在《汲水的女人》出版之后,汉姆生就已经下定决心,为了证明他的力量,他下一本书的完成,不会过去两年以上的时间。但到1922年的夏天,他就不得不放弃他的计划。他做的那个手术,本意是要增加使他精力充沛的荷尔蒙,但并没有如愿。

玛丽比汉姆生小二十三岁。那年春天她首次登上文坛。她与孩子们一起的生活给她带来了灵感,于是便写了一本诗集,以《小诗》(*Small Poems*)为名出版。挪威的一位一流批评家非常钦佩,他的结论是,"她并没有给她的姓氏带来耻辱。"

一直到最后定稿,她的丈夫都在鼓励她,指导她。在诗集交稿以后,他还负责它的出版,他指示金谷出版社驻奥斯陆办事处的克里斯蒂安·柯尼希,要发起一次强大的宣传活动,然后立即降低定价,同时确保国内的每一家书店都摆上玛丽的书。有一些书已经被寄往丹麦的各家报纸,以便进行评论,并刊登了广告。

没有几位初出茅庐的诗人能够梦想会得到这样的推销,玛丽就是从这样的推销中获益匪浅。不久出版商们、作者以及作者的丈夫都满意地意识到,这本带有多年来最不张扬的书名的书,不得不重印了。

作者夫妇前往首都做了一次旅行,以示庆祝。在乘船返回的时候,他们带回了一个为他们自己购买的豪华礼物:一辆稍微使用过的卡迪拉克牌轿车,花了一万二千克朗——那是两个教授一年的收入。当然,用它来运输牛奶桶完全是不切实际的。当地的军事当局想借用它来进行调动演习,汉姆生便把包装材料寄了过去。这并不是一辆可以让懒散的新兵开的车。它完全是一个装在轮子上的时髦的雅座酒吧。

内行的玛丽上了驾驶课,而车主——他曾经看到许多出租车司机操纵方向盘,踩下踏板,拉起控制杆——确信,如果他仔细研究说明书的话,他就能自己掌握。他尝试了,只是尝试了一次,是在院子里。只是多亏了玛丽的机敏的干预,才使得事故得以避免。

这辆卡迪拉克的牌照号码为 I-465。

汉姆生充满了骄傲,于是在那年夏天,用这辆卡迪拉克把他在瓦尔勒斯的老朋友埃里克·弗赖登隆接了过来,由家里的主妇专职为他们开车。汉姆生认为,到了使他年轻时的旧的友谊焕然一新的时候了。"这些日子有一个可悲的倾向,要把尘土踢进我们的生活之中,直到我们完全被掩埋在尘垢和苦难之中,不再是我们作为够格的老朋友的那个样子。"

自从1898年的夏天以来,他们就未曾谋面,那年夏天,汉姆生正在山谷地区写作《维多丽娅》。他们的这次重逢过得很精彩。

汉姆生每天的写作日程是严格的。早饭后,他就直接走进他的写作室——那个佃农的小屋,现在又重建了,就在院子的外面——他将在那里呆到四点整。有女佣给他送午饭。

1922年夏天,在前往阿伦达尔的一次旅行中——这次旅行把看牙医与更多的写作结合在了一起——汉姆生向玛丽透露,他正在与严重的焦虑进行斗争,他愈来愈感到需要保姆或者护士的看护。他坐在上了锁的门后面,几乎呆上一整天,对每一件事情和每一个人都害怕。他感到,他是一个十足的白痴,他担心,对于她来说前景似乎是相当严酷的,因为她比他要年轻上整整一代。"我可以放弃,但我想你会宁可让我起码把这本书写完——啊,上帝啊,要做的事情是这么多。"

写这部作品,驱使他从一个地方换到另外一个地方。在一个充满了恐惧的旅馆房间里,他扼要地考虑了他的情况:"唔,现在我们将看到,我注定要获得什么,是生命,死亡还是衰败。"五天后他吼叫着:"上帝知道,我还没有变成一个十足的白痴,玛丽。"

十岁的托雷被告知,作为一个作家生活是危险的:"你须明白,我再也不能快速地写书了,因为我现在六十三岁,而有许多人在这个岁数就已经死了。"他急于安慰他自己,又安慰他的很快就会失去父亲的儿子。他告诉儿子,他还是可能活到九十岁。他向托雷保证,他每天都想他和他的兄弟姐妹,但又解释说,不论他是离开他们,还是与他们在一起,他都很焦虑。

保持平衡的艺术家

1923年2月初,一个星期五的晚上,克努特·汉姆生开始给玛丽写一封乐观得非同寻常的信。一切都进展得非常好,他每天都写一点,而且自从他不再使用乳膏以来,他鼻子上的湿疹已有所好转。现在他正在考虑,要取下他在阿伦达尔装上的那颗假牙,也许他自己的牙会再长出来。

他的心境如此良好,这使得他担忧起来:"我经常想到,有某种灾难性的事情可能发生,我们大概有了太多的好运气,不可能有好的结束。"他预言道。

只要玛丽不再用家里的令他心烦意乱的事打扰他,他就能够看到再有新的创作问世,他吐露,在获得诺贝尔奖之后,他一直极其怀疑这种可能性。

玛丽并没有这样的怀疑。她太了解他易变的心境了。而且她还知道,既然他对平静的要求已经变得如此强烈,那么即将发生的事情是什么。不要让任何事情激怒他,刺激他,使得他心神不安,或者使他苦恼,或者甚至使得他过于高兴。她有着一个不可能完成的任务。

汉姆生要她定期到他在附近村庄里租住的旅馆房间里看他。如果要使他的手术产生效果,那么他就不得不让他的荷尔蒙的生产保持提高。

春天的时候,他决定尝试在诺尔霍姆庄园写作。他强调了情况的严重性,指示玛丽,必须把他当作一个臭鸡蛋来小心对待。她几乎不需要被告知。

在回家后不久,汉姆生的神经质就有了最初的牺牲品。上午始终是一天最关键的时刻。如果在庄严而又单独地用完早餐之后,玛丽就能够把他平静地安顿到他的作家窝里,麻烦就可避免。她每天都视察前往他佃农小屋的那三百米长的步行路,把路上可能激怒他的任何东西都清除掉。那是一段充满了危险的路,因为他不得不在那里把自己暴露在现实的隐患之中,然后才能在他的书桌上再次扮演上帝的角色。

一个春天的上午,前门还没有在汉姆生的身后关上,玛丽就听见外面的院子里有一阵可怕的骚动。她从窗户往外看,听到了丈夫的叫嚷,以及受到惊吓而咯咯的大叫声。他们养的意大利母鸡当中有一只,毫无疑问确信自己是在为活命而斗争,正在不顾一切地拍动着翅膀,以逃避那个用手杖追逐它的人。那只小母鸡身手迅速,但追逐它的人则更狡诈。他预料到,它想从被追逐的地方返回,于是便打开花园的门,把自己部分地藏起来,伺机给它致命的一杖。

汉姆生在他的小屋里工作了两个来月,到1923年初夏又搬进了另外一家旅馆房间。他一进到那里便有一种不祥的预兆,这预兆如此可怕,结果没有等到天亮他便给玛丽写信。

凌晨两点钟的时候,他从一场噩梦中惊醒,他的心脏怦怦直跳。他的噩梦开始的时候,是一个吉卜赛人拿走了玛丽的一个戒指,然后又摔坏了一个珍贵的水晶碗。玛丽似乎未受骚扰,允许那个吉卜赛人与他们一起吃饭,吃了一次,然后又吃了几次。汉姆生火了。他走了出去,回来的时候提醒他们,母牛已经从牛舍里逃走了。他们没有反应。他又走出去,发现母鸡也全都丢了。他再次返回,但那个吉卜赛人和玛丽只对他们俩彼此感兴趣。然后三个人全都来到了户外。他发现,闯入者和玛丽的举止非常无理,于是便又返回房子,从窗户望去,他看到那个恶棍用胳膊搂着玛丽,与她一起走过院子。"你什么也没有说,你没有尖叫。你让自己被带走。我在窗户那里看到了。我什么也没有做,而是站着注视。但我却有了计划,你回到家的时候,我将做什么。"

这位四个孩子的母亲可能会感到有一种隐秘的激动,因为她的丈夫仍然认为她能够对一个威武雄健的青年男子具有吸引力,即使那只不过是在梦中。毕竟,他有那么多月的时间离开家,住在旅馆和家庭供膳旅馆里,有理由感到妒嫉的应该是她。有什么女人能够抗拒与伟大的克努特·汉姆生调情呢?

每当玛丽说出这种担忧的时候,他都会充耳不闻,并且提醒她,她太了解他的生活了。他的过分敏感意味着,他无法忍受人们与他过于亲密。在陌生人面前所表现的腼腆,愈来愈体现在焦虑中。他是在旅馆规定的吃饭时间以外吃饭,为的是避开旅馆客人们的凝视以及试图与他接近。他很少允许女佣进来打扫他的房间。他的覆盖着笔记的纸条以及他的手稿,需要他用所有的时间和精力来处理。

玛丽意识到所有这一切。但她也知道他的另外一面:他能够突然改变,变得喜欢与人交往,曲身俯在桌子上,用那种危险的斜视盯着一个女人,并且说出几句刻薄的话,使得任何女人都想像,她已经进入了汉姆生的一部永远也不会有结尾的小说中。

当他打点行装的时候,她惧怕这一点,当他传过话来,说他要返回的时候,她也惧怕这一点。当他在家里的时候,他的出现充满了家里的每一个房间,甚至充满了诺尔霍姆庄园的庭院。当他离开的时候,那种出现就会中止,就像下了一场大雨似的。但然后又会想到,当她不在附近的时候,他又能够做些什么。玛丽是一个具有某种机敏的保持平衡的艺术家,但她的妒嫉却经常威胁着使她从钢丝上摔下来。

汉姆生却并没有表现出这种保持平衡的技能,尤其是在处理家庭事务的时候。他因为他的女儿维多丽娅嫁给了一个英国人,而终生远离了她。现在他又把他最小的弟弟托尔瓦尔德,以及他的侄子阿尔马送上了法庭,强迫他们都不得使用汉姆生这个姓氏,因为汉姆生是他构想出来并在他的整个写作生涯中所采用的姓氏。

两年以前,他已经开始了对他们的诉讼,以期阻止他所称之的对他的姓氏的廉价化。在读到把《大地的成长》改编成电影的消息时,他怒不可遏,这部电影的某些部分正在诺尔兰拍摄,因为他发现,在影片的摄制人员名单中,他并不是唯一的一位叫汉姆生的人:他的生活放荡的侄子阿尔马,要饰演作品中的艾萨克的儿子埃勒苏的角色。

汉姆生威胁,要把与他们的某些违法活动有关的寻求妥协的信息透露出来,同时又试图把他们收买过来。阿尔马要求得到八千克朗的补偿,这是汉姆生所提出数目的四倍。汉姆生经常感到自己受到了极大的委屈。汉姆生想请首相干预这件事,就像在世纪之交,他为匿名的诽谤信所困的时候,曾恳求首相和下议院议长关注一样。汉姆生的尝试再次没有获得成功。

所提出的问题就是,这位伟大的作家本人是否寻求允许他使用汉姆生这个姓氏。"我的名字已经在二十五个国家,用二十五种语言为人们所知,而如果我在我自己的民族中,在我的祖国,竟会向有关部门申请,允许我继续使用克努特·汉姆生这个名字,那会是令人吃惊的。"他讥笑道。

司法当局工作缓慢,各界人士也尝试达成一个不伤和气的协议。但汉姆生却决心要把他的弟弟送上法庭。

在这些事情上他积怨甚深,但人们难以看到,事实上他是正在变老。他的听力正在恶化,而且他右手的颤抖日趋严重。玛丽提出要帮助他,给他誊写稿子,但他们二人又都知道,汉姆生需要自己来做这个工作,因为他有时要做根本性的改写才提交出最终的手稿。口授是不值得考虑的。因而玛丽便帮助他处理他的大量来往信件。他经常是给她一封信的粗略大纲,其余的事情就由他的这位忠实的秘书来做了。玛丽很快就精于伪造他的签名。

这个介入使得她有机会更深入地洞察到了他的世界。她理解了更多的事情,但也得以知道了更多的事情,而这又同样,既使她放心又使她不安。

这位保持平衡的艺术家发现,她自己是处在一种极其费力的位置上。

男巫的冷酷艺术

汉姆生于1923年秋天完成的《最后一章》反映了作者家庭生活的方方面面。

书中两个像托雷和阿利尔德那么大的男孩，被他们拘泥刻板的父亲管教着，那位父亲是作者鄙视的对象。汉姆生鼓吹，这些孩子们需要有一个野性的世界，完全不应有成年人的干预。那是一种汉姆生本人也无法实现的理想，因为他老是在纠正他自己的孩子。

小说的中心人物朱莉·德斯帕尔，是挪威与法国一种关系的产物——法国人的那一面当然对她不利："她并不知道什么特别的事情，讲着中产阶级的那种缺乏生气的挪威语，她歌唱得不比任何一个人好，从未学会管理家庭，没有能力做日工或者为自己缝制一件罩衫，但她却会打字，并且学会了法语。可怜的朱莉·德斯帕尔！"这大有可能是直接为他的长女而发出的叹息，在他看来，他的长女在法国被毁掉了。

在二十世纪滚滚向前的时候，整个欧洲，从乡下到城市的大规模移居也在滚滚向前。但一种新的时尚也在出现，让乡下的疗养院和疗养胜地为人们提供了一种假农民式的生活，可以呆上一个周末，一个星期，或者一个月。那是一种早在十多年前，汉姆生在其《最后的喜悦》中所触及到的现象。在《最后一章》中，他对这种现象发起了猛烈的攻击。他所传递的信息是清楚的：靠这样的访问，城市人并不能使自己在身体上或者灵魂上更健康。只有一种方式可以获得拯救，那就是完全抛弃城市生活，并且种地。

就像他本人所做的这样。

为了强调在生病与健康之间的接近,小说的情节在一个疗养院与一个山区农场里展开,疗养院与农场毗邻。两个人物,一位是被宠坏了的城市姑娘朱莉·德斯帕尔,另外一位是被城市生活毁掉了的一个农夫的继承人弗莱明先生,他们呆在疗养胜地里。弗莱明因为肺部感染而入住这家疗养院,他的肺部感染恶化了,因为广告上所作的许诺根本就没有兑现。弗莱明几乎是意外进了那个小小的山区农场,那是丹尼尔的家,丹尼尔是汉姆生笔下艾萨克的一个真正的继承人。弗莱明被包裹在丹尼尔的兽皮之中,靠着一种简单的农民食品、酸奶油、未加香料的面包,以及肉干,而恢复了健康:"它有童年淳朴的起源的味道。……啊,上帝只是知道他是多么虚弱!但在这个房间的空气中就有疗效,那是一种健康的细菌,也许就在古老的墙上。上帝知道,那是一种安眠药水,一种酵母,红血球,健康,生命。"

如果说弗莱明身体上被治愈了,那么他的被城市所腐蚀的精神却没有被治愈,他未能改变他的生活方式,他的生活变得很坏。相形之下,为了拯救朱莉·德斯帕尔,汉姆生展现出了一场巨大的战斗。这个时髦的城市姑娘具有他以前的女性人物的一切负面的特征,而且还更多,但她最终得到了拯救。而且她的拯救,又是汉姆生在《最后一章》中并没有饶过许多人生命的情况下获得的。在《最后一章》中,起码有七个人在最后一个场景之前就死去了,那简直就是一场大屠杀。

他的这个描写城市姑娘和农民孩子丹尼尔的故事,是不是应该有一个幸福的结局,这样汉姆生就能够继续相信他自己的乌托邦呢?朱莉的解脱证明了,对那些沉沦最深的人们来说,仍然有希望。在欧洲文学史中,农民传奇从未得到过更有力的展现。而且这部小说所传递出来的信息也不会有误读:拯救在于放弃城市生活,而以健康的农民生活取而代之。

《最后一章》同时在奥斯陆、哥本哈根和斯德哥尔摩面世。只不过两个星期以后,出版商们就不得不重印。批评家们意见分歧。有些批评家受够了他们称之为的汉姆生的反动念头,但又由于作品的文学品质而平息了他们的恼怒。还有的是完全持否定态度,包括汉姆生的夙敌《晨报》:"这只不过是一本写了人们被杀死的书——被漫不经心地、毫无意义地杀死——而且毫无艺术长处。"

挪威的一流批评家兼作家西格德·胡尔①语出刻薄:"汉姆生是一个男巫。他演奏乐器,人们跳舞。但这一次他奏出的音符却并没有提供温暖。似乎他再也不能费心给我们带来温暖了。"

---

① 胡尔(Sigurd Hoel,1890—1960),挪威小说家。他的《通向天涯之路》(1933)是一部描写童年的小说,是最为挪威人所爱读的作品。

巨人为自己赎身

克努特·汉姆生的文化地位和经济地位提高得令人敬畏。1924年初，这将把他拖入一场对国家具有重大意义的竞争之中。

在一百多年的时间里，挪威出版商们进行了一场战斗，那既是在文化上的战斗，又是在经济上的战斗，为的是能让挪威的作者们在挪威的出版社出书，而不是在丹麦的出版社出书。金谷出版社于1904年在奥斯陆设立了办事处，以便更有效地为其固定的挪威作家们服务，其中最为重要的就是克努特·汉姆生。然而在许多挪威人看来，这却是一种挑衅性的举动。外族统治的历史仍然让挪威人耿耿于怀；"四百年的黑夜"这个说法，仍然被用于指1380至1814年这个阶段，当时挪威是在丹麦的统治之下。这样一来，那家丹麦出版社的奥斯陆分社，就被看作是丹麦帝国主义在挪威的最后一个堡垒。

事实上，并没有爆发公开的冲突，这在很大程度上归因于办事处的经理克里斯蒂安·柯尼希的深思熟虑，但在1921年的春天，一个二十六岁的挪威青年哈拉尔德·格里格加盟，成为柯尼希的副手经理。格里格是语文学①专业的毕业生，曾在《未来的特点》这家报纸担任记者，他很快就威胁要破坏现状的稳定。

当过于热情的格里格与更为谨慎的柯尼希试图通过商店，而不是书店来销售金谷出版社的书的时候，反丹麦的感情达到了顶点。在挪威公众当中有着对传统书店的巨大支持，有些人开始抵制金谷出版社出的书。这是

---

① 语文学（philology），语言学的旧称，尤指历史和比较语文学。

一个威胁丹麦出版商在挪威地位的举动。对这一点看得最清楚的,莫过于挪威的最主要的出版商之一威廉·尼加尔德了。

尼加尔德就一种合并的可能性征求了意见,那就是在1923年圣诞节之前,把他的阿舍胡出版社①和金谷出版社的挪威分部合并起来。金谷出版社的这两位经理的反应几乎是截然相反。柯尼希把尼加尔德的询问看作是预示着最后结果的先兆,因为在他看来,丹麦与挪威的最终分开是不可避免的。除此之外,这两个出版社的出售或者合并,将会是一个受人欢迎的借口,可以让他离开奥斯陆,永远返回丹麦。然而格里格却秘密策划出了一个在某种程度上讲更为复杂的计划。他想让挪威投资家们接受他的意见,公然在他的竞争者威廉·尼加尔德面前把金谷出版社的奥斯陆分社买下来。

汉姆生是金谷出版社最重要的作者,并占有极大的优势。1924年2月,他在奥斯陆的时候,得以洞察那个正在展开的游戏。一返回在诺尔霍姆庄园的家里,他便为随即而来的图书战争在心理上做好了准备。他在一张纸上,把他的所有的资产仔细地算了出来。金谷出版社的奥斯陆办事处欠他十六万七千克朗,这相当于这家出版社在1922年的全部利润。除此之外,他在金谷出版社位于哥本哈根的中心账户上有五万三千克朗,股票价值达到一万九千克朗。在各个银行账户上有几千克朗。总共他有三十一万一千克朗,而且按照他的《全集》的付款计划,他还将在4月从金谷出版社再收到十万克朗。

在哥本哈根,金谷出版社的经理弗雷德里克·黑格尔以及他的董事会,仍然未作出决定,究竟何为最佳的行动方案:是维持现状,还是与阿舍胡出版社谈判合并,还是信任格里格有能力筹措出足够的资金,把公司的挪威那一半购买过去。来自汉姆生表示赞成的传言,无疑促成黑格尔给格里格的投标一个机会。最终董事会决定,给格里格以及他的支持者们购买的机会,但价格是二百三十五万克朗,用以购买作者的著作权、所有的书的版权,以及出版社在奥斯陆的房地产。对格里格公司来说,这是一个令其望而生畏

---

① 阿舍胡出版社(Aschehoug)系1872年由阿舍胡堂兄弟创建,出版社的前身是他们最初在奥斯陆开的一家书店。

的挑战。

这件事情的时间是最不合适的。开始于战争期间的经济繁荣老早以前就结束了,而且用以投资的资本短缺。格里格和他的团队很快就意识到,要筹措出用作资本的整个数目是不可能的,所需要的钱有一半得借。不仅如此,没有一家挪威银行愿意借钱把挪威的这份遗产带回挪威。

柯尼希和格里格需要找到强有力的公众名人来当他们运动的先锋,而且他们还需要获得出于自愿的股东们的支持。格里格乐观地前往他的家乡卑尔根,去讨好克里斯蒂安·米切尔森,米切尔森是一位航运业巨头,又是前首相——在1905年争取挪威独立的斗争中,他因为反瑞典的立场而被普遍认为是一个英雄。然而,米切尔森却断然拒绝为了把挪威作者们买回来而花上一分钱。与此同时,克里斯蒂安·柯尼希又在1924年6月初访问了汉姆生,希望能够引起他的兴趣。这个丹麦人告诉汉姆生,他预料,任何投资的赢利,能够相等于银行的标准利息。他表示恼火,因为挪威的各家银行没有能够看出这些作家的作品版权的可观价值。汉姆生当然看出,这种失察是荒诞的,而且最能使他感到高兴的就是,这证明这些金融家们是错误的。

但他支持这个购买,也有一种更为个人的缘由。汉姆生不想让威廉·尼加尔德做他的出版商。在过去,有几次汉姆生考虑要换一个新的出版社,尼加尔德都拒绝了他。

起初汉姆生提出,要给柯尼希和那个"买回国"团队提供一大笔借款。但柯尼希却决心要在一个尽可能大的投资组合上,得到汉姆生的股东签名。最终汉姆生同意了,而且既然他正在有效地把自己购买回来,因而也就不大可能在价格上吹毛求疵。他提出要购买使人敬畏的二十万股,这就使得他的持股总数与四年前购买诺尔霍姆庄园所付出的钱数相一致了。

欣喜若狂的柯尼希感激地接受了。然而,当他听说汉姆生想得到什么回报的时候,他的大量欢乐也就烟消云散了:汉姆生提出,柯尼希必须继续在新的出版社里任职。对于柯尼希来说,这是一个巨大的牺牲,因为他本来是希望能够返回哥本哈根,但又别无选择。总的说来,诺尔霍姆庄园的主人并不是一个不讲道理的人——只要他能自主行事。柯尼希同意与格里格一起经营这家公司,直到1927年底他六十岁生日。最困难的就是,应该怎样对他的妻子和孩子们说。

在这位出版商离开诺尔霍姆庄园之前,克努特·汉姆生告诉他,另外一本小说正在进行之中。在前一年的秋天提交了《最后一章》之后,他就已经开始考虑一些想法了,但他又太疲倦了,他的神经太紧张了。现在他计划,在夏末的时候再次开始工作,并暗示说,到1925年的圣诞节的时候,这本书就可以准备出版了。

柯尼希有两个好消息,可以带回奥斯陆。

在首都和挪威的其他地方,正在进行一场坚定的运动,要从一个长长的可能的投资者的单子那里获得支持。想必他们会想作出投资,以便把民族财富带回挪威,让挪威拥有所有权。但这些发起运动的人却遭遇到一个不冷不热的反应。汉姆生在文学上和经济上都是一个重量级的人物,他准备充当保证人,但这个事实却并没有给投资者们带来任何真正的印象。

然而它却给黑格尔以及在哥本哈根的他的部下带来了影响。他们放宽了他们的条件,把购买价格的一百万克朗变成了一笔贷款,在十年的期间分期还清,并把总的费用减少了十五万克朗。

这场要为挪威把金谷出版社购买过来的运动的势头正在增长。那年秋天,挪威各家报纸也为这场运动摇旗呐喊,发表了重要文章,认为由格里格和他的团队所采取的举措——为了挪威而把挪威作者们"买回来",是一种潜在的历史性举措。在哥本哈根,黑格尔试图维持一种什么也没有决定的样子,而且公司的运作仍可能一如既往继续。然而,他知道汉姆生每天都读丹麦报纸,于是便定期向汉姆生寄去报纸的新版,让他放心,销售将会确实开始实行。

尽管挪威的报纸乐观地表示了支持,但股票却仍然滞销。到10月底的时候,所需要的一千二百万克朗只筹措出了一半。11月初,格里格和四十个文件签署者——包括挪威作家联盟的主席阿努尔弗·欧弗朗[①],几位著名的政治家,当然还有最著名的当代挪威作家克努特·汉姆生——带着一

[①] 欧弗朗(Arnulf Overland,1889—1968),挪威诗人、社会主义者。因所写诗歌在第二次世界大战挪威抵抗德国占领军的斗争中起到的作用而闻名。

个公开邀请前往各大报纸。但这进一步的竭力鼓吹并没有取得什么效果。

"不幸的是,似乎爱国主义更是在挪威人的谈话中,而不是在心中。"汉姆生怒吼道,书商们尤其让他生气。格里格越来越绝望,他现在有一本销售手册,题目是"返回挪威",上面列出了将会被带回他们祖国的所有的重要挪威作家。汉姆生的名字骄傲地位列首位,接下来就是比昂松和易卜生,基兰德和约纳斯·李。阿玛莉·斯克拉姆和伊瓦尔·奥森①排名在下面。这本手册以巨大的数目分送了出去,又带来了十五万克朗。

到圣诞节的时候,他们仍然缺二十五万克朗。就在新年前,格里格去了哥本哈根,绝望地希望黑格尔和金谷出版社能够进一步削减他们的出卖价格。12月30日,他空手而归。但有若干个犹豫的购买者前来了,在1924年的最后一天中午以前,格里格给黑格尔发去了一封电报:他们已经筹集了所需要的一百二十万克朗的股票资本。

克努特·汉姆生提供了总数的六分之一。

同一天,记者兼作家诺尔达尔·格里格②向他的哥哥表示了祝贺。"随着这次购买而给我们的文化财富增加的东西意义重大。……它们是立在世界各大城市书店橱窗里的书,也是在非洲和亚洲文明的边远地区的书店里的书——从今天开始,它们将会受到挪威国旗的保护而寄出去——那是一面完全是挪威的国旗。"

诺达尔意识到,在这个财源的背后还有着更为复杂的真相。就在一年前,哈拉尔德·格里格还在挣扎,正绝望地试图拯救他的出版事业。六个月以后,汉姆生决定献出他的大部分资本,并且使用他对黑格尔的影响,这时哈拉尔德漏水的船就被给予了一个牢固的龙骨了。要是没有克努特·汉姆生,哈拉尔德·格里格以及他的支持者们早就在斯卡格拉克海峡③沉没了。

---

① 奥森(Ivar Aasen,1813—1896),挪威语言学者、方言学家。曾构拟"乡村语"(今名新诺斯语或新挪威语),成为挪威官方语言之一。奥森构拟的语言与挪威西部方言极为相似,略经修订,很快受到全国重视,终于获得与丹麦-挪威语同样的官方语言地位。
② 诺尔达尔·格里格(Nordahl Grieg,1902—1943),挪威诗人、戏剧家、小说家。诗集《我们心中的挪威》(1929)表达了他对祖国炽热的爱。二战期间,他的战斗诗篇和广播谈话成为响亮的自由挪威之声。他积极参加对德战争,随盟国空军袭击柏林时牺牲。
③ 斯卡格拉克海峡(Skagerrak),在丹麦日德兰半岛与挪威南部之间。

得意洋洋的哈拉尔德·格里格以前从未见过汉姆生本人。现在他催促他的副经理作出安排，把自己介绍给那个起了最大作用的人，有赖于那个人，他才从一位记者令人惊叹地爬上了把挪威文化遗产带回挪威的那家出版社经理的宝座。

永恒的冲突

　　克努特·汉姆生的经济地位比任何时候都强大了,1925 年初,税务局保守地估计,他的财富是四十一万九千克朗。

　　不过也有重大的开销。诺尔霍姆庄园的那个农场被给予了大量的补贴,而且还有数量众多的新项目:盖房子,修新的马路并改善旧的马路,挖沟渠,给沼泽排水,以及植树。汉姆生把所有的月份账目,与他手下的经理们的履历一起,放在巨大的信封里,那些信封大得足以把全年的文件都放进去。这个通常是非常仔细地把每一个东西都增加起来的人,但却又从未在这些信封上记下一个数字,其实在别的地方也没有记下一个数字。那就好像他并不想直面现实。

　　毕竟,在他的小说中的描写里,种田从来也没有蒙受过损失。

　　这个诺贝尔奖在一些新的国家里,朝着几个更多的出版商打开了大门,而且他所拥有的读者也在稳定地扩大。在美国的销售大幅度上升:在仅仅六个月的时间里,《大地的成长》卖出了一万八千零十册,《饥饿》卖出了一万四千六百九十三册,《牧羊神》卖出了八千九百六十六册,《梦想家》卖出了四千六百九十六册,《浅薄的土地》卖出了三千零八十六册。在缴纳了税和各种费用之后,他的版税达到了八万四千克朗,这相当于八位上校的一年的工资。

　　但不论是诺贝尔奖还是世界声誉,似乎都没有在英国读者中产生最小的印象。在 1920 年初,在美国的销售带来了十三万克朗的版税,但在整个大英帝国,却只带来微不足道的两千克朗的版税;在十八个月的时间里,几乎有三万册《大地的成长》在美国售出,而在大英帝国各地却只卖出了两千册。《牧羊神》只为几百个英国读者所购买。当数字可怜的英镑、先令和便士到达的时候,汉姆生所能够做的,只是试图对这个侮辱视而不见。他在荷兰卖出的书,超过了在大不列颠及其殖民地的总和。在1925年的9月,他收到了一张来自国外销售的不少于十万八千九百三十三克朗的支票,其中只有两千克朗是从英国购买者获得的版税。

英国人并不喜欢克努特·汉姆生。而另一方面,德国人却不会对他腻烦。愈来愈增加的销售数字从德国报告过来:《大地的成长》两万三千册,《饥饿》和《牧羊神》两万一千册,《维多丽娅》一万八千册,《神秘》和《汲水的女人》一万五千册。《罗莎》和《在秋天的星光下》都是第六次印刷,而且他的《全集》也销售良好。德国剧院也在上演他的戏剧。一千二百新的金本位马克正在定期转账到他的一个挪威账户上,这是一个好的迹象,说明整个德国社会正在恢复元气。

再次站起来的德意志民族既没有被吓住,也没有乞求,但却又深深地分裂了。不过吹捧极端主义思想的政治家们,却仍然遭遇到比以往更多的反感;在1924年秋天举行的德国国会选举中,极端民族主义的政党只赢得百分之三的选票。外交部长古斯塔夫·斯特莱斯曼①对战胜国的和解态度,以及向德国经济注入美元的道威斯计划②,正在开始产生效益。政府对左翼和右翼的极端主义者的恐惧逐渐消失了。

1924年12月20日,法庭裁决,德国的一位著名政治犯阿道夫·希特勒应予以释放。作为一位二十九岁的下士,他曾在1918年战争就要结束的时候受了重伤。他的医生们使他摆脱了对失明的惧怕,而他也使自己摆脱了年轻时的梦想,那就是要成为一位画家或者建筑师。相反,他带着一种信念离开了医院,认为命运已经选择了他,要达到一个更为伟大的目的。他认

---

① 斯特莱斯曼(Gustav Stresemann,1878—1929),德国魏玛共和国总理和外交部长。第一次世界大战后使德国从战败中恢复国际地位的主要人物。
② 道威斯(Charles Gates Dawes,1865—1951),美国副总统(1925—1929)和金融家,1924年主持国际专家委员会制订有关德国赔款的道威斯计划,与英国保守党领袖奥斯汀·张伯伦(Austen Chamberlain)共获1925年诺贝尔和平奖。

为,他的任务就是要治愈整个德意志民族。在慕尼黑,他深深地卷入了那些强烈敌对共和国、民主、犹太人以及左翼激进主义的团体。1924年初,他与其他政变密谋者们被指控犯了叛国罪,而被带到慕尼黑的法官们的面前。希特勒被判处在慕尼黑的兰兹伯格监狱服刑五年。公共休息室的墙上挂着的一个月桂花环给他带来了灵感,于是开始写他的政治宣言,《我的奋斗》(Mein Kampf)。

希特勒在狱中呆了不到一年便被释放了。巴伐利亚州内务部长确信,希特勒将会精力耗尽。其他的人认为,这头野兽被驯服了。然而希特勒却发誓,要用合法的手段把他的革命进行到底。他明白,须用选举迫使民主屈服,用送往其中心的特洛伊木马把它打败:那是恐怖、许诺、惧怕和希望的一种爆炸性的混合。

他不打算用恢复战前的边界来使自己满意。"我们在六百年前中止的地方继续下去。我们停止那个无休止的前往南方和西方的德意志运动,而把我们的凝视转向东方的土地。最终我们中断战前时期的殖民主义和商业的方针,而转向未来的土地方针。"他在《我的奋斗》中写道。

这些恰恰就是在整个战争期间,克努特·汉姆生在写到德国人民的时候,所表达出来的情感。对土地的神圣的渴望是汉姆生所理解的某种东西,就像他的父母所曾理解的那样:那是一种可能提供并牺牲掉所需要的不管什么东西的渴望。

在瑞士的洛迦诺①,德国、英国、法国、比利时和意大利签订了一个公约,公约同意尊重德国与西方的新的边界。德国还勉强承认了莱茵兰②的非军事化,以及不使用武力朝东方扩大其边界。

从他的位于慕尼黑的总部,希特勒正在用他的强有力的口号向更多的国民讲话:"德国正在由于民主而挨饿";"我们绝不让德国被钉在十字架上处死"。

技术变革和经济变革在德国的进展要快于欧洲的其他地方。许多德国

---

① 洛迦诺(Locarno),瑞士南部城市,1925年《洛迦诺公约》签字地。
② 莱茵兰(Rhineland),德国莱茵河以西地区的通称。

人对现代世界有一种强烈的反感,因为现代世界给任何浪漫的理想非常小的位置。汉姆生的小说愈来愈清晰地表达了许多德国人的这种不安,以及他们对往昔时光的渴望。他的书从他在慕尼黑的出版商那里分送到整个德国、奥地利,以及瑞士和别的地方的讲德语的地区。对许多德国人来说,这位如此勇敢地反对现代世界变革的挪威作家,地位越来越高,成了一个先知式的人物。

与此同时在诺尔霍姆庄园,集农夫和作家于一身的汉姆生朝森林的更深处开出了他的道路。他在某种程度上成了一个生气勃勃的狂热分子,因为他的道路似乎永远是被从地面升起来的石头阻挡着。

他命令,道路和桥梁要建到他的王国的边缘。马拉的重机器、拖拉机和卡车,要求有宽的道路,而大量的货物又须迅速从诺尔霍姆庄园运送出来。湿地排干了水,在上面耕耘播种,然后收割。成千上万棵树植了起来。附属建筑建了起来。石头墙修了起来,围绕着边远的土地竖起了铁丝网。内部的院子修起了两米高的铁篱笆,外加四扇上锁的大门,而被搞得不可逾越。汉姆生随身带着这四扇大门中的三扇的钥匙。第四扇大门的钥匙挂在通往厨房的走廊上,凡是给不该进的人打开诺尔霍姆庄园大门的人,就一定会倒霉。

在他对土地极其渴望的驱使下,汉姆生就这样扩大着他的王国。落在庄园主威拉茨·霍尔姆森[①]身上的命运,毕竟并非是不可避免的:现代世界的实业家们并不一定像在《时代的孩子》或者《塞盖尔福斯镇》所描写的那样,能够打败农场主。在亲自耕田的过程中,汉姆生战胜了他自己作品中那种悲观主义——但他却并没有找到一种方式来克服他写作的那种精神上的僵化。

[①] 威拉茨·霍尔姆森是《时代的孩子》中的人物,是塞盖尔福斯镇的第三代最大的地主。参见第三部"从宾馆看到的景色"一节。

第 四 部

解目录

一个新的春天？

在早期狂热的岁月里,克努特·汉姆生曾认为,他的写作能力永远也不会衰退。

当时他吹嘘,他的神经细腻而又敏感:在写作的时候,他有六个星期的时间都在他的左手绑上一条长围巾,因为他自己的呼吸吹在他皮肤的表面,他都不能忍受。他不能经受火柴点着时的闪光,因而不得不在桌子底下划火柴。

汉姆生对自己既不耐烦又无情,持续不断地努力让灵感的波浪加速。他在《饥饿》中就描述了他是多么无情,同时又是多么的骄傲和自嘲。但到他写《神秘》和《牧羊神》的时候,这种斗争所付出的代价就再也不能掩饰了。

汉姆生总是向自己保证,也向别人保证,他的神经的突然发作会过去的。他尝试过饮用含酒精的饮料、电流疗法、按摩、服用药丸、服用饮料、服用奶油食品,以及十来种特效药。

他本以为,在他童年乡卜的土地上有助于工作,能开发出像他所创作出的人物威拉茨·霍尔姆森那样钢铁般的神经;但他的状况却只是恶化,他不得不离开。他躺在手术台上,在腹股沟上做了手术,希望能够减缓衰老的进程。

什么也无济于事。

比他小二十三岁的玛丽,在去年秋天出了她的第二本书。她的故事中的孩子们大概既与她现在的孩子们相似,也与三十年前的玛丽以及她的兄弟姐妹相似。她把她自己的母亲和父亲以及她本人的某些特性给予了她笔下的成年人物。然而值得注意的是,她自己的四个孩子的父亲却不见于她的作品。

玛丽比任何人都更明白,为什么在一本描述在一个和谐的成人世界里的孩子们的书中,汉姆生没有位置。她给她的书命名为《村子里的孩子:在家里和农场里》(*Village Children: At Home and on the Farm*)。这本书描写了自从 1912 年以来她丈夫所献身的那种田园生活,而现在玛丽也与那种生活产生了联系。

1925 年的新年,玛丽正全力写一部续篇。她并不需要有突发的灵感,所需要的只不过是在孩子们睡觉之后,自己可以支配的几个小时。

汉姆生也不再等待创造里的巨大波浪向自己突然袭来,而是将就着渐次进行,一步一步地,一个字一个字地写着。《汲水的女人》和《最后一章》的大部分就是这样写出来的,但这仍然要求精力极为专注。他在身体上可能仍然非常灵活——确实他能够跳跃,这给人以深刻印象——但他的一度敏锐的头脑却似乎正在僵化。他把这归因于起码在某种程度是他的焦虑症,这焦虑症现在导致他把自己关在紧闭的大门之内。

那一年有一个糟糕的开头。奥斯陆郡法院拒绝了汉姆生的要求,也就是只有他才能使用汉姆生这个姓氏的要求,法院的裁决有利于克努特的弟弟托尔瓦尔德和侄子阿尔马。托尔瓦尔德向法庭证明,他在 1890 年 10 月 2 日入伍,成为一名野战炮兵,用的名字就是佩德森·汉姆生;当时克努特还是一位默默无闻而又不值得尊重的作家,因而汉姆生这个姓氏似乎也不可能给托尔瓦尔德带来任何好处。五年以后,他也是用汉姆生这个姓氏结了婚,又过了三年,他的第一个孩子受洗时得到的教名就是托洛夫·奥斯卡·阿尔马·汉姆生。

克努特·汉姆生大为震惊。看来他的名字本身正受到从他身上被剥夺的威胁,因为在他看来,与他人共享这个名字就等于失去这个名字。

他指责他的律师们输了官司,斥责他们没有按照他的要求让他看到对方的论据,结果他也就无法向任何一点发起挑战。他宣告,他有意上诉到高等法院。

这样的话说起来容易。别的话则是愈来愈难以捉摸。

汉姆生不再处于一种合适的写作状态。他寻找他的手术所能够带来的使他精力充沛的效果，医生当时对他许诺，那个手术将会释放出荷尔蒙的一种疯狂的作用，能够产生出精力的激增，产生出可以驾驭的灵感——也许不像他年轻时那么疯狂，但却足以把他带到他下一本书的心脏之中。

由于不能在他自己的写作中取得进展，因而汉姆生便翻阅各种报纸，寻找在德国的积极发展的任何迹象。他从未放弃他的信念，即这个年轻的国家将会完成它当然的任务：打败堕落的英国人。他确信，这只不过是一个时间问题。但德国却须首先再次站起来。

随着1925年秋天一天天地过去，汉姆生仍然没有能够在他的下一部小说上取得进展。在10月11日给耶尔马·彼得森的一封信中，他表达了他对这一点的恐惧，他伤心地写道，"从现在开始，我不会写出多少东西了。"在11月4日，他告诉他的出版商柯尼希，"写书离我越来越远。"他的前一本书的书名《最后一章》，似乎正在证明是具有预言性的，使他不知所措。

但他能够想像过一种不能写作的生活吗？他的妻子当然能够。玛丽梦想，他能够放弃他的写作，并让她从那个不可能完成的保持平衡的行动中解脱出来，从她的当前生活解脱出来。她和孩子们始终是不得不为夫君和一家之主，演奏第二小提琴。倘若他放弃他的书的话，一切就会不同。

汉姆生总是在锦囊中为他的人物保留一两个奇迹——当他的人物值得获得奇迹的时候。施泰纳赫医生所做的手术，似乎并不是他本来所希望得到的那种特效药，但在1925年11月，当他在《晚邮报》上读到有关一本刚出版的书《神经过敏》(*Nervositet*)的时候，他大概又开始产生了一线希望。

汉姆生买了这本书，狼吞虎咽地读完，并立即给其作者约翰·伊尔根斯·施特罗姆医生写信。他很快就收到了回信，在互相通了几封信以后，汉姆生决定接受这位医生的治疗。

约翰·伊尔根斯·施特罗姆医生在奥斯陆大学完成了他医学学位的学习，接着又在苏黎世的伯格霍尔兹大学的精神病专科医院学习心理分析。他曾在挪威的两家大医院工作，治疗精神疾病，自1916年以来又在首都开

287

办了一家私人诊所。然而,尽管有资格证书,但施特罗姆却是挪威最有争议的医生之一:在欧洲的边缘地区,心理分析仍然在很大程度上没有得到承认,他的医生同行宣称,他是个江湖医生。

在汉姆生看来,阅读施特罗姆书的导论,就像是重温他作为年轻人写作《饥饿》和《神秘》的时候,是他本人的思想。按照这位医生的说法,神经质的人应该被看作位居社会中最优秀的人之列。还有另外一个原因吸引了汉姆生的注意:施特罗姆一再强调妻子在一个男人生活中的重要性。施特罗姆表明,在他作为心理分析专家的十五年期间,他看到有太多的妻子达不到标准。她们在婚姻关系中激发起不和,这使得她们的丈夫在工作上出现问题,加重了他们的神经质。施特罗姆说,男人的神经机能病往往可以追溯到他们的太太,他们的太太要么是性冷淡,要么是假装性冷淡;如果她们能够更多地付出,以取悦她们的配偶,那么她们受到了伤害的丈夫就会被治愈。

他本人与玛丽之间愈来愈远的距离,他的神经焦虑,他作为作家所遇到的障碍——汉姆生感到,好像他玩的单人纸牌戏就变成了这个样子。他完全可以当即作出决定,应该找约翰·伊尔根斯·施特罗姆治疗,而总有一天玛丽也应该找他治疗。

1926年1月3日,星期日,克努特·汉姆生乘坐近海轮船前往奥斯陆。就像四十年前他乘坐另外一艘轮船前往美国时那样,对他的写作没有进展而感到绝望。想必现在这一切都应该结束了。

当汉姆生在那个冬天离开诺尔霍姆庄园的时候,夫妇二人曾就这个问题争吵了一番。后来,在他的船舱里,他开始给他的妻子写信,抱怨说,她甚至都没有祝他旅途走运。

星期一到达奥斯陆后,他径直前往施特罗姆的诊察室,诊察室位于皇宫花园东北处的奥斯卡门。汉姆生爬上一幢就像一个猎人住的房子的两段楼梯,在门牌上寻找着,然后按了门铃。

在简短介绍之后,这位心理分析专家要汉姆生放松下来,并告诉他近来做的梦——比如昨夜的梦。

汉姆生开始描述一个梦。他的讲话的模式使这位精神科医生突然意识到,这些模式与他的作品的风格和节奏十分相似。

"有个人正抱着个孩子,但就我能够看到的而言,却并不像人们应该抱的那个样子。孩子被用襁褓包裹得太紧了,孩子都无法弯曲。我说道:应该包裹得能让孩子活动!孩子应该能够弯曲,最好的事情就是根本不用襁褓包裹。但这个孩子却是像包袱一样被捆了起来,用胳膊夹着。应该把这个孩子松开,这样它就能够弯曲。人从大批人群中得不到安宁。我认为我是被捆得太紧了。太僵硬了。现在我开始接受施特罗姆医生的治疗,我强烈希望,我可以放松对我的抑制,而更能够弯曲。"

要弯曲。要屈从。这是从这个人口中说出的话,四十年前,他曾经向上帝吼叫道,这两样他永远一样也做不到。

施特罗姆向汉姆生许诺,要给他一个新的春天——这是他的原话——这位作家应该每天到他的公寓来一次,有时来两次。汉姆生是挪威最著名的人物之一。要在首都保持低调是困难的,但他尝试了。他步行从旅馆去施特罗姆的住处,而不是乘坐有轨电车,这样就可以避免与人们密切接触。他还不去咖啡馆和饭馆。有几个听说他在市区的熟人,邀请他外出,他全都拒绝了,但他却说服玛丽来看他。

一个寒冷的1月上午,他在下船的地方接到了她。汉姆生喋喋不休地讲着这次治疗,其中一点就是基于对潜意识的放松,让潜意识流动起来。施特罗姆完全确信,汉姆生将再次返回到他最佳的工作状态。汉姆生要玛丽也开始接受施特罗姆的治疗。

玛丽提出抗议,说她根本就不需要这种东西,但汉姆生却坚持认为,这个治疗将会有助于他汉姆生。医生对这一点有把握。

玛丽回到家之后,汉姆生给她写信的时候试图态度温和。他告诉她,他买了两大卷鞋匠缝扣子使用的线,她可以想到,他坐在那里,在穿针的时候右手颤抖着,先用大针脚粗略地缝上,打上结,然后再缝。"因而现在我们有足够的缝鞋的线了,可以用到你我搬到在森林中我们可爱的小屋的时候,那时我们将在夜晚出去,看看天气,挠挠头。"

在玛丽经常散步的那个森林里,有一个湖,汉姆生有一次说,如果玛丽想要的话,他们将在湖边建一幢小房子。他甚至还在一个小山上找出了一块地,用步子测出了它的距离。这就是当他们的孩子们接管农场的经营之后,他们退休的地方。现在他又重复了他的许诺,不过首先得使他们之间的事情有所改善,这样他就能再次写作。

施特罗姆对汉姆生的进步感到满意。他的潜意识是活跃的,能够给予这位作家带来奇怪的梦和强大的想像。有一天夜里,他梦见了一个怀孕,挺着大肚子的姑娘。在梦中,有一个人说,长大的并不是她的肚子,而是她的灵魂。是不是他可能变得有创造力,开始倾吐心事了?在与施特罗姆会晤的时候他纳闷说。

一天下午,在返回旅馆的路上,他突然有了一个棒极了的简单想法:为什么他始终如此害怕别人?这似乎是荒诞的。他发誓,从现在开始他要尽一切可能,紧紧抓住这个想法。确实,那天晚上他邀请了他旅馆的男侍应生领班,陪着他去看了一场电影。

第二天,汉姆生把这个新的洞见告诉了施特罗姆。医生很高兴。他告诉他另外一个病人的情况,她与他同一天开始治疗,那是一个三十多岁的女人,她害怕变老,害怕发疯,害怕死亡。她和她的丈夫生了两个孩子,但按照医生的说法,她是性冷淡。施特罗姆告诉汉姆生,他当天就把她送回家了。

"难道你没有能力处理她的问题吗?"作家问。

"她已经治愈了!"

"她就这样保持治愈的状态?"

"在我行医的十四或者十六年间,我的病人没有一个旧病复发。"

那天晚上汉姆生在给他妻子的信中,介绍了所有这些奇迹。他坚持认为,她应该读施特罗姆医生的《神经过敏》一书。

我将再次像年轻人一样写作

汉姆生正在恢复他的社交能力,他花费了更多的时间呆在旅馆的餐室里,更频繁离开旅馆,并使用公共交通工具,重访二十、三十、四十,到现在几乎五十年前他就非常熟悉的老街道。对他《饥饿》时期的回忆再次被唤醒了。一天夜晚,他梦见了在那些困难的时候曾经帮助过他的一位主编。

经过两个月的时间,他的治疗产生了效果。"医生确信,一个春天将在我的内心涌现出来,我将再次像年轻人一样写作。……毫无疑问,由于想到春天将在我的内心涌现出来,我走起路来都有点趾高气扬了,当我站在有轨电车里被人们围着的时候,我感到我不像以前那样躲人了。"他向玛丽吐露道。

他甚至花了几个晚上的时间,同老相识们打扑克。

施特罗姆医生要汉姆生回想他最初的童年记忆。他能够想起的最早的记忆,就是在山区他家花园里果树的香味,以及一种特殊的花,当时他还不到三岁。他的下一个记忆,是一家人前往北方的旅行,当时他们乘坐汽船,沿着海岸线前往诺尔兰,他记得他尖叫了起来,于是他妈妈把他抱起来,让他看船的机舱。看到发光的巨大活塞猛地上下移动的时候,他平静了下来。

安全感与破裂,大自然与技术:他的大量作品都是来自在这两极之间的紧张关系。

医生要他谈他的童年。在一个梦中,他的父亲来到了他的身边,汉姆生跌落进一个深渊中,惊呼了三次,然后醒来了。他经常梦见他在跌落。施特罗姆问他,他把什么与这个意象联系起来了。

汉姆生回答说,如果他要真正恢复的话,那么他对跌落的恐惧就可能返回。

在他治疗的第三个月,一天晚上,种种想法又再次开始流动起来了。汉姆生立即取来铅笔和纸,开始在黑暗中写起来。他感到极度兴奋,因为他开发出了四十多年以前,他年轻时的经历,当时他是第一次漂泊,成了一名流浪汉。

他让回忆涌现出来,又在这些回忆中加上新的东西,去芜存菁,把它们融合起来又歪曲它们,再次把它们搜集起来,成为小小的一叠叠笔记。笔记记下的是种种印象:汉姆松德小居民点以及在哈马略教区牧师住宅的庭院,瓦尔瑟在特拉诺伊的贸易站,他在西奥伦岛担任助理教师和行政司法长官助手时的两年,他在基林格伊对扎赫尔所进行的访问。这些回忆就像在诺尔兰沿海地区,那些小贩和市场摊主一样,在自由地漫游着。还有对他的同伴的回忆,他的同伴比他大十岁,似乎有这种无限的生活经历,他是把真相与谎言混合起来的大师。

汉姆生不知道,现在正在问世的小说是否可以命之为《漂泊的人》。有一件事情是确定的,故事将以两个流浪汉为中心:奥古斯特和艾德瓦尔特。

随着春天的来临,种种想法在他的心里冒了出来。成叠的笔记在稳定增长。他再次把笔记摊放在他工作台上,开始玩他创作的单人纸牌戏。这位六十六岁的人再也不能像他年轻时那样写作了。但年轻人将会是他下一个故事的中心。

1926年,在仲夏的几天前,汉姆生回到了诺尔霍姆庄园。他最喜欢的莫过于受到欢迎,大家等待这位旅行者很长时间了。当他打开包,把所有的礼物交给孩子们的时候,大家极度激动。他在奥斯陆呆了五个多月,这是他离家时间最久的一次。然而,这次离家也带来了回报。他的手提箱的口袋里鼓鼓囊囊,全是他的笔记和一页页的手稿。

但在他处理他的文学工作之前,他得先看看他的农场。

艾德及其临近地区的居民更感兴趣的是对汉姆生的农业活动七嘴八舌,而不是讨论他的书。许多饱经风霜的农夫,对这位诺尔霍姆庄园"乡绅"摇头。大家一致认为,汉姆生是想大干一番,但没有几个人认为,他表现出良好的判断力。而那些读过他作品的人,则变得甚至更加困惑。这位作家赞美的是,谦卑的农夫没有虚荣,他还嘲笑那些认为他们能够买到一切的人;但他一放下他的铅笔,把他的关注转向他自己庄园的时候,那就似乎这一切全都被忘却了。汉姆生除了雇佣两三个姑娘在家内和牛舍里干活之外,还能够有多到十个人替他干活。

艾萨克·塞兰拉这个人物的创造者,对诺尔霍姆庄园有一种设想:要把它改造成一个适于耕作的大农场。没有人能够劝阻他,尽管他的邻居们强烈地警告他,不要把湿地的水排干,在上面种上谷物。

他的同村同胞也发现,他对林地的使用非常反传统。其中之一就是,他反对让树木稀疏一些,以便给新的作物更多的阳光,也反对把刚开始长直的小树周围的灌木丛砍掉。就汉姆生而言,森林是用来在里面散步的,而不是要被砍倒的。

当地人也对他的牲口的数量感到吃惊,汉姆生计划进一步增加,一直到能够养四十头母牛。当他在1919年接管诺尔霍姆庄园的时候,牛舍里只不过有八个畜栏。实际上这个农场也只能喂得起这么多。

他原先计划为自己和玛丽建一个小小的湖边村舍,供他们在衰老之年居住,但在1926年的整个夏天和秋天,这个计划都没有被提及。在汉姆生确信农场的扩大正在按计划进行的时候,他却消失进他的作家小屋里。

到7月底,汉姆生已经非常自信,一部新的小说正在成形,因而他告知他的德国出版商,米勒-朗根出版社,尽管它不可能是一部冗长的作品。毕竟,他就要过他的六十七岁生日了。但还没有过去四个月,他又给他的出版商送去信息,表明这本书有可能长出许多,可能明年夏天才完稿。他向他们保证,那将是一部独特的作品,建议他们准备大的印数。

汉姆生试图使玛丽确信,他的才能获得新生,应该感谢施特罗姆医生。他决心,那年冬天他们两人都应该去治疗。

玛丽有她自己的看法。想必汉姆生所谓的创造力的深井,在阻塞了足够长的时间之后,总是会喷涌的。有一个自然法则在起作用,就像怀孕到了足月的时候一样。汉姆生当然从未把他所遭遇到的困难秘不示人,但他现在的抱怨比以往更糟糕了。玛丽确信,汉姆生不管是处于什么样的创作过

293

程,那都是真正有意义的。

1926年11月,汉姆生离家前往奥斯陆,又是没有得到玛丽的同意。她尽了最大的努力,抵抗他要她接受施特罗姆医生的心理分析。他老是把玛丽作为他可能有的任何问题的借口:她必须被治愈,这样他就可能再次健康。

汉姆生同时代的人要么已经封笔了,要么去世了,但玛丽的六十七岁的丈夫却仍在喋喋不休地谈论着写作,就像一个有他年纪三分之一大的青年一样。他同她讨论了一下他的最新的作品,概述了它的主题:那些被拔掉了根的人所经历的苦难。但难道他对他自己的家庭,不正是在做着相同的事情吗?他的孩子们要被带离他们的家——而这一切都是为了他写作的缘故。

汉姆生在奥斯陆挑选了一个地方,除了他之外还能住下七个人:玛丽和四个孩子,一个可靠的女佣,而且既然谁也不知道他们要离家多久,因而还有一个家庭教师。11月中旬,他们搬进了一个别墅,别墅位于奥斯陆郊外的比格德于半岛。

他还在附近找到了一个仆人住的小屋,他可以在那里写作。

1926年12月初,玛丽·汉姆生登上了十一个月以前,她丈夫初次登上的那些台阶。施特罗姆给她留下的最初印象是,他说话非常细声细气。她丈夫有点耳聋,当他与人们交谈发现听力困难的时候,就开始抬高声音了。现在玛丽开始明白了,他们的许多婚姻秘密一定是从这些墙里传出去的。她的耳朵发烧了。

玛丽已经浏览了施特罗姆的《神经过敏》一书。她发现这本书令人生厌,她反对这位医生在性与神经过敏之间所作的密切联系,也反对他对妇女的描述,那些描述往往极端不近人情和具有侮辱性:"这些女人,她们死了,无性交能力,她们被包裹在她们对欲望的欠缺之中,并且还在培育这种欠缺——从根本上讲她们是可怜的人。她们不是在性交过程由于欢乐而大声表示喜悦,而是躺在那里,伸开双腿,让她们的头脑漫无边际地想着天地间种种无聊的东西——而做丈夫的,他娶的是一个活生生的人,现在却是怀里抱着一个冰块。"

在第一次给玛丽治疗的过程中,施特罗姆说,与克努特·汉姆生这样的人生活在一起,该是多么让她高兴啊。她回答说,并非总如此,而且事实上往往是可怕的。

"是吗?"

"是的,那就像开汽车,你永远也不会知道,下一个拐弯处会有什么。"

"唔,你是说汽车?有趣。"

"怎么会是有趣,医生?"

"汽车是一个性象征。"

又是这样。施特罗姆一心想了解人们生活的隐秘细节。玛丽觉得,心理分析作为一种科学是相当牵强的,因而总的说来,她是对这位医生的忠告充耳不闻。毕竟,她并不是自愿来到他诊察室的:她是在威逼之下进行"治疗"的。

有时这对夫妇在离开和到达到医生公寓套间的时候偶然遇见。他们被不许讨论在医生办公室里发生的事情——但实际上他们又怎么能够避免?

当他不去看心理分析专家时,汉姆生就坐在他的小屋里写他的小说。到1927年4月初的时候,他已经把第一部分提交给了金谷出版社的克里斯蒂安·柯尼希。现在在他的允许下,玛丽终于带着孩子以及女佣和家庭教师,返回了诺尔霍姆庄园。她比以往都更感到,她需要让他明白,这才是她和孩子们所属于的地方。

汉姆生又多呆了一个月,为的是既完成他的心理分析,又写完他的书。

在奥斯陆的时候,孩子们让他的神经烦躁得可怕。他以前从未做到在长时间的密切接触中,容忍他们。在诺尔霍姆庄园,有更多的空间可以把孩子们和成年人分开,但他在那个春天回到家之后,甚至这一点也不能避免汉姆生与他的孩子们关系愈来愈紧张。

托雷现在十五岁,他的弟弟阿利尔德比他小两岁,他们彼此卷入竞争之中,而十二岁的埃莉诺尔以及她的妹妹塞西莉娅则老是抱怨,她们的哥哥们给她们搞恶作剧。汉姆生的听力可能恶化了,但他听见孩子们的最轻微的喧闹声的能力,却似乎强化了。

玛丽试图向她丈夫说明，孩子们只能短时间地在他周围蹑手蹑脚地走。他们还是孩子，他们喧闹并没有邪恶的动机。他对所有的辩白全都置之不理：这是一个教养的问题。当孩子们小的时候，玛丽还能够让他们不碍他的事，从而得以应付这个恼火。而现在，这是不可能的。

在他的长子托雷领受了坚信礼之后，汉姆生就把他送到了瓦尔勒斯，这是汉姆生怀有如此深情记忆的那个山谷地区。托雷作出极大的努力学习学校的功课，不参与任何喧闹的游戏，更喜欢沉思，而不是做实际的户外活动。他的父亲怀着慷慨的心态，安慰他说："你更喜欢梦想和思考，而不是参与健康的游戏和男孩子的活动。听着，这既不是懒惰，也不是行动缓慢，你就是这个样子。你耽于幻想和内省，这大有可能有一天会给你带来好处。倘若我没有相同的倾向的话，那么大概我也不能做出我已经做出的工作。但这就是关键，我们也得工作。"

若干天以后，汉姆生向他哥哥汉斯吐露，他不想让托雷继承农场。阿利尔德更合适。他在信中解释说："托雷对这个庄园没有兴趣，他只想读书，画画以及做这种无价值的事情。……而从另一方面来说，阿利尔德是一个聪明的孩子，因为他想种田，捕鱼，用他的双手做能做的一切事情。他一到年龄，就应该接管这个庄园。我不能经营这个庄园，我在这里有八年的时间拥有佃户了，我只是等待阿利尔德长得足够大。"

汉姆生正在几乎像他年轻时那样写作。现在他已经把他自己的第一个孩子驱逐了出去，这是在他被驱逐出他童年家的大约五十年之后。

老年人的喋喋不休?

1927年秋天,在他上一本书出版的大约四年之后,克努特·汉姆生完成了《漂泊的人》。在他的写作生涯中,这是两本书间隔最长的一次。他告诉柯尼希,他担心这本书只不过是一个令人厌烦的老头的喋喋不休。

批评界对《最后一章》所作的冷淡的反应,毫无疑问促成了那个驱使他登上心理分析专家的诊察台的危机。西格德·胡尔是那些对他的上一本小说作出不利反应的批评家之一,而汉姆生也一定尤其想知道,他是否会评论《漂泊的人》。他评论了——但这次却是充满了赞誉。"这本书就像他在全盛时期的杰作《塞盖尔福斯镇》一样栩栩如生,在风格上就像《大地的成长》一样安谧,但却远为有生气。"胡尔宣告。"《漂泊的人》闪耀着汉姆生的最佳作品的光泽,是由这位炉火纯青的大师所创作出来的。"《世界之路报》补充说。

丹麦批评家汤姆·克里斯滕森[1]断定,汉姆生是在北方的唯一的文学先知,他凭借他作为一位艺术家的伟大,能够怀有他所喜欢的不管什么见解。

这一次没有人抱怨,说汉姆生对社会的尖锐评论,使他的人物刻画失去了温暖。大有可能的是,这起码在某种程度上是由于他所经受的心理分析所致。

---

[1] 克里斯滕森(Tom Kristensen,1893—1974),丹麦诗人、小说家。早年在哥本哈根大学读书,后为左翼的哥本哈根《政治报》撰写评论(1924—1963),颇有影响。

从汉姆生向施特罗姆所描述的第一个梦开始——孩子被包裹得紧紧的,以至于无法活动——心理分析专家与病人便讨论了汉姆生要获得更大的灵活的需要。医生希望帮助他明白,他正在看到他自己。他还鼓励汉姆生探索另外一个梦:

汉姆生正呆在一幢房子里,这时一些吉卜赛人来了。他们中的一个人敲着窗玻璃,请求让他们进去。"他并不是进来乞讨,而是有某件重要的事情解释。当那位吉卜赛人进屋的时候,我把一个图钉钉进他的下巴,主要是想看看他能够怎样忍受。"汉姆生告诉医生。但那位吉卜赛人并没有退缩。另外一个人,汉姆生很敬重他,他许诺要帮忙,把那些吉卜赛人赶出去。这两个人每一个都拿起一个大竿子。然后,令汉姆生沮丧的是,他的盟友开始与吉卜赛人做生意。那个图钉扎了汉姆生的腿,他突然发现,图钉扎进了他的皮肤。他试图把图钉拔出来,但又拔不出来,于是便放弃了。最后图钉又自行滑了出来。

对一位心理分析专家来说,这是一个梦的宝库,对病人来说也证明是一种揭示,因为它暴露出了他最深处的冲突:永恒的漂泊者对有产者,秩序对无秩序,诗人对农夫,幻觉对理性,文学对政治。

心理分析专家帮助他理解,他须允许他人格的这些矛盾的方面作为盟友,肩并肩地一起生活。他的梦向他表明,他试图摒弃,甚至伤害的那个吉卜赛人,有某件重要的事情要告诉他。那个包裹得紧紧的孩子,那个吉卜赛人,以及从他的腿上滑出来的图钉——都是他本人的意象。

汉姆生与这位心理分析专家进行的一次次的治疗,对这位变得苍老的作家产生了巨大的影响——其影响之大,就像四十年前,他初次遭遇到哥本哈根的文学环境及其对心理学的新的理解一样。倘若没有十九世纪后半叶在这个领域的发展,汉姆生就不可能写出《饥饿》、《神秘》和《牧羊神》,也不可能侧身于享有国际声誉的作家之中。而倘若二十世纪初无人把心理分析介绍给他的话,这是施特罗姆亲自介绍给他的,那么《最后一章》就大有可能成为他的最后一本书。

施特罗姆坚持认为,他的病人应该返回他的童年,以及与他自己的孩子的关系之中,由于这个坚持,汉姆生得以进入他作为作家的两个最重要的资源:他本人的情感生活以及他对诺尔兰的回忆。而且在他的梦的帮助下,施特罗姆向他表明了最为重要之处:他的最好的作品,产生自他人格的截然对立之间的巨大紧张。在把他自己的一面拒之门外的时候,他也就不再拥有他的内心的那种相同层次的冲突——而那种冲突正是他的写作的熔炉。存在是一场战斗,而诗人的工作则要求把这些多层次的自我带进肉搏战之中。

从一开始,《漂泊的人》似乎就是从多年以前他在一个演讲中所说到的回忆中获得了灵感:作家并不是教育家,作家并不改造社会。作家所关注的不是道德,而是情感。作家既不是思想家,也不是社会评论家,他们是幻想家、歌唱家、说书人、漂泊者——与摇动手摇风琴的人相近。

这就是他最近期的小说的素材。

从一开始,基调就定了下来:有两个人笨拙地向北方移动,他们脸的肤色黝黑,其中一位背着一个手摇风琴,他们欺骗那个小渔场居民点的每一个人。年轻的艾德瓦尔特在学校读书不好,但虽说如此,他却揭露了这两个无赖。艾德瓦尔特是这本书中的一个中心;与他互为补充的人物就是奥古斯特,奥古斯特是一个流浪者,一个孤儿,在童年的时候漫无目标地游荡,就像汉姆生童年时一样。"他用谎言安慰自己,也许他本人就相信这些谎言。"汉姆生写道。奥古斯特才华横溢,很有潜力。就像汉姆生以前写的许多流浪汉人物一样,他有一种难以抵抗的冲动,要使自己与人群分离,站在人群之外。这样一来,他就不断地言过其实,有时获得成功,有时则带来可笑的结局。得到别人的敬重对奥古斯特来说是重要的,这就使他乐于助人,讲求实际,并且慷慨得到达自我毁灭的程度。就像在文学中先于他的人物一样,他在爱情上没有获得幸福,然而在这里他却并没有受到很人的影响——这在汉姆生的作品中是某种非常新的东西。

奥古斯特是汉姆生书中那些随处可见的人物之一,他们体现了汉姆生所提出的有关艺术创作本身的信条——有关作家以及写作活动本身的信条。《饥饿》中的叙述者,是艺术家创造力的象征。《神秘》中的纳吉尔,代表着真正的艺术家对妥协的欠缺。《维多丽娅》中的约翰内斯,代表着有创造力的人与充满激情的爱的遭遇。而《在秋天的星光下》和《一个流浪汉在装上弱音器的琴弦上演奏》中的克努特·佩德森,则是对社会作出分析的艺术家。

相形之下,奥古斯特则体现出了这种理念:得到了精彩而又可怕的表现的想像,对善与恶的一种虚构。在《漂泊的人》的结尾,艾德瓦尔特的哥哥伊奥基姆是他的截然的对立面,又是作者的喉舌,他总结道:"从这位航海家从深渊和黑暗中出现的这一天,他就影响了村子里以及周围的大海中的每一个人,他就是根源。"

汉姆生现在清楚了,他的写作始终都是产生自他本人的内心的矛盾。他既是一个永远也不能长期呆在一个地方的幻想家,又是固定不动的深深扎下了根的农夫。对于奥古斯特的没有良心、他的现代性和无秩序,汉姆生可能会表现出非议,但他又似乎过于被他所迷住。

就在这部小说付印之前,克努特·汉姆生庆祝了他六十八岁的生日。金谷出版社的经理们确信,挪威公众会喜欢这个老人的喋喋不休。首发的第一版,他们就印了一万五千册,对任何作家来说这都是一个空前的数字。

1927年,再过五天就要过圣诞节了,这时《漂泊的人》的第八次印刷本分发给了各家书店,他们已经卖出了三万册。销售额在挪威已经破了所有的纪录。

大喜过望的金谷出版社的经理们说服了这位明星作家,为他们的1927年圣诞目录簿填写一份调查表。最后一个问题是,"你所能想像出来的最糟糕的事情是什么?"汉姆生的回答是:"死亡。倘若死亡并不是一种义务的话,我倒想幸运地逃离死亡!"汉姆生当然是感觉到他上了年纪,在给柯尼希的一封信中,他悲叹衰老所带来的痛苦:"我又卧床不起了——我是在家庭住房之外工作,而且往往是工作过度,干到最后是汗流浃背。上了岁数真是糟糕!"

但汉姆生还能继续多久的时间呢?他在写作《漂泊的人》的时候,他有相当多的时间认为,这将是他的最短的书;结果却是他最长的书,有六百多页。但他仍然还有几十则没有使用的笔记,还有相当数量的已经写出来的稿子。不仅如此,在《漂泊的人》的结尾,他向读者暗示,还有事情没写完:"他没有返回——许多年了。"他给自己加上了一个义务。

所有的批评家都对这个续篇的许诺作出了评论,而在许多国家中,高兴的读者们则是满怀期望地等待着。但有一个人,对他要写另外一本书的前景感到不快。

对汉姆生的写作所怀有的某种不满正在烦恼着玛丽。他的写作位于他们二人之间,多年来让她和孩子们付出了昂贵的代价。他不能承认,或者说不愿意承认,他欠他们的巨大的债。然而在他无力写作的那十八个月的时间里,他曾一再告诉他的妻子,他需要她。

玛丽知道,在这个肯定的背后,是那种绝望的乞求,乞求她帮助他能再次写作。她再次为他铺平了道路。现在她愈来愈不耐烦地要得到某种形式的承认,得到对她的贡献的一种报偿。先是从她的丈夫获得——然后是从公众获得。她知道,只有在他永远放下笔之后,她才能获得。只有到了那个时候,它才能找到作为这位伟大作家的妻子,并最终作为他的遗孀而得到报偿。

在这个十年期就要结束的时候,汉姆生仔细思考着他自己的死亡。他想到他的大女儿,以及她应该有权获得的遗产。他与她的母亲接洽,她的母亲告诉他,她已经拒绝了他的提议。他勃然大怒。维多丽娅又一次公然违抗了他。

301

一个文学皇帝

1927年圣诞节期间,克努特·汉姆生失去了一个对他具有重大意义的人:克里斯蒂安·柯尼希,他这么长的时间在奥斯陆是他的最信任的出版商,此刻正要回到哥本哈根的家。他既获得了挪威的圣奥拉夫勋章(由汉姆生提名),又获得了丹麦国旗勋章。这位诺贝尔奖得主出现在送别宴会上,对他来说是获得的第三个荣誉。汉姆生在餐桌上睡着了,他的头摆出的姿势是正要喝汤,这向后生们表明,应该喝威士忌,而不是喝"女士饮料",这被人们看作是一种额外的恭维。

哈拉尔德·格里格接管了过来,成了汉姆生的出版商。他证明自己在与国外出版社签订有利的合同上极其有效。汉姆生很快就把大部分国外版权的查询表寄给他,而不是寄给在哥本哈根的雅各布·黑格尔,而许多年来这些事情都是黑格尔处理的。

需求解决的问题各种各样:瑞典的困难的谈判,俄国的出版,与乌克兰的翻译家们达成的协议,外国电影导演的询问,一种美国教科书选用的《浅薄的土地》的片断,一家法国出版社对《贝诺尼》、《罗莎》和《牧羊神》所表现出的兴趣。格里格往往能成功地谈判出大笔的预支稿酬,以及为新的译本达成几个协议,并找出盗版,尤其是在南美洲的盗版。他的影响是广泛的。

非常满意的汉姆生咕哝着表示嘉许,并告诉他精力过人的年轻出版商,他不再需要详细的最新信息。1928年过去两个月之后,最终的信任达成了:金谷出版社的经理可以自由完成交易,只要他认为合适,他就可以代表他与国外出版商签订尽可能多的协议。他获得了汉姆生的完全信任。

"我将尽我最大的能力做一切事情。"这位出版商许诺道。这是一个在未来的许多年里格里格将信守的许诺。

1928年,汉姆生很少呆在他的作家小屋里,那里保存着他的《漂泊的人》续集的笔记,他向一位与他通信的俄国语言教授保证,他的人物奥古斯特还远远没有写完。但如果他的时间很快就要用完的话,那么他在尘世里的扩张就不能指望了。须作出安排,让阿利尔德接管一个样板农场。汉姆生想这样来让他的继承人们尊重他。而另一方面,他的文学遗产,将属于民族,属于欧洲,属于世界。

他正在不断地收到证据,终有一天他将跻身于那座万神殿。

当马克西姆·高尔基六十岁的时候,克努特·汉姆生应邀撰写颂词。他应允了,他强调,任何一位现代作家对他的影响,都比不上高尔基的影响强大——他显然忘记指出,他曾经在高尔基的一本书的书背上草草写下了评语,抱怨那是一本乏味的书,其人物缺乏变化。这个俄国人回报了他的恭维,说《大地的成长》、《汲水的女人》和《最后一章》是天才的作品。高尔基宣称,汉姆生是整个欧洲最伟大的艺术家。他无人可比,在任何地方都无人可比。

当时还计划出一本纪念马克·吐温的文集,吐温的家人请汉姆生撰稿。他写了一篇贴切的赞扬文章:"只要一提到马克·吐温的名字,就使我禁不住莞尔一笑,因为他的幽默精神是势不可挡的。但他却并不仅仅是一位幽默家,他的幽默有分量,他是教师,是教育家。他用风趣的形式给人们提供了更深刻的、更有价值的真理。"

托尔斯泰百年诞辰纪念委员会也接洽了汉姆生。他给委员会发去了电报:"我深深缅怀托尔斯泰。"

在汉姆生的书架上,有八本论述他的著作,这些书篇幅大小不一,而他则是非常不够坦诚地强调,他从未读过这些书。为了庆祝他的即将到来的七十岁生日,有两部传记正在编纂,定于1929年秋天面世。

米勒-朗根出版社已经与汉堡大学德语-瑞典语教授瓦尔特·贝伦森接洽,请他写一部汉姆生的传记。在1928年的春天,贝伦森给他写信,以澄清某些生平细节,并要求对他所写的所有文章给一个总的评价。汉姆生回信说,他什么事情都忘了,什么也没有记住。然而,在这同一封信的后面,他一定又突然想到,贝伦森的书提供了一个完美的机会,能使德国读者想起他对他们国家的忠诚。他变得乐于提供信息了:"我确实回想起,我现在想起来了,在战争期间我写了一些文章,但我记不得那是在1917年还是什么时候,但它们是政治文章。在国内我是非常孤立地站在德国一边的,直到今天我还站在德国的一边——全挪威都站在另外一边。"

三天之后,他写信给科尔菲兹·霍尔姆,霍尔姆现在是米勒-朗根出版社的经理。他宣称,他不想与这部传记有任何关系。他告诉霍尔姆,他无法应付人们的关注;他已经拒绝与新闻界见面,在街上见到那些陌生人他就躲,那些陌生人惊讶地呆望着他,好像他是个外国人似的。除此之外,写他的书已经够多了。然而,尽管他不厌其烦地说明要见到他很难,但贝伦森、出版商以及德国却是例外。贝伦森这位文学研究者毕竟可以到诺尔霍姆庄园来访问。玛丽将会接待他。

此后不久,汉姆生又再次得到证实,德国公众是多么珍视他。挪威批评家们曾普遍严厉批评的《最后一章》,将在德国一版就印行十万零五千册。汉姆生提醒他的出版商,在廉价出售这些书的时候应三思而后行,好像那书是死人的遗产似的:"我还没有完全死去!"他的咆哮的答复也许就是对他自己作出的回答,因为这封信是在他六十九岁生日写的。

贝伦森要了解汉姆生的过去,从一开始,汉姆生与这位传记作者的合作就别别扭扭。贝伦森提出,费利克斯·霍兰德尔曾在1890年代初期指责他剽窃,这给他带来了深深的伤害,汉姆生断然否认。至于说到他在巴黎时的困难,他只承认,他感到不安的是他说不了法语。贝伦森声称,汉姆生见过托马斯·曼并受到曼的影响,这一点也遭到了否认。他告诉贝伦森,直到近来他才读了这个德国人的作品,尽管他的确认为《布登勃洛克一家》(*Buddenbrooks*)①是"世界的不朽杰作之一"。然而他却承认,有三位作家对他有特殊的重要性:陀思妥耶夫斯基、尼采、斯特林堡。

---

① 长篇小说《布登勃洛克一家》是托马斯·曼的代表作。

汉姆生也小心翼翼地与他的挪威传记作者艾纳尔·斯卡夫兰保持着距离,斯卡夫兰是《日报》的主编,挪威国家剧院的前任艺术指导。

在10月的时候,汉姆生与其他人举荐挪威诗人奥拉夫·布尔①为诺贝尔奖得主,结果归于失败。诺贝尔奖颁给了作家西格里德·温塞特。

汉姆生本人则得到了安慰,因为《纽约时报书评副刊》(*New York Times Book Review*)发表了一篇评论,宣称《汲水的女人》证明了,汉姆生本人所获得的诺贝尔奖决非浪得虚名。而进一步的鼓励则来自哈拉尔德·格里格:如果他把《维多丽娅》翻译成世界语,这个最新的交易获得成功的话,那么汉姆生的作品就将会是用二十七种语言呈现出来。在圣诞节之前,汉姆生的论美国和时代精神的举足轻重的文章《不要匆忙下结论》(*Festina lente*),在北欧各大报纸上发表,后来又在几家美国报纸上发表。这进一步证明了汉姆生在国际上的文学声望,但也有益地使人们想起了他的角色,他是把自己看作比昂松的继承人和挪威的民族诗人,对领导他的人民负有责任。

玛丽本人则进一步地提高了汉姆生的文学名望。到1928年10月她的四十七岁生日的时候,她在六年间出的第五本书《在城里的奥拉》(*Ola in the City*),就已经摆在诺尔霍姆庄园的书架上了。在11月底的时候,她的心满意足的丈夫给她写信:"我看到一则广告,你的书印了五千册,对这种书来说这是一个巨大的数目,这是一本给孩子们或者年轻人写的书。我有二十二年的时间都是一次印数为三千册,让我闷闷不乐。直到我们搬到诺尔兰,(随着《最后的喜悦》的出版),一次的印数才有起色。"

批评家们也对玛丽的新书感到高兴。但她却是带着某种忧郁而获得了她的成功。这些孩子们以及他们长大成熟的故事到达了其自然的结局。她不知道该做什么。汉姆生不许她写长篇小说,因而当她有了灵感的时候,她便把诗意硬生生地从自己身上赶走,这种情况近来似乎愈来愈经常出现,尤其是因为她独处的时间越来越多。

---

① 布尔(Olaf Bull, 1883—1933),当时挪威著名的诗人。

1928年秋末,阿利尔德被送到瓦尔勒斯,与他的哥哥托雷住在一起;那两个女孩子则是在格里姆斯塔的一家人里租了房子住,她们是在那里上学。

玛丽留在一个没有孩子们的家里,一双手有了更多的时间,她不知道该怎么打发。而另一方面,汉姆生则抱怨,时间从来都不够用。

伟大,什么是伟大?

当她的丈夫忙于为1929年8月4日他七十岁生日做计划的时候,愈来愈怨愤的玛丽却在一旁观看。这个七十岁生日现在是他们生活的唯一中心,而且也是很长时间的中心,尽管汉姆生不愿意承认这一点。亨里克·隆德①第十次为他画了肖像,一位摄影大师带着一汽车的设备来到诺尔霍姆庄园,要使这里的一切都名垂千古:除了房内房外之外,还拍摄了那个扩大了范围的牛舍、鹅塘周围的篱笆、花园,以及穿越森林前往沼泽的道路。

对审美已经给予了大量的关注。6月初,庄园里的所有房屋都涂成了白色,而谷仓和马厩、工具棚和汽车房,则被涂上了一种传统的红棕色。主建筑已经有了几处扩建,又在大门口增建了一个阳台,阳台是由典雅的柱廊支撑,这就带来了一个宏伟的乡下庄园想取得的那种效果。那幢房子到现在已经快有一个世纪那么古老了,在房子的里面,楼梯被去掉,内墙被敲了下来,以便有空间容得下汉姆生的骄傲和欢乐:那个空间就是客厅。他宣称,他想对年轻人表示尊重,为了这个目的,他建了一个房间,装修起来,以便让年轻人在里面跳舞。他说,如果一个人来自一个体面的家庭,他就应该有空间跳波洛内兹舞②,而无须移动家具。在他的书中,汉姆生很少为描述室内而写出一个句子,而一旦写出这样的句子,那又通常是为了强调人物的虚荣;然而他却又似乎一心想把他自己的家,变成一个大而阴森的建筑物。

---

① 亨里克·隆德(Henrik Lund,1879—1935),挪威新印象派画家。
② 波洛内兹舞(polonaise),流行于19世纪的一种波兰慢步舞。

他似乎永远也没有时间同玛丽谈论在朗谢尔内特湖①边的那个小屋,他曾许诺要在那里他们两人单独建一个小屋。

玛丽·汉姆生对她的处境既不满意又愤愤不平,因而大概也就发现了在汉姆生生日前寄来的一个包裹里面的东西,这是极其富于启发性的,甚至可能促使她再次估价她对心理分析的怀疑。施特罗姆的一个年轻的同事,也精于此道,他承担起了责任,把汉姆生的书全都读完,并通过这些书,对作者的个性进行了分析。

特里格韦·布拉托伊医生在包裹里附上了一个条子,询问随着他的七十大寿的来临,汉姆生是否可以推荐出版这部稿子;金谷出版社已经出于对作家的尊重,拒绝出版。过了一些时间,汉姆生把包裹退回了,并在信封上写下了下述的话:"你本来就可以不必费心把这部手稿寄给我,因为写我的任何东西,我从来就不读。"

布拉托伊忍俊不禁:那个包着手稿的包显然已经被打开过了。

像施特罗姆一样,布拉托伊也研究了西格蒙德·弗洛伊德的潜意识理论,并研究了汉姆生的书,以期把驱使着这位作家的内心力量辨识出来。他的评述在玛丽看来可能是非常真实的。在看《饥饿》的时候,布拉托伊的注意力落在了小说的叙述者与依拉亚丽的会面:"由于某种任性的看法,我的思绪立即转向了一个奇怪的方向。我感到,有一种奇特的欲望支配了我,想吓唬这个女人,想跟着她,给她带来某种伤害。"布拉托伊指出,这个人物需要征服那些感动了他的人,这成了在一本又一本书中一再出现的主题。

他继续评论说,强烈的冲突和巨大的情绪改变,是汉姆生所有的人物的特征,他们拥有被拒绝者的灵魂,拥有沮丧者的伤疤。这样的人需要获得不断的和确凿的证据,说明他们获得成功了;他们对自己过低的评价要求他们征服他人,才可以相信他们自己的力量。汉姆生的人物总是生活在对于他们自己境遇不安的感觉中。

---

① 朗谢尔内特湖(Langtjernet Lake),位于挪威东南端的东福尔郡(Ostfold),西起奥斯陆峡湾,东至瑞典边界。

布拉托伊着迷的是,汉姆生的许多男性主人公在其浪漫关系中,都遵循着一个固定的模式。他的人物一再倾心于那些并不自由的女人。那些女人的丈夫和情人一再被戴上绿帽子。这位心理分析专家指出,这位作家的童年,尤其是在他性格形成的岁月里,当时他与他母亲的关系本来应该是有一个机会,能自然地达到成熟,但他却不能进入他童年的家,而是受到了他舅舅的控制。布拉托伊说,结果汉姆生就把他的母亲理想化了,同时又怀疑,她在与他的舅舅做出安排的过程中起了很大的作用。这就在他对他的母亲,以及那些将取代他母亲位置的女人的感知中,造成了一个痛苦的分裂。在他的最早的书中,汉姆生让他笔下的母亲人物死去,从而解决了这个冲突。布拉托伊提出,他的写作越具有技巧,他对心灵分裂的表现也就越错综复杂。

布拉托伊在汉姆生与马克西姆·高尔基之间进行了比较。两个人都是经过了长期而又艰苦的奋斗之后,获得了成功。难道人们不会期望他们俩都对那些为了自身的改善,以及他们家庭的改善而奋斗的人们怀有同情吗?但这个挪威人却永远也不会屈尊成为无产阶级的一员。他仍然是一个浪漫主义者,愈来愈被过去所吸引,这样一来也就永远没有挣脱出来。布拉托伊的这部手稿起了一个恰到好处的名字《生活的循环》(*Life's Circle*)。

毫无疑问,这违背了以喜欢保护隐私而著称的汉姆生的意愿,特里格韦·布拉托伊的书最终在他的七十岁生日前后出版了。与此同时,金谷出版社出版了艾纳尔·斯卡夫兰的传记《克努特·汉姆生》(*Knut Hamsun*)。斯卡夫兰的传记着眼于他的文学作品,与布拉托伊形成对照的是,他并没有探究在生活与艺术之间的任何联系。在书中的最后一句话中,斯卡夫兰写道:"变老也适宜于克努特·汉姆生。"这几个字将被未来的事件所取代,终有一天斯卡夫兰将为写出这几个字而后悔,也许比写出别的任何话都后悔。

在远远没有庆祝生日之前,汉姆生一家便制订了计划,要与新闻界玩他们的传统的猫捉老鼠的游戏。他买了一辆新的轿车,别克车。他非常担心会被记者和公众中的好事之徒认出来,因而甚至考虑要刮掉他的有特色的八字须。托雷暗示,他或许是读了太多的描写犯罪的小说。

厚厚的一叠信件、电报和贺卡,在诺尔霍姆庄园等着汉姆生——总共六百五十七件。祝贺来自世界的四个角落:慕尼黑的作家与记者联盟,以及赫尔辛基、圣加仑①、印度、希腊、波兰、匈牙利、罗马尼亚、纽约、荷兰、列宁格勒和约翰内斯堡的仰慕者。捷克斯洛伐克有一所学校,它的校长和学生寄来了他们的良好祝愿和感谢。有两所德国大学想授予他荣誉博士学位。苏联驻挪威公使亚历山德拉·柯伦泰②给他颁发了莫斯科科学与艺术学院荣誉院士证书。另外有人请求他为种种事业提供支持,其中就有一个组织,它把知识分子聚集起来反对战争。有一个德国人提供了可供写出一部小说的素材,汉姆生可以使用,只要求付一点费用。一个瑞典人送来有关他最新发明的信息,他发明的是萨尔瓦托火灾逃生绳。布拉格的奥斯卡·波拉克因为汉姆生三十年前签字献给他的那本《维多丽娅》而再次感谢他。驻突尼斯的一位丹麦总领事,让他想起了他在巴黎的时光。从美国的伊利诺伊州,一些远亲告诉他,他们在美国报纸上看到了他的照片,感到非常骄傲。卡尔瓦多斯③的一个熟人告诉他,有一家法国杂志把他描述为所有时代的最伟大的小说家。

在《纪念文集》中,一个又一个国际文学界的重量级人物,肯定了克努特·汉姆生独一无二的特性。西班牙人亚欣托·贝纳文特④表达了对他的高度敬佩。约翰·高尔斯华绥⑤希望,他的天才之火将会在未来的岁月里继续燃烧。安德烈·纪德⑥的文章几乎占了两页的篇幅,而马克西姆·高尔基则用了六页。格哈德·豪普特曼⑦把汉姆生描述为刻画人类灵魂的大师。汤姆·克里斯滕森向一代的丹麦作家的一个危险的英雄表示了敬意,之所以说是危险,是因为他是向潜意识说话。海因里希和托马斯·曼两兄

---

① 圣加仑(St Gallen),瑞士城市,有著名的瑞士圣加仑大学。
② 柯伦泰(Aleksandra Kollontay,1872—1952),俄国女革命家。1922年进入外交界,历任驻挪威公使、驻墨西哥公使和驻瑞典公使。1943年后升为大使级。
③ 卡尔瓦多斯(Calvados),法国北部下诺曼底大区省份。
④ 贝纳文特(Jacinto Benawente,1866—1954),20世纪西班牙戏剧界先驱之一,获1922年诺贝尔文学奖。
⑤ 高尔斯华绥(John Galsworthy,1867—1933),英国小说家和剧作家,获1932年诺贝尔文学奖。
⑥ 纪德(Andre Gide,1869—1951),法国作家,获1947年诺贝尔文学奖。
⑦ 豪普特曼(Gerhart Hauptmann,1862—1946),德国剧作家、自然主义戏剧的倡导者,获1912年诺贝尔文学奖。

弟①都为他写了洋洋洒洒的文章,同样写出了洋洋洒洒的文章的还有 T. G. 马萨里克②、柳德米拉·比托叶夫③、耶尔马·瑟德尔贝里④、雅各布·瓦塞尔曼⑤、H. G. 威尔斯,以及施特凡·茨威格⑥。

从未有一个挪威人获得了挪威国外这么多杰出人士这种赞美;三位汉姆生的赞赏者已经是诺贝尔奖得主了,还有两位将在未来获得这个世界上最重要的文学奖项。

有五位《纪念文集》的撰稿人来自说德语的地区,还有的撰稿人提到了他在德国占据的独特地位。德国报纸证实了这一点,在献给他的篇幅和所使用的溢美之词,德国报纸几乎胜过了挪威报纸。在整个德国,编辑们和文学专栏作家们似乎是互相竞争,都想成为在对这位七十岁老人的赞美上,成为最热情洋溢的一位。

当然,来自德国读者的贺词,在诺尔霍姆庄园成堆的邮件中占了大部分。他们在四十年的时间都仰慕汉姆生的作品。马克斯·赖因哈特11月在柏林把《紧握生命》搬上了舞台,由于公众非常激动,因而这部话剧继续成为常备剧目,总共演出了七十四场。德国出版商是首先把他的书译成外语的。现在超过五十万册《饥饿》在德国印行,这个数字超过了这本书在世界各地的总销售量。几乎他所有的主要作品也都是如此。超过十万册的《牧羊神》售出了,而且他的声望在继续增长;几乎七万册《漂泊的人》已经从书店里售出了。

那就好像在德国有一种需要,听到汉姆生的信息:永远也不要在逆境中屈服,要公然违抗每一个人和每一件事情。他是一个先知,宣讲着存在于坚定中的生命力的福音。他的小说、文章和戏剧正在继续肯定着他的声望。这儿是 个抵抗变革着的时代的人。在庆祝了他的七十岁生日之后,对汉

---

① 海因里希·曼(Heinrich Mann,1871—1950),德国小说家,托马斯·曼之兄。
② 马萨里克(T. G. Masaryk,1850—1937),捷克哲学家、捷克斯洛伐克共和国的主要缔造者,首任总统(1918—1935)。该国的马萨里克大学即以他的名字命名。
③ 比托叶夫(Ludmilla Pitoeff,1895—1951),俄罗斯裔法国女演员。
④ 瑟德尔贝里(Hjalmar Soderberg,1849—1941),瑞典小说家、文学评论家。
⑤ 瓦塞尔曼(Jacob Wassermann,1873—1934),德国小说家。
⑥ 茨威格(Stefan Zweig,1881—1942),奥地利作家。

姆生的这种狂热崇拜甚至更加强烈了。

1929年10月,德国外交部长古斯塔夫·斯特来斯曼去世。自从1923年以来,他的政府一直试图在最大程度上,减少《凡尔赛和约》对德国产生的毁灭效果,其中他起了很大的作用,并在1926年,与谈判达成了《洛迦诺条约》的政治家分享了诺贝尔和平奖奖金①。他的设想就是,应该缓和与德国曾经交战的那些国家的关系,从而也就为贸易建立一种有利的氛围,并为经济的迅速恢复扫清道路。在这个过程中,极端主义就会得到抑制,不论是左翼的还是右翼的极端主义。

斯特来斯曼的方法成功了。外汇汇率曾经一度达到四万两千亿马克兑换一美元,而现在货币改革又使得国家回到了正轨。外国的钱又再次在德国投资了,而且在德国失败后对德国的众多限制正在放松。甚至最痛苦的疖子——巨额的战争赔款及其偿还日程——也被切开了,这多亏了似乎不知疲倦的斯特来斯曼。

汉姆生能够看到,在德国的公民和世界的眼中,德国再次高高地站立起来了,而且一切都纳入了正轨,能够继续稳定地进步。

但就在这位和解政治之父辞世的同一个月里,纽约证券交易所破产了。没出几个星期,冲击波就覆盖了世界市场。这场危机尤其使得德国受到重创。外国投资家们撤资,这使得生产急剧下降,成千上万家工厂关门。在只不过是几个月的时间,国外贸易下降了一半。大规模的失业和沮丧意味着,德国人民难以获得生存的必需品。

德国被卷入了一个只能够更加糟糕的恶性循环之中。

从他的几个住所,汉姆生密切关注着报纸上对德国事态发展的报道。经常有文章写阿道夫·希特勒,他继续用他的激烈的言辞对德国人民狂轰乱炸。他谴责古斯塔夫·斯特来斯曼、赫尔曼·米勒②和其他大政治家,说

---

① 1926年,斯特来斯曼与法国的阿里斯蒂德·白里安(Aristide Briand, 1862—1932)同获诺贝尔和平奖。白里安是法国政治家,当过11次法国总理,在1906至1932年间,担任内阁职务26次。他最引人注目的成就,是签订了《洛迦诺条约》(1925)。
② 米勒(Hermann Muller, 1876—1931),德国政治家、德国社会民主党领袖,两度出任魏玛共和国总理。德国社会民主党在1928年选举中获胜,由他组织联合政府。由于世界经济危机的来临,他被迫于1930年辞职。

他们是祖国的叛徒。但当选民们在1928年的大选中前往投票箱的时候,他们却因为近期的经济增长,而把票投给了社会民主党和中间派的政治家们,尽管希特勒的德国国家社会主义工人党①也在国会赢得了十二个席位。其中的一位就是约瑟夫·戈培尔,戈培尔是一个有文学抱负的语文学家,也是汉姆生的高度仰慕者。另外一位就是赫尔曼·戈林,他就是那位娶了一个有钱的女人之后,从瑞典回国的飞行员。大选才过去一个星期,戈林就表达了他对民主的不屑:"有关国会我们有什么可在乎的呢?……那是一个粪堆,没有必要使用像'政府'这样的委婉语。"

挪威报纸报道说,希特勒和他的党试图在秋天撤消斯特来斯曼逝世前不久谈判达成的协议。这个举动使得希特勒为德国工商界所喜爱,德国工商界的大多数人支持和解政治,但又反对战争损害协议,因为战争损害协议意味着德国给取胜的协约国的赔款一直持续到1988年。

阿道夫·希特勒激励德国人民起来反对这种"奴役",他在国会里赢得了一次表决,要举行全民公决。由于工商界给予了他们财政上的支持,希特勒也就把他的政治鼓动和组织的才能变成了一台宣传机器,德国以前从未有过这样的宣传机器。但德国民族的大多数人仍然把票投给了他们最了解的政治家们,只有不到百分之十四的选票摒弃战争赔偿的协议。

在德国当每四个家庭就有一个发现自己受到失业打击的时候,人们的感觉就开始改变了。更多的人厌倦了所谓的负责任的政治家们要求保持头脑冷静、成熟和适度的呼吁。他们经历了战争、失败、耻辱、多年的困苦、乐观主义的短暂闪光——而现在又要经历着一场新的破产,这新的破产威胁着要把他们赶进深渊之中。也许这些把老的政治家称为卖国贼的新的政治家是正确的。

1930年2月2日,希特勒再次向他的追随者们保证,"两年半之后,最多三年,……我们的运动将会取得胜利。"

---

① 德国国家社会主义工人党(NSDAP),简称国社党,贬称纳粹党。

一道红色闪光

1930年伊始,克努特·汉姆生带着他的儿子阿利尔德和托雷,前往瓦尔勒斯山谷,阿利尔德和托雷仍然在那里上学。在一个带有阳台的位于角落的房间里,他能够观察到艾于达尔小镇上来来往往的人,汉姆生正一心要写完另一部小说。

在他们登上前往奥斯陆近海的轮船之前,汉姆生买了许多写作的用具。他的账单为十二克朗七十四欧尔。在全挪威都找不出一个公司,能够在所投资的每一个克朗上表现出这样高的利润率。

然而在人工方面的费用要高上许多,而承担了这一切的则是玛丽。在庆祝了他七十岁生日以后,汉姆生勉为其难写了一点,从秋天一直写到圣诞节,到圣诞节的时候他的作家小屋太冷了。汉姆生搬到了玛丽隔壁的他的房间。她听见他与奥古斯特以及他的别的人物长时间地交谈。他的听力越恶化,他讲话的声音就越大。

现在在瓦尔勒斯,汉姆生每天都坐在外面的阳台上,呆上几个小时,他穿着爱斯基摩人那样的衣服,享受着清新的空气与工作的结合。他回到了他年轻时最幸福的地方,因为他被一种希望所驱使着,那希望就是要释放出灵感的新波浪。到复活节的时候,他得以把他的下一部小说《奥古斯特》(August)的一多半,寄给了哈拉尔德·格里格,格里格立即回信,带来了消息,说在德国、美国、苏联、荷兰、捷克斯洛伐克、波兰和芬兰的出版商,都正在焦急地等着小说的其余部分,以便可以开始翻译。

汉姆生有机会在他认为是合适的近距离,来观察他的儿子们。他们的个性非常不同。最小的那位"相当邋遢,不好好洗,老是在脖子上围着一条黄色的围巾,即使他有大量漂亮的带领子的衬衫。不过见鬼,他是个好小伙子,几乎是成年人了,而且粗俗得露骨。托雷又高又修长,他宁可一直穿着最好的衣服,穿着好鞋子,系着领带,他是一位绅士"。

但在初夏的那几个月里,一切事情都围绕着他的《奥古斯特》的完成。汉姆生决心把他的一切都给这本书——而且还要多给一些。

5月17日是挪威的宪法日,在这一天,格里格告诉金谷出版社的最大股东,利润率已经从百分之五上升到了百分之七。对哥本哈根的金谷出版社的巨大债务的偿还,也大大早于日程。对格里格来说,这是提出为他本人大大提高薪水的一个合适的时间,而提薪又使得他的薪水达到一年三万克朗。他现在赚的比挪威首相还多,是奥斯陆警察局局长的两倍。

汉姆生想,一个能赚这么高薪水的人,想必一定能帮他的忙。有一位旅馆经理提供的情况吸引了他的注意,说他的旅馆有一套独特的瓷器餐具很快就要拍卖。格里格收到了他的指示:"我有半辈子对这套餐具感兴趣了。……不要让它被别人买走,要一直竞拍到最后一个克朗。不要在乎它要花费多少钱——一定要买下它。"

哈拉尔德·格里格从来就不是一个能够放弃一个聚会的人,现在又有了三个理由,应该庆祝一番:他的出版社的赢利,得知今年将会有一部新的汉姆生的小说,经营古董又获得了相当巨额的利润。他说服了汉姆生参加在奥斯陆的欢庆活动。香槟酒起着泡沫,而且汉姆生还给乐队越来越多的钱,让其演奏《拉帕洛马》(La Palomu)①。

他在宴会上的伙伴,瑞典作家玛丽卡·谢恩施泰德,迷住了他。"只要这持续下去,一切都是极为愉快的,倘若我年轻上四十岁,我就会跟着玛丽卡·谢恩施泰德走上许多,许多英里。"他对格里格坦承道。

这位美丽的女作家给他寄来了一封信和礼物。在返回诺尔霍姆庄园的一个星期之后,汉姆生把妻子和女儿打发去了瓦尔勒斯,去参加两个儿子的

---

① 《拉帕洛马》(La Paloma)是一首著名的流行歌曲,1863年前后由西班牙作曲家塞巴斯蒂安·伊拉蒂埃(Sebastian Iradier)创作。

315

期末庆祝活动。第二天,他给那个给他留下了深刻印象的女人写了信:"我的最亲爱的——上帝保佑你,美丽的女人,它足以把我征服。在从瓦尔勒斯到奥斯陆的火车上我打开了它,我谦恭地退缩了。我自卑地退缩了。我衰老地退缩了——是的,衰老。我究竟能给你什么东西呢?我的诺贝尔奖奖章?但你只会把它退回。我可以前往斯德哥尔摩,去谢谢你,再回来。但我已有四十年的时间过于衰朽了。我能给予你的——并不是这么多的保留——而是我自己的可怜的残余物。但你将能拥有我的儿子们,他们就像你一样年轻。啊,天哪,你是多么可爱啊。我记得我看到了你的可爱,感觉到你的可爱。……他们说老年有其欢乐,但这并不是真的。人可以忙于自己的孩子们,但能忙于欢乐吗——?不,你让一道红色闪光穿过了我。有多年没有红色闪光穿过我了。……只要有红色闪光就有甜蜜,那天傍晚就有一道红色闪光。"

已经有好长时间他没有写这样的东西了,也许自从他描述了在约翰内斯与维多丽娅之间的爱之后,就没有这样写过了。而现在,他与之成婚的那个女人再也不能激发起那种狂热了,激发不起这个新的邂逅在他身上点燃的那道红色闪光了。

汉姆生努力工作,为又一本小说定稿,以便校对。到秋天的时候,《奥古斯特》就将出现在欧洲的各个国家。三年半以前,施特罗姆曾许诺,要给他一个新的春天。尽管汉姆生心情忧郁,那位医生的许诺还是实现了,而且超出了许诺:汉姆生已经正在考虑为他的奥古斯特系列写第三本小说,这一次讲的是一个老人,他通过一个女人在他心中点燃一道红色的闪光,而再次获得了青春。

这是1930年的仲夏。克努特·汉姆生很快就七十一岁了。

一位寻求和解的康复期病人

有几年的时间,克努特·汉姆生一直有泌尿器官上的问题。在1930年的初秋,阿伦达尔医院诊断为前列腺肥大。他需要做手术。他是否有癌症,只有在手术的过程中才能确定。

他给贝尔格丽特的妹妹,在汉堡的埃莉特·格罗斯写信,要她告诉他的前妻,他要做手术,他想把他的经济事务理顺,以备万一他死亡之需。

当他的女儿维多丽娅通过她的姨妈和母亲得知,他就要做手术,决定寄一封信给他,这封信是她三个星期前写的,但却没有勇气寄出:

"我已多年没有给你写信了,因为我难过地知道,你宁可这样,但你给我的惩罚太严厉了,爸爸。我胆敢再次向你呼吁,愿上帝准许,不管我是怎么冒犯了你,你都可以理解和原谅我。我全心全意珍爱你,如果你对我还有一点点爱,那么就不要再咒骂我了,太可怕了。你不会相信,这些年来我都被压垮了。"

维多丽娅找出了他们之间存在鸿沟的一个原因。"我们彼此之间太不了解了,大量的不幸福也许就在于此。"她描述了,她是多么珍惜对那儿个夏天的回忆,当时她是个孩子,被允许看他。"我能够记得一路返回北斯特兰①时的情景,你带我去百货公司,买了失去了光泽的小戒指,只过了两分钟宝石就脱落了,因而我又不得不买了个新的。你和我一起打牌,我赢了的时候,你说我耍无赖;你还在孔斯贝格的一条废弃的铁路线上,帮我找发光的石头,采摘麦瓶草。"

---

① 北斯特兰(Nordstrand),奥斯陆的一个行政区。

她继续写道:"但然后过去了这么多年,从我十岁到十六岁的时候,在那期间你从未来看我,即使在最后几年我们住得非常近。请不要误解,我没有权利因为任何事情而责备你。你可能有你的我没有意识到的理由。我只是想向你表明,境遇使得我们成了陌生人,我没有什么机会向你表示我的爱。如果你以为,尽管我不承认,我还是没有爱,那么你就是大错而特错了。"

在1923年的夏天,维多丽娅曾来过诺尔霍姆庄园,从那以后她就再也没有到过挪威;当时汉姆生站在门口看着她,拒绝与她交谈,最终转过身,离去了。现在她提出,她想再次前来,这次是带着她的两个孩子。"埃里克和小戴德里克·克努特,只要想一想,他们能够见到他们的外公,他们将终生听到他们的外公的故事,他们将读他们的外公的书,那是一种什么情形呀。你曾经说过,只有软弱的性格才宽恕,但我的看法不同。我知道,让你朝我伸出一只手来,是非常违背你的意愿的。我将理解你朝我伸手的价值,我将在余生感激你。"

汉姆生终于打破了他九年的沉默。他想告诉她什么事情,以备他在手术台上死去之需。"不管什么需要我原谅的,我早就原谅了。我在这里有太多的事情需要处理,无暇关心过去的事情。……就我而言,我由于事情没有按照我的计划进行而沮丧,而说出和做出的不管什么事情,你都必须原谅。"

在信的页边的空白,他也解释了,为什么七年前,维多丽娅想来看他而遭到拒绝:"那次我没有接待你,是因为我正在奋力把一本新书写完。"不过她在诺尔霍姆庄园始终不受欢迎。

汉姆生要求她现在就接受一个继承协议,他心里明白,他的庄园的价值将在未来的岁月里贬值。不过这也许已经太晚了。九天以后,他就要经受外科手术,"而如果我死去的话,医生告诉我,死的时候会很快。就我个人而言,我一点也不在乎我的情况怎样,我们都会走那条路,是的,我们所有的人,不管怎么说我都将老死。我已经七十一岁了。"

维多丽娅再次向她父亲保证,她想要的只是同他和解,而不是钱,不过这一点并非完全真实。当汉姆生准备住院的时候,他的女儿和女儿的律师计算出了他的财产的价值。玛丽则把自己武装了起来,准备为她自己的子女们的继承打上一仗。

1930年9月15日,星期一,玛丽开车把汉姆生送到了阿伦达尔医院。他登记住院以后,汉姆生的顾问彼得·尼克拉伊森跟着玛丽走了出来。他想跟她单独说句话。

"我想提醒你,事实上这个手术并不是没有风险。那可能是癌症。"

"我丈夫知道吗?"她问道。只是现在她才意识到,那个有一点不舒服就大惊小怪的人,近一个月来他都极力掩饰着他对可能死去的真正恐惧。

第二天,顾问送来了某种令人振奋的消息。十年前汉姆生在哥本哈根接受过一次手术,那手术据说是要使他恢复元气,而实际上没有什么效果,但现在却起码带来了某种具体的好处。汉姆生的手术可以少一个步骤。

汉姆生写了若干封信打发时间,同时也阅读埃德加·华莱士①的侦探小说,以及伟大的历史人物的各种传记。

10月2日,他被推进了手术室。那天晚些时候,诺尔霍姆庄园的电话响了。顾问告诉玛丽,手术获得成功,没有严重的并发症。在她的头脑中,首要的问题就是否定的回答:那不是恶性的。确实,汉姆生精神很好,他已经不需要顾问了。

然而,律师们却并非不需要。

汉姆生的律师计算出来,他提出给维多丽娅的那个五万克朗的继承数目太多了。三万八千克朗倒是一个公正的数目。在律师与他的仍然卧床的委托人商议以后,达成了四万五千克朗的一致意见。当维多丽娅的顾问把这描述为一个慷慨的给予的时候,心满意足的汉姆生在信封上用大学写了一个条子:"慷慨!"

这个让人头痛的问题最终有了一个令人满意的结果,他与女儿的关系也进入一个好得多的氛围之中。起码,汉姆生是这么认为的。但现在维多

---

① 华莱士(Edgar Wallace,1875—1932),英国小说家。他是一位成功而又多产的恐怖小说作家,又是成功的剧作家。他的最后一部作品,是与别人合作的电影剧本《金刚》。

丽娅和她的顾问又打起他们的王牌。他们认定,这个数字只与他当前的财富有关,维多丽娅想与汉姆生的其他子女平等地分享他未来的收入和版税。他断然拒绝了这个要求。

父女二人最后一次真正的交谈,是在1917年的圣诞节周末。1930年圣诞节的前一个月,他们要见面了,这一次是在奥斯陆,是正式见面。玛丽陪同着汉姆生,以给他帮助。他怀有一种希望,希望能够缓解这两个女人之间的敌意。

维多丽娅要求给她十万克朗。父亲提出只给这个数目的一半。谈判蜕变为一场吵闹,一方是四十九岁的玛丽,另一方是比她小二十一岁的维多丽娅。维多丽娅的律师提议,让父女二人在另外一个房间里继续讨论。

现在当维多丽娅硬起心肠的时候,该轮到汉姆生充满柔情了。他提醒她,他们曾经要彼此原谅。他老了,很快就要死去。难道他们最终不能言归于好吗?她应该相信他只是希望她好,但要他把她所要求的一切都给她是不可能的,因为那会对他的其他的孩子不公正。

也许这正是维多丽娅所要得到的:要在她的生命中仅仅一次被证明,她是被放在第一位的,比他的另外四个孩子都更受宠爱。

当他们分手的时候,父女间的裂痕,远远不是用克朗和欧尔所能衡量的。

汉姆生写信提醒她,一旦他死了,她才能够指望他的正直,或者说甚至他的不正直。那将会是太晚了。六个月之后维多丽娅才再次写信,信中要求她父亲原谅她,因为她没有接受他所提出的用财产给她付款的建议,信中还请求现在就把继承款付给她。她已经关注地读到了报纸上的报道,说汉姆生威胁要把他的所有版权卖掉,并把那笔钱捐给慈善事业:总共二十万克朗。不用说,在诺尔霍姆庄园的妻子儿女并没有因为这些慷慨的许诺而激动。汉姆生把他的人寿保险的保险单金额翻了一番,受益人是他的四个孩子,从而安抚了他们。

经过协商以后,维多丽娅接受比汉姆生最初提出的略微少了一点的数目。这个令人头痛的女儿终于走出了他们所有人的生活之外——或者说他们是这样认为的。

一个浪漫主义者

人们对《漂泊的人》的续篇表现出了巨大的兴趣。1930年10月1日，《奥古斯特》公开发行，而在两天以前，金谷出版社已经不得不再印五千册；初版的一万两千册，甚至尚不足以满足书店的最初订单。

只有几篇评论对这本书表达出有所保留。其中的一篇见于《晚邮报》，那篇评论赞赏了小说的某些部分，但总的来说这部小说是对《漂泊的人》的一种苍白的重复。令人吃惊的是，通常持敌意态度的《晨报》却是极其热情，它赞扬《奥古斯特》在叙述上的完美，并宣称，它在每一个细节上都是无与伦比和登峰造极的。丹麦批评家汤姆·克里斯滕森自己的小说《霍尔威克》(*Hoerverk*)曾给汉姆生留下深刻印象，克里斯腾森对这本书也是毫不动摇的态度："因为这本书，克努特·汉姆生应该再次获得诺贝尔奖。"

西格德·胡尔对汉姆生有一些东西是肯定的，不过他对汉姆生所传递的道德寓意持有强烈的异议："汉姆生是个反革命，是真正意义上的反革命，他不信任时代前进的方向，他把时代看作是注定要倒退的，他感到进步应该被倒转过来，……倒转到在工业和工会、集体主义和骄躁不安地进入这个世界之前的那个家长制的、田园诗般的浪漫时代。"按照胡尔的说法，浪漫的汉姆生看不到这个梦想的不可能性。

自从《漂泊的人》结束，到《奥古斯特》的开始，已经有二十年的时间过去了。埃德瓦尔特与洛维斯·玛格丽特·多潘离开家乡，前往美国。奥古斯特也出海了，给波尔登①的人民留下了对现代状态的一种渴望。

---

① 波尔登(Polden)是汉姆生的小说《奥古斯特》的故事发生地，是挪威北方的一个渔村。

然而却有两个人,他们没有受到他们离别的影响。波琳出色地经营着她的哥哥艾德瓦尔特的资产,现在正头脑冷静地致力于经营百货公司、咖啡馆、寄宿舍、邮局,以及别的许多场所。兄弟姐妹中的老三伊奥基姆,现在是镇长,他建了他的农场,那将是村子里最大的农场。

那三个把自己根拔掉的人物,在他们再次出现在波尔登的时候,人们得知,他们过得并不好。洛维斯·玛格丽特的甜蜜、母性和节俭,曾一度令艾德瓦尔特倾倒,现在却突变成了庸俗、玩世不恭和奢侈。艾德瓦尔特失去了他的活力,而最糟糕的是,他都认不出自己来了。奥古斯特丢掉了他的包了金的牙齿,给自己带来了某种难以启齿的疾病。他仍然满是主意,精力充沛,但却更加危险了。他的旅行使得他沉湎于现代社会的种种使人高兴的东西。他不再纯粹满足于给波尔登的人民提供电话、电灯、鲱鱼食品罐头工厂、银行、旅馆、白色的窗帘、装饰性的植物和花园,而是诱使他们放弃古老的生活方式,放弃他们赖以生存的农场和渔场。当世事艰难的时候,工厂里的机器也就停止了转动,也没有鱼来供给镇民,饥饿把他们身上最糟糕的东西激发出来了。奥古斯特不得不逃离村子。

汉姆生把奥古斯特称为时代的代理商,在这部续篇中,他执意谴责奥古斯特从事的几乎每一件事情。然而汉姆生仍然似乎不愿意让他离开、失败或者死去。奥古斯特经受了屈辱、失败和破产,又往往尽管非常困难,却又获得了胜利。汉姆生原先考虑把书命名为《波琳》(Pauline),但最终还是放弃了这个想法。用作书名的人物不应该是那个有理性的女人,而应该是奥古斯特这位幻想家、梦想家和流浪汉。

在施特罗姆那里进行治疗的过程中,汉姆生获得了一种自我意识感,现在他的自我意识愈加强烈了,这一点也许与汉姆生和这个引人注目的人物的模棱两可的关系有关。不论是在《漂泊的人》还是《奥古斯特》中,好像汉姆生看出了,这原来既可以是艾德瓦尔特,又可以是奥古斯特。不同的是,写作能够让他卓有成效地宣泄他的幻想,而种田又帮助他再次扎下了根。与单是写作相比,或者更确切地说与单是对浪漫的爱情的追求相比,这给予了他生命更大的意义。

欢迎克努特·汉姆生

多年来,汉姆生一直渴望能去一次德国。

除了访问斯德哥尔摩,参加诺贝尔奖颁奖典礼之外,汉姆生和玛丽·汉姆生从未一起出过国。1931年1月中旬,他们开始了一次从奥斯陆出发的火车旅行,这次旅行将带着他们走过六个国家。柏林是他们的第一站,尼斯①是第二站。他们选择了避开冬天,迎接春天的时节。

与他们一起旅行的是托雷,托雷刚做了咽部手术,正在恢复。托雷要离家两个月的时间,所以还带上了年轻的家庭教师陪同,这样也可以使托雷的懒惰受到控制。至于玛丽将旅行多长时间,汉姆生还没有决定。

一行四人刚刚进入德国,他们就发现,他们的旅行的消息已经传开了。新闻界宣布,自从他1896年在慕尼黑以来,克努特·汉姆生这是第一次访问德国。"Willkommen Knut Hamsun!"("欢迎克努特·汉姆生!")②首都的许多报纸头版宣布,它们都热切地向这位从寒冷的北方秘密藏身处出现的遁世作家致敬。记者、照相师和仰慕者都聚集在柏林,以期一睹这位名人。当这个小小的挪威团队到达弗里德里希大街的中央宾馆的时候,有一群人正等在那里,他们全都想要亲笔签名,如果可能的话,想与这位作家交谈,他们非常熟悉他的作品,而且他们也听到了有关他的那么多的事情。

家里的人本想在柏林观光一番,但克努特·汉姆生却很少离开宾馆。他的房间很快堆满了由坚定不移的仰慕者和写报纸文章的蹩脚文人送来的

---

① 尼斯(Nice),法国东南部港市。
② 原文是德文,下同。

鲜花、信件和礼物。新闻界人士起初非常执着,因而汉姆生指示托雷和他的家庭教师,在宾馆雇员负起责任之前,轮流值班,在旅馆大门把守着。尽管如此,还是有一位美国记者悄悄通过了安保,溜了进来,一直来到汉姆生的房间,这时才被发现,但被迅速驱逐了出去。

两天以后,他们继续旅行。

托雷被派去叫出租车,看看有没有记者、照相师躲在宾馆大厅或外面的街道上。在得知一切正常后,汉姆生匆匆走出宾馆,上了汽车。正当他要关门的时候,一个模样纤巧的年轻女人抱着一束玫瑰跑了过来。

"Ich danke Ihnen fur *Victoria*."("我为《维多丽娅》感谢您。")她上气不接下气地说道。

"她说的是什么?"他问玛丽,玛丽翻译了过来。汉姆生把那个姑娘的手抓在自己的手中,长时间地握着,一句话也没有说。托雷注意到,当她目不转睛地看着他的时候,他的父亲脸红了。

第二天,他们穿越了德国南方。汉姆生精神极佳,他对自己哼着曲子,沿途或者是欣赏风光,或者是读舍伍德·安德森①的《神秘的笑》(*Dark Laughter*)。托雷读到他父亲写在最后一页上的批注:"这本书的几乎每一个句子,都可以放在书中的任何部分之中,而又不会带来不良后果。"

汉姆生把那束玫瑰挂在车厢壁上。它们已经凋谢,他相当惆怅地对玛丽评说着这束玫瑰,这让玛丽明显地露出不快。

在离开柏林二十四小时后,火车缓缓驶进米兰。他们要在车站餐厅吃晚饭。汉姆生的好情绪消失了。在餐桌上,他把他的玻璃杯放了上去,然后又开始把叉子的尖头弄直。接着又开始弄直刀子和匙子。玛丽和托雷越来越尴尬了,尤其是因为他的检查和修复是伴随着大声的评论。汉姆生然后又坚持要把餐具上雕刻出来的极小的字辨认出来。他能辨认出 Solingen 这个字②,但别的字辨认不出,于是便恼火了。别的人也辨认不出。

---

① 安德森(Sherwood Anderson, 1876—1941),美国小说家,美国文学中现代文体风格的开创者之一。
② 索林根(Solingen),德国西部城市,是国际著名的刀具制造中心。

"我想是得不出什么答案了!"他愤怒地喊道,同时又把他的盘子翻了过来。

令每一个人大为绝望的是,他坚持要把这个谜解开,这就使得他们的饭上得很晚。但汉姆生仍然拒不抓紧时间吃饭。在火车原定到达的五分钟之后,他们才终于站在月台上。所幸那趟火车晚点了。

第二天上午,在到达法意边界的文蒂米利亚①的时候,他们的行李被海关官员搜查。愈加愤怒的汉姆生告诉玛丽,他要向那位法国人明确说,这个行为是多么的无礼。那位海关官员继续仔细检查。尽管玛丽告诉他,汉姆生是名人,但这根本无济于事,在那位官员看来,他纯粹就是一个脾气坏又爱唠叨的挪威老头。这种无知燃起了汉姆生对法国人的强烈反感。那位官员问,他有没有烟,这时汉姆生一口一口地抽着烟斗,拒绝回答。对方又问了一遍,汉姆生便把两包蒂德曼兹混合烟扔在桌子上。那位官员拿起烟,走了。

托雷硬着头皮告诉父亲,他得为那两包烟缴税。汉姆生哼着鼻子说,他走过了瑞典、德国、瑞士和意大利,也没有缴税,现在也不会开始缴纳。那位官员回来了,挥舞着一张纸条,上面是他写的字,"二十法郎",同时又把他的十个手指两次张开示意。

"什么意思!是要我为这么一点烟付二十法郎吗!我宁可把烟扔掉!"汉姆生怒吼道,同时把那两包烟从法国人的手里夺走,又打开了分隔间的窗子。

那位官员以前曾与难对付的乘客打过交道。他一把抓起那微不足道的禁运品,沿着走廊消失了,很快又带着援兵返回。有三位官员现在对汉姆生解释说,他要是不付二十法郎的话,就会立即被捕。托雷的家庭教师愈来愈难以置信地凝视着这位作家的挑衅举动。玛丽和托雷太知道了,克努特·汉姆生永远也不会让步。他们害怕出现这样的情况,他们将滞留在一个法国边界城镇里,同时入狱的汉姆生则会呼吁他所能够想起来的每一位大使

---

① 文蒂米利亚(Ventimiglia),意大利的利古里亚大区因佩里亚省城镇,位近法意边界,在尼斯东北面。

和公使帮忙——而且他还会把他们的剩余时间浪费在进行想像出的报复之中。

托雷在缓和他父母间紧张的关系上训练有素,现在他想到了一个解决办法。他向那三位穿制服的人招手示意,一起来到走廊,从他的手提箱里取出一些那位官员曾表现出相当大兴趣的挪威邮票。这个叫人喜欢的年轻人赢得了一个微笑和一个握手,那些法国人便走到下一个分隔间去了。

托雷甚为得意,带着那两包烟返回了他们的那个分隔间。他父亲怒气冲冲地说,他不应该干预。托雷得到的报偿,是他妈妈赞许的微笑。

两三个小时以后,他们到达尼斯。在他们南行的时候,风景的变化已经再次安抚了他们小小团队的领导人。汉姆生事先已经为家人预定了该城的一家豪华宾馆,尼斯卡拉巴赛尔酒店。工作效率极高的行李搬运工一路小跑,把他们的手提箱及时搬走。汉姆生并没有注意到他们,于是开始绝望地寻找他的行李。当他发现东西已经全都在他们的房间里的时候,他怒不可遏:他们并没有要求获得他的许可。他拒绝给那些搬运工小费,发嘘声把他们赶走,同时又用挪威语吼叫道,在他离开的时候他们才可以得到点什么东西。

在他们呆在宾馆的整个期间,汉姆生一个额外的小钱儿也没有给出去。尽管托雷和玛丽偶尔给员工塞点小费,但一家人所得的服务却很难说是最好的。

两天后,当他们离开宾馆的时候,他们却出乎意料地受到王族成员般的对待。原来汉姆生留下了一笔慷慨的钱,远远超出了他账单的总额。

他们乘坐一辆出租车,前往他们旅行的最后一站,尼斯郊外的小镇,蟠龙滨海镇。夫妇二人沿着海岸散步了很长时间,登上了山丘。汉姆生低语着,表达了对当地耕作方法的欣赏,他看到,农夫们把芦苇席子覆盖在种植康乃馨的田上,以帮助康乃馨度过寒冷的夜晚。他想在他们把席子卷起来的时候,再到那个地方。夫妇二人永远也忘不了康乃馨浓郁的香气。

春天的最初征兆,在这个地中海城镇上产生了使人精力充沛的效果,这使得汉姆生确信,冬天也一定很快松开它对挪威南部沿岸的控制。在离开奥斯陆只不过两个星期之后,克努特与玛丽·汉姆生便打点行装返回北方,而托雷和他的年轻教师则留在那里。

在返回的路上,夫妇二人在汉堡呆了一天,在时髦的王储酒店度过了那一夜。玛丽要在这个古老的汉萨同盟①城市见一些重要的人物。

她在克努特·汉姆生与德国的联系上起了很大作用。三年前,她就来过德国,代表她丈夫参加海德堡节②,当时她就吸引了北欧协会③的注意,该组织致力于加强德国与北欧国家的伙伴关系。当然,克努特·汉姆生对铸就文化联系所作出的贡献是巨大的,但他们也不能期待这位离群索居、现在又是上了岁数的人多次出面。玛丽就是完美的解决办法。她比任何人都更了解他的写作,本人又是一位儿童读物的作者,她的儿童读物正在德国迅速赢得声望,她的德语娴熟,有舞台演出经验,因而她也就一定能成为任何讲台上受欢迎的人物。该组织的一些成员已经与她接洽了。

现在,这家人旅行结束的时候,新的联系在汉堡与汉姆生夫妇之间建立了起来。

每一个旅游者都会把本国的状况,与他们所访问国家的状况进行比较,汉姆生夫妇也不例外。

在挪威,当前处于反对党地位的工党,决定在他们的年度会议上采取一种裁军方针。政府已经大幅度削减了国防开支。汉姆生曾在几个场合警告,不要采取任何和平主义的思维。他把战争视为并非不是不自然的事情,为生存而战斗纯粹是生活的一个部分。仅仅是不久以前,汉姆生还热情地感谢了一位挪威军官,那位军官赞扬了德国士兵在西线上所表现出的英雄主义。

这样一来,汉姆生也就满意地意识到,在德国对重新武装起来的要求正在增长。阿道夫·希特勒在这个决定中起了很大作用。从他的在慕尼黑的总部,他扩大了他的党,使之现在成为国内的第二大党,位于社会民主党之后。在六个月以前进行的德国国会选举中,有六百四十万德国人投了他的

---

① 汉萨同盟(Hanseatic League),中世纪北欧城市结成的商业同盟,以德意志诸城市为主。
② 海德堡(Heidelberg),德国西南部的一座大学城,旅游胜地。海德堡大学创立于 1386 年,是德国最古老的大学。
③ 北欧协会(Nordische Gesellschaft),成立于 1921 年。

国社党一票。希特勒似乎是不屈不挠,他攻击《凡尔赛和约》以及一般的和平条约,他宣告,那些条约全都是在扼杀德国。国社党代表未来的几代人,发誓要用可供他们使用的一切手段,与那些条约战斗。他们决不让德国遭受和平主义的精神毒害。

汉姆生论述道,解除一个国家的武装,就是放弃你拥有一个家的权利。阿道夫·希特勒也宣告相同的东西。德国人民必须用枪和犁把自己装备起来。希特勒严厉抨击那些束缚了德国的条约,抨击既不称职而又阴险的政治家,抨击现今时代以及布尔什维克对社会所产生的腐蚀性效果,他的抨击引起了许多人的共鸣——包括玛丽和克努特·汉姆生。

当作者敞开心扉的时候

1931年的上半年,汉姆生开始写围绕奥古斯特这个人物的第三本小说。在写完了他的前两本书之后,还剩有材料,以及大量成叠的笔记。

在丈夫与妻子之间出现了这个事实,他又开始写作了,而玛丽却并没有开始写作。

汉姆生试图在伤口上敷上药膏。他提议,格里格应该出版玛丽作品的新版本——两本诗集和三本儿童小说——他吹嘘说,不论是散文(当然是儿童读物)还是诗歌,她在挪威都是无与伦比。当挪威作家联盟未能给她提供会员资格的时候,他也为她的困境而战斗,威胁自己也要退出;她立即就被接纳为会员。

然而,子女却仍然是他们争吵的要点。玛丽感到,他过早地把他们从家里赶了出去。他们一个又一个地离家,先是托雷和阿利尔德前往瓦尔勒斯,现在埃莉诺尔又去了德国一家女修道会学校,汉姆生还决定,塞西莉娅很快也要去。

那年夏天,汉姆生考虑再次与约翰·伊尔根斯·施特罗姆联系。这位心理分析专家曾经帮助他再次写作,但他与玛丽的关系恶化了。而且他也没有从九个月以前所做的手术中完全恢复。医生们提醒他,完全恢复可能要用几年的时间,而且有些地方可能永远也不能恢复正常。那些做了前列腺手术的人,大多数最后都阳痿了。

汉姆生大概感到,有必要讨论这个敏感的问题。但他并没有去找施特罗姆,而是选择咨询另外一位心理分析专家。那次会晤一定是不那么令人振奋。事后托雷收到了汉姆生的一封信,信上说,他的父亲将"很快就会不论是在家里还是在生活中都是多余的"。

就像过去经常的情况那样,汉姆生把他自己生活中的极度痛苦,写进了他的作品。

1932年的夏天,当孩子们带着他们的朋友返回诺尔霍姆庄园度假的时候,汉姆生决定离开。他的手提箱侧面的口袋里塞满了笔记,他要玛丽开别克车把他送到一个合适的地方,让他工作。她开车带着他,在挪威西南部转了两天。在回家的旅途中,他们在埃格松的一家旅馆里过了夜,埃格松在斯塔万格市①西边几英里的地方。第二天,玛丽把他留在了那里,自己开车回去了。

汉姆生寄宿在一对文静的夫妇家里,他们让这位作家安静地呆在他的阴暗的房间里,终于在那个7月,汉姆生的创作障碍被突破了。没过两个星期,他就已经完成了那始终是棘手的开头的二十多页。

这本新书后来定名为《路通向前方》(The Road Leads On),在这本书的开头,汉姆生让奥古斯特在他的1915年的小说《塞盖尔福斯镇》中的地方离船上岸,在那个镇子里永久定居下来。塞盖尔福斯镇成长了起来,改造成奥古斯特曾经梦想波尔登渔业社区可能成为的那种小镇。波尔登的人民曾经令野心勃勃的奥古斯特失望,或者也许是奥古斯特让波尔登人民失望。

奥古斯特仍然是一个坚定地相信未来的人,他的巨大工作欲望现在有了一个实际的宣泄之处。由于他心灵手巧,也就使他成了塞盖尔福斯镇最重要的人物戈登·蒂德蒙德不可或缺的人,戈登接管了他的商人父亲西奥多的事务。戈登在国外接受了商业方面优秀的基础训练,他每次回家的时候,都带回他父亲所要的室内陈设和小装饰物。在这个富丽堂皇的住宅里的众多房间里,除了镜子、椅子、桌子、沙发、地毯、壁毯和绘画、花瓶、枝形吊灯、装饰华丽的床,以及镀金的天使之外,别无他物,令人悲叹。汉姆生心怀轻蔑,揭示了这位暴发户为了要超越这个宅第的以前的豪华而作出的努力。汉姆生本人则在诺尔霍姆庄园,沉湎于这种相同的极端行为。

---

① 斯塔万格市(Stavanger),挪威海港城市,西濒挪威海。

奥古斯特与几个人物一起变老了,尤其是与这些人物的创造者一起变老了。汉姆生第一次带着一种更深刻的理解描写了老年,而且决非没有带有他在《罗莎》中所展现出来的那种反感和轻蔑。

在他早期的作品中,比如《神秘》和《牧羊神》,汉姆生描述了他人物的直接恋爱经历,从而记录下了他们的潜意识生活。现在汉姆生通过这位老人在爱的渴望的驱使下的活动,而不是在爱的满足的驱使下的活动,揭示了上了岁数的奥古斯特的潜意识。

那位美丽的瑞典女作家玛丽卡·谢恩施泰德,再次让一道红光在汉姆生的身上闪耀,也许是最后一次闪耀了。汉姆生愿意让奥古斯特同样拥有这种小小的欣喜。

那些成堆的小纸片再次被摊开重组。汉姆生处理这些小纸片是小心谨慎的,因为每一张纸片都能够证明是有用的。纸片被互换了位置,与此同时汉姆生寻找着那些将会互相啮合的思想,或者将会相互影响的人物——这是一种可能把他带到新的方向的安排。

克努特·汉姆生终于再次写作了,尽管他感到,他的人物与他的动机相对立;他倒是想把这些人物控制起来,但其中最任性的人物,包括奥古斯特,却似乎是他力所不能控制的。汉姆生也承认,这是一种创作上的必然。在他的写作中,他能够让自己以现实世界中永远也不可能做的方式来行事。他掌管着所有这些嗓音,但他也能够在他的人物当中移动,成为他们中的一员,与他们交谈,然后又再次退出,回到观察者、叙述者和评论者的位置。他大声地与他的人物倾吐心事,他会把话语放进他们的嘴里。在这种创作活动中,汉姆生 直在与他自己持续对话,在生活中他从未这样向任何人敞开心扉。而且要让他所创造出来的世界完好无损,这是要付出艰苦巨大的努力的。

1933年年初,挪威的这位作家"洗"着他的小小的方形纸条,这样它们就可能形成一个更大的整体。在德国,一位政治家也在沉思地注视着命运所发给他的那些纸牌。在民主和独裁之间的那场决定性的比赛就要开始了。

这个世界已经来到了路的尽头

1920年代的晚期,进入到1930年代,在欧洲各地,政治见解变得愈来愈两极化:一个极端是斯大林的共产主义苏联,另一极端则是墨索里尼的法西斯意大利。在挪威的1930年大选中,保守党获胜,此后汉姆生便敦促国会和政府,应该阻止共产党和社会主义者的煽动性活动——如果有必要,便采用暴力。1932年夏天,他又再次重申了这些要求。在一本书的序言中,他对劳工党和共产党所带来的危险进行了抨击:

"在我们的国家正在发生什么事情?暴力,犯法,以及革命,它们被带到只有野蛮和无秩序才能达到的极端。这并不仅仅是愤怒的一种短暂的闪现——其目的是要在人民当中造成长期的恐惧和混乱。它是一个阴谋,其目的就是要毁灭生活、法律和正义。在一个地方警察遭到了攻击,而警察又是社会秩序的卫士——在别的地方,成帮的歹徒阻止人们工作。在一个地方他们使用刀子,在另一个地方他们使用枪炮。暴力,目无法纪,革命。我把今天的报纸放在一边,等待着明天的新的暴行。我是生活在挪威吗?"

汉姆生提到一个人的名字,他相信他能够成为挪威的救星:维德库恩·吉斯林[①]。吉斯林原是陆军上尉,曾和弗里德肖夫·南森一起在苏联参加人道主义运动,并短时间担任挪威的国防部长。由于与他的同事们产生了冲突,他创建了自己的党,民族统一党,这是在受到意大利法西斯主义和德国的国家社会主义者的强烈启发而创建的。现在,汉姆生就像一位现代的

[①] 吉斯林(Vidkun Quisling, 1887—1945),挪威陆军军官。第二次世界大战中德军占领挪威期间,他与德国人勾结,因而他的名字成为"卖国贼"的同义词。1945年5月挪威解放后被逮捕,以叛国罪等罪行被处决。

施洗约翰一样,把挪威的救星辨认出来了。

在德国,越来越多的人把阿道夫·希特勒看作他们的救世主。希特勒发誓,要把德意志民族从职业政治家们的对国家的治理不当中拯救出来,从布尔什维克的政变计划中拯救出来,从协约国胜利者要毁灭德国的持续尝试中拯救出来。在1932春天举行的两轮选举中,希特勒与年高德劭的保罗·冯·兴登堡①竞选总统,赢得了给人以深刻印象的36.7%的选票。希特勒正在以惊人的速度和效率建立支持,他使用了能够使用的一切新的技术:无线电、留声机、录音、电影、飞机。在两个星期的时间里,他就在全国各地举行了五十次公开会议。

在1932年7月的选举中,37.4%的德国人投了纳粹党的票。社会民主党赢得了21.5%的选票,共产党赢得14.3%的选票。在11月举行的议会选举中,纳粹从二百三十席减少到一百九十六席,但这并没有妨碍弗兰茨·冯·巴本②的保守党政府十天以后的倒台。库尔特·冯·施莱谢尔将军③当上了新的帝国总理。他试图分裂纳粹,但失败了,希特勒对他的党的控制是太有力了。刚刚被罢免的冯·巴本与希特勒结盟,巴本和希特勒二人用了不到三个月的时间,就使冯·施莱谢尔处于下风。

1933年1月30日,阿道夫·希特勒宣誓就任政府的帝国专员,在这个政府中,弗兰茨·冯·巴本的右翼党占了多数。成千上万的人参加了一次火把游行,穿过勃兰登堡门,为兴登堡和希特勒举行庆祝活动,而在随后的几天和几个星期里,数量空前的政治家们——国家的、联邦的和地方上的政

---

① 兴登堡(Paul von Hindenburg,1847—1934),德国元帅、总统(1925—1934),第一次世界大战中击溃俄军,后任参谋总长、陆军总司令,总统任内支持保皇派和法西斯组织,授命希特勒为总理。
② 巴本(Franz von Papen,1879—1969),德国政治家、外交家。1932年6月任总理,组织右翼政府。同年12月辞职,由国防部长施莱谢尔继任总理。1933年巴本与希特勒妥协,劝说兴登堡任命希特勒为总理,而巴本则任副总理。
③ 施莱谢尔(Kurt von Schleicher,1882—1934),德国军官,魏玛共和国最后一任总理。1929年任国防部少将局长,1932年5月任国防部长,1932年12月又迫使巴本辞职,自己出任总理。1933年1月,兴登堡解除施莱谢尔的职务,任命希特勒为总理。1934年,施莱谢尔被希特勒的党卫军杀害。

治家们——又改变了他们的效忠对象。他们意识到,这位新的总理具有巨大的权力欲。希特勒原先的一位竞选伙伴埃里希·冯·鲁登道夫将军①,就曾提醒过兴登堡,要注意他的权力欲:"你任命希特勒为总理,也就把国家交给了所有时代中最大的蛊惑民心的人。我认真地向你预言,这个该罚入地狱的人将把我们的帝国投入一个深渊,将给我们的民族带来难以想像的苦难。未来的几代人将会因为这个行动,而诅咒在坟墓里的你。"

挪威报刊上的态度,甚至比以前更加两极分化。左翼报纸痛斥法西斯主义,那种法西斯主义正在横扫并威胁要吞掉欧洲大部分地区。挪威的保守报刊则欢迎希特勒,认为他是一个实干家,有能力遏制喋喋不休的民主派所造成的混乱,有能力把布尔什维克的威胁赶回去。德国发生的重大事件,几乎每天都有报道。

在担任帝国总理仅仅四个星期以后,希特勒就中止了基本的法定权利和人身保护权。2月27日,国会大楼失火,希特勒指责布尔什维克纵火,宣告共产党犯法,并禁止别的党派的一切政治活动。带有纳粹党的"卐"字党徽的旗帜在所有的公共建筑上面升起。在以后的几天里,冲锋队便使得联邦政府的一些官员被迫辞职。

新国会于3月21日开始履职。在以后的几天里,第三帝国就在德国人民的意识中诞生了,也在其他关注世界的人们的意识中诞生了。报纸都以最吸引人的方式,竞相报道这些带有极大象征意义的仪式。

3月24日,汉姆生一定读到了来自德国的这个耸人听闻的消息。在头一天的德国议会的第一次会议上,希特勒登上讲台,要求实际上把绝对权力交给他的政府和他本人,他获得了他所要求的三分之二的多数。他毫不掩饰他动机的性质:"我们是无情的。我没有资产阶级的那种顾忌!他们认为我没有文化,是个野蛮人。是的,我们是野蛮人!我们想成为野蛮人。这是一个光荣的称谓。我们是将使世界获得复兴的人。这个旧世界完蛋了。"

---

① 鲁登道夫(Erich von Ludendorff,1865—1937),德国将军,第一次世界大战时创立"总体战"理论,因西线总攻失败辞职(1918),后为纳粹党总统候选人(1925)、国会议员,著有《总体战》等。

汉姆生衷心赞成德国正在发生的事情。而且还有另外一个人，他奋力获得了绝对权力，汉姆生近来也对他表达了他的高度尊敬："墨索里尼是一个我乐于愉快地向其表示我由衷的钦佩和尊敬的人——天哪，这是一个在这混乱的时代里的什么样的人啊。"

汉姆生从来就不是民主的支持者。这位作家渴望有位独裁者。权力是不可分享的。

汉姆生感到，他的名字也不可分享——这是一个获得了其自身的尊敬和仰慕的名字。在地方法院里，汉姆生输给了他的哥哥和侄子，现在他又上诉到高等法院。显而易见，当他将再次失败的时候，他就会花钱把这个名字从他的亲戚那里买过来。

在那一年，汉姆生又发起了另外一起诉讼，这一次告的是拥有诺尔霍姆庄园一百多年的那个家庭。他决心，那个家庭按照挪威的传统使用这个庄园名称的权利，应该被撤消。更令人吃惊的是，汉姆生居然赢了这个官司，不过这个决定是非常有疑问的，结果六十年以后，连挪威首相本人都介入了，把诺尔霍姆庄园的名称交还给了其历史上的拥有者。

隐秘的艳事

1933年6月10日,汉姆生把《路通向前方》的第一部分寄给了哈拉尔德·格里格。他一如既往,不测的想法折磨着他:"我没有抄件,因而我既担心又紧张,唯恐我的珍宝可能由于失窃或者失火而丢失。"在他七十四岁生日的时候,他提交了第二部分,十天以后格里格收到了剩下的稿子,同时还有作者本人的推荐:"就像在每一本书中的情况一样,既有好货色,又有垃圾。"

这本书于10月5日出版,第一版印了一万五千册。批评家们再次充满了敬佩,汉姆生依然有能力用他的人物吸引读者。自从汉姆生写了一本包含极少的社会评论和戏剧性事件的书以来,已经过去了很长时间了。评论家们并没有用多少篇幅来探讨作品的容易解释的情节,而是集中在作品所展示的众多人物上:西奥多的遗孀,人称之为老太太;她的情人吉卜赛人奥托·亚历山大,奥托是蒂德蒙德的父亲;那位邮政局长和那位医生,以及他们的不满意的妻子们;那位活泼的年轻药剂师;那位旅馆老板,"一个非常有女人气的男人";在奥古斯特领导下的那些筑路工人;那位萨米族妇女阿色,阿色练习危险的魔术;还有几个年轻的人物,包括农民卡雷尔和迷人的科尼莉亚。

这是一本反映了汉姆生本人的复杂人生观的书。它是悲观主义的,因为它毫不畏缩地刻画了在事物的更大的系统中,生活没有什么价值。它是听天由命的,尽管如此,但生活也必须进行下去。它是抱有希望的,因为它相信,只有生命结束的时候,生活中的种种可能才会枯竭。要掷出幸运的色子,是没有什么年龄的限制的。

这本书对老年和性本能进行了密集的道德说教,书问世的时候,汉姆生已是七十四岁。在这之前,汉姆生只是刻画老年人在餐桌和床上的可憎之处。现在他让一个老人在一部小说的始终都感情不受约束。

克努特·汉姆生再次发现了他自己身上的那个流浪汉。

奥古斯特就像汉姆生以前创造出来的许多流浪汉一样,也被爱情搞得可怜巴巴的。他就像《饥饿》中的那位叙述者一样,也像纳吉尔和格莱恩一样,要在色情上有某种作为,但却半途而废,犯下了相同的愚行。然而,奥古斯特却不像这些早期的人物,对妇女怀有些许施虐狂式的仇视。

汉姆生再次做了一种令人作呕的研究,说明性、权力和金钱(或者金钱的欠缺)是怎样密切结合在一起的。奥古斯特被一个年轻姑娘搞得神魂颠倒,这是可笑的,几乎是一种自慰。他就像《牧羊神》、《贝诺尼》和《罗莎》中的麦克一样,试图用钱来买一个女人的爱。但他并没有麦克的权力欲。奥古斯特是一个梦想家,而不是一个暴君,"是一个变成了少年的老人,他有什么东西就吹嘘什么东西,否认有任何不足"。其作者汉姆生,在做了手术之后,可能也会有同样的感受。

老太太给奥古斯特提供了爱、温柔、关怀和欲望——这就满足了施特罗姆医生在其《神经过敏》一书中所描述出来的,对一位理想的妻子兼健康的女人的一切要求。然而,汉姆生却发现,在诺尔霍姆庄园的家里,与他自己的老太太的生活却是越来越难以维持。

在 1933 年的晚秋,玛丽精神崩溃了。那年秋天,她的最小的孩子离开了家。玛丽再次算好了情感上的账,而汉姆生又再次欠账——既欠孩子们的,又欠她的。她什么时候能够要求他付清这笔债呢?

孩子们的离家始于五年前,当时汉姆生把托雷送到了瓦尔勒斯。就在不久前,丈夫又坚持,要把塞西莉娅送到德国。这是最糟糕的打击。玛丽被送到丹麦的一位心理分析专家那里,从那里她又去了德国,与她的女儿们一起呆了一段时间。汉姆生前往戛纳①,从那里把阿利尔德和埃莉诺尔带回

---

① 戛纳(Cannes),法国东南部港市。

337

了家。他们无视父亲的不可轻率地挥霍他的钱的命令。

最小的女儿塞西莉娅最令他担心。她批评新德国,她给她的朋友们以及庄园的女仆们写信,描述了她亲眼目睹的纳粹们的可鄙行径。她的父亲不想听这些。"塞西莉娅,你现在是生活在一个伟大的国家里,你可以确信,那是一个伟大而又奇妙的国家。你不可在给女仆们的信中说,这个或者那个人自杀了,她们会认为在德国是可怕的。要写希特勒和他的政府正在获得的成就,尽管整个世界都仇恨他,对他怀有敌意。你我和每一个人都要感谢德国,求神赐福于德国。它是属于未来的国家。"

纳粹的恐怖主义,以及对不同政见者、犹太人和别的团体的迫害,自然让十六岁的塞西莉娅深感不安。然而她的父亲却明确表示,希望她对这种暴行和非正义置若罔闻。信中应该只谈正面的印象。她的母亲则是支持她父亲的。

诺尔霍姆庄园的这对夫妇,以前从未像在对待新德国的问题上这样团结。他们体验到了并肩而立的力量,体验到了拥有一个这样的话题的力量,他们可以讨论这个话题而不用害怕引起分歧。他在报纸、杂志和书籍中追随着事态的发展。她则是越来越频繁地访问德国。

拜倒在权力的化身面前

1934年的夏天,在一次所谓的未遂政变之后,阿道夫·希特勒未经审讯,便处决了他的党的七十六位重要成员。受害者之一就是前总理,库尔特·冯·施莱谢尔将军。气愤的汉姆生在把托雷送到德国慕尼黑之前,告诉他,谁都不会枪毙将军。

在这些谋杀的若干天之后,希特勒以德意志第三帝国①的严酷司法的名义,给他的人民和广大世界上了一课:"我下令枪毙这桩叛国罪中的头目,我还进一步下令,对于这样毒害我们国内生活水源的生肉,要用烙铁来烧它。要使全体国民明白,国家的生存——它依赖于国内的秩序和安全——不得受到任何人的威胁而又不惩罚他!要使未来的时代全都明白,如果任何人举起他的手来打击政府,那么死亡就是他的命运。"

元首以公共利益为名义,批准了大规模的谋杀。

党卫军原本是党内的几个军事派系之一,现在在海因里希·希姆莱②的领导下,变成了国家社会主义意识形态的守卫者。单是野蛮的力量,将不再足以成为变革和强制的主要手段。这个现代的革命党人成了一个行政官员,他执行这个党卫军国家所赋予的责任,他忠诚、冷静地执行,而毫不置疑这些责任的合法性或者目的。

希特勒在一年多的时间里,以可怕的效率煽动了这些无处不在的恐怖

---

① 德意志第三帝国(Third Reich),指希特勒统治下的德国(1933—1945)。
② 希姆莱(Heinrich Himmler,1900—1945),纳粹德国第二号人物,战犯,曾任党卫军首脑。

行动。汉姆生在《晚邮报》发表了一个公开声明,为希特勒的恐怖行动辩解。汉姆生的愤怒是被约翰·弗雷德里克·帕舍激发起来的,帕舍是一位欧洲文学教授,他提醒那些同情维德库恩·吉斯林和纳粹党的挪威人,要注意在德国发生的事件并从中吸取教训。他声明,独裁粉碎了一切言论自由。几乎有十万反对纳粹的德国人被关进了集中营。孩子被鼓励背叛他们自己的父母。纳粹化正在渗入私人领域。

汉姆生争论说,这是要建设一个新的生活所不得不付出的代价。这位教授以及他的批评纳粹的同行批评家们未能理解到,"这涉及到一个有六千六百万人民的社会的再次教育,是从根上来进行再教育,德国已经为此奋斗了十五个月了,采取了新的方法,犯了错误,又再次尝试——而所有这一切,又受制于整个世界在经济、政治和道德上的敌意。……在德国的这个血腥的戏剧可能有某种基础,如果帕舍先生对此略知一二,那又会是什么情况呢。"汉姆生继续挖苦地说道:"不,当共产党、犹太人以及布吕宁①统治着这个从根本上讲是属于北欧国家的时候,那就让我们把旧德意志带回来吧。"

显然,早在1934年的夏天,汉姆生就比大多数人更领悟到了作为纳粹主义核心的那种爆炸性的力量,而且他还为这种力量的被起爆做了辩解。汉姆生带着他对希特勒统治下的德国的忠诚公开亮相了,而且在以后的岁月里,他越是因为持有这些见解而受到批评,这些见解对他来说也就似乎更加神圣。

玛丽本人则在挪威报纸《民族报》(*Nationen*)上,发表了一篇热情的亲希特勒的文章。她再次访问了德国,仔细地培养她和她丈夫与德国的广泛联系。这对夫妇全心全意支持刚刚成立的亲希特勒的挪威-德国协会。为了进一步表明他的支持,汉姆生宣告,他正在把他的所有子女送到德国,向堪称榜样的德国人民学习;汉姆生认为,更多的挪威年轻人都应该得到这种机会。

汉姆生夫妇也相应地经常得到证实,他们对德国怀有的感情是相互的。

---

① 布吕宁(Heirich Bruning,1885—1970),德国保守政治家、天主教徒。1929年成为天主教中央党领袖,1930年组成保守内阁。1931年兼任外交部长,1932年辞职。

法兰克福的纳粹领导人想授予汉姆生歌德奖。他拒绝接受这笔奖金;在他看来,在当前的状况下,德国需要每一个马克。他敏锐地感到了德国人民的困境,他们受苦于贫困和失业;但就是在那同一天,对那些因为参加抵抗运动而入狱的人们,汉姆生又表现得漠不关心。国际反战者协会①要求他提供支持,给纳粹政权施加压力,以释放政治犯并恢复基本的人权,他对此敷衍了事:"如果(德国)政府到了设置集中营的地步,那么你们和世人就应该明白,那一定事出有因。"

汉姆生得到了一个尖刻的回复:"亲爱的克努特·汉姆生先生,看到你拜倒在权力化身的面前,真是非同寻常。"

这个反应,毫无疑问反映了许多挪威人对他们所热爱的作家的政治见解所感到失望。这不仅仅是因为,汉姆生仍然是那位高贵的老作家,在国际上知名而且受到极度的仰慕;而且还因为,他的有关挪威未来的文章,以及在他的小说中对此所作的越来越多的政治评论,似乎都证明了他是比昂松的合格的继承人——下一位杰出的民族诗人,而这个年轻的国家又感到如此需要这样一位民族诗人。

但人们又愈来愈感到,汉姆生正在践踏一个没有明确说出的基础,也就是对被压迫者所怀有的共患难的同情心。

汉姆生争论说,纳粹独裁的高压行动是情有可原的,因为它们的行为出于善意。他认为,德意志民族的重建,需要做出巨大的牺牲。他还说,除此之外,谁有权利批评希特勒统治下的德国的道德?集中营是英国人在布尔战争②期间发明的,还有许多别的骇人听闻的方法,用以使世界屈服于大英帝国在军事、经济和政治上的统治地位。新德国又怎能因为对那些破坏其进程的人有点粗暴,而受到批评呢?与苏联控制其人民的铁腕相比,法西斯主义更可取。"在某个时刻,以某种形式,法西斯主义也将渗入到挪威。只有瞎子才看不到在(一次)大战之前和之后在世界和政治上的区别。"汉姆生在六个月前发表在报纸上的一篇文章中做了如此声明。

---

① 国际反战者协会(War Resisters International),1921年在荷兰创建。
② 布尔战争(Boer War),1899至1902年发生在南非的一场战争,亦称南非战争(South African War)。英国战胜,吞并了德兰士瓦和奥兰治自由邦这两个布尔人共和国。

在那个夏天,汉姆生认真考虑要寻求觐见哈康七世,哈康七世是欧洲唯一一位由议会选举出来的国王。汉姆生大概感到,作为民族诗人以及他的民族的道德指导者,他不能不与国王面对面交谈,论述挪威与第三帝国加强联系的必要性。他在上一次战争中所形成的政治信念并没有动摇:只有一个强大的德国,才能保护挪威不受大英帝国的欺负。如果一个假中立的挪威再次背弃德国,那么它就会直接落入英国人贪婪的爪子中。

汉姆生觐见了国王,但不了了之。他不得不找别的机会,以便把希特勒的情况公开呈现出来。

父与子在戈培尔的掌控之中

在柏林,汉姆生公开表达的支持,很快就被约瑟夫·戈培尔①所领导的宣传部注意到了。纳粹现在完全控制了德国的报刊、广播、剧院、出版、视觉艺术、音乐、电影和大学。对艺术家、学者以及知识分子的政治信任度,帝国文化协会进行了评估。那些不及格的人或者被捕,被禁止工作,或者靠边站。成千上万的人离开了这个国家,继而被剥夺了公民权,其中就有托马斯和海因里希·曼兄弟和阿尔贝特·爱因斯坦。

恐惧和机会主义并不是唯一的动力。许多人觉得,纳粹主义的反知性主义非常有感染力。

作家戈特弗里德·贝恩②就是这样的一位。他对流亡的同事克劳斯·曼,也就是托马斯·曼的儿子,说明了他对希特勒政权的信心:"因为我成长在乡下,是在牲口当中长大的,因而我也仍然记得故乡的土地代表着什么。大城市、工业主义、知性主义——这些全都是这个时代投射在我思想上面的阴影,全都是这个世纪的力量,我在我的写作中遭遇到了它们。有一些时刻,这整个受折磨的生活消失了,所存在的只有平原、广阔区域、四季、土地、简单的词。……"

多年来,汉姆生在许多文章和作品中所表达出来的恰恰就是这些情感。

---

① 戈培尔(Joseph Goebbels,1897—1945),希特勒统治下第三帝国的宣传部长,使德国人民盲从纳粹政权的主要负责人。苏军攻占柏林后自杀。
② 贝恩(Gottfried Benn,1886—1956),德国诗人、皮肤病医生,诗作充满表现主义的悲观情绪和对腐败的诅咒,主要作品有诗集《陈尸所》、《肉欲》、《静态诗》等。

他的诺贝尔奖获奖作品《大地的成长》,是坚定地反对摩登时代和理性的统治地位。他为那些人开拓了道路,那些人努力从当代文明的钳制中摆脱出来,而在古代世界和耕田中寻找答案。

汉姆生在德国的独一无二的地位在很大程度上是因为,他的作品非常紧密地与德国的一种开始于新浪漫主义①的传统相吻合。新浪漫主义这个运动声称,摩登时代的所谓进步代表的是一种严重的衰退,人的灵魂堕落了,自然的秩序陷入了混乱。一代又一代的德国作家论及了这一主题,但却很少有人获得了汉姆生的那种诗意和穿透的力量。在一本又一本的书里,这个预言家从未被污染的北方,越来越深入地进入到他的德国弟兄们的心脏。他就是一个北欧日耳曼民族的瓦格纳②,瓦格纳与汉姆生二人都成功地激发起了人们对现代性的理想和价值的厌恶,同时又激发起人们对返回大地和自然的生活方式的渴望。那是一个黄金时代的梦想。那是一个乐园。

这就几乎好像是,这两位艺术家被创造出来,是为了服务于纳粹的理想。而且他们也当然被派上了用场。作曲家瓦格纳已经去世了,即使他不同意他也无法提出抗议。而另一方面,汉姆生手中的笔却是从一开始,就在为独裁者积极地写作。

阿道夫·希特勒、约瑟夫·戈培尔、艾尔弗雷德·罗森贝格③,以及第三帝国的其他意识形态专家,巧妙地利用并操纵了人们对摩登时代的厌恶,以及他们对未来的焦虑,和怀旧情绪所具有的诱惑力。他们许诺要治愈社会,要给每一个公民以更深刻的生活意义。所有的人将作为一个组织,来服务于人民、政党和国家,而党卫军将帮助他们达到这个目标。

那年夏末,托雷来到慕尼黑学习绘画,但在德国只呆了几个星期,之后便申请加入了党卫军。纳粹党自然看出了,与伟大的克努特·汉姆生的长子培养一种关系是有价值的。

与此同时,汉姆生在寻求为希特勒德国的扩张进行辩护的时候,又继续

---

① 新浪漫主义(Neo-Romanticism),19世纪末20世纪初在欧洲兴起的一种文艺思潮。
② 瓦格纳(Richard Wagner,1813—1883),德国作曲家。毕生致力于歌剧的改革与创新。
③ 罗森贝格(Alfred Rosenberg,1893—1946),纳粹主义理论家。战后被纽伦堡国际军事法庭判处绞刑。

把道德和法律上的原则置于一旁。1935年1月,希特勒举行了一次全民公决,以期把萨尔地区①收回德国,(根据《凡尔赛和约》,萨尔地区系由国际共管),结果在投票中赢得了决定性的多数人的支持,这时汉姆生表达了他的喜悦。这本来是一个可以预见的结果,但希特勒却把它用作证据,说明在凡尔赛签订的和约从根本上就是不公正的。在挪威,汉姆生欢呼雀跃。第二天,他向一个德国人表示祝贺:"我祝你,祝所有的德国人,今天在萨尔的问题上交好运。"在北欧学会杂志上,他提醒所有试图阻止德国扩张的人们:"当德国的萨尔地区完全回到祖国的怀抱的时候,这些人的紧张状态将会减轻。如果在英国的支持下,法国的政策是试图再次束缚继续受辱的德国,那就会有新的紧张状态。"

那些曾经在欧洲建立了一种新的秩序,并在国际法的新的原则上签订了一组条约的国家,现在已没有能力保卫自己。堡垒塌掉了。1935年3月,希特勒公开宣布拒不接受《凡尔赛和约》,宣布德国将扩大其空军,并再次引入强制征兵制。6月,英国与德国签订协议,允许德国增加其海军力量。在勃然大怒的丘吉尔看来,这就是自杀。在欧洲永久和平的景象维持了不到十五年的时间。军事力量的增强已经认真地开始了。

从那年夏天开始,对于汉姆生来说,在理解希特勒的德国、解释希特勒的德国和为希特勒的德国辩护之间,似乎没有什么区别。他已经有了长期坚持的见解,围绕着那些见解他已经建立了一整个政治信念体系,而对于凡是可能使之动摇的证据或者推理,他似乎都是愈来愈无动于衷。在德国和英国之间的对抗,是自然法则所带来的一个后果。德国需要征服新的土地,因而也就有权利征服新的土地。真正的挪威人都应该把自己界定为属于日耳曼民族,因为古代的血缘联系和几个世纪的贸易文化来往,已经把这两个种族结合在一起了。凡是热爱自己祖国的挪威人,都必须寻求德国的保护,不受英国的欺负。

但还有另外一个诱因:阿道夫·希特勒。

---

① 萨尔(the Saar),德国西南部一地区,过去曾长期为德法两国的争夺目标。现在为德国的一个州。

汉姆生比大多数人都更本能地理解阿道夫·希特勒的巨大欲望。希特勒并不仅仅是德国的元首：他是欧洲的未来领袖，是最高层次的改革者，是全人类的斗士。

在那年的 11 月，汉姆生对德国和平主义者、记者卡尔·冯·奥西埃茨基①，发起了攻击。

奥西埃茨基四十六岁，希特勒也是四十六岁。这两个人的生活有奇怪的可比性，达到了这样的程度：他们两人在第一次大战的时候都服役做了下士，在回国的时候都被剥夺了一切幻想，都想创造一个新的德意志。但希特勒鼓吹军国主义化和扩张，而奥西埃茨基则投身于和平的行动主义，以及对希特勒的谴责。

奥西埃茨基的政治工作，以及对德国秘密军事逐渐深入的揭露，使他于 1931 年被判犯间谍罪而入狱。就在纳粹接管权力之前，当希特勒在德国国会赢得多数的时候，奥西埃茨基就绝望地对他的同胞们写道："国社党终于把他们始终盼望的政党给予了一千五百万德国人民。……经济崩溃把中产阶级内心的粗俗揭示了出来，把他们对文化的粗暴厌恶揭示了出来，把他们对权力的野蛮渴望揭示了出来——这些是他们原先尝试掩盖的特征，或者是为他们的私人生活而保留下来的特征。民族主义的残忍好杀和政治上的无能，以前曾只有一次庆祝过这种不受约束的胜利。这就是在战争爆发的时候。"

奥西埃茨基几乎被列在纳粹想逮捕的人的名单首位，这并不令人吃惊。他被送进集中营，过了一段时间，一个国际代表团在那里访问了他。当被问及他有什么特别需要的东西，奥西埃茨基要求给他一些论述中世纪惩罚人的方法的书，同时又把外部世界需要了解的第三帝国对囚犯的处理转达了出来。对欧洲各地反对希特勒德国的各个团体来说，他成了一个挂名的领导人。阿尔贝特·爱因斯坦、托马斯·曼以及杰出的神学家卡尔·巴特②，

---

① 奥西埃茨基（Carl von Ossietzky,1888—1938），德国和平主义者、新闻记者，因揭露德国秘密重整军备被监禁（1931），希特勒执政后再度被捕，死于狱中。1935 年获诺贝尔和平奖。
② 巴特（Karl Barth,1886—1968），瑞士神学家，反对自由主义神学，为新正统神学（即"辩证神学"）的主要代表人物，反对纳粹，不赞成反共。

所有流亡的德国人,都参与奔走游说,推举奥西埃茨基获诺贝尔和平奖。

那五个受命找到最应获奖候选人的挪威人,在1935年冬天未能选出任何人,他们推测,对于诺贝尔委员会来说,奥西埃茨基是一个过于带有刺激性的选择,而在混乱的国际状态中,诺贝尔委员会一般是小心谨慎的。但显然,汉姆生则是想一劳永逸地,把奥西埃茨基从挪威诺贝尔委员会未来的讨论中清除出去。他感到恼火的是,奥西埃茨基以及有类似思想倾向的人,能够威胁到他有关在挪威和德国之间建立一种更加密切关系的幻想。他把他们看作来自莫斯科的阴谋的组成部分。挪威的命运悬而未决。

在一篇发表在挪威两家大报的文章中,汉姆生对奥西埃茨基发起了尖刻的攻击:"如果奥西埃茨基先生能够帮上忙,在这动荡的时代稍微带有建设性,那该多好,因为在这动荡的时代,整个世界都在用牙齿咬他所属于的那个伟大国家的当权者。他想要什么呢——作为一个和平人士,他想反对的正是德国的军事增长。难道这个德国宁可让他的国家,在各国当中依旧是受压制,受屈辱,听凭法国和英国摆布吗?"

对汉姆生的大发作,人们的反应是激烈的。有三十三位挪威作家共同签名,表达了遗憾,因为他们的文学同事践踏了一个无能自卫的囚犯,而唯一的原因又是那个囚犯有维护他信念的勇气,而且在维护他信念的时候又是冒着生命的风险。汉姆生对奥西埃茨基的攻击,在欧洲各地的报纸上受到了评论:海因里希·曼强烈地批评了他,而德国作家埃里克·库特讷则在流亡中给汉姆生寄来一封信,说他的冷嘲热讽揭示出了他性格中的一个严重的瑕疵。

然而,不论是挪威国内还是国外的保守派报纸,则一如既往,写文章支持克努特·汉姆生。

王 国 之 门

　　1936年8月的第一天,阿道夫·希特勒宣布第十一届柏林奥运会开幕。"我向全世界的青年发出邀请。"当橄榄枝递给他的时候,这位元首以单调的声音吟咏道。德国要向世界表明,有关恐怖、压迫、反犹主义以及重整军备的声音是虚假的,纯粹是第三帝国的敌人创造出来的恐吓战术。

　　这种伪装成一种体育比赛的巨大的公共关系的花招一结束,希特勒便宣布,他将把征兵延长两年。两个星期以后,在纳粹党的第八次大会上,压倒性的主题就是重整军备。赫尔曼·戈林①声明,"要大炮,不要黄油",这将是已经处于困境的德国人民的新的前景。

　　大约就是在这个时候,汉姆生的德国出版商米勒-朗根出版社告知他,《漂泊的人》已经印了七万三千册。德国大众似乎也被他吸引住了。

　　那年秋天,七十四岁的汉姆生出版了另外一部小说,他给了这本小说一个极其具有象征意义的书名,《指环关闭了》(*The Ring Is Closed*)。

　　在写这本书的三年当中,汉姆生已经完全弄懂了约瑟夫·戈培尔在1933年向艺术家们发出的号召:"当政治只不过是在议会党派之间叫喊比赛的时候,艺术家无可否认有权称自己是非政治的。但在这个时刻,当政治正在写一部民族戏剧,当一个世界正在被推翻——在这样一个时刻,艺术家也就不能说:'这与我无关。'这与他大有关系。"

----
① 戈林(Herman Goring,1893—1946),纳粹德国元帅,希特勒上台后曾任空军部长、普鲁士总理等职,负责扩充军队,发展秘密警察(盖世太保)等,战后被纽伦堡法庭判处死刑,刑前自杀。

现在在世界各地,这已经是一个已知的事实,即汉姆生正在用他的笔来捍卫希特勒德国。对许多人来说,问题在于应该如何界定,这位艺术家是在什么程度上与政客们同流合污。

约恩·布克达尔是一位杰出的丹麦批评家、作家,兼汉姆生研究专家,他在哥本哈根的《政治报》上提出了这一问题:"(汉姆生)是纳粹主义的仰慕者,仰慕其血统、土壤以及生育,仰慕其整个虔诚的'故土'文化。而作为回报,德国则仰慕他,把他看作高贵、种族纯正、碧眼金发的条顿人①。当理性离开,血统进入的时候,人是多么天真啊。他作品的精神恰恰被纳粹主义的对立面所拥有了:那种精神是产生自一种革命的个人主义和无政府主义,是对或者以共产主义,或者以纳粹主义名义所进行的侵扰,以及心理上的约束,所作出的一种惹人注目的抗议。"那位支持希特勒和纳粹主义的汉姆生,与那位能够写出《指环关闭了》的汉姆生,是完全分离的。按照布克达尔的说法,这二者之间大相径庭。

这是一种完全的无罪判决。在挪威和其他地方的批评家们也有同感。在挪威公共生活中真正有地位的人当中,唯一一位直截了当谴责汉姆生的人,是人类学家阿尔弗·拉森。在读了《指环关闭了》之后,拉森对汉姆生的政治归属已是毫无疑问:"在纳粹主义到来之前,汉姆生已是纳粹主义者了。"别的批评家们坚持认为,在汉姆生的政治见解与他的作品中的富于想像力的内容之间是割裂的,拉森对此并不认可:"他本来能为我们创造出伟大的作品,那些作品能够提高我们的心智,并指导我们朝上看,但现在他却使我们习惯于朝下看,而且只是看到低劣的、扭曲的和平庸的一切:人是一个动物。不可否认,确实人们已经变得几乎就像动物了,但这并不是因为他们天性如此,而是因为像克努特·汉姆生这样的伟大的思想家是这样看待人们的,并且教导人们这样来看待自己。"

在《指环关闭了》一书中,汉姆生又回到了在《汲水的女人》中所描绘的那个南方村庄。阿贝尔是一位吝啬鬼灯塔看守人和一个嗜酒如命的母亲的独子。年少时,他的心就已经被药剂师的女儿奥尔佳偷去了。因而他从教

---

① 条顿人(Teuton),即日耳曼人,尤指德国人。

堂里的一尊基督像上偷了一块宝石,试图赢得她的爱情,但她却拒绝了他。她和另外一个人订了婚,嫁给了他。阿贝尔去了美国,遇见了安杰莉,在安杰莉抛弃了他之后便开枪打死了她,又诬陷集她的情人与他的朋友于一身的那个人是罪犯。这位做了凶手的贼,在年纪很老之后,回到了挪威,坦白了他的心底里的秘密。想到他做出了这个不可挽回的行动,奥尔佳的情欲被激发了起来,于是便委身于阿贝尔。谁也没有像他那样引起了她的兴趣。她试图推动他在生活中前进,但却是徒劳,因为阿贝尔的缺乏主动性几近于病态了。

阿贝尔并不像汉姆生的许多早期人物那样,维持着能够交上一次好运的希望。他的唯一的野心,就是能够靠着最低限度的生活必需品活下去,他住在一个棚屋里,靠着别人剩下的饭菜生存着。这里我们看到了汉姆生的首部小说的重复,在那部小说里,他笔下的叙述者探索了饥饿和渴望在身体上和心理上所产生的效果。但相形之下,在《指环关闭了》中的阿贝尔,却根除了他可能有的任何欲望。他把所拥有的那一点点专注,用于让能过上另外一种生活的任何机会,都从他身边溜掉了:资质、继承、工作、持久的关系。汉姆生给他的读者们提供出来的这个文学形象,任何自尊的纳粹都会发现能够让自己深感不安。

就像对待在《漂泊的人》和《奥古斯特》中的艾德瓦尔特一样,对于阿贝尔的缺陷和弱点,汉姆生也提出了相同的解释:他的根被从土地上猛地拔掉了,他的爱的梦想破碎了。由于不能达到他自己的任何期望,他就压抑这些期望,并且无视别人的需要。阿贝尔有性交能力,但在生存上却是性无能。

莉莉是阿克塞尔的妻子,被阿贝尔诱奸了,在莉莉身上,汉姆生呈现出了一个女性的性完美的新形象:"在这么多年的忠诚的婚姻之后,性情温和的莉莉被唤醒了,只是现在才被唤醒,认识到真正的性爱经验。原先那只不过是宽容的责任,一种枯燥乏味的责任和顺从,而现在她却是有点急不可待了。她经常做爱,愉快地做爱,而且她并不掩盖这个事实,几乎为此发疯了。"

在他的僻静的作家小屋里,汉姆生能够凭空想出这个典范。他曾经把玛丽描述为他在世上的唯一的爱,但多年以来,他与玛丽却纠缠在彼此的恶性循环之中。汉姆生已经看到,这个浪漫主义的梦想已经变成了一个梦魇。

他作为作家——以及作为政治家——的事业,继续上升到新的高度。

1936年10月2日,柏林市立剧院上演了《王国之门》。演出获得巨大成功。观众崇敬伊瓦尔·卡雷诺:他拒不屈服,他把固执、复仇和仇恨当作道德理想,来予以维护。这个人认为战争,比把他的骄傲置于一旁更为可取。这个人把他的信赖,放在"自然的暴君"和"伟大的恐怖主义者"的身上。

卡雷诺是汉姆生在四十年前凭空杜撰出来的一个人物,他辱骂英国人,辱骂民主和平主义。现在在第三帝国的首都,他的话带有了一种预言性的,几乎是神秘的意义,在这里,让各国的大门猛地打开的期望在增长,以便让元首的军队放开手脚征服新的国家。

在11月的一个晚上,观众蜂拥进入市立剧院,他们并没有意识到,在那一天的早些时候,他们的一位同胞被授予了欧洲最负盛名的奖项。德国当局还尚未透露出强大的德国受到了挪威的屈辱的消息:经过一个挪威委员会的挑选,1935年诺贝尔和平奖,又回过头来授予了卡尔·冯·奥西埃茨基[①]。

纳粹党的高层人士一直担心这件事情发生,因为这会使他们进退维谷。奥西埃茨基不能简单地失踪。如果他在集中营里死去,世人就将需要有某种证明,证明他不是被谋杀;如果他活到11月的授奖典礼,那么他的出席就可能更令纳粹领导层尴尬。

戈林命令,把奥西埃茨基带到盖世太保的司令部。这位囚徒因受到酷刑,加上集中营的条件极其恶劣而极端虚弱。向他提出了一笔交易。如果他同意不再与第三帝国之外的和平组织有任何接触,并告知奥斯陆的和平奖委员会,他不想成为该奖项的候选人,他就会立即被释放,并终生享受每年六千马克的政府养老金。

奥西埃茨基拒绝了。

[①] 奥西埃茨基获得的是1935年诺贝尔和平奖,但作出此决定时已是1936年11月,所以是"又回过头来授予"。

有关诺贝尔和平奖的消息在11月23日宣布了,在第三帝国的三年历史中,这是一个黑暗的日子。第二天,宣传部长戈培尔发布了一个公报:"把诺贝尔和平奖颁发给一个臭名昭著的卖国贼,是对新德国的一个肆无忌惮的挑战和侮辱,并将被给予一个相称而又毫不含糊的答复。"元首本人则准备了一个敕令,禁止德国公民接受任何一种诺贝尔奖;德国将创立其自己的奖金为十万马克的国家艺术奖和国家科学奖。

汉姆生远非是独自一人对诺贝尔委员会的决定表达出不安和遗憾。《晚邮报》在其社论中宣告,"在给予这个奖的过程中,挪威人民并没有起到任何作用。诺贝尔和平奖已经被用作针对那些想法不同的人,而提出的一个挑战和作出的一个机智巧妙的回答。它将只不过是能引起一个微笑,而微笑是一个有优越感的国家的唯一恰当的反应。"而另一方面,海因里希·曼感到,这是他多年来所听到的为数甚少的好消息之一。巴黎的《新态度报》(*L'Air Nouvelle*)则提出,这个特殊的诺贝尔奖将在二十世纪文明史中,占有一个突出的地位。

1936年诺贝尔和平奖的得主是卡洛斯·萨维德拉·拉马斯①,这个阿根廷人是国联②大会主席。12月12日,他来到挪威领奖。然而德国当局却拒不允许头一年的诺奖得主卡尔·冯·奥西埃茨基参加颁奖典礼。这是当时的国际政治形势的一个可悲的反映:一个不起作用的大会的领导人,带着他的随行人员出席了,而一个国家的公民却被监禁在柏林的一家医院里,这个国家退出了所有的世界组织,不遵守任何和平协定,违背了所有的人权协议。

在奥斯陆大学的礼堂里,还有一个显眼的空席位:国王哈康七世没有参加典礼。宫廷没有作出任何说明。

德国的扩张计划现在已是无可否认。德国军队再次进入当时法国管辖

---

① 萨维德拉·拉马斯(Carlos Saavedra Lamas,1878—1959),阿根廷法学家。因对结束玻利维亚和巴拉圭之间的查科战争(1932—1935)有贡献,于1936年被授予诺贝尔和平奖。1936年萨维德拉任国联大会主席。
② 国联,即国际联盟(League of Nations),第一次世界大战末根据《凡尔赛和约》于1920年建立的国际组织,旨在促进国际和平与维护世界和平,总部设在日内瓦,1946年解散,其某些职能由联合国取代。

下的莱茵兰。这样一来,希特勒也就使他的背部针对西方列强得到了保护,然后就像他当时向人民许诺的那样,又把目光投向东方。10月25日,德国和意大利签订了一个条约,宣布成立柏林-罗马轴心,一个月以后,德国和日本又签订了直接针对它们的共同敌人苏联的《反共产国际协定》。第二年意大利也加入了这个协定。

1937年1月30日,德国国会让希特勒的任期又延长了四年。戈培尔热情赞扬这第一个四年,说它是二十世纪最伟大的政治奇迹。世界各地以及德国的其他地方的代表团来到柏林,对纳粹亮相的东西表示钦佩:在公路、公园、幼儿园和体育设施上的大规模建设;只不过在一年以前,这个国家还有四百多万人失业,而现在失业已经根除;得到补贴的住房和工人食堂——这个成功的名单在继续下去。

在挪威,维德库恩·吉斯林是越来越多的政治家们当中一位,他们肯定了德国的发展。汉姆生鼓励所有支持吉斯林事业的人帮助筹款。

汉姆生本人的经济能力是令人惊叹的。

他原先把他的著作版权卖给了出版社,现在又后悔了,于是又把版权从金谷出版社买了回来。成千上万的马克源源不断地进入了他的账户。1937年1月,《托钵修士文德特》在格丁根①市立剧院首演。《维多丽娅》在德国电台广播播出。3月,埃森②市立剧院上演了《塔玛拉女王》,该剧不久又转而在但泽③上演。5月,汉姆生被告知,《指环关闭了》已经印了四万册。卢塞恩④的剧院上演了《生活的游戏》。夏初,德国版的影片《牧羊神》开始拍摄。6月,《大地的成长》的印数达到了十二万六千册,《维多丽娅》达到十一万五千册,《牧羊神》以及一个德国特版的短篇小说集各自印到了五万册。

相形之下,他从大不列颠收到的销售清单,仍然是微不足道得近乎侮

---

① 格丁根(Gottingen),旧译格廷根或哥廷根,德国下萨克森州城市,其格丁根大学是欧洲最有名的大学之一。
② 埃森(Essen),德国西部城市。
③ 但泽(Danzig),波兰北部港市格但斯克的旧称。
④ 卢塞恩(Luzern,即 Lucerne),瑞士中部城市。

辱。从1934年到1936年，他的作品在英国和大英帝国销售的版税，总数还不到四百克朗。

德国的军事力量的增长在继续着。问题已经不再是希特勒能否会直捣大英帝国的大门，而是他何时直捣大英帝国的大门。

我也对这个犹太人感到难过……

1937年圣诞节前的那段时间,克努特·汉姆生决定到国外旅行。玛丽将不陪同。这对夫妇间的唇枪舌战在升级,汉姆生想走开,远远地离开诺尔霍姆庄园和玛丽。

在《指环关闭了》结尾的几页里,他已经把阿贝尔送回了美国,而现在,在汉姆生上次美国之行的五十年后,他并未认真地考虑亲自回去一次。他已经收到了几个邀请,而且也许他甚至可能在那里写他的下一个续篇。他曾与托雷进行了讨论,想有意离开,到某个地方去写作,交谈中冒出来的一个国家是巴勒斯坦。汉姆生想看看那里的殖民地。

他已经读到一些报道,说犹太人离开欧洲、苏联和美国,去耕作阿拉伯人几百年一直没有耕作的土地。潮涌般的移民现在正如洪水般地进入巴勒斯坦,当地的巴勒斯坦人和犹太人间的关系高度紧张。愈来愈限制性的移民法律在欧洲各地被推行了,使得犹太人或者吉卜赛人实际上不可能在任何地方永远定居下去。纳粹们迅速把这一点用于他们的宣传:如果张伯伦[①]和别的国家领导人非常关心全体犹太人的殖民地的话,为什么他们又非常不情愿放松他们对自己的边界的控制呢?

早在1933年4月,希特勒就实施了对犹太人的最初的抵制,这些抵制又稳固地增加。随着压力的每一次增加,成千上万的犹太人被迫逃离。希特勒披露了他的终极目标:通过对一个新的种族的谨慎的设计来复兴民族。

---

① 张伯伦(Arthur Neville Chamberlain,1869—1940),英国首相(1937—1940)、保守党领袖。1938年与希特勒签订出卖捷克斯洛伐克的《慕尼黑协定》,执行纵容法西斯侵略的绥靖政策。

"任何人,如果只把国家社会主义理解为一个政治运动,也就实际上对国家社会主义一无所知。国家社会主义甚至超过宗教,它是那种要创造人类的意志。"

有些犹太人移民希望,能在挪威找到避难所。有一个这样的人在1933年的秋天,一路来到诺尔霍姆庄园。汉姆生请求哈拉尔德·格里格帮忙,于是格里格便报了警。那个人由于没有工作许可证,因而便被送进了监狱。汉姆生给格里格写信,告诉他,他"也对这个犹太人感到难过,他没有土地,毫无疑问是发疯了,连用作枕头的一块石头都没有"。如果那个人给他写信的话,汉姆生是会塞给他一张钞票的。

汉姆生根本就没有理由反犹太人。在他的一生中,他曾与无数的犹太人接触过,从他年轻的时候在诺尔兰的那位钟表匠,到在丹麦和挪威的文学界中的许多人。勃兰兑斯兄弟是犹太人,克里斯蒂安·柯尼希也是犹太人。早在1926年,汉姆生就发表了一篇文章,泛泛性地谈了他的态度。在他看来,犹太人是一个非常有才华的民族。不过他又划分出界限,不赞同"那些最冷漠无情的人,那些与当地居民通婚的人,尤其是他们的那些在艺术、政治和文学上怀有野心的后代,那些厚颜无耻的人,那些放肆的人,他们的才能往往是浅薄的,只不过是死记硬背学来的"。如果脱离开上下文,那么这些杂乱无章的话对以后出现的纳粹宣传来说将会是完美的,但汉姆生又继续写道:"总的看来,犹太人具有高度的智力。我们能在哪里找到与他们的古老的诗歌、他们的先知、他们的歌曲相媲美的东西呢?而且还要想想,这个民族是具有多么非凡的音乐天赋,他们当然是地球上最具有音乐天赋的民族。"

他认为,他们应该被一起聚集在他们自己的国度上。他的推理是彻底地根植在当代的思维上,那就是,"这样一来,完全白色的人种就不必忍受进一步的血统混杂,而且犹太人民也仍然能够运用他们的最好的品质,从他们自己的国度给整个世界带来好处"。在他看来,给这个乌托邦带来障碍的,就是那两个他最强烈仇视的国家。"在这种时候,当像法国和英国这样的二三流国家执意要获得它们并不需要的殖民地的时候,也就没有这样的机会,让它们在地球上分出一块足够大的犹太人国家。但只要不分配给他们一块国土,那么除了别人的家之外,犹太人也就没有家。他们必须继续在外国生活和工作,结果给双方都带来损害。"

两年以后,他的放肆的态度似乎强化了。一个瑞典人出了一本反犹太人的书《克吕格回来了》(*Kreuger kommer tillbaka*),汉姆生对这本书表示认可,这在那些对犹太人的困境感到担忧的人中造成了惊恐。"我完全被你的书征服了。"他在给其作者古斯塔夫·埃里克森①发的电报中这样说,并允许他把他的赞誉印在书的护封上。

1938年2月初,汉姆生被给予了一个机会,得以亲眼目睹纳粹对犹太人的政策所产生的后果。

当他来到柏林的什切青火车站的时候,托雷和埃莉诺尔前来迎接,他们三人前往埃莉诺尔住的公寓套间。埃莉诺尔漫不经心地提到,她是德国艺术家联谊会的会员,那是一个不轻易吸收新会员的俱乐部,阿道夫·希特勒会偶尔也来——而且她告诉父亲,她确曾见到了元首。然而,她并未将全部内情告诉父亲:那天晚上,埃莉诺尔在俱乐部里,刚刚点燃一支香烟,这时希特勒来到她的桌前。她的同伴不顾一切地试图提醒埃莉诺尔把烟掐灭,因为每一个人都知道,希特勒是多么的憎恶抽烟。但那天他一定是心情非同寻常的好,要不然就是决心要给克努特·汉姆生的女儿留下一个好印象;在整个房间的人都屏息不做声的时候,希特勒殷勤有礼地张开双臂,宣告:"当然,汉姆生小姐可以抽烟!"

倘若元首知道,德国的伟大朋友的女儿正在与犹太人住在一起,他的反应就可能大为不同。在埃莉诺尔租住的那个公寓街区的外面,有两个长凳,上面印有黄色的大字,规定只允许犹太人坐。在三人进楼之前,汉姆生想休息一下。托雷让他注意长凳上的字。简直是莫名其妙!汉姆生脱口而出。

托雷马上就要二十六岁了,他有许多犹太人朋友。其中之一就是马克

---

① 埃里克森(Gustaf Ericsson,1900—1967),瑞典作家,反犹主义者。书中的克吕格就是人称"火柴大王"的伊瓦尔·克吕格(Ivar Kreuger,1880—1932),他是瑞典金融家,曾试图垄断全世界的火柴生产。1932年,由于世界性经济萧条,个人处境窘迫而开枪自杀。汉姆生是1927年给埃里克森发的电报。

斯·陶,陶是一个出版商,他的梦想就是能获得一个挪威的常住许可证。陶和托雷一致认为,汉姆生将是能对此作出安排的人。作为交换,陶已经为托雷这位年轻的画家找到了替某些出版社做插图的工作。

托雷非常仔细地安排了父亲与陶的会面。他把他的妹妹和父亲带到了葡萄餐厅,这是一个他知道他父亲会喜欢的餐厅:宽敞而又明亮,有白色的桌布和衣着整洁的服务员。之所以做出这个选择,有一个更重要的原因,那就是犹太人仍然允许进来。陶来了。

突然,在他们进餐当中,餐厅里所有的就餐者全都站了起来,他们朝上凝视着阳台,开始鼓掌。有一个老年人站在那里,高高举起手臂行了一个纳粹礼,享受着给他的掌声。一个服务员解释说,他是一位著名的战争英雄,陆军元帅冯·马肯森①。陶低下了头,他为这种谄媚的战争贩子的行径可能导致什么后果、这对他的人民可能意味着什么而苦恼。汉姆生的反应则未被注意。

饭后,托雷开始做他的父亲的工作,想让父亲彻底地顿悟到,希特勒德国是多么无情而又始终如一地迫害德国的犹太人。汉姆生并非完全接受。他当然对犹太人怀有同情:陶似乎是一个好人,而且还是儿子和女儿的朋友。他接到过许多求助的要求,都是想利用他名望的犹太人和别的人提出来的。如果他帮助了一个人,那就会导致其他抱有希望的人向他源源不断地发出求助,而他则是不可能帮上忙的。

克努特·汉姆生在柏林期间,希特勒进入了与德国的持怀疑主义的军事领导人的最后的冲突。三个月以前开始的对德国外交部的清洗和完全重组,现在完成了。在一次连续四个小时不间断的演说中,他表明,德国将开始向新的领土推进。1938年2月4日召开了一次政府会议,那次会议将被称之为第三帝国的最后一次政府会议,在那次会议上,希特勒确保了所有的权力现在全都集中到他的手中。这位独裁者准备继续那场暂时被1919年那个靠不住的条约所中止的战争。

---

① 马肯森(August von Mackensen,1849—1945),德国陆军元帅,第一次世界大战中的名将。1920年退役,1933年当选州议员。

1938年3月11日,德国的战争机器越过了奥地利边界,紧随这支军队之后的是党卫军部队,他们准备对抵抗活动和犹太人实施即刻的镇压。犹太人中的知名人士,比如西格蒙德·弗洛伊德和施特凡·茨威格设法逃脱了。许多人被杀死或者被捕。有些人自杀了,其中一位就是六十岁的犹太人作家埃贡·弗里德尔,当党卫军向大楼发起猛攻的时候,弗里德尔从他在维也纳的公寓套间的窗户跳了下来。

在他的《我们时代的文化史》(*The Cultural History of Our Time*)一书中,弗里德尔曾把汉姆生比作荷马。当弗里德尔被告知《我们时代的文化史》将在挪威出版的时候,他请求汉姆生允许把这部著作献给他。汉姆生高兴地接受了。

当德国军队进入奥地利的时候,不论是汉姆生还是托雷都不在柏林。父子二人已经取道意大利的巴里,去了南斯拉夫的杜布罗夫尼克①。他们原计划从意大利去中东,但计划放弃了,而是突然造访了这个古老的克罗地亚城镇,它是有钱的北欧人特别喜爱的旅游目的地。

无线电和报纸的报道告知他们,德国与奥地利统一了,希特勒进入了维也纳。汉姆生非常兴奋。但当托雷在一家德语报纸上发现了埃贡·弗里德尔自杀的消息时,他的欣喜戛然而止。汉姆生不由自主地脱口而出:"他本来是应该来找我的。"

汉姆生正在受到来自各方的压力,要他最终表达出对德国行动的某种责难。他拒绝了,结果又收到更多的来信,信中满是鄙视和谴责。然而在那个春天和夏天,他却要求,弗里德尔的《我们时代的文化史》每出版一个部分,阿施霍尼格出版社就直接把那个部分寄给他。汉姆生对他的挪威语翻译者表达了他对弗里德尔悲惨命运的想法:"我不能不想到,弗里德尔之所以自杀,一定也有某种个人的动机。要找出那个动机一定仍然是可能的!"汉姆生相当需要在他自己的心目中,以及在其他人的心目中,为自己辩解,这个需要现在看来是与热心为希特勒的德国作辩护结盟了。

---

① 巴里(Bari),意大利东南部港市。杜布罗夫尼克(Dubrovnik),南斯拉夫克罗地亚共和国港口城市,位于亚得里亚南部海岸,常被认为是南斯拉夫最美的海滨城市。

然而托雷却说服了汉姆生,为马克斯·陶说上了好话。结果,这位出版商获准前往挪威。

我感到我正在衰败

1938年春天,克努特·汉姆生在杜布罗夫尼克的写作并没有取得任何进展。那些纸条拒绝产生联系。那就好像在《指环关闭了》中,他已经打出了太多糟糕的牌。

5月初,托雷离开杜布罗夫尼克,返回挪威,途中他先短暂地经过柏林,此时在柏林的奥西埃茨基正生命垂危。

这位和平主义者有很长时间没有人来访了,但在那个复活节,有一对挪威夫妇在柏林的穷人区——潘科区找到了他。他们感到惊讶的是,他居然对在德国和欧洲各地的政治进展信息如此灵通。他确信,纳粹德国正在准备立即发动战争。这对挪威夫妇知道汉姆生对这位和平主义者写了刻薄的文章,因而对奥西埃茨基表达了歉意,因为汉姆生侮辱了他,并卷入了亲纳粹的活动。奥西埃茨基并没有在意:

"我并不认识这个人,我只知道他是一个杰出的作家。"

他曾在他办的杂志上赞扬过汉姆生,读过他的所有的书,《指环关闭了》除外,因为这本书的德语版刚刚面世。这对挪威夫妇许诺将尽快寄给他一本,而且如果他们能够见到汉姆生,将转达他的问候。

1938年5月4日,就在托雷进入柏林的时候,一家德国通信社报道说,奥西埃茨基去世了。看来那个春天对这位病人产生了一种有害的效果。

就像许多来自北方气候带的访问者一样,汉姆生也对欧洲南部春天的温暖有一种不切实际的概念。直到5月中旬他才脱掉他冬天的外套——是在室内脱掉。"我都冻僵了,我将永远也不能再次解冻。我什么工作也不做,甚至都不能尝试开始,我不出门,坐在这里,什么都不是。"他对托雷抱怨道。他回忆起,当年他能够长时间地坐着,踏踏实实地写作。"我记得当年在巴黎——顺便说一句,令我极为惊讶的是——我一坐就是十六个小时,而且不吃不喝,只是写作。是的,那是当年,现在我一事无成,即使我的脑子似乎因为暖和而有点改善。"6月初,他不无骄傲地说,他总算写出了一首诗,并为另外一本小说作了笔记。

6月底,他把他呆在杜布罗夫尼克期间总算写出的那点东西收拾了起来。他大有可能是已经放弃了给《指环关闭了》写作一部续篇。他乘火车返回柏林,有机会在1938年第二次品尝到在第三帝国首都的生活。

托雷已经不在首都了,当前他正在追求与一位挪威钢琴家的爱情,但埃莉诺尔还在——这给汉姆生的银行存款带来了损害。在头一年的期间,他已经给了这个女儿一万两千克朗——这对一个在办公室工作的人来说是四年的薪水——然而当她去看她在柏林的牙科医生时,她却要医生把账单直接寄给她的父亲。

汉姆生家庭的第三个成员也在这个城市里:早些时候,在6月初,玛丽就已经接受了北欧学会的邀请,参加6月底在吕贝克①举行的北欧日活动。

玛丽是汉姆生的太太,本人是作家,又说一口流利的德语,因而也就具有了明星的吸引力。她检查了客人名单,注意到那些她已经认识以及那些她急于结识的人。她所与之交谈的人中,有第三帝国的一些最重要的人物:海因里希·希姆莱、帝国领袖艾尔弗雷德·罗森贝格,内务部和帝国各部的官员,北欧学会的领导以及几个地区的领导人,柏林警察局的一些高级官员,吕贝克市的市长,位于德累斯顿的空军培训学校的校长、冲锋队的参谋长,以及别的人。赫尔曼·戈林并没有在场,不过玛丽在1936年的时候就已经见过他,当时她在戈林的柏林的家里参加了一次聚会。确实,玛丽、埃莉诺尔和托雷·汉姆生,都曾经被纳粹德国的一些最重要的人物献过殷勤。

玛丽现在同意,次年将在德国进行一次巡回演讲。

在回到挪威的家中以后,汉姆生把他原本希望能改造成另外一本书的

---

① 吕贝克(Lubeck),德国北部港市。

许多笔记烧掉了。当秋天转为冬天的时候,他几乎就要放弃了。1939年1月7日,他给一个熟人写信:"我感到我正在衰败,绝对没有能力工作。……我将永远也不再'写'了。"他的好朋友和通信者已经习惯于他悲叹他在写作上进行的斗争,但这次这些话听上去却有些不同。

再过几个月的时间,汉姆生就要八十岁了。在挪威、德国以及别的地方,出版商们开始准备他们的八十大寿纪念版。哈拉尔德·格里格告知金谷出版社,到目前为止汉姆生的书在挪威已经售出了一百五十万册,现在他已卷起了袖子,准备再次激起人们对汉姆生的兴趣;但这个主张所依据的,与其说是现实情况,倒不如说也许是这位出版商的一厢情愿。

格里格所筹划出来的新的推销活动,旨在减轻汉姆生的特立独行的政治主张所带来的后果。他印了一卷新的汉姆生的旧文选集,希望能够证明,汉姆生始终持有极有争议的见解。他希望,不论是从短期还是长期来看,这都将使得作者更能迎合愈来愈政治化了的读者大众。

尽管格里格作了最大的努力,以使他的作者在庆祝八十岁生日的时候,其作品能及时地更有销路,但对他的书的兴趣——除了德国之外——却是在减少。三年前买了《路通向前方》的那些挪威人,现在买了《指环关闭了》的还不到他们当中的一半。国外的销售额也令人沮丧。

哈拉尔德·格里格并没有把汉姆生作品的版权定得像以前那么高。从销售额可以显见,这位诺贝尔奖得主由于公开支持希特勒和纳粹主义,而在相当的程度上降低了他本人的价值。当汉姆生再次提出,要把他作品的版权卖给金谷出版社的时候,这一点便突出了出来:格里格并没有真正深入讨论这个主意,他借口说时局动荡。实际上,他不再急于与汉姆生有密切关系,不论是在写作上还是在私交上都是如此。

1939年8月4日,德国站在了向汉姆生表示良好祝愿的队伍的前列。

阿道夫·希特勒给这位八旬老人发来祝贺,发来祝贺的还有赫尔曼·戈林、约瑟夫·戈培尔、巴尔迪尔·冯·希拉赫①、约阿希姆·冯·里宾特

---

① 希拉赫(Baldur von Schirach,1907—1974),纳粹政客。1933年被任命为德国全国青年领袖,指导纳粹全国青年组织,包括希特勒青年团在内,担任这一职务直至1945年。1940年还兼任维也纳纳粹党领袖。1945年以反人道罪被判处20年监禁,1966年获释。

洛甫①,以及艾尔弗雷德·罗森贝格。罗森贝格把克努特·汉姆生描述为"北欧人物中伟大的创造者,新德国的坚定的朋友",他还说:"正是因为你发自一种不可摧毁的意志为世界创造出了你的人物,你也释放出了在德国人民中的许多类似的感情,并把带来生命的推动作用给予了德国文学。"

德国报纸以相同的热情进行庆祝。来自德国的表示良好祝愿的信件,超过了来自挪威的信件。二十三位德国艺术家和重要人物,通过戈培尔的全国文学协会和北欧学会,单独出了一本他的庆祝文集。他们既指出他在加强德国与北欧合作上所作出的贡献,也指出他对新德国在精神上的所具有的巨大重要性——尤其是对德国的艺术家和普通民众的巨大重要性。然而那些最伟大的人物,他们的名字却明显阙如:曾经在汉姆生七十岁生日时向他表示敬意的曼兄弟和其他人已经逃出国外,正在作为难民生活着。

---

① 里宾特洛甫(Joachim von Ribbentrop,1893—1949),纳粹德国战犯,外交部长。战后被纽伦堡国际军事法庭判处绞刑。

是获胜还是毁灭……

三个星期后,在1939年8月,汉姆生一直等待的那场战争爆发了。他始终是支持德国的侵略政治。

元首屡次揭穿了英国和法国没有决心保卫它们在《凡尔赛和约》和国联大会上所确立的边界。现在德国军队占领了捷克斯洛伐克的重要地区,并以保护在立陶宛的受压迫的德国后裔为由,蚕食了波罗的海各国。希特勒想为他计划中的针对布尔什维克的战争,建立一个部署区域,想迫使苏联的西部边界后退,从而在德国以东的各国,一直深入到苏联的那些肥沃的大草原上,为德国开辟出一个新的"生存空间"。为了达到这个目的,他想把德国与东普鲁士合并起来,要求波罗的海边的但泽自由市①归还德国,并允许越过波兰走廊②构筑运输线。

但波兰人拒绝在这两个方面让步。德国政府的代表就汉姆生八十大寿庆祝活动与他接洽,要求他为一本书写一篇序言,该书为德国对历史上的领土所提出的要求做了辩护。汉姆生一返回诺尔霍姆庄园就完成了这个任务。

波兰人明白,他们无法阻止这座古老的德国城市③的回归。汉姆生认

---

① 自由市(free city),指一个有独立的政府,本身就形成一个主权国家的城市。
② 波兰走廊(Polish Corridor),第一次世界大战后,从战败德国割让给波兰的东普鲁士以西用作出海口的一个狭长地带。
③ "这座古老的德国城市"指但泽。但泽(Danzig)是格但斯克(Gdansk)的旧称,但泽是德语,格但斯克是波兰语。名称的改变反映了城市在历史上的变迁。这座城市997年或999年以波兰城市首先见于记载。1793年并入普鲁士。1807年由拿破仑授予自由城市特权。后又并入西普鲁士省。《凡尔赛和约》规定其为自由城市,由波兰行使管辖权。二战中遭到严重破坏。1945年归还波兰。

为,波兰已经开始妥协了,但当"英国出于习惯,开始再次围绕着德国徘徊的时候,波兰人也就再次顺从了,把他们的国家交了出去,成了英国的链条中的一个环节。……他们相信《凡尔赛和约》所剩下的那些碎片。"他挖苦道。"地球上的任何力量都不能阻止把但泽从他们手中夺过来。"汉姆生敦促在但泽的日耳曼种族的人坚定不移,因为"你们是足够好的,你们是普鲁士人,并且属于伟大的日耳曼民族"。两个星期以后,德国便与波兰交战了。

在二十多年的时间里,汉姆生一直坚持认为,在年轻的德国和大不列颠与法国这两个古老强国之间的再度冲突,是不可避免的。他是正确的。8月23日深夜,在德国与苏联之间的一个互不侵犯条约,由里宾特洛甫和莫洛托夫①签署了。这两个强国还秘密达成协议,瓜分波兰,并企图把其余的东欧国家对半分享。但即使在这个协议被披露之后,英国首相内维尔·张伯伦和法国总理爱德华·达拉第②仍然试图对波兰当局施加压力,要其与德国谈判。在汉姆生看来,英国人和法国人愿意屈服——当然是以别的国家为代价的——以便避免又一次世界大战。波兰总理约瑟夫·贝克③不退让,拒绝一切妥协的尝试。

在六年多的时间里,阿道夫·希特勒一直是使用政治压力,以牺牲他的邻居为代价来扩大他的领土。现在第三帝国入侵了波兰,他们也第一次遭遇到了军事抵抗。9月3日,英国和法国对德宣战。

波兰人对欧洲最现代化的军队的防御是不足的。骑兵被德国坦克打垮。9月17日,苏联红军也入侵波兰。两天以后,这两支占领军在布列斯特-利托夫斯克④会师。世界从未见过一部战争机器,能够以像德国军队这样的速度进军。"闪电战"这个概念突然成了一个血腥的现实。英国和法

---

① 莫洛托夫(Molotov,1890—1986),苏联政治家和外交家。1939年的时候担任苏联外交部长。
② 达拉第(Edouard Daladier,1884—1970),法国激进党领袖,曾三度出任总理。
③ 贝克(Josef Beck,1894—1944),波兰军官,一次大战后在国内担任过多种职务。1932至1939年间任波兰外交部长,1939年4月与英国签订了结盟条约。德苏两国瓜分波兰时,他被罗马尼亚拘留。
④ 布列斯特-利托夫斯克(Brest-Litovsk),白俄罗斯西南部城市布列斯特(Brest)的旧称。

国对波兰所做出的许诺,现在看起来非常空洞;他们并不是派军队帮助,而是着手强化他们自己面对德国西部边界的防御线。

挪威宣布中立,但早在9月5日,英国人就开始对挪威政府施加压力。

他们要求,挪威不再向德国出口对德国及其战争计划至关重要的物资。第二个要求自然是逐渐削弱了挪威的中立性,那就是挪威应该把其大部分商船交给西方列强。这个要求被拒绝了,但小小的挪威要拒绝进一步的谈判是不可能的。英国和德国在交战,挪威发现自己又一次被卷进去了。

到目前为止,克努特·汉姆生的政治分析被证明是敏锐而又精明的。

我带来了汉姆生的问候

在战争爆发两三个星期之后,埃莉诺尔·汉姆生嫁给了里夏德·施奈德-埃登科本,施奈德-埃登科本比她大了二十多岁。他参加了德军在波兰的战役,由于结婚而给他放了假。这对夫妇是在柏林见面的,他是一部电影的编剧加导演,埃莉诺尔是一位有抱负的女演员,在这部影片中饰演了一个角色。

玛丽去了柏林,参加她女儿的婚礼,托雷、阿利尔德和塞西莉娅与她同行。在婚礼前后有流言在传播,说这桩婚姻使得埃莉诺尔和汉姆生一家,与纳粹圈子里的重要人物接触紧密。施奈德-埃登科本家族的成员在纳粹德国身居高位,埃莉诺尔丈夫的表兄,不久前刚被任命为波兰的帝国部长。

很少有挪威人知道,汉姆生的家庭和德国社会的上层人物,已经有了多么密切的接触。1936年,玛丽两次去戈培尔的办公室见他,其中一次是埃莉诺尔陪同去的。埃莉诺尔还在戈培尔家里参加了一次私人宴会,而玛丽也曾是戈林举行的一次类似宴会中的客人。

正是在这个时候,玛丽第一次见到了元首。当时元首是在德国馆发表演说,德国馆是德国新建的大体育馆。尽管德国馆可以容纳两万人,但几个星期以前票就卖完了——玛丽的有用的社会关系仍然使她得到了一张贵宾票。

两年以后,在1938年的夏天,在吕贝克,玛丽应邀作了一个讲座,把德国的朋友和预言家克努特·汉姆生的话与德国人民分享。

玛丽从来就没有抛弃过再次站到舞台上的欲望。那种要传递出她是一个狂热信徒的信息,并从事比她悲惨的婚姻更伟大的事情的需要也从来没有抛弃她。与此同时,这将是一个好机会,能把她自己与她丈夫的作品结合起来,加强他们俩的生活与他作品之间的联系,并且在汉姆生最终不再写作的时候,通过协商获得她计划中为她自己安排的那个地位。

在波兰投降的那一天,1939年10月6日,她参加完女儿的婚礼回到了家。如果国际形势的发展不使她的计划受挫,那么她就计划在五个星期以后返回德国,开始她的巡回演讲。在无线电台上作演讲并不能使她受到高度重视。她密切关注着欧洲的事件的发展;许多别的挪威人也密切关注欧洲事件的发展,不过没有几个人感到自己像诺尔霍姆庄园的那家人那样,是直接介入了。

1939年11月13日,星期一,晚上八点十五分,恰好按照计划,玛丽·汉姆生在掌声中,登上了汉诺威①市政大厅的讲台。来之前她试了好多套衣服,最后穿了一件深色的丝绸连衣裙,肩膀上披着一件朴素的女式短上衣,戴着一条纯金项链,那项链是她丈夫给她的礼物。

大厅装饰着纳粹旗帜、挪威国旗和鲜花。没有几个座位是空着的。听众中有许多穿着制服的人。德国正处于战争状态。

不到一个星期,玛丽就四十八岁了,她做了精心准备。在开场白上,她花了大量时间,最后决定:

"我带来了问候,带来了挪威、克努特·汉姆生的问候。"

她将一个城镇一个城镇地重复这些话。它就像有魔力一样。

这些话立即使她成为了一个神圣信息传递人的角色。在读了艾尔弗雷德·罗森贝格和其他纳粹头面人物发来的八十大寿贺词之后,她知道了,汉姆生的作品已经深入到了德国人民的心中。

在这些开场白之后,玛丽就可以把她的演讲转向任何方向。她可以集中讲她丈夫的作品,或者详尽说明他给他们带来的信息,转达他对当前政治形势的想法。或者她可以利用听众的情感,她描述说,汉姆生不耐烦地站在诺尔霍姆庄园外面的马路上,等着邮差送来报纸。她或者引用他在政治上

---

① 汉诺威(Hanover),德国北部城市,下萨克森州首府。

的愤慨之语,他愤慨于西方列强的可鄙行径,愤慨于在英国人面前卑躬屈膝的挪威政府的怯懦。再就是她告知听众,他为德国在军事上的胜利,以及元首的非同寻常的胜利意志,而感到喜悦。

到第二天早晨七点的时候,她已经登上火车,下午三点的时候,她站在多特蒙德的站台上,说:"我带来了问候,带来了挪威、克努特·汉姆生的问候。"

就这样,她去了波恩、科隆、亚琛、莱茵豪森、赖特、杜塞尔多夫、恺撒斯劳滕、维尔茨堡、斯图加特。她用她的那一点点空余时间,给一家挪威报纸写了一篇文章,又给她丈夫写了一封信。"这里士气高涨,那些希望能够动荡的人将会失望。……我有一种压倒一切的印象,那就是共识、甘愿牺牲和对希特勒的信任。"她向他保证说。而且她还有一定会让汉姆生极其激动的消息,也是将使世界大吃一惊的消息:德国人尚未把他们的最新的武器用上。"人们感到,英国将很快就会疲劳,英国人从未在他们的地盘上忍受过战争,而这一点现在就要发生了。没有一个德国人怀疑,英国必须输,而且一定会输!我去过前线,与士兵们交谈过,他们就像孩子一样,非常有把握,心情非常好,因为他们知道,元首知道他们在做什么,知道能够怎样获得成功。"

第二天,玛丽把她讲稿的某些部分送给德国国家电台。那天晚上,她站在纽托伦堡的舞台上。报纸上对她的报道在增加,她的演讲场所从来都是不够大。埃朗根是她的下一站。从埃朗根她又去了慕尼黑、维也纳、菲拉赫、布雷斯劳、贾布朗尼、阿波尔达、阿恩施塔特、德累斯顿、克姆尼茨①。她本来计划在12月10日,星期日休息,但又被邀请在波茨坦的帝国元首内部学校露面。这是件令人尊敬的事情,因而她不需要人家来说服她。

玛丽·汉姆生的巡回演讲在柏林结束,柏林的皇宫酒店已经给她留了一个房间。已经在计划要作另外一个系列演讲了。在1939年的11月和12月中的那五个星期的美好时光里,玛丽一定感到,她的出头之日终于来到了。

---

① 菲拉赫(Villach),奥地利城市。布雷斯劳(Breslau),波兰城市。贾布朗尼(Gablonz),捷克城市(捷克语拼写为 Jablonec)。阿波尔达(Apolda)、阿恩施塔特(Arnstadt)、德累斯顿(Dresden)和克姆尼茨(Chemnitz)均为德国东部城市。

第 五 部

从魔笛到尖音小号

在玛丽离家,在德国扮演主角一直呆到1939年圣诞节的这段时间里,克努特·汉姆生接管了二楼的那个大房间。那张巨大的桌子,原本是孩子们围着做作业用的,他把那张桌子安置在这个房间里,这样一来最大限度的阳光也就落在了上面。这就是这位八十岁老人现在度日的地方,他大量阅读,也写一点东西,主要是写信。他在墙上挂了一张巨大的地图,他读报的时候就精心研究这张地图,把战地记者报道的情况用图钉在地图上标注出位置。

在这么长的时间里,他一直是不懈地探索着那个他想像中的国度,现在那个国度向他关闭了边界。他有生第一次,几乎只有现实可以依附。他计划中的那部续篇未能成为现实,也许并不仅仅是因为它对这位老人来说是要求过高,而是因为汉姆生发现,自己是这么深地卷入到这部当代戏剧之中了。

四十多年以前,他写了一本小册子《论现代美国的文化生活》,在这本书的序言中,汉姆生表达了在亲眼目睹了美国民主所起的作用之后,他对美国民主感到的失望。这使得他产生了一种渴望,按照他的描述,他渴望能够看到"那些使人赞叹不已的几步妙棋、那些大规模的个人反叛,它们将会立即推动人类在未来几代的时间里前进"。

他终于找到了一位这样的个人:阿道夫·希特勒。即使这位作家感到,他能够再次吹奏他的魔笛,但却决非他一定会有魔笛。现在汉姆生手中的乐器是尖音小号。

在挪威有广泛的政治共识,认为这个国家应该像在1914年那样,脱离开这场战争。在1939年圣诞节前举行的一次联合会议上,所有的北欧国家领导人都宣告中立。在克努特和玛丽·汉姆生的心目中,以及别的狂热支持希特勒政权的人的心目中,这只不过是弄虚作假。他们毫不怀疑,亲英国的挪威当局将会同在上一次战争时一样,要两面派的花招,将以种种方式帮助同盟国,包括提供重要的补给品。挪威将以中立为伪装,与德国作对。

战争最初的四个月就说明,要想避免被拖入冲突是多么的困难。战争来得更近了,单是在12月,三艘为同盟国运送物资的船就在挪威领海被德国潜艇击沉。单是由于地势,挪威就与所有的主要参与者互相摩擦:在北方,它与苏联接壤,西面最近的邻居是英国,它的南边是丹麦和德国。挪威还有欧洲最长的海岸线,海岸线长达三万五千七百九十三公里;这样一来,谁控制了这个小小的北方国家,谁也就实实在在地控制了北大西洋的这片广阔区域。

不仅如此,挪威的各个港口很快便对德国铁矿的供应至关重要。第三帝国每年消耗一千一百万吨铁矿,而铁矿又几乎全都来自瑞典北部。但一年有几乎六个月的时间,瑞典的吕勒奥①港又封冻;有一条铁路线铺设到了挪威的纳尔微克②镇,纳尔微克的港口全年都不结冰。在战争爆发后被任命的英国海军大臣丘吉尔提议,应该在北方地区进行军事干预,铺设地雷,不过这些计划未得到通过。

张伯伦、希特勒和斯大林都完全意识到,挪威要捍卫其中立的能力是脆弱的。

维德库恩·吉斯林是挪威支持纳粹的民族统一党的领袖,他在圣诞节之前前往柏林,与希特勒会晤。吉斯林的党是挪威最小的政党,然而吉斯林却意识到,他本人的重要性要远远超过他的党的规模。吉斯林明确表示,他打算通过政变夺权。他声称,他搞到了一个情报,说在挪威政府和英国政府之间达成了一个秘密协定,挪威的"中立"将会向盟军倾斜。会晤之后,希特勒命令最高统帅部调查,德国可以怎样占领挪威。

---

① 吕勒奥(Lulea),瑞典东北部港市。
② 纳尔微克(Narvik),挪威北部诺尔兰郡的城镇和不冻港。

就在这次会晤的那一天,克努特·汉姆生给约翰·梅尔比写了一封信,梅尔比原先是挪威的一位政治家。在信中,汉姆生指责梅尔比终止了到目前为止他与德国的密切关系。梅尔比曾批评希特勒与斯大林的结盟、波兰的被瓜分,以及苏联对芬兰的进攻。汉姆生再一次情绪激昂地为德国的罪孽辩解:"目前我们不应该抓挠德国的新伤口,……难道你不认为,德国本身已经感到惭愧了?想必你已经意识到了,德国不得不这样做,为的是不被外部的抑制扼死?"按照汉姆生的说法,苏联是一个木偶,而英国人就是拉木偶牵线的人,"他们的目的就是要把今天已经是被戴上镣铐的德国的生命给榨取出来。我们的非难不应该针对德国。到了德国在西线获得喘息的空间的时候,德国就会转而再次把俄国人从波罗的海和北欧各国扔出去。德国在等待。我们也必须等待。"

英国人对停泊在挪威海域的一艘德国船进行了攻击——那艘船上有几百名英国战俘,这使得柏林的重点集中在入侵挪威的必要性上。3月20日,尼古拉斯·冯·法尔肯霍斯特[①]报告说,计划已经准备好。剩下的只是元首下达进攻的命令。

4月1日,汉姆生在报纸上发表了一篇文章,敦促德国保护挪威不受英国人欺负:"一想到我们当前的形势——以及我们可能有的前景,那种即将降临的毁灭的感觉便令我们气馁。我们没有力量,来自东方的熊和来自西方的斗牛犬正在注视着我们,我们是他们的猎物。街道上有这么多的普通人在希望,德国将能保护我们——可叹的是不是今天——而是当时机成熟的时候。我们想呆在我们所呆在的地方,呆在我们现在就呆在的地方。我们不想成为一个异族强国的组成部分。我们许多人把希望寄托在德国身上。"

汉姆生的祈望得到了答复。4月9日凌晨,德国入侵了挪威和丹麦。挪威士兵所做出的抵抗,超过了希特勒部队的预期。在挪威土地上交战的

[①] 尼古拉斯·冯·法尔肯霍斯特(Nicolaus von Falkenhorst,1885—1968),德国将军,他策划了1940年对丹麦和挪威的入侵。入侵后,在1940至1944年间担任驻挪威的德军司令。

第五天,汉姆生为他向挪威人民发出呼吁而写的一篇文章,做了最后的修订,他给那篇文章起的名字是《给我们说句话》(*A Word for Us*)。

兜了个圈子又回到了起点。当汉姆生于 1918 年 11 月第一次搬进诺尔霍姆庄园的时候,他刚刚输掉了他的第一次战争。当时他曾流下了辛酸的泪水,他感到辛酸的是,他的同胞是多么愚蠢,让自己被亲英国的政治家和新闻界所欺骗。现在他看到,种种事件又在自我重复。挪威王室逃往伦敦,而在王室迁往的新址周围所进行的宣传,又证实了公众的意识,即挪威的真正保卫者是英国,侵略者是德国。的确,在挪威南方的各个地方,不顾一切的装备不足的人们进行了战斗,以阻止毁灭性的德国战争机器的进展,并在这个尝试中牺牲了自己的生命。

然而汉姆生却在他的呼吁中一再强调,挪威并没有处于战争状态,他的呼吁被炮制出来,是他对天真而又好探究的公众做出的聪明回答。戈培尔本人也无法比这炮制得更好了:

"我们是与德国交战吗?不是吗?

德国接管了我们的防御。我们是中立的。

我们从各种途径听说,德国正遭遇到挪威的抵抗。有些人说,挪威期望来自英国的帮助。难道我们从英国的许诺和要帮助的保证中,什么东西也没有学到吗?

挪威人民必须醒悟过来,在还来得及的时候——在英国把战争带到我们的国家之前醒悟过来。"

在被占领的最初几个星期里,汉姆生大肆宣扬他的看法,在此之后,他收到了许多做出反应的来信。有些来信赞扬他,但大多数来信则表达了愤怒,而令人吃惊的是,汉姆生把言辞尖刻的信件挑选了出来并归档存放。"既然你已经向挪威人民表明,你实际上是哪一种挪威人,那么我们也就烧掉你的书,在 5 月 2 日的讲话之后,这些书的创造者也应该得到这相同的命运。"

这个匿名写信者所提到的那个讲话,指的是一篇在几家报纸上印出的文章,这篇文章也在国家电台宣读过。文章里,汉姆生呼吁挪威的抵抗战士们放下武器:"让每一个人都拿起枪,站在那里,朝着德国人口吐白沫,是没有用处的;明天或者某一天,你们就会被炸死。英国没有能力来帮助你们,因为你们是分成一个个的小组,在山谷里漫无边际地走着,要饭吃。挪威人:扔掉你们的枪,回家吧。德国人正在为我们所有的人而战斗,并且打垮英国对所有像我们国家一样的中立国家所实施的暴政。"

有些挪威人看到,被占领是一个有利的机会;在剧变中,某些问题也就可以被带回到政治议事日程上。这些人中有一位律师,他仍然为1933年在海牙国际仲裁法庭①上,未能把格陵兰岛从丹麦收回而愤愤不平。他与汉姆生接洽,希望能得到他的帮助,因为显然他对汉姆生的影响力有相当大的信心:"他是在德国名气最大的挪威人。如果他把挪威的问题提出来,德国人是难以对他置之不理的。"这位律师要求汉姆生,就这个问题,他应该与希特勒在挪威的得力助手、帝国专员约瑟夫·特博文②联系。

约瑟夫·特博文是一位成功的纳粹党人,他于4月26日抵达挪威,那是在他被任命的两天之后,奉命在占领区确立平静、秩序和安全。他被给予绝对的权力,以达到这些目的。在挪威发表的第一次公开演讲中,特博文要这个国家放心:"德国人民张开手伸向挪威人民,诚实而又诚恳地伸出手来,准备进行建筑在相互尊敬的基础上的兄弟般的合作。"

汉姆生当然把这位挪威的新统治者的有关友好合作的话当真了。此后不久他便给他写了信,提及了格陵兰岛这个话题。汉姆生说,他完全意识到,德国所想的,不仅仅是1814年丹麦人从挪威偷去的一个在北海的小岛。但汉姆生又告知特博文,丹麦现在有意把格陵兰岛卖掉。"帝国专员先生,请允许我在你的面前祈祷;格陵兰岛的卖出起码应该推迟。这是全挪威的祈祷。"

在给律师的一封信的底稿中,他又加上了一个说明:"如果你感到,我应该与在德国的里宾特洛甫联系,那我也一定这样做。他对我一直友好。"这句话不仅揭示出,汉姆生把格陵兰岛的问题看得很重,而且也说明,他感

---

① 海牙国际仲裁法庭(International Tribunal in The Hague),1899年成立,自1945年起,联合国国际法院的法官候选人由其提名。
② 特博文(Josef Terboven,1898—1945),纳粹领导人,在德军占领挪威期间,以"帝国专员"之名而著称。

到,他的名字在德国当局当中很有分量,而且在诺尔霍姆庄园与柏林之间已经建立起了密切的联系。

作为德国的外交部长,约阿希姆·冯·里宾特洛甫实际上是北欧学会的上层保护者。玛丽从德国返回的时候,带来了他的热烈问候。

丹麦批评家汤姆·克里斯滕森听说,汉姆生已出面支持德国,甚至在希特勒入侵挪威和丹麦之后仍支持德国,他突然大哭起来。"想想吧,纳粹主义有一支魔笛可供自己使用,而这支魔笛的声调又是如此奇妙,奇妙得让我们无法从我们身边把它扔掉。"

放还是不放,帝国专员先生!

当然,已有人向帝国专员约瑟夫·特博文彻底介绍了汉姆生一家与新德国的特殊关系。特博文站在独特的位置上,来估价他们的用处并利用这些联系。

他立即派人向汉姆生保证,他的有关格陵兰岛的询问,将被给予最优先的考虑,不论是在帝国专署还是在柏林都是如此。他立即派他的三个手下前往诺尔霍姆庄园。他们的来访增强了汉姆生对德国的一切正面印象:帝国专员答复迅速,他们普遍是仔细周到的,保证对挪威人民有善意。交谈的主要话题是格陵兰岛,但也讨论了挪威的未来统治。汉姆生急于建立一个新的政府,由挪威人组成,由维德库恩·吉斯林担任首相来领导。"吉斯林是一个优秀的人……不仅仅是一个政治家,他还是一个思想家,有一种建设性的精神。"

吉斯林在1940年的夏天和秋天几次访问了希特勒,特博文也在同一时期几次访问了希特勒。从一开始,帝国专员与民族统一党的这位领袖便是敌于。每一个人都试图把对方撑下台,但又都是徒劳。9月25日,特博文宣布,挪威王室,以及挪威政府和议会现在被永远地废除了。取而代之的将是国民议会,国民议会共有十三名内阁成员,其中的九位将从民族统一党中挑选。按照占领军的指示来对国民议会履行职责进行监督的责任,不是给了吉斯林,而是给了特博文的国家专署。

三天之后,汉姆生写了一篇报纸文章,认为吉斯林是领导这个国家的正确人选。现在吸引人们注意的,与其说是汉姆生的文学作品,毋宁说是他的政治化了的作品。

挪威的另外一位诺贝尔奖获得者西格里德·温塞特,在纽约举行的一场记者招待会上提醒美国和其他自由国家,要提防卖国贼。她悲叹,挪威把这些人只是看作性情古怪的傻子。她脑子里想到的那两个人,人们并不难猜想出来:克努特·汉姆生和维德库恩·吉斯林。

那年晚些时候,另外一位诺贝尔奖获得者、正在流亡的托马斯·曼,讨论了在挪威的令人深感遗憾的形势,他对下述事实表达出了悲哀,即除了克努特·汉姆生之外,挪威的作家全都没了声音。他把汉姆生描述为"一个这样的人,他把令我非常钦佩的巨著给了我们。他的不幸比我们的不幸更大"。

一直到被占领和进入1940年的夏天之前,政治一直是玛丽和克努特·汉姆生讨论时,少有的不发生唇枪舌战的话题之一。冲突很少是因为见解不同而产生,在权力均衡的问题上更是如此。

玛丽动身取道丹麦前往德国。她要去看望她在哥本哈根的女儿塞西莉娅,塞西莉娅正在美术学院学习绘画。然后她将去德国,去看望埃莉诺尔,并为另外一次巡回演讲做计划。与此同时,汉姆生随一个政治代表团去了柏林。

计划正在酝酿之中,要让三个亲德国的斯堪的纳维亚人——芬兰前总统埃温德·斯温胡武德①、瑞典探险家斯文·海定,以及克努特·汉姆生——去寻求觐见希特勒,以强化芬兰与德国的关系,并从而减轻来自斯大林的压力。汉姆生想得到这次见面的机会,还有另外一个原因:亲自把格陵兰岛的问题提交给外交部长里宾特洛甫。旅行途中将有阿利尔德陪同他。

然而,这个计划中的与希特勒的会晤却并没有实现,处于强大压力下的里宾特洛甫也没有找到时间来会见汉姆生。但汉姆生却的确直接品尝到了战争的恐怖。10月7日,英国人进行了前所未有的对柏林最大面积的报复性轰炸。此刻汉姆生与阿利尔德本来是会在城里的,玛丽本来也会在城里。埃莉诺尔和她的丈夫住在柏林,但也在荷尔斯泰因②的魏费尔斯弗莱特镇

---

① 斯温胡武德(Evind Svinhufvud,1861—1944),芬兰独立后第一位国家元首,先为总理,后任总统。
② 荷尔斯泰因(Holstein),日德兰半岛南部,艾德河与易北河之间的历史和文化区。位于德国石勒苏益格-荷尔斯泰因州的南半部。

拥有一个农场,一家人逃难去了那里。从那里,克努特、玛丽和阿利尔德回到了挪威,那里正有一个邀请在等待汉姆生。

戈培尔将于1940年11月晚些时候访问挪威,自然汉姆生是名列盛大招待会的客人名单之中。他谢绝了邀请,最可能的是因为他希望能够单独与戈培尔见面。第二个邀请来到了,邀请汉姆生1月20日在柏林与这位宣传部长会晤。

然而,在圣诞节之前,返回德国的是玛丽。她的新的巡回演讲将比上一次覆盖的面更广,上一次她访问了三十个乡镇和城市,这可并不是一个微不足道的数字。这一次,玛丽将在三个月的期间里,走遍这个国家的每一个角落。

玛丽和克努特·汉姆生这互相配合的一对,对于德国公众来说是不可抗拒的,而且她的演讲始终是听众爆满。她自己也是一位作家,正在取得很有分量的成功——她的儿童读物的印数现在已经超过了十万册——尽管她丈夫的印数远远超过了她:各种德语版本的《大地的成长》的印刷总数已接近五十万册,而各种版本的《维多丽娅》的印数,也达到了二十七万册,其中一次就印了十一万册。

在德国占领的九个月之后,成千上万的挪威人被捕了。对于他们的困境,汉姆生在很大程度上是心情矛盾的。他们让自己进入这种徒劳而又没有必要的位置,他想;对抗占领军是鲁莽的,是在政治上受到了误导。1月初,他录制了一个电台采访,就是这样说的。"我们须与今天实际情况调和起来。这不仅是明智的,而且也是挪威的唯一的拯救。"

汉姆生并不能完全把对他的同胞的悲惨处境搁置一旁。1914年1月10日,哈拉尔德·格里格给他写信,请他帮忙让罗纳德·范根获得释放,范根是挪威作家联盟主席,汉姆生同意了。范根是德国人在挪威逮捕的第一个作家。

格里格提议,他可以与盖世太保接洽,但汉姆生还是按照他的惯常做法,去了最高层。汉姆生不久就要在柏林享受到戈培尔单独的个人专注,帝国专员特博文自然是急于同他见面。

1月中旬,挪威的这位占领军统治者,在他的住宅斯考古姆接见了汉姆生,斯考古姆原是挪威王储的官邸。托雷陪同他父亲前往,担任翻译。

特博文在纳粹党里一路飞黄腾达;1936年他结婚的时候,希特勒是他的男傧相。他头脑敏捷,而且他面对政治上的争论时,其自制能力甚至给人以更深刻的印象。他具有完全集中在他目标上的能力,而在当前,他的目标就是完全地控制挪威。他的一个最为有利的品质,就是完全没有良心。

这个德国人也绝对领会到宣传的重要性。他选择在这个具有特殊象征意义的地点来与这位作家会晤,是有充分理由的。汉姆生一点着他的雪茄烟,特博文所安排的《晚邮报》的一位摄影师便冲进房间,打开闪光灯。当闪光灯第二次熄灭的时候,汉姆生几乎做到了转过脸不看他。他并没有掩饰他的暴怒。特博文立即挥手,让摄影师走开,但他却已经抓到了所要得到的东西:克努特·汉姆生与帝国专员愉快交谈的一幅完美的照片。

实际上,那次交谈根本就不愉快。

汉姆生仍然在因为摄影师的闯入而充满难消的怨气,而特博文的态度则使事情变得更糟。托雷完全知道,这个被压抑的盛怒将很快就找到一个发泄途径。有谣传说,特博文态度僵硬,在见解上毫不妥协,显然这个谣传是有充分根据的。汉姆生请求这个德国人能有同情之心,他提到了范根的虚弱的身体;他告诉他,这个逮捕吸引了巨大的负面的关注,这样一来释放也就可能在公众舆论上产生一种有利的效果。但特博文是不可被动摇的。他开始感情外露而又费力地匆匆翻阅对范根的审讯报告,没完没了地引用审问记录中的话,意在证明范根是反德国的。最后汉姆生爆发了,他要求直截了当的回答,放还是不放。托雷已经没有必要把回答翻译出来了。

会晤结束了。

即使希特勒本人邀请我

在1月的那一天,帝国专员与作家带着彼此减少了的尊敬分手了。

通过阅读汉姆生的文章以及戈培尔本人有关这个挪威人的报告,特博文本来期望,汉姆生会对德国的一切敌人,都采取一种强硬而又不妥协的态度。在特博文看来,他所会晤的那个人,是一个感情用事、信口开河而又头脑不清的老傻瓜。同时,汉姆生则本来期望,他能够找到一个有教养的、欢迎客人而又尊敬人的帝国专员,一个明智的"贵族",他应该明白,他高贵的客人不会用鸡毛蒜皮来打搅他,他所讲的是关系到他们各自国家利益的事情。这次会晤反而成了一个精心计划出来的在宣传上的漂亮之举。

第二天,一篇显眼的文章出现在《晚邮报》上,并配以那张难堪的照片。文章描述了在头一天下午,汉姆生是彻底享受了他在帝国专员住宅里愉快的访问。文章还报道说,特博文已经邀请汉姆生陪同他坐飞机去德国;事实上特博文是这样邀请他了,但准确地说,汉姆生却并非像这份报纸所声称的那样,愉快地接受了邀请。文章并没有提到汉姆生呼吁释放范根,而汉姆生本来就是为此而去拜访的。

毫无疑问,汉姆生并不愿意与特博文一起飞往柏林。但在柏林等待他的事情又会使他的精神振作起来:那就是与戈培尔交谈挪威与德国之间的事务,他期望交谈将会在一种相当不同的相互信任和尊敬的气氛中进行。

那注定是一次非常短暂的飞行。轮子刚刚离开地面,飞机便又撞回到地上。当乘客们走出飞机的时候,他们意识到,飞机是在一个面朝大海的斜坡上停了下来。易怒的特博文命令,他们先在候机厅里喝点荷兰烈酒,然后各走各的路。汉姆生和托雷被告知,将安排另外一次飞行。日复一日他们被告知，由于飞行条件差，他们得继续等下去。到了第十一天，飞行条件大有改善，但戈培尔以及他的全家人现在又由于感冒而卧床不起。汉姆生对这位宣传部长的访问被无限期地推迟了。

1月30日，汉姆生返回了诺尔霍姆庄园，他感到失望，但又无意取消他对挪威未来的参与。在一篇报纸文章中，他阐明了一种德国与挪威伙伴关系的基础，再次提到他所认为的那种共性："正因为我们两国早期在贸易、学术、旅行和生活基础上有密切关系，所以一个丰富的文化时期将再次在挪威和北欧繁荣起来，而那又是建立在德国哲学的基础上。条件已经成熟。这并不是一个预言，而是基于坚实的知识和历史性的直觉之上。它是对已知事物和未知事物的一种深刻的意识，是根植于亲属关系和血缘。我们全都是德意志人。"

1941年春天的晚些时候，帝国专员特博文的手下再次与汉姆生联系，问他现在是否还想去访问感冒已经痊愈的戈培尔。汉姆生通过托雷翻译，做出了简短而又迅速的回答："我不要去德国，我不会说德语，我耳朵聋了，八十二岁了，所以我并不是某种具有吸引力的东西，被装在大车上到处展览。……考虑到一切，我不会把自己拽到德国，即使希特勒本人邀请我。"

汉姆生已经决定，要回避帝国专员。这位自负的文学老人现在想做的，就是要与独裁者本人交谈。

汉姆生继续提出他的观点供挪威考虑。在发表在众多报纸上的又一篇文章中，他写道："德国已经向我们许诺，它将完全尊重我们民族的自由和独立。这实际上就是发誓。但我们的责任就是，要确保我们配得上这个许诺：作为一个统一的挪威，我们将在德国国社党的领导下，与其他欧洲国家团结起来。这就是我们的任务。"汉姆生似乎身上有了一种新的冷酷无情。对那些抵抗者将不会表现出怜悯："任何反抗都将被粉碎。"

汉姆生对欧洲的设想已经酝酿三十年了，现在将终于变成现实："希特勒并没有把这一点向我们隐藏起来。德国将统治我们和欧洲！我们不再需要英国。我们已经瞥见了我们的拯救，未来，我们将拒不被长期与我们作对的英国人所剥削和利用。我们已经改变了方向，并且正在冒险进入一个新的时期和一个新的世界。"在文章的结尾，他起誓效忠："有关我们的未来，有这么多的人写了这么多的东西。但在他们所有的人当中，希特勒说到了我的心坎里。"

汉姆生完全意识到,这个效忠宣言将会受到那些能够传话给元首的人的注意。1941年12月1日,汉姆生完成了在这场战争期间他所写的篇幅最长的文章,它将专门在极具影响的德国杂志《柏林-罗马-东京》(Berlin-Rom-Tokio)上发表。他就像旧约中的一位先知,谴责非正义者——丘吉尔、斯大林和罗斯福——并支持正义者:阿道夫·希特勒。

他争论说,布尔什维克们毁灭了俄国的灵魂:"俄国人本来有其独特的性格,某种仍然是其根源所留下来的东西,但现在,在布尔什维克主义统治的二十四年之后,那种性格在每天都出现的铁、血和无情之中消失了。今天没有同情,没有怜悯,只有鲜血。"而另一方面,英国人是欧洲最胆怯的人,是世界上受教育程度最高的屠夫民族,是一个如果有机会便准备与魔鬼签订契约的国家——丘吉尔与斯大林的秘密结盟便是佐证。

要一劳永逸地把德国制服,一直是一个世界范围的阴谋,这个阴谋几年以前就启动了。"当英国人与布尔什维克们联手的时候,第三个伙伴已经在近旁等待了:美国。他们需要用人员和武器把自己装备起来,因为一场大战就在他们面前。布尔什维克们想拯救他们的世界革命,英国人想拯救他们的帝国。德国得被消灭,即使这意味着整个欧洲都会垮掉。在这样做的时候,他们将牺牲掉几百万士兵的生命,他们将抹掉欧洲的全部文化生活,并把欧洲的国家赶回到野蛮状态,但这一点在这两个伙伴的天平上没有多么重的分量,在第三个伙伴的天平上也没有多么重的分量。"

这个邪恶的三结合聚集在一起,密谋他们可以怎样"把希特勒主义干掉,并折断德国的脊柱。但胜利却不是这么容易就得到的,因为现在欧洲的大部分正站在备受仇恨的德国的后面。……他是一个雄心勃勃的人,那位罗斯福总统。他能够延缓英国的最终的命运,或者能够使英国的最终的命运提前到来,但他却不能避免英国的最终的命运。他能够把钱送到中国,把武器送到苏联,但他却不能改变这个令人愉快的事实,即布尔什维克在欧洲的时间正走到尽头。他或许可以拖长这场战争,但与此同时在欧洲的新秩序正在迅速前进,因为所有的国家正在政治上、财政上和文化上与轴心国合作"。

汉姆生的文章引起了约瑟夫·戈培尔的注意。"汉姆生写了一篇极其诙谐,而且具有罕见洞察力的文章。……汉姆生是现代欧洲最杰出的知识分子之一,他一直忠实于新秩序的旗帜。"他非常兴奋地说。

在1940年,汉姆生曾经呼吁挪威青年扔掉他们的枪,不要在对德国军队的抵抗中浪费他们短暂的生命。只不过六个月以后,他又敦促他们自愿前往东线。

1941年夏天,一个挪威志愿者军团被并入党卫军,与他们的德国同道们一起与俄国人作战。他们需要人力:可怖的冬天,遥远的距离,以及无情的军事抵抗,阻止了德军向莫斯科的进军。汉姆生的二十九岁的儿子阿利尔德,加入了来自许多国家的志愿者的行列。

然而挪威的大多数年轻人,并没有响应这位老作家要他们拿起武器的热烈号召。事实上却完全相反:他们策划出种种方式和手段,来抵抗占领军以及那些为占领军服务的人们。在接下来的四年里,将有两万挪威人被关进格里尼,格里尼是挪威关押政治犯的主要拘禁营地。他们当中有许多人非常年轻。

汉姆生曾不厌其烦地写道,老年人有跟不上年轻人步伐的问题。现在对这位高龄作家来说,这个问题似乎不会应用到他的身上。

1942年11月26日凌晨,挪威开始将犹太人驱逐出境:有五百八十二名犹太人被挪威警察围捕之后,被送上"多瑙号"轮船。只有非常少的人意识到,希特勒所放出来的这个怪物的范围是多么大,又是多么凶残。在最终被送往德国集中营的总共七百六十二名犹太人当中,最后活下来的不到三十个人。

在德国入侵苏联之后,占领军的挑衅增加了,而这又不仅是针对犹太人,而且还针对任何一个露出一点与德国人或者民族统一党相对抗的迹象的人。抵抗被视为对德国的进攻,是由破坏分子与英国人联合起来做出的。挪威是德国针对布尔什维克战役的部署区,因而对纳粹军队来说也就非常重要。挪威整个海岸线的港口,被德国潜艇和军舰用作基地,以攻击盟军向苏联运送武器和装备的船队。希特勒愈来愈确信,盟军将会试图解放挪威,因而他就持续地强化防卫。德国军队的出现正深刻地影响着普通挪威人的生活。

随着占领的岁月的逝去,这个政权对其囚犯的处理也就更加野蛮。用死亡来惩罚的门槛不断降低。在第一年期间,只有几个挪威人被判处死刑,而且在死刑者当中,只有两人被执行了死刑,其余的都被减判为监禁;但到1942年,死亡的人数达到一百二十一人。绝望的亲属们愈来愈求助于诺尔霍姆庄园,他们乞求这对有影响的夫妇帮忙,让被扣押者获得释放,或者挽救那些被判处了死刑人的生命。克努特和玛丽·汉姆生试图影响当局,但他们的呼吁很少起作用。

汉姆生确信一件事情:特博文的恐怖统治,正在粉碎挪威将在一个大德意志未来中起突出作用的设想。木偶的牵线正在拉动,以便使汉姆生得以觐见希特勒。

命运的罗网

尽管尽了最大的努力,但约瑟夫·特博文仍然未能把维德库恩·吉斯林从挪威的政治舞台上驱逐出去。吉斯林曾确实在形式上被排除出去了,但这位民族统一党的领袖却继续对在1940年10月成立的政府,产生相当大而且又是关键性的影响。1942年2月,他被任命为首席部长,这起码在理论上给予了他原先由国王和议会所拥有的权力。

在挪威被占领的整个期间,吉斯林给希特勒写过信,间或还与希特勒会面。他的目标,就是要在挪威与德国之间签订一个和平协议,同时制订一个给予挪威自治权的宪法,并签订一个确保挪威作为大德意志的一个部分,而拥有的一种首要地位的条约——这些目标在很大程度上与克努特·汉姆生的感情不谋而合。

在1942年结束之前,吉斯林估计,支持由特博文领导的德国占领者政权的挪威人,不超过千分之一。在新的一年一天天过去的时候,在他看来,对特博文的支持甚至更减少了。这是一个因素,驱使他要求在1943年初再次与元首会晤。

4月19日,吉斯林在贝格霍夫①旁边的夏宫城堡会见了希特勒,贝格霍夫是元首的夏季官邸。会面的时候特博文在场,当他看到希特勒一如既往,用无穷无尽的独白对他的客人狂轰乱炸的时候,他幸灾乐祸。有关挪威的未来或者在一个大德意志中的欧洲新秩序,希特勒未能给吉斯林任何许诺。

---

① 贝格霍夫(Berghof),是二战期间希特勒的住宅,在德国拜恩州的城镇贝希特斯加登(Berchtesgaden)附近的上萨尔茨山上。自1938年起,希特勒经常在他的住宅旁边的夏宫城堡接待客人,举行会议。贝格霍夫是希特勒的最广为人知的总部之一。

他强调地告诉吉斯林,首先得先赢得战争。

然而首席部长却并不气馁。他抱定决心,挪威的地位应该被推向前。克努特·汉姆生无可争议地是在德国最著名和最受尊敬的挪威人,他是完成这个任务的完美人选。为汉姆生访问德国的最后准备就绪了。

汉姆生很快就要八十四岁了。多年来他一直避免在大的聚会上露面,不管是谁提出的要求,但这一次他例外了。那年的6月,在维也纳,来自四十个国家的五百名作家将聚集起来,其中就有来自德国文学界最杰出的代表。

有一位德国作家,埃德温·德温格尔,赞颂了他们的这位贵宾:"在这场战争期间,在德国带到这个世界的作家当中,没有抛弃我们的有多少——有这么多的作家总是抛弃我们。有这么多作家已经忘记了,我们不仅使得他们在世界上知名,而且还爱他们——但他们却让他们的心被廉价的仇恨搞混乱了。汉姆生独自站在我们一边——在来自各方的风暴中站在我们的一边,因而我们感谢他,这不仅仅是因为他的艺术,我们无法用言语表达他的艺术是怎样充实了我们的人民——我们感谢他,还因为他的不可动摇的立场,他的作品给一代人带来了多么大的力量,他的立场现在就给我们带来多么大的力量。知道我们时代最伟大的在世作家是站在我们一边,与这相比,还有什么更鼓舞人的吗?"

不论是金钱还是声望都不能使汉姆生受到诱惑,而这位老人却抵抗不了对人来说,是第三个最值得向往的诱惑:权力。现在引诱他的,正是获得那种能影响他国家命运的权力的可能性——引导挪威在未来的大德意志中担任一个领导的角色。正是带着这个想法,他同意参加于6月举行的维也纳大会,他期望,如果他参加的话,那么他的最大的愿望就会得到满足:觐见第三帝国的元首。

玛丽后来是这样描述她丈夫为参加这次大会做准备的:"这个想法就像一道闪电一样击中了他,也就是如果他能够去的话,那么把特博文除掉的机会就可能出现。他完全迷恋于这个主意,尽管任何政治家都会告诉他,那只不过是一个诗人的梦想。一连几个星期,他都是坐在那里,脑子里充满了种种想法,玩单人纸牌戏,咕哝着说话,背诵着什么,有时我能够透过墙壁和地板听见他说话,就像当年在小说写作的过程中,他在自己的房间里与作品中的人物奥古斯特讲话一样。……每天(就好像是)他与希特勒面对面站着,把同样的话说了一遍又一遍,一直说到最清楚。然后希特勒也许会作出这个或者那个回答,然后克努特·汉姆生又会想出可以有另外一个反应。……他日复一日坐着写东西,把写出来的东西划掉,建造出来再拆掉。他经常不安地站起来,踮着脚在房间里走来走去,就像他在创作时那样。他就像一只要抱窝的鸟在护巢,焦虑地保护着他的书桌。如果有人想进来,他总是在门缝处迎接。"

与希特勒会晤的前景使得汉姆生焦虑不安的神经如此混乱,这当然完全是合情合理的。但想必汉姆生并不是现在才突然意识到,是有可能与元首面对面的。大概自从在1941年1月他与特博文的第一次令他苦恼的会面之后,他就一直准备与希特勒直接对话了,而戈培尔的一再邀请,又只能使他更加确信,这样一种会晤最终是可能的。当约瑟夫·戈培尔又一次向汉姆生发出邀请的时候,这位年长的作家接受了。

对戈培尔的访问将意味着,汉姆生将在一个月的时间内两次飞往德国,但他抱有充分的决心,既要见这位部长,也要最终见到元首。

在1943年的5月中旬前后,汉姆生的长女埃莉诺尔,由于精神疾病、厌食症和酒精中毒愈来愈严重,要从巴登巴登①的一家诊所送回来。原计划是由玛丽独自前去把她接回来,但现在汉姆生陪同她去了柏林。

1943年5月19日,玛格达和约瑟夫在他们位于赫尔曼·戈林大街的公馆里,招待了玛丽和克努特。这两对夫妇在一起呆了两个小时。

才华横溢的戈培尔官运亨通,现在是纳粹掌权者中的第三号人物。他的最新指示就是,要把在德国及其占领区的群众激发起来,进入一种精神失常的狂热之中,从而使他们能以第三帝国的名义作出牺牲并忍受一切。戈培尔是一位宣传大师,一个政治天才,他能够把谎言提高到这样的程度,使谎言变形为真理。近来他把他的关注,转向了"总体战"的必要性。

---

① 巴登巴登(Baden-Baden),德国西南部城市。

玛丽以前见过戈培尔,但她丈夫却是第一次与这个德国人见面。部长和作家给彼此带来了深刻印象。戈培尔在他的日记中提到,当他们面对面站着的时候,汉姆生感动得眼睛流出了泪水,他不得不转过脸去。

戈培尔作出极大的努力,来与这位愈来愈耳聋的作家交流。玛丽不得不把译文大声喊进她丈夫的耳朵里,但她所传递的评论全都是恭维话。戈培尔宣告,汉姆生必将成为世界最伟大的作家之一。在他们的交谈中提到,他的全集在北欧各国已不再有人读了。戈培尔脱口而出,这是一种耻辱,并当场决定,他的全集应该重印,一版就印上十万册。作家得体地谢绝了,他指出,德国纸张太短缺了。

两人也讨论了政治。戈培尔记下了这个事实,即汉姆生表达了对英国人的鄙视,而且他对德国胜利的信念是不可动摇的。

在返回诺尔霍姆庄园之后,汉姆生继续为他计划在维也纳讲演准备讲稿,而更为重要的是,有关特博文的野蛮政权,以及他自己对挪威未来的希望,他打算要对元首说些什么,也要做准备。他还绞尽脑汁,要想出一个合适的方式来感谢戈培尔。6月17日,他突然想到了一个解决办法。若干年以前,塞尔玛·拉格洛夫曾经号召作家们把自己的奖章卖掉,以便筹款帮助芬兰;现在汉姆生将为德国的事业,而牺牲他的诺贝尔奖奖章。他把他的礼物寄给了那位部长,并附上了一个条子:"诺贝尔规定,他的奖金应授予前一年的最'理想主义的'作品。帝国部长先生,我不知道还有谁,像你一样,为了欧洲和人类的利益,而年复一年理想主义地写作和讲话。我把我的奖章寄给你,请你原谅。无论如何它对你来说都是没有用处的,但我没有别的可以奉献的了。"

还没有过一个星期,戈培尔便寄来一封感谢信。"倘若我认为,它是对我本人和我的公共责任的表彰的话",那么他就会感到愧疚,不能接受这个敬意的标志,"但我把它看作你的忠诚的一种表达,这是对我们为一个新欧洲、为一个幸福社会而进行的战斗的忠诚"。

然而这位部长却并没有提到,在汉姆生和元首之间有即将会晤的可能性。由于德国领导人做事一丝不苟而又具严密安保的意识,约会只能在最后一分钟才能得到确认,而且不论是公开还是私下里,都严格禁止讨论可能存在的计划。

就在戈培尔在他的感谢信上写下日期,签上名的那一天,汉姆生已经在一个月的时间里第二次返回柏林了。

他一定能成功!

1943年6月22日,克努特·汉姆生从奥斯陆郊外的福尼布机场,飞往柏林的滕珀尔霍夫机场。从那里开车走了不远的距离,便把他送到了享有盛誉的阿德龙饭店,他将在那里过夜,然后前往维也纳。

正是在这家宾馆,他给他的女儿维多丽娅写了一封信,从而打破了十二年的沉默。就在离开诺尔霍姆庄园之前,他从维多丽娅那里得到了消息,贝尔格丽特去世了。"我想你可怜的死去的母亲,"他仁慈地写道,"为她内心的单纯而求神赐福于她吧,我们全都在她的允许下去了天国(原文如此)。"

他的信充斥着错误。那并不是由于伤心或者粗心而造成的。一年多以前,人们发现汉姆生由于脑出血,突然跌坐在餐室的地板上。他住了几个星期的院,又以惊人的速度恢复了,但却给他留下了难以找到正确的字的后果,不论是讲话还是写作都是如此。他慢慢地恢复了他的正确拼写的能力,但后遗症却继续妨碍着他。他一般是不着急,写信的时候数次易稿,从而消除了大多数的错误和在风格上的弱点。但由于他在柏林停留非常短暂,他又急于给他的女儿复信,他也就没有把错误和弱点全都找出来。

第二天,在到达维也纳的时候,他受到一个官方代表团的迎接,那个代表团里有德国宣传部、挪威帝国专员公署和民族统一党的代表。在帝国饭店短暂休息之后,他被带到了维也纳霍夫堡皇宫剧场。在这里,希特勒的新闻处长奥托·迪特里希①护送他来到大厅前面的贵宾席,与此同时五百多

---

① 迪特里希(Otto Dietrich,1887—1952)。第三帝国新闻处长,希特勒的亲信。战后在纽伦堡审判中被判犯有"反人类罪"而入狱。

人的会众起立，长时间鼓掌，欢迎这位著名的文学老人。在大家落座之后，迪特里希便介绍了这位贵宾。当汉姆生站起身的时候，掌声再次爆发，他开始讲话的时候，掌声才静了下来。汉姆生的演讲，是他在几乎二十三年前接受诺贝尔奖时演说的缩小版本。他为他的高龄而道歉，但又希望在场的人，那些代表着所有欧洲人民的人，能够接受一位来自极北地区的作家的问候。在他变得过于劳累之前，他曾经写过一些书，而既然他决非伟大的演说家，他也就只能指望他们仁慈了。

他的话有人替听众作了翻译，然后又爆发了一轮长时间的掌声。接着挪威民族统一党的主要刊物《自由人民报》（*Fritt Folk*）的主编，阿恩特·里肖弗德登上了讲台，这个几分钟之前还拿年老体衰来调侃的人宣读了坚定的、毫不妥协的政治信息。

汉姆生是前来公开表白的："我是深深地、强烈地反对崇拜英国的人，反对英国人，而且我不能记得自己还是别的什么人。"在他的漫长的一生中，他都流露出这样的感情，"在所有的动荡、灾难、压迫、不守信用、暴力和国际冲突中的"大部分，"其根源都在于英国。我们甚至能够因为当前的战争和世界范围的苦难，而感谢英国。英国就是根源。必须迫使英国屈服！"

他继而表达了他对德国的无条件的爱："有一个国家经受住了英国政治的毒害，这是一个伟大而又强大的国家，这就是德国。"他说，德国曾违背自己的意愿，被拖进了第一次世界大战。它曾勇敢地与四个大陆作战，但却从内部遭到了失败："随着岁月的流逝，德国人民逐渐被外国的因素所渗透，那些外国因素侵扰并削弱了德意志精神——这非常适宜于英国，德国得被削弱。过多的非日耳曼的人民和种族在这个国家里拼命大吃，剥削了在战后已经极其疲惫的全体居民。"

他描述说，随之而来的是黑暗的岁月。然后国家社会主义的时代在德国开始了："那是一种启示，是意志和德意志的力量的奇迹。阿道夫·希特勒当然是'元首'。"

就在这次大会的第一天，汉姆生就已经表明，应该让他觐见元首，这令人迷惘而不知所措。第二天，他的公开表白便出现在德国以及欧洲各地的报纸上，汉姆生用他演说的最后号召，亲自给记者们提供了信息的那句话便是："必须迫使英国屈服！"这位诺贝尔奖得主抱有不可动摇的信念，认为元首将最终赢得荣耀,所有的专栏都对这个信念做了评论。

当宣传部长戈培尔把报纸上的评论,以及汉姆生的讲话摘录,拿给纳粹党的领袖看的时候,戈培尔毫无疑问是骄傲得容光焕发:"阿道夫·希特勒,那个不同凡响的人已经持续地推动了整个世界——现在正在把整个世界翻转过来!他一定能成功!"

这次旅行,玛丽·汉姆生并没有陪同她的丈夫。由于凡是与希特勒会晤都具有政治上的敏感性,所以不论是她还是托雷都被认为不适宜做汉姆生的翻译。而陪同他从奥斯陆前往维也纳的那两个人,却是完全合格:一位是赫尔曼·哈里斯·奥尔,他是法律和哲学博士,另一位是埃吉尔·霍尔姆博,他在司法部任职。两人都是国际法专家。

事实上,与希特勒会面远不是自然而然的事情,尽管汉姆生显然是确信。就在他到达维也纳的第一天晚上,他向七十八岁的瑞典人利昂·于格伦德吐露,他来德国的唯一目的,就是要见希特勒,以确保把特博文除掉。他一定有这样的印象,认为那已经成为定局:因为如果凭着一个"可能",就让他两次前往德国,并经受参加大会的煎熬,那么对一位老人来说这就太过分了。但甚至戈培尔也不能向汉姆生保证能够见希特勒。他所能做的,充其量就是试图说服希特勒。

希特勒当然是偏爱王室成员和国家领导人,但对作家他却是一点也不在乎;他本人并不读文学作品,而且对见某个耳聋的老人也没有兴趣。他正忙于指挥一场战争,而且晚上也只是在药物的帮助下睡上几个小时。在希特勒看来,汉姆生受到戈培尔一家的款待,已经是得到充分的报偿了。然而戈培尔一定是意识到,希特勒与世界上最著名的作家之一的会面,在宣传上具有潜在的意义。在6月24日,他获得了批准。汉姆生的另外一位热烈的崇拜者,维也纳的领导人巴尔迪尔·冯·希拉赫,他其实在汉姆生八十寿辰的时候就给诺尔霍姆庄园发去过贺电,现在他也为他说了好话。

一位秘书记了下来,当他向元首提出,见汉姆生可能是有趣的时候,对方的反应并不是完全肯定的。

你什么也不懂!

1943年6月26日,星期六,奥托·迪特里希、埃吉尔·霍尔姆博与克努特·汉姆生驱车前往阿斯珀恩①机场,希特勒的私人飞机,一架福克沃尔夫秃鹰200型飞机正在那里等候。旅行持续了四十五分钟,飞行期间迪特里希试图把他们所飞过的给人以深刻印象的山顶,全都大声喊进汉姆生的耳朵里。有时间可以吃点心和喝饮料,汉姆生喝了一大杯上等白兰地。

一辆大型梅塞德斯牌汽车载着一行人,驱车十五公里直接前往贝格霍夫。汉姆生坐在车子的前面。奥尔博士并没有受邀加入他们;汉姆生的东道主们感到,如果要确保这次会见保持一种礼节性拜访,那么不让这位民族统一党的头面人物兼吉斯林的朋友露面,事情就会容易一些。

汉姆生被准予与希特勒会见,是在希特勒作为元首处于最低谷的时候。第三帝国在头一年的夏天达到了事业的顶点,当时德国占领了二十四个欧洲城市,卍字饰旗帜在三个大洲上飘扬。但到了1943年的1月底,罗斯福与丘吉尔便在卡萨布兰卡②会晤,宣告了要德国无条件投降的政策。

正在前去与希特勒会面的这位八十三岁的作家,耳朵重听,右手颤抖,并且仍有脑出血的后遗症。然而那位与他见面的五十四岁的人,大概状况比他还差。希特勒现在正服用大剂量的镇静剂,以及他的医生为他开的十多种药物。他不能忍受强光,经常不能保持平衡。当时的一位传记作家是这样描述他的:"随着一个个的失败,他丧失了摆出各种惹人注目的姿势的

---

① 阿斯珀恩(Aspern),位于维也纳东北郊区。
② 卡萨布兰卡(Casablanca),摩洛哥西北部港市。

活力。有一次他就没有使用他的标志性的架势,在他身上的变化表现得太清楚了:他疲惫地在司令部里移动着,弓着背,拖着一只脚,眼睛从苍白的脸上呆滞地朝外面凝望着。他的左手稍微颤抖。这是一个显然在身体上走下坡路的人,一个郁闷的人,他承认他受到抑郁症的困扰。"

汉姆生走进贝格霍夫的大厅,有穿制服的人在那里迎接他。他无须等待多久,他的东道主便出现了,不过在希特勒领着他们走过一扇门的时候,他的眼睛可能已经瞥见了写在那扇门上的字:Meine Ehre eisst Treue(我的荣誉叫做忠诚)①,这是党卫军的座右铭。两人握了手。

在稍微问了问他的客人的写作情况之后,希特勒开始讲话了,"我感到,如果说我不是与你完全有关系的话,也是有非常深的关系,因为我的生活在某些方面与你相类似。"他解释说,他也喜欢在夜间写作。

元首领着作家,一路来到他的书房。在十米宽的全景窗的前面,摆放着一张六米长的工作台。在半米高的落叶松木护墙板的上面的墙是白色的,天花板是深棕色。希特勒把汉姆生和霍尔姆博引到最靠近窗子的座位上,茶水端了上来。

当然,希特勒同意了汉姆生的要求,让霍尔姆博做他的翻译,霍尔姆博的身份是代表团的顾问。然后希特勒自己的翻译恩斯特·楚赫讷,便假装要离开房间。但实际上,他来到帘子的后面,藏在别人看不见的地方,在那里,他与希特勒的一位秘书克里丝塔·施罗德一起,把说出的每一句话都记录了下来。在旁边的房间的另外一个地方,坐着奥托·迪特里希以及里宾特洛甫的一位手下,瓦尔特·休伊尔。

希特勒想让交谈一直围绕着写作的话题,但他很快就发现了,汉姆生是来谈政治的。汉姆生向他的东道主保证,他对德国怀有最大的信念,在此之后,他便迅速把交谈转到对挪威占领的政策上,以及特博文的问题上。"挪威船东协会主席斯特纳森,要求帝国专署在船运和造船上更放手一些。但帝国专员却表现出对此并不理解。事实上他是嘲弄了挪威人,他告诉他们,他们可以在波罗的海和他们自己的湖泊里从事他们的船运。"

---

① 原文是德文。

希特勒不得不向他的客人说清楚,在战时是不可能进行海外船运的。

"但帝国专员认为,这种禁运在战后也将继续。"老人回答说。

希特勒热衷的是,客人们应该提起他的情绪。他比以往更不想让自己受到挑战,或者使自己心情不好。他本来毫无疑问已使自己确信,这位作家可能是灵感的一个来源,也许会与他交谈天才的话题,这是一个希特勒感兴趣的话题。但显然这个挪威人——戈培尔把他描述为世界上最伟大的史诗诗人之一——无意讨论艺术。

希特勒试图结束有关船运,以及德国在挪威政策的话题,他说,要对未来做出任何确定的陈述是不可能的。但坐在他对面的人却拒不离开这个话题:"但他们这是对挪威讲话,是对世界第三大船运国家讲话。除此之外,帝国专员还说过几次,在未来将不再会有挪威!"

一开始是攻击特博文,现在又谈到这个问题。希特勒无意从挪威撤走。吉斯林一再提出建议,挪威人应该自己接管挪威的防御,这已成为一个固定观念(idee fixe),要把这个观念从吉斯林这位首席部长的脑子里驱逐出去,似乎是不可能的。早在1941年初,希特勒便给了阿尔贝特·施佩尔①和海军司令部一个任务,要他们开发特隆赫姆市,使它能够住下二十五万人。在德国要获得第三帝国对大西洋沿岸的海上航道的控制所作的努力上,这个城市将具有核心的重要性。

希特勒试图再次让汉姆生安静下来,就像以前他曾向吉斯林指出过的那样,现在他又指出,挪威已经受到特别仁慈的对待了。"与别的占领区不同,"他说道,"挪威被允许拥有自己的政府。"

但对汉姆生来说这并不够。"在挪威发生的每一件事情,都是由帝国专员决定的!"

汉姆生接着继续描述,帝国专员甚至都未能听真正和忠诚地支持纳粹占领的人们的意见;比如,民族统一党的杰出党员赫尔曼·哈里斯·奥尔,试图抵消在他的同胞们当中的对英国的同情,但帝国专员就在他的道路上

---

① 施佩尔(Albert Speer,1905—1981),希特勒的主要建筑师、军备和战时生产部部长。1945年受审于国际军事法庭,1946年被判监禁20年,1966年被释放。

设置了障碍。

东道主已经不耐烦了,他突然意识到,霍尔姆博显然是在给汉姆生做完翻译之后,又继续讲话,说出了他自己的见解。霍尔姆博告诉希特勒,在挪威,民族统一党的党员被他们自己的人民看作是卖国贼。他提醒元首,曾经有一个建议,最初是由赫尔曼·哈里斯·奥尔提出供考虑的,他提议应该成立一个委员会,那个委员会将向挪威人民指出,在被占领前以及在被占领的第一个阶段,他们的国王和政府已经背叛了他们。霍尔姆博提出,这样一个委员会的任命将会有助于转变公众舆论。他还要求,应该命令特博文,把哈里斯·奥尔以及其他人难以看到的文件公布出来。

对于翻译的自行其是,希特勒表达了他的不满,他严厉申斥了他,因而在帘子后面的楚赫讷便把这申斥记录了下来。希特勒转而采取攻势,进而讨论了这样一个委员会是不切实际的。

然后闻所未闻的事情发生了。汉姆生再次打断了希特勒的话。"帝国专员的方法并不适合我们的国家,他的普鲁士方式是不可容忍的。而且还处决了这么多的人。我们再也不能容忍了!"

在帘子的后面,汉姆生的极度情绪化的状态,也没有逃过楚赫讷的会晤记录。他还记下了,霍尔姆博并没有把作家的最后的话翻译过来,毫无疑问是因为那句话暗示要造反,甚至是背叛。躲在帘子后面的那两个会说挪威话的人,毫无疑问会对霍尔姆博心存感激,因为汉姆生当然是处在要把元首的狂怒引爆出来的边缘。迪特里希以及其他人与希特勒共事多年,非常了解他,现在他们目睹了元首正努力使自己镇静下来,与此同时又用一个长篇独白安抚这个老人。其主题几乎就是他的心里话——一个政治的政府与一个军事的政府是有区别的,他又举例说明,战争的责任要求做出牺牲,不论是在挪威还是在别的地方,都是如此。

但正当希特勒兴奋地谈他的话题的时候,汉姆生再次打断了他。"特博文并不想有一个自由的挪威,而是想要一个受保护国。这是他为我们设计出来的未来。"

汉姆生要求知道,是否会把特博文召回。希特勒看到,他有机会让交谈结束了:"帝国专员是军人。他到那里完全是为了军事的理由。他将最终返回埃森,他是那里的省党部领导人。"

在场的人谁也不会忘记下面发生的事情。在霍尔姆博翻译希特勒的话的时候,汉姆生变得越来越激动,当轮到他回答的时候,他哭了起来。"不应该认为我们反对占领。我们大概仍然需要占领。但那个人正在给我们带来的破坏,超过了希特勒所能做出的建设!"

霍尔姆博再次没有把汉姆生爆发的最具有煽动性的部分翻译过来。相反他把目光从希特勒转向汉姆生,强烈地忠告他:"不要谈那些事情了。我们已经有了元首的许诺了。"

汉姆生来参加这次会见,并不是为了恭维对方,也不是为了学习任何东西,更不是为了重申他对德国胜利的信念。他乘坐沿海轮船,从阿伦达尔来到奥斯陆,又从奥斯陆飞到柏林,接着又飞到维也纳,在维也纳他在大会上像表演马戏似地尽了他的责任,从那里又飞过了阿尔卑斯山,最终来到了贝格霍夫——而所有这一切都是为了一个原因。他已经用他的名字和他的笔,来支持一种在国际上具有历史重要性的理想,那种理想将导致产生欧洲的新秩序,甚至是世界的新秩序,同时还将导致一个新时代的一种新的社会产生。正是为了达到这个目的,汉姆生才批评了特博文,并且感到应该让希特勒明白,特博文的野蛮政权有使元首的伟大前景彻底失败的风险。而希特勒却明显地想当然地认为,汉姆生只是一名前来为他的国家争宠的代表,但汉姆生并不是。在1943年6月26日,星期六,坐在他面前的这个人是一个真正的泛日耳曼主义者,他坚定地认为,消除这种"肮脏的"影响已是刻不容缓。特博文正在给希特勒的真正教导搀假。这位作家试图向这位独裁者澄清的正是这一点。

希特勒只是重复,德国的亲善已经显见于允许挪威有其自己的政府。

"我们是在对一堵砖墙说话。"汉姆生泄气地喊叫道——而且是精确地喊叫道。霍尔姆博并没有把这句话翻译过来。但汉姆生的身体语言是不可能被曲解的。

四个月之前,戈培尔在柏林体育宫①演讲,在狂热的掌声中,与会群众

---

① 柏林体育宫(the Sportspalast),建于1910年,是一个多用途的冬季体育场馆和大会堂,可容纳14,000观众,一度是德国首都最大的会堂。柏林体育宫以在第三帝国时期的多次演讲和集会而知名,其中戈培尔的1943年"总体战"演讲最为知名。1973年拆除。

批准了一种将要求德意志民族做出更大的流血牺牲的"总体战"。纳粹领导层赞许的是忍受、意志力以及坚定不移的无情；相形之下，汉姆生却是在乞求，应该用温和和同情来对待一个坚持抵抗德国统治的国家。这个老人，他甚至让眼泪流了出来，要求希特勒把铁手套脱下来。难道这位作家想像，战争就是发表演说吗？一个被占领国的困难，又怎么能与德国人民正在承受的困苦和生命的牺牲相提并论呢？元首继而详细讲述了战争对他的民族所提出的要求。

最后他的客人总算确切地阐述了始终在他心中的担忧："我们相信元首，但他的意志正在被腐蚀。"

汉姆生曾经在诺尔霍姆庄园做了几个星期的准备，在那几个星期里，他一定在他的最秘密的时刻，把自己看作命运所选中的工具。希特勒将接见他。希特勒将理解他。当希特勒明白，特博文由于过分使用暴力，正在歪曲纳粹的真正要旨的时候，希特勒就会按照他的要求去做。

在这两个人当中，有一位几乎就是个聋子，而另外一位则宁可做聋子。独裁者的辞令对作家毫无效果，而作家的话对独裁者也没有产生任何效果。

虽然如此，但汉姆生笔下的文学形象总是在最后的时刻，成功地把失败转变为胜利。对最后的幸运的一线希望，大概在整个交谈中都在支撑着他，让他一直持续到最终他不得不承认失败，不得不承认是真正失败了的时候。他把谨慎掷在一边，说道："在挪威的做法是不正确的。它将最终导致另外一场战争。"

霍尔姆博不敢把所有这一切都翻译过来，但这已是希特勒所不能忍受的了。"别说了，这件事你什么也不懂！"他厉声说道，然后他从座位上站了起来，扬起双臂，朝外面的露台走去。

一位被打败了的献身者

毕竟,克努特·汉姆生并不是天意所选中的工具。他哭泣着,心里乱成一团,结果都没有亲自与希特勒道别。他最终总算是把下面的话传达给了霍尔姆博:"告诉阿道夫·希特勒:我们相信你!"

当会晤终止的时候,在幕后也匆匆做出了一些安排。

独裁者要霍尔姆博让汉姆生平静下来,休伊尔命令楚赫讷用他们的车送客人们。车子来到的时候,那两个德国人坐在后座上,挪威人坐在前座上。迪特里希留了下来。"我再也不想在这里看到这样的人!"当梅塞德斯牌轿车把一行人带走的时候,狂怒的东道主尖叫着。

这位东道主不顾一切地要找到惩罚宣传部长的某种方式,因为是宣传部长引诱他见了这个糟透了的挪威人,因而他命令迪特里希,取消汉姆生计划中的对戈培尔的访问。希特勒上台以前迪特里希就与希特勒接近,他从未目睹一个外国客人像汉姆生那样打断元首的独白。他也从未目睹任何人这样公开地与元首唱对台戏。在若干天的时间里,希特勒的情绪都受到了这个经历的影响。

汉姆生并没有意识到,坐在后座的德国人中,有一位懂挪威语,于是便在他们的车前往机场的途中,公开地与霍尔姆博交谈起来。他所关心的,不仅是他是否设法使得希特勒明白了挪威所处于的可怕痛苦,而且还有是否霍尔姆博把一切都精确地翻译出来了。霍尔姆博向他保证,他都精确地翻译出来了,但汉姆生持怀疑态度,还指责他把交谈引向了错误的方向。

霍尔姆博为自己辩解,他说,没有必要把交谈总是引到特博文的话题,尤其是在希特勒向他们保证战后就把他除掉之后。"你是白痴！这是一种什么样的废话！"汉姆生回答道，"战争还要进行很长的时间，非常长的时间！帝国专员的方法再也不能容忍了。需要讨论的事情就不要顾虑是否妥当。"

楚赫讷坐在车子的后座上，把下面的情况记了下来，汉姆生脾气来了，努力要找到话语来描述特博文。他最后宣告："那个人不适合我们国家。他……没有教养。"当霍尔姆博提出异议，说不应该攻击由元首亲自任命的一位高级官员的时候，汉姆生的喉咙让泪水梗塞住了："这一切将怎样结束呢？"

霍尔姆博提醒汉姆生，已经允许挪威有自己的政府了，而这又一定是德国的善意的一个迹象。"你是站在他们的一边。丹麦也有他们自己的政府。"汉姆生反驳道。

霍尔姆博试图说明，希特勒允许他们所拥有的自治的程度，要远远比给予丹麦人的更加慷慨，考虑到德国人在那里所遭遇到的抵抗力量，这个自治程度也就尤其慷慨。楚赫讷记了下来，汉姆生的回答是辛酸的，"一个我们自己的政府，也许吧。但吉斯林同特博文讲话没有用处。特博文是在挪威所发生的每一件事情上做决定的人。"他满怀着痛苦和鄙视，沉思着自语道："吉斯林。那个少言寡语的人。他甚至都不能作演讲。"

停顿了一会儿之后，他又再次脱口而出："这一切将怎样结束呢！"

在那个星期三的晚上，在返回柏林阿德龙饭店之后，有一个消息正在等待汉姆生：不幸，第二天戈培尔不能接见他。虽然如此，但告别礼物还是送来了，汉姆生被礼品包围着，惊叫道："我感到，按日取酬我是更有钱了。"

汉姆生的讽刺感显然仍是强烈的。

星期天，有车送他到波茨坦，参观腓特烈大帝的夏宫，无忧宫①。星期一上午，汉姆生离开了这个国家。他将再也不会回来了。

---

① 腓特烈大帝（Frederick the Great, 1712—1786），普鲁士国王。无忧宫（Sanssouci）是他的夏宫，在柏林附近的波茨坦，被认为可以与凡尔赛宫媲美。

在他的德国南方之行后,汉姆生仍然是纳粹主义的支持者吗?似乎确实是这样。他临别时对元首的效忠宣誓,"我们相信你!"并不是空谈。他仍然相信希特勒,相信第三帝国要创造一个新的和更好的世界的神圣使命。汉姆生仍然是一个献身者,尽管他曾向塞西莉娅愤怒地抱怨过;他曾在哥本哈根中途停留,去看她,他就抱怨说,他被当成傻子了。尽管事实上特博文到奥斯陆福尼布机场来接他,再次为了宣传而利用了他。尽管报纸上发表了不实的报道,说他受到了希特勒的盛大欢迎,而且戈培尔给予了他极尽铺张的关注。尽管他告诉托雷,希特勒并没有给他留下深刻的印象,希特勒过于经常地说"我",他说,希特勒的讲话和外貌就像一个杂务工的学徒一样平庸。

在入住奥斯陆的一家旅馆之后,汉姆生开始为一封道歉信做笔记,他将把信通过迪特里希转给希特勒。"写这封信我花费了很多心血。我感到,重要的是,帝国的宣传处长应该明白,我只是在晚了很久之后才听到希特勒的第一个回答。我问他,是否挪威仍然注定能有他所曾许诺的,在大德意志之内的重要位置以及伟大的未来——在那以后我听见,希特勒说:Naturlich(当然啦)。倘若我直接听到的话,我就永远也不会给他带来让他作一长篇演说的不便。"

任何可能出现在汉姆生信念中的裂痕,似乎都再次弥合了。在他的一生中他从未这么屈辱过,但他却不得不把他所蒙受的屈辱,看作是一种必要的个人牺牲。那个伟大的泛日耳曼的设想压倒了一切。汉姆生、吉斯林以及他的民族统一党的领导人们继续蹒跚地走着,承受着那个血腥政权的负担,他们把那个血腥政权完全归咎于帝国专员。与此同时,欧洲各地的人民正在发现纳粹主义的令人厌恶的核心:为达到他们的目的,在前进道路上扫除一切障碍的过程中,真正的纳粹们表现出了十足的残酷无情。

我们现在将只能看到毁灭！

诺尔霍姆庄园现在成了更针对个人,同样又充满敌意冲突的现场。克努特和玛丽夫妻间的战斗,比以往更带有堑壕战的特征。他们俩谁都不想搬出去。玛丽在家的时候,她就在最大程度上控制着她的领土——一楼、院子和大门——而她的丈夫则在楼上的那间大屋子里坚守阵地。在这里,他让墙上的他的那张世界地图定期更新内容,与此同时各式各样的笔记和剪报,则摊放在那张红木大桌子上。

他与他的律师西格里德·斯特雷讨论过几次,是不是应该起诉要求离婚。

从他的被围困的司令部里,汉姆生关注着战争的愈来愈令人沮丧的进程。第三帝国的宣传部长正在把他的撒谎癖,滥用到闻所未闻的程度,但即使像戈培尔这样巨人级的说谎者,也不能永远掩盖真相。

在他与希特勒会面足足九个月之后,直到1944年的2月,汉姆生才又发表了政治声明。那是在芬兰人与德国结盟反对苏联人的时候,他表达了他对芬兰人的支持。在3月,他向为盟军服务的挪威水手们发出呼吁,要求他们打碎盟军束缚在他们的受护运船队上的奴隶枷锁;他宣告,那些不打碎奴隶枷锁的水手,是正在背叛他们的祖国。

在挂在墙上的地图上,他跟踪着苏联军队的西进。1月6日,红军越过了战前的波兰边界。汉姆生告诉他的儿子,"从现在开始德国人将知道该做什么了,以前他们并不总是这么明智";他现在承认(尽管是简短地承认),德国以前犯了错误。

等到希特勒的军队在5月从克里米亚半岛①撤出的时候,汉姆生对德

---

① 克里米亚半岛(the Crimea),位于俄罗斯西南部,临黑海和亚速海。

国必胜的绝对信念,也就开始自动放弃了。在 6 月 3 日,他给他的女儿维多丽娅写了一封信,信中弥漫着一种明显的遭受到了失败的语气。他写道,她应该感到得意,因为她与挪威再也没有关系了,"因为如果德国人不能来救我们,那么现在在这里,我们将只能看到毁灭。上帝知道德国是非常的强大,但不幸的是它需要为整个欧洲而战斗"。

在这封信中,他一再显露出,他害怕德国再次失败。他向上帝祈祷,但愿这不会发生——但愿他的女儿能教育她的儿子们也向上帝这样祈祷。

当他的信正沿着法国的北部海岸寄往他女儿的时候,盟国正在对他们的入侵计划做最后的润色。三天以后他给她写信,说战争结束的开始到来了。乘坐在五千艘船上的十五万五千名士兵,在一万一千架飞机的支援下,进攻了离维多丽娅·汉姆生·查尔森和她家人的居住地不远的地方。

汉姆生的反应立即出现在报纸的专栏上:"正如东线直到今天仍然完好无损一样,西线也将一直站立到最后。这决非毫无根据的希望,它对欧洲来说是关乎生死的事情,而欧洲将选择生。在当前益格鲁-撒克逊人正在给我们所有的人带来死亡和毁灭的时候,正是德国人,欧洲的卫士们,他们把我们的拯救握在手中。"

几个星期以后,金谷出版社出版了十二卷本的汉姆生的《小说全集》(*Collected Novels*)。这是一个合适的时机,可以让汉姆生评价他的全部文学作品。"偶尔我有志于写出超出我文学才能的东西,"汉姆生承认,"但我却从未写出逊色于我文学才能的东西。因而总的说来,扯平了!"

这确实是一个干净利落的声明。但汉姆生是过于满不在乎地对待自己吗?他的作品在他的整个生涯中都受到了估价,不论是肯定的批评还是否定的批评都达到了批评的顶点。在 1930 年代,在他的作品中的美学内容和伦理内容之间的关系,愈来愈受到了质疑。大多数读者都让他们对他作品中的美学内容的爱,压倒了他们可能对他作品中的伦理内容所持有的任何怀疑。

早在 1940 年 4 月 9 日挪威遭到入侵以来,克努特·汉姆生就已经试图影响公众舆论了。但从那一天开始,政治局面便有了根本的变化。从汉姆生拿起了他的笔,来表达亲德的见解的那个时刻开始,他便使自己走在一条变幻莫测的道路上,那条道路将最终通向一个法律的雷区。在挪威的战俘集中营以及在伦敦的政府办公室里,汉姆生的同胞们很早就开始考虑,战争结束的时候,这位伟大的作家最终将会在什么界限之内被绳之以法。

当然,如果他能活到战争结束的时候。

1944年7月底,汉姆生去了奥斯陆。随着他八十五岁生日的临近,他与占领军达成了一个方便的协议。他给他们两三个拍照的机会,作为交换,他们将给他提供一个住的地方,既不受民族统一党党员们的打扰,也不受热烈崇拜者们的打扰。这一次记者们也不成为问题,因为新闻界是在帝国专员的铁一般的掌控之中。对汉姆生的公关人员来说实际上更为困难的是,怎样才能找到人来写赞扬的署名文章:在庆祝他的八十大寿的时候,挪威报刊上发表了八十五篇文章,但这一次却仅仅有十七篇。在那些发表了的文章中,有一些就像大多数纳粹建筑一样,过于没有节制。

汉姆生被准予使用首都郊外海滨上的特博文的乡间小屋。德国在挪威的安全警察局局长海因里希·费里斯负责警卫,也雇佣了一个厨师。纳粹的头面人物送来了问候。希特勒只不过是在两个星期之前幸免于一次未遂暗杀,他发来一封电报。戈培尔也向他致意,向他致意的还有驻挪威的德军司令尼古拉斯·冯·法尔肯霍斯特,以及帝国专员特博文。

但作为交换,克努特·汉姆生又提供出了什么呢?欧洲各地很快就播放了新闻片,片中这位八十五岁的作家在视察一辆德国装甲车和一艘潜艇。

巴黎于8月25日解放,9月11日盟军越过了德国边界。托雷是民族统一党党员,还一度是该党任命的金谷出版社的领导人,他感到担忧。汉姆生在那个月的月底安慰他:"亲爱的托雷,不要为你听到的事情烦自己。谁也不知道任何东西。……德国人有什么东西准备着,那是为盟国准备的什么东西,这是丘吉尔自己说的,所以我们能够相信,能够希望。"

汉姆生仍然希望能够碰上好运,但他已远不像以前那样乐观了。

在很长的时期,在诺尔霍姆庄园,他坐在楼上的那个大房间里,渴望能与人接触。托雷的第一个孩子给起了一个与她奶奶相同的名字,安妮·玛丽。每次小姑娘来看他,汉姆生都会事后给她写信,让她分享他的孤独。

看见他的孙辈们,令汉姆生油然想起当年,他自己的儿女像他们一样天真时的情形。维多丽娅现在在法国,父女之间已恢复通信了。塞西莉娅住在丹麦,她父亲花了钱让她接受了绘画训练,但她的绘画并没有派上什么用场,她在一定程度上是过着波希米亚人的生活。克努特和玛丽已经把埃莉诺尔从德国带了回来,她由于有精神疾病而酗酒,几乎需要不断地予以护理和监视。阿利尔德安然无恙地从东线回来了,在东线的时候他是战地记者,回到诺尔霍姆庄园之后,他在经营农场上有了用处,这正是汉姆生的本意——尽管他与父亲并非总是看法完全一致。每次阿利尔德想改变做事的方式的时候,他父亲都阻止他。托雷为了赚钱、婚姻和艺术而挣扎着。而玛丽则是把她的力量,用于一场针对她丈夫的内战上。

显然第二次世界大战正在结束。阿利尔德、托雷、玛丽和克努特·汉姆生,全都曾经支持过民族统一党和占领军,他们知道,当和平返回挪威和欧洲的时候,他们将要为他们的行为承担责任。

1944年11月初,德国人开始把芬马克①和北特罗姆斯②夷为平地。汉姆生所热爱的诺尔兰正受到德国烈火的威胁。无人保证挪威的其他地方不会也被夷为平地。

---

① 芬马克(Finnmark),挪威北部一郡。位于极圈内,南界芬兰,东南部与俄罗斯接壤,北部和东北部是北冰洋。
② 北特罗姆斯(Nord Torms),特罗姆斯郡的北部。特罗姆斯郡是挪威最北部的郡。全境位于北极圈以北。

未来的结束

1945年新年之后的一天,克努特·汉姆生站在外屋里劈木柴的时候,突然倒在了柴火堆上。最终他摇摇晃晃地站了起来,走进了厨房。他再一次中风了。

他并没有死去,不过有许多人认为,他要是死了那倒好了。克努特·汉姆生和挪威人民也许就会省掉好多事情了。

他现在太虚弱了,无法把他自己用的柴火搬进他的房间,但他却仍然能够阅读。他已经取消了他对《政治报》的订阅,不过仍然有别的渠道继续给他提供大量的报纸和杂志,他密切关注着第三帝国临死前挣扎的痛苦。

5月2日,电台和报纸宣布,希特勒死了。《晚邮报》用豪言壮语描述了希特勒的殉职,他与布尔什维克们战斗到了最后,而根本就没有提到他自杀。有一位家务女佣后来描述,那一天在诺尔霍姆庄园里出现的场面:"那就好像汉姆生被闪电击中一般。他处于一种休克状态,发现难以接受所发生的事情。请来了医生,给了他一些镇静剂。是玛丽使得事情平静了下来。没过多久,她便说,他们必须给德国当局发一封电报。电报发出去了。克努特与玛丽·汉姆生因为德国人民失去了他们的元首,而向他们表示哀悼。电报是玛丽亲自发出去的。"

汉姆生仍然感到,他需要再做点什么:他必须写一个讣告。毫无疑问玛丽试图阻止他,因为当时帝国专员和挪威电报局给诺尔霍姆庄园打来电话的时候,大概正是玛丽阻止了他们对汉姆生讲话。"你们被告知了一个谎言,我并没有'从楼梯上摔下来'——有人明显是想阻止我答话!"当他准备要写缅怀文章的时候,他对《晚邮报》的主编抱怨道。

这份讣告对汉姆生来说太重要了,因而他费了气力又抄了一份,把抄件寄给了帝国专员公署。

在《晚邮报》的主编被撤职之前,他最后做的事情之一,就是把那天上午寄来的汉姆生的短文交给印刷工,把它收在报纸的下午版中。战争结束了,但在挪威尚无人知道。1945年5月7日,汉姆生写的希特勒的讣告出现在《晚邮报》的头版的右上角。

那是一个非常公开的忠诚宣言。作者跪倒在独裁者的棺材架旁边。"我并没有资格赞美希特勒,他的生平和业绩也不应让人们流露出强烈的感伤之情。他是一位勇士,一位为全人类而战斗的勇士,又是传播所有民族权利的福音牧师。他是级别最高的改革者,他命中注定是生活在一个独一无二的野蛮时代,这种命运最终置他于死地。任何普通的西欧人都可以这样来看待阿道夫·希特勒。而我们,他的最亲密的支持者们,则因为他的死亡而鞠躬。"

"那是对一个伟大的阵亡者表现出来的骑士精神。"他对托雷解释说。

在他的传记《克努特·汉姆生——我的父亲》(Knut Hamsun——My Father)的后来的版本中,这个引语为"那是骑士精神,如此而已"。托雷试图删掉对他父亲的毫不动摇但又受到误导的忠诚的暗示。但汉姆生现在则一如既往,在他的措词上是极其精确的。

这个讣告并不是一个纳吉尔式的举动,汉姆生曾经以某种受虐狂的心情,纯粹是为了使事情变得对自己不可能而虚构出了这种举动。那是一种光荣的事迹,他所传达出来的信息是双重的:他既想因为希特勒几乎达到了他的目标而感谢希特勒,又想表达出他对他的理想的忠诚。

汉姆生信赖英雄的个人主义。他把自己看作一个罕见的个人,并且承认,这是一种与自由和责任同来的特殊荣幸。在所有的人都溜之大吉的时候,汉姆生却坚持把自己称为希特勒的亲密支持者。第三帝国的崩溃,并没有让汉姆生的伟大设想随之崩溃。汉姆生仍然相信,大自然的秩序将会确保,迟早古老的英国将会垮掉,而另外一个新德国将会在未来作为欧洲的最重要的国家而兴起。德意志帝国皇帝[①]的军队在1919年投降了,第三帝国

[①] 德意志帝国皇帝(the Kaiser),即德意志帝国皇帝威廉二世(Wilhelm II),1888年至1918年在位。

的部队在1945年又再次失败,而现在,汉姆生是最后一次向元首表示敬意,元首曾一度几乎把世界翻了个个儿。

汉姆生并不害怕算账,他知道算账就在前面,但他却确实惧怕那种政治动乱,那是注定要取代最后的困难岁月的政治动乱——那些困难的岁月本应该预示着千年帝国[①]的试探性的开端。1945年5月5日,他给一位熟人写信:"除此之外——似乎在这里,在挪威,任何人都没有未来。啊,上帝啊,我们正在走向什么?就我自己而言,我是不在乎的,我太老了,什么也不重要了。但我们的子女和孙儿孙女,我们的后代……呢。"

5月8日,特博文在斯考古姆的地堡里自杀了。5月9日,维德库恩·吉斯林向挪威警方投案自首。在同一天,阿利尔德在前往诺尔霍姆庄园的火车上被捕。三天以后,托雷在他的位于奥斯陆郊外的新家里被带走。

5月24日,在许多挪威人的脑子里的那个十分重要的问题,第一次被公开提出:"汉姆生怎么办,我们的那位作家英雄,他曾向约瑟夫·特博文低头,而且——在精神上——向阿道夫·希特勒跪倒?"

两天以后,阿伦达尔市警察局局长来到诺尔霍姆庄园,把克努特与玛丽·汉姆生软禁了起来。在被软禁的第四天,汉姆生请求他的律师西格里德·斯特雷帮忙。但他又几乎立即发了一封电报,撤回了他的要求;似乎玛丽已经与斯特雷取得了联系。她已经开始为即将来到的对她的叛国罪的审讯准备辩护。玛丽打算举出例子来,说她为了使入狱的挪威人获得释放作出过努力——而且大概汉姆生也为此作出过努力。汉姆生认为玛丽是管闲事,这大大激怒了他。他对斯特雷发怒道,"有关农场这里的事已经与你接洽了,而那些事只有我才有权利跟你谈。如果有任何暗示,认为我试图帮助那些被判死刑的人而又没有获得成功,我只能因此遗憾而感到难堪。不幸的是,这并不是第一次,也不会是最后一次感到难堪。"

也许克努特·汉姆生感到,躲藏在几个善举的后面,然后在他以前的敌人面前跪倒,是有失身份的。也许他感到,他所获得的成功是如此之小,因而他认为,让人们回想起他作出的努力是令他难堪的。也许单是请求对那

[①] 千年帝国(Thousand Year Reich),德国纳粹对第三帝国的称呼。

些被判死刑的人从宽处理但又遭到拒绝的次数,已经在他的政治防御层上形成了一个缺口。或者也许他是在试图使玛丽在家里失去重要地位。

后来他说,他曾经为一百多位被判了死刑的人寻求从宽处理。农场里的女佣们作证说,不论是他还是玛丽,都曾大力介入了许多这样的案子。

6月10日,玛丽在花园里干活的时候被捕了。她带着她的独具特色的伤感,同时也许以牺牲一些真相为代价,这样描述了当时的景象:"我大叫了起来:他们不能这样做,克努特,他们不能把你从诺尔霍姆庄园带走!他一如既往,平静地回答道:对我们他们将为所欲为。"

四天后,汉姆生被扣押在格里姆斯塔镇医院,住在传染病科病房里——有人一定会认为,这是恰当的。在过去的三个星期,有一万六千名挪威人,由于被怀疑在沦陷期间背叛了自己的国家而被捕,汉姆生、玛丽以及他们的两个儿子就位列其中。

我 不 认 罪

1945年6月23日,克努特·汉姆生被带到格里姆斯塔镇地方法院,出席预审。

所宣读的对他的指控是极其严重的。根据刑法典的第八十六款,第一项指控是应用于这样一个人的,"在挪威介入的一场战争期间,或者挪威想要介入的一场战争期间,他用情报和行动帮助敌人,或者削弱挪威的自卫能力,或者削弱另外一个承诺保卫挪威的国家的自卫能力"。惩罚是从三年到终生监禁不等。除此之外,根据刑法典第一百四十款,他还被指控,在他人犯下损害国家主权和安全的罪行中,他起到了煽动的作用。

法官彼得·洛伦佐·斯塔贝尔战前曾到诺尔霍姆庄园做客。现在他正在提问,都是些不论在挪威还是在国外都有许多人急于得到答复的问题。

汉姆生否认他是民族统一党的实际成员:"我是不知不觉地卷入了民族统一党的活动,"他解释说,"我认为,他们当中有许多好人。"

"你真的认为有好人成了民族统一党的党员吗?"

"是的,我认为是的。人们在报纸上看到,党员中有各种各样的人,甚至还有法官。"

"是的,这是令人遗憾的。不过让我们用格里姆斯塔地区为例,那里的民族统一党党员确实给你留下了深刻印象吗?"

"不。不过我的住宅就在大马路的附近,各种各样的人,包括德国人,都把诺尔霍姆庄园用作一种中途停留地。我被卷进去了。当我们的国王和政府放弃了国家的时候,那对我来说是一种真正的打击。不,就我本人而言,我只是一个农夫。在挪威的土地上有我的根,我并不是来自国外的移民。我支持君主制,绝对支持。人不能回避这个事实,即挪威始终是君主制。但由于战争,情况并不好。顺便说一句,我从未意识到曾发生过任何谋杀或者酷刑。我绝对直到现在才知道有这种事情。"

"这确实是真的吗?"

"是的,这上帝知道。"

"倘若你知道德国人对你的同胞们所做出的行为,你还会留在党内吗?你还会在《自由人民报》上撰稿吗?"

"这是一个广义的问题。我同情民族统一党,是真心实意地同情,但我却并没有真正调查过详情。三个星期以前,或者大约三个星期以前,事情当然是改变了。似乎我想把我与民族统一党以及德国人的接触看作琐事,但我并没有这么做。我好汉做事好汉当,我并不想把我的卷入大事化小,我看到,有些人是这么做的。"

"难道你仍然认为,德国人压迫挪威是正确的吗?"

"我认为,所做的每一件事情,都是为了国家的利益而做的。"

"难道像你这样聪明的人能够认为,德国人会把我们的自由再还给我们吗?"

"更伟大的人才这么认为。"

"对于所发生的一切,你是否读到过并关注过?"

"没有,我妻子未能告诉我许多事情。从来就没有秘密文件来到我的家中。"

"你是否认为自己是民族统一党党员?"

"是的,我必须说我是这么认为的,尽管我并没有参加他们在格里姆斯塔开的许多会议。"

"你被指控违反了刑法典第八十六款,也就是说,你以报纸文章等形式支持了敌人。"

"这我根本就无法理解。是的,我确实写了一些东西,但这又把我们带回到我前面说的那一点:我相信我们是中立的,战争被取消了。我写了几篇短文,有一次还写了一封信,告诉每一个人,我们不应该反抗占领军。抵抗只能导致死亡和处决。每一个人都赞成我写的东西。我收到了许多感谢信,甚至收到了对立阵营来的感谢信。偶尔有些时候,帝国专员乞求我为挪威报纸撰稿。"

"这么说你为挪威报纸撰稿?"

"法官也许可能是说,它们不是挪威报纸。我为《自由人民报》撰稿,有时帝国专员的办公室会一个晚上给我打三次电话。"

"德国人大概是想用你的大名来支持他们?"

"是的,那大概是我的名字。他们想要我支持德国人民。当盟国入侵法国的时候,我写了一篇小文章,发表在几个杂志上。"

"你是想支持我们与之交战的那些国家吗?"

"我想我有权利这么做。"

"既然你听说了德国人的行径,难道你不为此感到遗憾吗?"

"我将改进我的态度,但不会把它看作一件琐事。我认为,遗憾是一件不体面的事情。我想用我的小文来安慰德国人民。当然我也想帮助挪威。但在挪威我们没有被安慰的需要。"

法官问汉姆生,他是否知道挪威人民受到了民族统一党和德国人的折磨。"我们在恐怖之中生活了四年,这一点你理解吗?"

"这不是我的理解。"

"我们遭到了一个名叫约瑟夫·特博文恶棍的恐吓,他的尸体现在正躺在奥斯陆郊外。大约三百万挪威人在这个恶棍的恐怖统治下受苦受难,他是接受阿道夫·希特勒的命令。可叹的是,你名声在外,居然会这样行事,以至于被指控为犯了叛国罪。警察当局要求,应该把你监禁,但虽然如此,又同意你继续住在医院里。"

"我要继续住在医院里吗?我的农场正处于一种可怕的状态,我们需要让它恢复正常。"

汉姆生承认,他亲德:"我想为德国人民服务,并从而为挪威人民服务。"

"你是不是事先就知道,德国人打算发动一次海军入侵?"

"不,当入侵的时候我们全都大吃一惊。"

415

"警方的报告说,你为能够帮助德国而高兴。"

"这用词并非真的正确,不过当警察审问我的时候,我害怕人们可能会认为我想对我的行动轻描淡写。我毕竟是个男人,不会以任何方式出尔反尔。这样的行为不配做男人。人不能只是突然改变他一心一意持有的态度。"

"现在你已经听说了那个德国人的野蛮行径,难道你就不能承认你错了吗?难道你不认为,你维护了一个不值得你支持的国家吗?"

"有关这样一个问题,我需要想想。"

"你是否告发过什么人?"

"我应该告发谁呢?我从未做过这样的事情。我收到知名人士寄来的大量来信,也收到法官你自己圈子里的人来的信,但我从未把那些信交给任何人。我习惯收到来信。在我看来,我的行动是服务于维护挪威的最好的利益。"

"你还记得,那一次你写到俄国人,你用的表达是'德国人将打败他们,将把他们揍扁'?"

"这我记不得了,但我无意否认我所写的任何东西。"

"现在你能看出,你是多么错误吗?"

"我不懂战争的运行方式。现在已大白于天下了,德国人并没有做到打败俄国人,甚至在基尔克内斯①也没有打败俄国人。"

"你为你在战争期间对挪威的态度感到后悔吗?"

"我不知道。我想等等再回答。我认为,你不会欣赏我当变节者吧,阁下。我一直到最后都是同情德国人的。"

"警方已经没收了你拥有的一切,我就要批准这个决定,你明白吗?"

"对此我无能为力。"

"你听说过'Vae victis(败者该遭殃)'一语②吗?"

"听说过,但这种形势永远也不能重复自己,那完全是不可能的。因而对我的惩罚只能是报复。"

---

① 基尔克内斯(Kirkenes),挪威北部诺尔兰郡(Nordland)一城市。
② 原文为拉丁语。

"惩罚是为了做出补偿,是伸张正义。"

"我并不知道那是该惩罚的。"

"你们民族统一党的所有人必须知道,你们是卖国贼。你一定看到了,挪威人民是怎么做出反应的?"

"英国舰队布下了水雷。……不,不,我决不会用回答来打扰法官了,不管怎么说都没有用处。"

就像在挪威,以及被德国人占领的其他国家的那些接受审讯的人中的大多数,汉姆生也拒不认罪。在一个关键问题上他对法官撒了谎,他否认知道有关德国的恐怖统治的任何事情。他几乎无法忘记,当他要求把特博文除掉的时候,希特勒把他从贝格霍夫公馆撵了出去——而这个要求又是产生自他对帝国专员暴力而又恐怖的统治的厌恶。然而当法官开始就特博文的行径训斥他的时候,汉姆生却仍然未能纠正他的说法。似乎他已抱定决心,不提他对希特勒的访问。那毕竟是他一生中最惨的失败。

"汉姆生案"中的利害关系

1945年夏天,就在汉姆生要在治安法庭受审的前一天,挪威的新联合政府被任命了。首相埃纳·基哈德森①,以及现任部长的大多数人,都完全意识到,他们需要小心地处理这件事。

在头一年的11月,当时正在流亡的外交部长特里格韦·赖伊②和司法部长特尔热·沃尔德在莫斯科与莫洛托夫举行了一次会面。那个俄国人表达了他对纳粹以及他们的勾结者的绝对仇恨,并且想知道,当德国被打败的时候挪威计划怎样处理他们的战争罪犯。特尔热·沃尔德解释了他们计划中的方针。莫洛托夫感到不满,他显然感到,挪威政府过多地考虑了对被告权利的保护。然而一提到克努特·汉姆生,这位火气太大的莫洛托夫就似乎变成另外一个人。

特里格韦·赖伊后来描述了那次会面:"沃尔德告诉他,汉姆生被看作是一个纳粹,一个卖国贼,因而有必要对他进行审讯,这时这个俄国人变得非常谨慎周到。莫洛托夫几乎充满了柔情,他要求饶克努特·汉姆生一命。一位能够写出《维多丽娅》和《牧羊神》的作家,是一位伟大的作家,因而不能不把他与一般的纳粹区别对待。除此之外,莫洛托夫说,汉姆生这么老

---

① 基哈德森(Einar Gerhardsen,1897—1987),4次出任挪威首相(1945,1945—1951,1955—1963,1963—1965)。1940年任奥斯陆市长。曾被德国人逮捕,送往集中营,囚禁在奥斯陆。1945年战后恢复奥斯陆市长职位,并成为挪威工党领袖。国王哈康七世授命他组织联合政府。在1945年秋季的竞选中,工党取胜,他继续担任首相。

② 赖伊(Trygve Lie,1896—1968)。挪威工党的重要成员。1940年4月德国侵占挪威后,他被任命为流亡伦敦的挪威政府的外交部长。1946年2月1日,当选为联合国秘书长,是第一任联合国秘书长(1946—1952)。

了,应该允许他自然死亡。沃尔德向他保证,可能不会要求判处死刑。莫洛托夫强调,一个创造出这样伟大艺术的人,必须和平地度过他的余生。""你太心慈了,莫洛托夫先生!"这是所做出的那个非同寻常的回答,这句话将名垂青史,记在所有的挪威历史书中。

挪威的政治家们毫无疑问是面对着一个尴尬的处境。全世界都将注视着,他们会怎么处理挪威著名的诺贝尔奖获得者。汉姆生保留着这样的象征力量,结果逼得法庭走投无路。没有一位遭到指控的卖国贼像他那么老,到1945年的秋天他就八十六岁了。只有易卜生从国外为他的国家带来了更大的声誉。但在人们的评价中,又没有谁堕落到汉姆生这样卑鄙的地步。这位挪威的民族诗人,由于写了大量的亲德文章,而变成了背叛他自己的国家的卖国贼。在普遍追求伸张正义的氛围下,不起诉他是不可思议的,但如何起诉又在某种程度上是一个难题。

甚至在德国入侵以前,也有些人感到,汉姆生在1930年代后半叶为希特勒所做的愈来愈狂热的辩护,一定是由于年老体衰所致。随着战争的进展,这种看法也就成了一种固定之见:人们可能会恨汉姆生,但大多数人也寻求对他的背叛做出解释。当和平来到的时候,各大报纸都提出,他高龄,可能是老糊涂了,还提出,他有可能是遭到了利用和操纵。有些人提出,他不应该被关进监狱,而是应以某种别的方式扣押起来。

在执政党工党的主要报纸《工人日报》(*Arbeiderbladet*)上,就有一篇文章,鼓吹采取这样一种解决办法,在文章发表的两天之后,汉姆生就被羁押在格里姆斯塔医院里。

困难的第一步已经迈出去了。下一步就是,应该指控汉姆生犯下了何种罪名。指控他犯下的罪名是:他是民族统一党党员,他为了民族统一党和德国人而不懈地进行反对合法的挪威当局的宣传,他煽动士兵们和挪威的水手们擅离职守。

汉姆生在预审中所做的无罪申辩,一点也不会让人们感到惊讶。但当有消息传出,说他在法庭上给人留下了气度威严的印象时,这就一定让那些希望让汉姆生绳之以法的(或者起码使他消失)的人们,担忧起来。那天在场的一位记者写的报道在许多报纸上发表了,那篇报道说得很清楚:克努特

419

·汉姆生显然远远没有老糊涂。

"汉姆生案"是独一无二的。他曾受到的爱无人可及。他的作品并没有消失,只不过是现在暂时被封杀了——这是在政治上遭到强烈非难的一个标志。

吉斯林也将面临审判,他可能把挪威骄傲的过去的象征给破坏了,但汉姆生却使得三代人为做挪威人而感到骄傲。前者正值盛年,而后者则是一个老人。前者试图操纵他的国家,而后者却是遭到了操纵。吉斯林应该被处决,应该从挪威的历史中把他删掉;汉姆生很快就会自然死亡,但却将在身后留下一笔巨大的遗产。

当人们问西格里德·温塞特,有关叛国罪审讯她有什么看法的时候,她毫不含糊地支持处决最严重的罪犯。然而有关她的诺贝尔奖获奖同行,她却是有点温和了:"他不能因为他的行动而被判处死刑。但应判他入狱,他的财产也应该没收。他应该被关在某个社会公共机构里。"当有人问她,她是否预料汉姆生会有这个下场,她回答说:"是的,这正是我所预料的。他除了写他自己的自卑情结,写由店主组成的英国民族和德国主人的种族之外,什么也没有写出来。"

1945年8月20日,维德库恩·吉斯林被提起了诉讼。检控方要求判处他死刑。

有几位精神科医生呼吁,凡是面对死刑指控的人,都应该进行心理评估。然而有关方面却并不打算对吉斯林进行完整的心理评估。奥斯陆大学温德恩精神病医院的首席精神科医生加布里埃尔·兰菲尔德震怒了。但凡是有足够的权威可以推翻这个裁定的人,都不敢向国民提出这种可能性,即可以宣告吉斯林是疯子。如果这种事情发生的话,那么对所有叛国罪审讯的基础,也就可能开始崩溃了。

然而在汉姆生的案子中,情况恰好相反:一种心理上的评估可能会对国民的感情有吸引力。毫无疑问,加布里埃尔·兰菲尔德就是为克努特·汉姆生贴上合适的心理标签的人。实际上,在那年的夏天,这位精神科医生就写了几篇文章,在那些文章中,他把国家社会主义运动描述为心理受到损伤的个人进行的一种阴谋活动,而且即将对叛国罪所进行的审讯,则被描述为一种宣泄手段,为的是避免"使我们国家再次成为心理自卑者们的一个运动场"。

9月底,处理东阿格德尔郡①的叛国罪庭审案件的公诉人,给格里姆斯塔的地区医生写了一封信,要求他对克努特·汉姆生进行一次医学检查。医生提交了他的书面报告:就他的年龄和境况而言,汉姆生的健康状况正常。公诉人又再次与这位医生接洽。要求有关汉姆生的精神健康提供更多的信息。然后他们的交谈书面汇报给了公诉人的上级,首席检察官斯文·阿恩岑。医生所作的结论是,汉姆生现在并没有精神功能上的损伤或者说是精神错乱,也从来没有精神功能上的损伤或者说是精神错乱。就他从医学上来看,没有理由让法院对汉姆生做精神检查。

若想提出一个,比这位老练的地区医生所提交的更明确的报告是困难的,但显然,这又并不是当局想听到的意见。就在四天之后,首席检察官便批准,进行一次法医精神评估。如果有一个合适的诊断,那就有可能把这个伟人垮台中最重要的东西挽救出来:他的作品的完整。除此之外,还总是有这种可能,在拖延时间的过程中汉姆生可能死去,或者在法律诉讼开始之前他确实老糊涂了。

---

① 东阿格德尔(East Agder,挪威语为 Aust-Agder),挪威南部的一个郡,其首府即阿伦达尔(Arendal)。

坚定不移的作家

战争爆发之前,克努特·汉姆生就一直想离开诺尔霍姆庄园。现在,在1945年的夏天,他的愿望变成了现实。不过却不是以他所希望的方式变成现实的。汉姆生与他的农场分离了,他的农场暂时被没收了;他也与玛丽分开了,玛丽被关在监狱里。在医院的传染病部的一个大房间里,汉姆生过着一种隐士般的生活,他曾在他的几本书里满腔热忱地描述过这种生活。

在世纪之交,汉姆生曾穿越高加索山脉旅行,其间他曾想像,作为一个持不同政见者被捕会是什么样子——被戴上锁链带到圣彼得堡,扔进地牢,他的许多俄国作家同行就是如此:"当我坐在那里,双手抱头沉思的时候,我会用我的瘦得皮包骨头的肘部在我的石头桌子上挖出一个坑来,而且会在我的恶劣的小牢房的墙上写满作品,它们将在以后被发现,以一本书的形式出版。我将在死后接受各种各样的补偿,但那又有什么用呢?我从未被这种荣誉所吸引,那是一种随着我的大铜像竖立在挪威的城镇里而来的荣誉。恰恰相反,每次我想到这些死后竖立起来的塑像的时候,我都希望我现在就能从它们的价值上获益——带来现钞!"

这就是在世纪之交的时候,在他的旅行日志《在仙境》中所描述的他的幻想。在几乎五十年以后,不论是他的生活还是写作中的同心圆,都画完整了。

他在十岁的时候,就从家里被赶了出去;这给他留下了伤痕,不过也铸就了他的性格,形成了他的个性的种种特色,在七十年以后,那些个性上的特色又促成他被他的国家所驱逐出去。很久以前,他曾用一个个人灾难的故事突然袭击了文学世界,故事讲的是一个年轻人,他拒不向人类屈服,又不向上帝屈服,他可以逃跑,但却决不会垮掉。现在,半个多世纪以后,他又开始梦想自己能像天鹅临死前发出忧伤动听的歌声一样,向文学世界呈现出一个新的个人灾难的故事。《饥饿》不仅是一种文学上的胜利,而且也是一种生存的胜利,现在他将最后一次证明,他仍然是不屈不挠的。在1945年的夏天和秋天,他做了一叠笔记,这就是那叠笔记的一致的主题。

也许在医院里他做的笔记中所记下来的第一件事情,是一位护士让他碰的一鼻子灰:"医院里的一位年轻护士问我,我是否想躺下来——毕竟《晚邮报》上已经说了,'我身体衰弱,需要护理'。上帝保佑你,孩子,我没有生病。在这家医院里从来也没有一个人比我更健康。我只是聋了!也许她是把这当成了吹牛,不过她却完全不再同我说话了,而且在我呆在这家医院期间,所有的护士全都保持着这种沉默。"

就像他早年在《饥饿》中所做的那样,他把在这一期间所遭受的许多屈辱,转换成了文学随笔。

汉姆生最终还是再次认真审视了他自己,而不是审视他想像中的人物。他越仔细审视,变得越强烈的也就不仅仅是他的写作欲望,还有他的写作能力。在写完小说《最后的喜悦》之后,他曾向玛丽许诺,不再以第一人称写作了。在他的十二部小说和三十五年的时间里,他都信守这个许诺。但现在他正在写一本书,《在杂草丛生的路上》(*On Overgrown Paths*),它将证明是他的压卷之作。

1945年9月初,他被转到了大约十公里以外的地方,住进了兰德维兑的一家养老院。他的律师西格里德·斯特雷来看他。她认为,他的房间寒酸:有一张床,一个桌子,两把椅子,几个挂衣服用的挂钩。他并不认为简陋,他说他完全满足了,不过他发现,要相信他的话是不可能的。甚至有一位见过这里情况的警察巡官,也觉得这里的标准是不可接受的:"护理低劣得不像话,每一个方面都不干净,都令人不快。我还注意到,这个地方满是臭虫。"

汉姆生并没有抱怨。他正在再次写作。

他再次使用了他在《饥饿》中曾使用过的那种双重视角,在作为客体的他与作为主体的他之间不断地切换。这样做,汉姆生也就有了一种卓越的位置,既能看到他的行动,又能看到他的动机。对汉姆生来说,主观性并不可怕。它从来都不可怕。有关这个世界,他始终是得出他自己的结论,并通过他自己的感觉来判断这个世界。现在,当他回顾过去几年中的事件的时候,他感到,对于他自己的行动,他只能从道德上来予以说明,他既没有什么可遗憾的,也没有什么可道歉的。难道他不是被一种比那些逃往国外的人的爱国主义更为优秀的爱国主义所驱使吗?没有几个人像他那样赌上了一把;他输了,但他并没有屈服。尽管有人不懈地要制服他,但他却拒不屈服。

这就是汉姆生现在所写的东西。这位作家能够再次为独裁者辩解。但在这家养老院呆了一个月之后,汉姆生就从这种龌龊的,完全是文学上的生存中被带走了。在警察的护送下,他乘坐夜车被带到奥斯陆,去了一家精神病医院。

精神病医院

1945年10月15日,在上午十点到十一点之间,克努特·汉姆生受到了护士们的迎接,他后来把她们描述为一群穿白大褂的护士。她们要求他把口袋里的每一件东西都交出来:钥匙、怀表、笔记本、小折刀、铅笔、眼镜,以及两个图钉。她们还硬打开他的手提箱,有条不紊地检查他所带来的所有的衣服。这全都是奥斯陆温德恩精神病医院的例行程序。

从那个时刻开始,汉姆生就被关在三道门的后面,他的行为被工作人员观察和记录下来。有两种日志被记了下来:一种是由首席精神病科医生加布里埃尔·兰菲尔德教授,在进行观察的过程中所记;第二种是由病房里的护士们所记。这些日记的内容将会成为兰菲尔德提出建议的基础,在不到两个星期里,他就要向首席检察官提出建议。兰菲尔德将提交一个判断性意见,是否有理由可以相信,克努特·汉姆生患有精神病,或者在他犯下那些被指控的非法行为时,精神暂时或者永久性地受到了损伤。

毫无疑问,汉姆生完全意识到利害攸关的是什么。

按照医院日志的说法,他平静,头脑清晰,入院就非常适应。显然他想让每一件事情都能尽可能快地结束,因而他准备合作,尽管医院里的生活要求这位八十六岁的老人在很大程度上重新适应。这决非意味着他认为,兰菲尔德除了做出他须在法律上为他的行动负责的结论之外,他还会得出别的什么结论。因而对他的挑战就是,把他所知道的兰菲尔德可以使用的那两个星期挨过去。

在他到医院的第二天上午,兰菲尔德把汉姆生叫到他的办公室,进行第一次咨询。汉姆生被催得很急,连衣服都来不及穿好。在这次咨询的过程中,他描述了,有三十年的时间,他在写书的时候都是用左手紧紧抓住写字的手。有关他的个人背景他提供了一些信息。兰菲尔德要他把某些数字乘起来;他总算做出了九乘以几,但十一乘以十二他就做不出来。他谈到了他在中风之后出现的失语症,以及记忆的退化。在此之后,兰菲尔德想要他解释他的政治观点。从报告的长度来看,他是解释了一些时间。

在他的最后的陈述中,兰菲尔德从护士们那天做的日志中引用了下述的话:"这位病人总是愤怒,急躁,想让他的要求立即得到满足。他不耐烦,急躁,经常说些挖苦的话。"但兰菲尔德却把汉姆生急躁的原因,以及对他精神状态的更细致的描述略掉了,护士们是这样细致地记下来的:

"这位病人早餐吃了一顿饱饭,并要求看报纸,报纸没有送来的时候,他就躺下睡觉,一直睡到医生来巡诊的时候,这时他就去与教授交谈。从那开始,他除了唠叨着要看报纸之外,什么也不做。他说,'我必须看到世界上正在进行什么。'先是给了他昨天的《工人日报》,他读了很长的时间,而且非常感兴趣。但他一读完,便用一种非常居高临下的口气问,是否可以把今天的报纸给他拿来。他躺着读《晚邮报》的上午版,一直读到下午五点。然后他要求把晚上版拿来。他认为,时间过得慢。他愤怒地脱口而出,说他不得不一言不发,接受一切。"

兰菲尔德把病房护士们的观察收进了他的最后陈述之中,说从他到达的那一天开始,汉姆生就有一种动辄发怒,以及咒骂的倾向——而略去了那些可以对他的行为作出解释的原因:"他说他听不见,因而当我们想做什么事情的时候,就不得不为他写下来。他感到恼火的是,没有把他的东西给他,例如他的怀表和他的领带别针。他胃口好。他觉得他的房间冷,说他都要冻僵了。当护士告诉他要关灯的时候,他感到惊讶。他问,像这样的地方怎么居然能够发生这样的事情。护士告诉他,将会有夜明灯,晚上有人值班,这时他得意了。'啊,好的。'他说道。"

兰菲尔德也感到,没有必要把对汉姆生的震惊以及随之而来的愤怒所作的说明,收进他的最后陈述之中。当汉姆生意识到要让他住在什么地方的时候,他震惊了,然后又愤怒了:他的房间通常是留给最具有破坏性的病人的。房间极其狭窄,门上有一个窥视孔。要进来或者出去,他须穿过另外一个房间,那个房间里有十来个病人,他们全都有不同程度的精神病,在一天的大多数时间都是在睡觉或者做别的事情。

在他的有关汉姆生的状况的报告中,兰菲尔德是彻底地不做细致的描述。

10月20日,他只是写下了"此人情绪好,客气而又随和。做了大量阅读",同时又略去了病房日志上的笔记:"当护士想给该病人剃须的时候,他非常恼火急躁,咒骂了几次,他说,他将像以往一样在星期日剃须。他说,现在他照样不想剃须。接着他又继续阅读。"从9月20日开始,兰菲尔德只是记下了,汉姆生正保持着高涨的情绪,而病房日志则是详细地描述了,汉姆生在适应他的环境上所遇到的困难,以及他又是怎样克服了那些困难:"他收到了一个包裹,里面有许多药膏。护士要捆包裹的绳子,因为病人想把绳子留下来。他说,他有东西要捆绑。当护士告诉他这是违反规定的时候,他笑了起来,说他并不是要用这绳子把自己吊死。他问道,晚上的时候是否可能稍微晚点,因为对他来说夜晚似乎太长了。护士说,规定是每个人都应该在晚上七点的时候睡觉。'噢,那么,这样的话……'他说道。"

在与汉姆生会晤以作观察的时候,兰菲尔德试图把讨论引到政治的方向。10月26日,汉姆生除了谈别的事情之外,还谈到了他的舅舅以及他在舅舅那里的成长:"我仍然还有他拧我留下来的疤痕。"他说道。兰菲尔德然后把讨论转移到政治上:"他发现,希特勒是一个自负的人,他总是说'我如何如何'。戈培尔似乎是个人物,是一个上流社会的男士。希特勒给人的印象,他是一个杂务工的学徒。"10月31日进行了最后一次会晤,那次会晤似乎完全是围绕着政治。兰菲尔德指出,有证据说明,他在见解上有矛盾之处,那些矛盾之处无疑是让人产生兴趣的,后来他在他的陈述中提到了那些矛盾之处:"他开始担忧起来,认为德国人本来可能就计划,要像英国人曾试图做的那样野蛮地控制整个欧洲。因而他在结束的时候说,总而言之,德国政权被终止或许是最好的结果。……大有可能我是被蒙在鼓里,不过这已无从改变了。"

兰菲尔德的时间用完了。实际上,当这位精神科医生在11月的第一天把他的报告交给首席检察官的时候,汉姆生被羁押的时间已经超过了法律界限。在报告中,他建议,应该给汉姆生做充分的法医评估,以搞清楚到 1940 年的时候,他的精神损伤已经发展到了什么程度。有两重理由。首先,一个神经病学检查已经揭示出来,汉姆生患有动脉硬化。其次,兰菲尔德声称,汉姆生的种种生理功能似乎衰弱了,因为不论是对他自己还是对时事他都不感兴趣,而总是对自己咕哝着什么,并且经常在大白天就睡着了。病房日志上所记下来的那些证据,有一些可能是更详尽或者更多侧面地,把汉姆生在医院里的行为呈现出来,但兰菲尔德并没有把这些证据收入他的报告。

在汉姆生的房间里有一本书,《不确定的未来》(Manana),是他女儿塞西莉娅的新丈夫汉斯·安德烈亚森写的。许多年之后,兰菲尔德医生才惊讶地发现,这位八十六岁的老人一直是在蒙骗医院里所有的工作人员,包括他兰菲尔德本人。在他女婿的这本旅行札记后面所附的空白页上,汉姆生一直在记日记。

与患有精神病的病人住得这么接近,有的病人还问题严重,自然对作家产生了严重的不良影响。10 月 29 日,汉姆生写道:"在这里呆了两个星期了。有一位病人出院了,情况比以前还糟,但显得高兴。"第二天,他又潦草地写了几个字,总结了他被护士们监视时的感觉:"窥视,管闲事。"

11 月 6 日,他记下了他的绝望,他本来预料要在医院里呆两个星期,结果超过了两个星期:"要出去,得打开三扇关闭了门的锁,三扇门,要回来,还得再开三次锁。这里有三间小牢房,其中一间是我的。牢房里有一扇小小的玻璃窗。有一个病人心烦意乱。他想用头撞墙。"

11 月 10 日,兰菲尔德告诉他,他被关在医院里的时间,将要比原先约定的长:"圣诞节以前出不去!"这位不愿相信的作家在他的笔记中潦草地写道。第二天他为他的境况而悲叹:"黑色的星期天,糟透了!"

汉姆生现在是处于极度的低谷之中。他感到呆在医院里,比被判处入狱还要糟糕。他声称,他正在经受一种煎熬。

较量与背叛

显然当局是急于要把汉姆生宣布为精神受到了损伤。

汉姆生被对待的方式,违背了医学伦理的原则,也可能违反了法律,这一点是没有多少疑问的。当兰菲尔德告诉汉姆生,他呆在医院的时间要延长的时候,法院还没有下达要继续办理"汉姆生案"的正式指示,正式指示是在整整两天以后才下达。对于汉姆生的政治见解这颗正在发出滴答声响的炸弹,当权者只是想把它的引信拆除,只是当作一种精神病的状况而打发掉。

为了达到这个目的,另外一位精神科医生,奥尔努尔弗·奥德加德,现在又受命根据法律的要求提出第二份专家意见。奥德加德是奥斯陆的另外一家精神病医院的首席医生,与他的同行兰菲尔德相比,也许在相当大的程度上不那么苛刻,也没有那么大的权威。汉姆生与他进行了几次观察性的会晤,两人相处得很好。

但在兰菲尔德与汉姆生之间的关系,却是一种意志上的竞争。他们在病房里的会面,是在两个强大的自我之间的一连串长时间的对抗。当然,只有一个人拥有权力来制定规则,并要求这些规则必须不折不扣地被服从。兰菲尔德是那个穿白大褂的人,他可以拿着他那串钥匙,在他的卑躬屈膝的助手们的簇拥之下,自由地让自己进出那些上了锁的门。而且兰菲尔德有十来种方式提醒汉姆生,他只是他的医院里的许多病人之一——而这对汉姆生来说,又并非最容易适应的角色。

在12月中旬,汉姆生被送到了好一些的住处。在《在杂草丛生的路上》中,他对它的描述是,"不是一间小牢房,而是一间侧屋,有一扇可以关闭的正常的门。……给了我一副刀叉吃饭,这里要轻松一些,更友好一些,不那么野蛮"。

兰菲尔德与汉姆生的沟通,愈来愈多地用书写进行。汉姆生的听力现在是非常之差,因而兰菲尔德不得不把他的问题写下来,还要求汉姆生写下他的回答,对这位八十六岁的人来说,这既毫无必要,又是极其重的压力。当然,这简化了兰菲尔德的工作。汉姆生指责这位首席医生用他的要求毁坏了他的视力,因为他房间的光线糟透了,他的指责大概是不无道理的。

对于作为一位专家的兰菲尔德,汉姆生并没有产生出任何尊敬来,尽管这位神经科医生在他的圈子里地位显赫。汉姆生感到,好像他正在被改造成一个一维的人物①,而他就曾要求,应该把一维的人物从文学的面孔上扫出去。有一天,兰菲尔德要他描述他自己的性格特点,汉姆生恼火了,于是责备起他来。

"性格特色!所谓的自然主义时期,左拉以及他的时代,写的都是带有突出的性格特色的人物。他们根本就没有使用更有细微差别的心理学,对他们来说,人们拥有引导着他们的行动的'起主导作用的'特色。陀思妥耶夫斯基等人教育了我们所有的人,人们是有某种不同之处的。我认为,在我的所有的作品中,从我开始写作的那一刻开始,我从未创造过一个人物,能具有这样一种明确的起主导作用的属性。我所创造出来的人物全都没有所谓的'性格',他们是分裂的,没有条理的,既不好,也不坏,而是既好又坏,有着细微的差别,在思想和行动上是可变的。就像毫无疑问,我就是我自己一样。"

汉姆生感到有一种要在几个前线上捍卫自己的欲望,尽管他也知道,他是踏在一个微妙的天平上。他并不想让法庭得出结论,认为他缺失了责任感。他须使兰菲尔德确信,他的政治观点是前后一致的,而且他的政治观点也并不是某种精神缺陷所带来的。他还感到,有必要捍卫他自己的尊严,而

---

① 一维的(one-dimensional),意为"单向度的",也就是"浅薄的",与三维的(three-dimensional)相对,后者意为"有立体感的",也就是"形象逼真的"。

与此同时又要试图克制住他向兰菲尔德提出质问。最终,还是那位精神病科医生有权宣告,他无力处理他自己的事务。

因而,与在1926和1927年他与约翰·伊尔根斯·施特罗姆医生之间的那种关系相比,这是一种相当不同的关系。在与施特罗姆医生之间的关系中,汉姆生起着主导作用。施特罗姆和他是结起盟来,对付玛丽。而现在,当汉姆生拒绝在任何深度上讨论他婚姻生活的时候,兰菲尔德则是站在玛丽一边,对付汉姆生。

根据兰菲尔德的命令,诺尔霍姆庄园遭到了搜查,某些物品被没收了。警察强行打开了汉姆生房间的抽屉。两天以后,玛丽从阿伦达尔的监狱里被带了出来,由一位女警察押送到这家精神病医院。

玛丽现在是一位六十四岁的囚犯,她面对着比她小十六岁的首席医生。"他问,我答。最后,有一些问题使得我沉默了。我必须回答吗?这位教授告诉我,如果他要对汉姆生的心理形成一个完整的画面,回答也就极其重要。为了绝对搞清楚他的进一步检查意味着什么,我告诉他:我的丈夫一旦知道我告诉了你什么,那么我将永远也不能再次与他在同一个屋檐下生活了!教授重申,我所说的话——我所说的话几乎可以称作忏悔了——将会绝对保密。只有首席检察官除外,他将不能不看。"许多年以后,玛丽在她回忆录中这样写道。

兰菲尔德对事件的说法则完全不同:"我只不过是问她,他们的关系在婚姻中如何,然后她就讲个不停,因而任何问题也就几乎是多余的了。"玛丽后来声称,有关他们的性生活的隐秘细节她受到了盘问,这一点后来遭到了兰菲尔德的否认,他把这描述为十足的歪曲。

在与兰菲尔德会晤之后,玛丽要求见她的丈夫。汉姆生一看到他的妻子,便勃然大怒。他们在接待室里彼此尖叫的声音,在医院的许多地方都能听得见。

玛丽之所以同兰菲尔德交谈,其主要的原因毫无疑问是出于对她丈夫的关心,而且也是试图减轻对他的判决。但她大概也受到了诱惑,认为这是一个机会,可以提供出她个人对他们在一起生活的看法。"当讯问结束的时候,我感到很不好。我几乎想要把说出来的话全都收回去。要是能够收回去那该多好。"许多年以后玛丽遗憾地写道。

然而,她的退缩不可能改变她与她丈夫之间发生的大量事情。使得汉姆生感到怒不可遏的,并不是她对那位精神科医生私下里说的话,实际上,过了几个月之后他才发现她说了什么。汉姆生现在大声喝道,他一辈子也不想再见到她了,其原因就是,他认为,他的妻子与他的最大的敌手共谋了,背叛了他。

玛丽并没有把他的装腔作势的分手太当回事儿。她以前已经听到了他的所有的威胁了。

一个必要的诊断

1946年1月初,汉姆生总算是把一张条子偷偷交给了一个老熟人和作家同行,克里斯蒂安·吉尔洛夫,吉尔洛夫在圣诞节前来看过他。汉姆生想再次与他交谈。在来到医院的时候,有人叫吉尔洛夫等着。兰菲尔德出现了,拒绝让他接触汉姆生。吉尔洛夫尽力解释,说他的访问只是与几件实际事务有关,但兰菲尔德并不让步。吉尔洛夫要求对方做出解释,对方告诉他,那是"由于证据的性质所致"。

这个回答并没有令吉尔洛夫满意。他尝试做出威胁和恳求。"当我们的检查完成的时候,就可以再次与他接触。"兰菲尔德回答道。

两个星期以后,吉尔洛夫接到了医院的电话,召他立即前去。他一看到汉姆生,便明白了他们匆忙的原因。汉姆生正躺在床上,衣服还没有穿好,双臂完全张开。他的脸色非常苍白,嘴半张着,脸浸满了泪水。吉尔洛夫俯在他身上,试图使他苏醒过来。他温柔地同他说话,触摸他。他并没有做出反应。吉尔洛夫试图抬起他的头和躯干,以便把他从床上挪动下来,但没有成功。意志已经从这个人的身上被吸掉了,只不过两个月以前,在吉尔洛夫上次来访的时候,这个人还曾展现出极其旺盛的精力。

吉尔洛夫以前就遇到过汉姆生处于这种状态中。1905年,在他与贝尔格丽特的关系处于最后的痛苦的困境之中期间,他曾打电话叫他来。当时就像现在一样,汉姆生躺在那里,完全垮了。四十年前,吉尔洛夫是不得不把他送进医院;这一次,他的任务则是把他从一家医院里接出来。

1946年2月5日,兰菲尔德和他的助手奥尔努尔弗·奥德加德在他们最后的报告上签上了名：

"1.我们的调查结果是,克努特·汉姆生并没有精神失常,在他犯下被指控的罪行的时候也没有精神失常。

2.我们的判断是,他是一个精神官能永久性受损的人,但我们并不认为,他有再度犯罪的危险。"

政治家们和首席检察官有了他们所需要的诊断。但他们当中却没有一个人,对接下来会发生的事情有所准备。那位老人将以旺盛的精力,试图撕掉他们所贴上的"蠢人"的标签,结果不仅仅是那位精神病科医生,而且挪威的政府和司法部门都将准备丢脸了。

2月12日,星期一,汉姆生终于艰难地走出了精神病医院的门,他在那家医院里已经被关押了一百一十九天了。吉尔洛夫和托雷不得不扶着他,不过似乎随着他一步步地离开那座巨大的石头建筑,他的力量也返回了。轿车的发动机一点火轰鸣起来,汉姆生便回头望了一下,好像是发出了一声诅咒,他咕哝着说:"一个三层楼的政府机构,顶端是一个无足轻重的人。"毫无疑问,他指的是该医院的首席医生兰菲尔德。

托雷把他父亲的手提箱送到沿海轮船上,然后与老人家和吉尔洛夫两人道了别。那艘轮船将把他的父亲带回到北方。

在被扣押了五个月之后,托雷被释放了。这个三十四岁的人以前总是依赖他的父亲生活,从来也无须学习怎么自己挣钱。克己是一种陌生的概念。现在他的四口之家则不得不靠他作为画家卖画维生。他所能记得的,汉姆生这个姓氏始终对他有很大的帮助。现在他拥有的却是挪威最遭诋毁的姓氏之一。

他自己生活中的大量忧虑和悲伤,也是由于他的家庭成员们非常地依赖他,以获得情感上的支持。他就是他们的"哭墙"①,是每一个人寻找安慰的地方:他的妹妹们,他的弟弟,他的父亲以及他的母亲。他的母亲是他们当中最为痛苦的一位。

---

① 哭墙(wailing wall),指公元70年被罗马人所毁的耶路撒冷第二圣殿残存的西墙,犹太人作为祈祷的场所。

对任何一位妻子来说，遭到摒弃都是痛苦的，但对玛丽·汉姆生来说，遭到摒弃却有着更为巨大的额外后果。

甚至在战前玛丽就知道，许多人认为，与她的丈夫相比，她对德国的支持更有力。战争期间，许多挪威人把汉姆生的亲德文章归咎于她，他们说，玛丽正在误导他，是利用了他的耳聋和年老。挪威解放以后，在各家报纸上，充裕的专栏空间被给予了这样的见解。在玛丽看来，显然她被置于了完美的替罪羊的位置。她再次感到，为了那位伟大的作家，她正在艺术的祭坛上被用作祭品。

汉姆生的作品是一笔遗产，必须不惜任何代价也要为挪威保存下来。他可以被包装成一个头脑糊涂的老人，一直是被他的妻子所操纵。他的妻子对德国所做的所有访问以及与纳粹头面人物的接触，都可以被用来反对她。而现在，就在德国人的暴行的细节正在暴露出来的时候，他拒绝再与她有任何关系，这一点也就被那些谋划要免除汉姆生责任的人们，用作最有价值的证据了。

在玛丽看来，要把她用作替罪羊的阴谋，很早以前就已经开始了。

有一段时间，玛丽细细地思考着她的愈来愈不堪一击的地位。最近一段时期，显然与汉姆生和解将会削弱针对她的阴谋。自从1930年代以来，她也一直在反复思考另外一个主意。她现在所拥有的最有价值的资产之一，就是她与汉姆生共同度过的生活。如果她讲述他们在一起度过的岁月——写上一篇长文，或者几篇文章，也许首先在国外发表，并最终出上一本书——那么她的声望就会得到肯定。这是一个机会，可以把她自己对有关事件的看法呈现出来，而不是纯粹服从现在正为她而写出来的那些东西。她大概会被法庭定罪。但她的推论是，在随后的岁月里，当战争进入记忆之中，当汉姆生的作品全都保存了下来，因为每一个人都确认应该把他的作品保存下来，那个时候她自己的重要性也有可能增加。她现在只有六十四岁。在汉姆生死后她将仍然还活着——活着并能够写出一部独一无二的有关这位伟大作家的著作，她知道，对这部著作将会有非常大的需求。还有谁比她更靠近他呢？

他们一起输掉了这场战争。但在丈夫与妻子之间的战斗却远远没有结束。

冻住的水龙头

1946年2月22日,首席检察官斯文·阿恩岑在《晚邮报》上发表了一个通告,这个通告立即在挪威民众中激起了认真而热烈的讨论。

今年汉姆生就要八十七岁了,几乎全聋,而且按照精神病学的报告,他正在蒙受精神器官受损之苦。首席检察官因而决定,不再追究已经针对他所做出的指控。取而代之的是,政府将考虑,是否应该通过挪威战后赔偿理事会,提出让他作出经济上的赔偿。

汉姆生的传记作者,《日报》主编艾纳尔·斯卡夫兰,飞快地写出了第二天的社论。他要求,应该进行一次刑事审判,以使每一个人都记住这位作家对挪威人民所犯下的罪行。"克努特·汉姆生以他作为国家最杰出的作家、挪威文化生活的伟大领袖之一所享有的特权地位为掩护,做出了这种不爱国的行动。尽管他受人钦佩,令人仰慕,但谁也不能为别人树立起一个比他更危险的榜样。没有几个人像他那样,通过唤起那些容易受到影响的人的同情,来帮助德国人和卖国贼。德国人所犯下的邪恶罪行,都没有使他转变。克努特·汉姆生始终站在希特勒的一边,一直到希特勒自杀。"只有刑事起诉才能确保,不论在什么时代他都是"一个名声扫地的人"。

但许多别的挪威报纸,却准备接受医学专家和首席检察官的结论:汉姆生在战争时期的活动,可以被归咎于老年性格上的怪癖。然而却没有几家报纸支持首席检察官要撤消对他的一切刑事指控的决定。在这一点上他们与斯卡夫兰的看法不谋而合。汉姆生必须被判处监禁,然后再或者是予以赦免,或者是关押在能够提供某种程度的舒适的地方。但出于对人民对正义的尊重,不应该允许这位作家用花钱的方式逃避对其违法行为的追究。

汉姆生本人倒是与那些呼吁进行刑事起诉的报纸看法一致。"对于首席检察官的决定,我非常生气恼火。从地方法官那里开始,我就宣告,我对我的行动负责,我做了就认账。然后,正当我用了四个月的时间以书面形式回答了所有的指控,并且感到,一般的法庭应该宣判我无罪或者几乎无罪的时候,首席检察官打掉了我手中的这个武器。"

汉姆生很快收到了战后赔偿理事会的传票。根据所谓的惩治叛徒法,他受到的指控是,他是民族统一党的党员,而之所以对他提出法律诉讼,正是基于这一点,而不是因为他的行动、信念或者亲德的文章。由此汉姆生也就被指控为,在吉斯林的统治给挪威人民带来的损害中,他负有共同责任。政府的经济学家们已经计算出来了,这种损害的总费用达两亿八千三百万挪威克朗。在这个数目中,汉姆生应捐出五十万克朗。

随着刑事指控被正式撤消,克努特·汉姆生也免于羁押。现在已没有法律上的障碍,可以阻止他回家,返回诺尔霍姆庄园了——而玛丽则仍然在她的位于阿伦达尔市的小牢房里。虽然如此,他却选择继续呆在那家养老院里。那家养老院完全适合他的需要。多年以来,由于神经质的谨小慎微,他已经养成了一种奇特的需要,那就是,当他写作的时候,他需要把自己改造成一个孤独、贫困不堪的流亡者。

那为数不多的几个在1946年春天访问过他的人,看到他恶劣的生活条件,为他而感到不安。但他却每每漠视他们的关心,他或者幽默地说,虱子是令人愉快的,或者让他们看看他在倾斜得厉害的地板上做的发明:在他的椅子上套上连指手套,这手套可以使椅子不滑动。他们想,这是一个老人在悲剧中所具有的勇气。他们并不知道,随着一个又一个星期的过去,汉姆生发现他的生活条件也愈加适合于他的目的。

汉姆生随身带着他在医院里开始写的秘密日记。他当时设法草草记下的寥寥数语是非常宝贵的。但他需要据此展开。日记取代了他通常用他的小叠笔记玩的单人纸牌戏。汉姆生倒是想把那些大叠的纸搞到手,那些纸上记着在进行法医检查期间,他本人对兰菲尔德的问题所做的书面回答。

问题在于,这些笔记是保存在由一个他永远也不想再见到的人所经营的机构里。

多年以前,另外一位精神病科医生,约翰·伊尔根斯·施特罗姆医生,曾经成功地打开了这位作家身上的创作力的水龙头,不是仅仅打开了一个,而是打开了许多个龙头。如果有人要他对这两个人作出比较,那么汉姆生毫无疑问会说,加布里埃尔·兰菲尔德教授已经粉碎了他身上的任何创作潜力。但在1946年的晚春,汉姆生却描述出了这种感觉,一个冻住了的阀门遭到了猛烈打击,松开了:"细腻的话语从我的身上滴落下来。我就是一个水龙头在不断地滴着水滴,一滴,两滴,三滴,四滴——"

知道他再次能够写作了,这使得他比多年以来更加愉快了。"我是极度沉浸在我正在写的东西之中。这并不是因为我成功地写出了什么,不,实际上我并没有写出一卷书。但我是坐在这儿写作,完全是敏捷地写作,日夜写作。"他在给克里斯蒂安·吉尔洛夫的信中写道。到6月底的时候,他不无骄傲地宣告,他已经开始写他的第四十七页手稿了。

显然汉姆生并没有兰菲尔德认为他具有的那种自卑情结,因为他用了1946年7月的第一个星期写了一封长信,严厉批评了挪威的首席检察官。汉姆生所指出的第一件事情就是,他并不是为今天而写这封信,而是为"在我们身后可能读到它的任何一个人而写。我是为我们的孙辈们而写"。

汉姆生指责斯文·阿恩岑犯下了不可饶恕的背叛行为,因为他把一位具有他水准的诗人,交给了区区一位精神科医生。"有人一定能够告诉你,在心理学的世界里我并非完全没有经验,在我作为一位作家的极其漫长的生涯中,我创造出了几百个人物——既从外表上来创造他们,也从内心里来创造他们,把他们创造成活生生的人,在每一种心理状态和细微差别上、在梦想和行动中,都是活生生的人。你并没有做任何事情来了解我。相反,你把我交给了一个机构,交给了一个和你一样知之甚少的教授。他用他背下来的教科书以及学术著作武装起来,进行检查,但面对着他的情况又迥然不同。既然首席检察官并不能胜任,那么那位教授就应该在我一到达的时候就把我拒之门外。以他的专门知识,他本应该知道,这个任务远非是他的能力所能完成的。"

他感到，在两个方面上他的权利受到了阿恩岑的侵犯：首先，是把他送到兰菲尔德那里去；其次，是撤消了对他的任何指控。"你并没有想到，我可能会因为这个决定而感到不快。一直到不久以前，我都并不仅仅是在挪威或者世界的任何一个人，而且以受到你的某种赦免的方式度过我的余生，对我的行动不负任何责任，也并不适合我。但是你，首席检察官先生，你却把我手中的武器打掉了。"阿恩岑在读这封由那个马上就要八十七岁老人写的冗长的信时，一定感到相当不安。尽管已经宣告，克努特·汉姆生在精神上受到了永久性的损伤，但他还是能够不仅仅带来麻烦而已，这一点是毋庸置疑的。

我们罪孽深重

汉姆生有理由相信,他的案子将会在1945年的9月在法院里审理,因而他满意了。他想为自己做出解释,接受对他的判决,把事情了结,这样他就可以集中精力写作了。"这个垃圾太耽误我的事情。"他在8月20日对他的儿子托雷抱怨道。

他现在宣布,他打算不请律师,而是由自己来做自己的代理人。这出乎当局的预料,他们不无理由地担心,这可能会带来什么印象:在法庭的一边,是一位巧舌如簧的公诉方律师,在他的面前摆放着一摞摞的文件,他代表政府做法律和经济上的复杂论证;而另外一边,则是一位几乎完全耳聋的八十七岁的被告,而且又是一位已被宣告精神受损的被告,他坐在那里,也许面前连一个条子也没有,在他的旁边是一张空着的律师椅子,没有人给他提供法律咨询,而这个老人又可能说出一些令人震惊的事情。证人席上空无一人。而且屋子里满是记者。

他们开始评估,是否最好是宣告汉姆生无行为能力,从而使得他没有处理法律问题的能力,也就干脆无须在法庭上露面。这是一个诱人的解决办法。当然也有足够的证据来支持这个打算:他的年龄、他的听力损伤,以及精神病科医生的报告。不利的因素就是,汉姆生能够轻易抱怨,说又做出了进一步的不公正。

然而还有另外一种选择,政府、政治家们和司法部门都可以发现是更加适宜的:时间。他们认为,如果让这个案子暂停上足够长的时间,那么一次重感冒就可能转变成肺炎,解决掉所有的问题。这样的赔偿案子必须在十八个月之内结案,而如果在这个最后期限之前他并没有死去,那么就在开庭审理之前,他们就可以宣告他没有行为能力。从而开始无休止的一系列延期。

在1947年的1月,汉姆生声称,这个案子已经延期了五到十次了,这么说是稍微有点夸大。他已经看穿了这个阴谋:"其目的当然是要把我折磨到最后,那时就似乎是我固执得自己死掉了!当然我是在走下坡路,动脉硬化正在行使其职责,而且我的视力显而易见是更糟了——而一年以前视力还是好好的。"这是他写给他最信任的那个人、他的律师西格里德·斯特雷的话。在给他女儿塞西莉娅写信的时候,他甚至更直言不讳:"他们毫无疑问是在指望我死,这样他们就可以把整个案子撤消。但问题在于,他们是否考虑到了,我是一个多么顽固的老东西。"

记者们开始问一些尴尬的问题了。对当局施加的压力正在增加。但汉姆生能够坚持多久呢?

在被关在监狱里三百二十五天之后,玛丽被释放了,尽管只是暂时被释放。

对这个曾被他称之为他"在世界上的唯一的爱"的女人,汉姆生现在的感情无疑并不像在1946年5月的时候那么歹毒。在他在医院的接待室里对玛丽充满了仇恨的爆发的六个月之后,汉姆生现在坐在养老院里他的快要散架的桌子面前,周围全是详细记录了玛丽与兰菲尔德会晤的文件。这是汉姆生在收到战后赔偿理事会寄来的传票的时候,同时收到了这一大摞文件。有关他们的婚姻生活玛丽告诉教授的每一件事情,都在那里供他阅读。而且由于他现在已经熟悉了司法体系,因而他确信,许多别的人将会对玛丽披露的隐私幸灾乐祸。

汉姆生曾经围着诺尔霍姆庄园设下了两米高的铁丝网,以把窥视的眼睛拒之在外。在他的整个一生中,他都是把记者拒之门外。他一直在躲避,不希望公众深入了解他的私生活,他用假名入住宾馆和供膳宿的私人住房,并把那些将要闯进他私人领域的人们驱赶出去。现在似乎在玛丽与兰菲尔德的会晤中,他自己妻子的行为甚至比汉姆生所怀疑的还要恶劣。

几个月之后,在8月,玛丽访问了律师西格里德·斯特雷的家,直到这时她才看到了法庭的文件。她心烦意乱。她对兰菲尔德说的每一件事情都记在文件中了,她对汉姆生的一切抱怨,她说的有关他们在一起的糟透了的生活所吐露出来的知心话,全都在文件中了。当她回到家的时候,她需要得到安慰。于是玛丽就开始给她丈夫写一封长信,她于8月18日把信寄出。他甚至都没有把信打开。在信封的背面他用他的独特的字迹写道:"读这封信我实在受不了,我必须让自己得到安宁。你寄的这封信中可能有的内容,对我来说是既不在这里,也不在那里。"然后他把信退给了寄信人。

玛丽在8月21日收到了这个让她震惊的拒绝,这是她定于要出庭的两天之前。就像她丈夫一样,她受到指控,是因为她是民族统一党党员,还因为她把逃离占领军的挪威人的财产据为己有,以及广泛传播了危险的宣传。

控方要求判处三年苦役、罚款七万五千克朗,以及剥夺十年的某些公民权。除此之外,战后赔偿理事会还计算出来,她为民族统一党的行动所负有的相应的经济责任为十五万克朗。她表示不服罪。

法官问玛丽,在宣判之前她还有什么要补充的。尽管她的律师用身体语言告诫她,但她还是站了起来,回答道:"我没有理由为我在战争期间的生活和行为道歉。对我的判决已经做出来了,这归功于新闻界。因而我也就没有什么可说的了。"

她已经收集了大量证据,说明她曾经作出努力,帮助在纳粹占领期间被捕并被宣判有罪的挪威人,但这些证据并无助于让法官们的态度软化下来。玛丽·汉姆生得到的判决,与控方所要求的完全一样。

就在那一天,《日报》的头版上有这样一句话:"克努特·汉姆生不想回诺尔霍姆庄园!"这是一个比法庭所能给她的任何判决打击更大的判决。汉姆生在那个信封上所写的话,已经暗示他想离婚了。现在他正在告诉世人,在他们之间有了距离,而且他正在有意识地作出努力,要使这个分开成为永远。

这证实了玛丽成为那场阴谋的替罪羊的地位。那些试图挽救汉姆生的人们现在能够相信,对于把他孤立在诺尔霍姆庄园,并且操纵他,让他把他的值得敬重的笔转而为德国人以及民族统一党当局服务上,他的妻子负有责任。"这是一种广泛流传的信念——也是一个广泛流传的谎言。"后来在谈到这个阴谋的时候,她说道。

玛丽极为愤怒,于是投入了战斗。她对兰菲尔德提出了严重投诉,她坚称,他曾经许诺,她在会晤中所提供的信息将会保密。兰菲尔德的答复是,他"从未向汉姆生太太做出任何许诺,说她给予的信息将不会被使用。在她所给予的信息中,只是部分地被使用了,而且——在我看来——是非常小心地被使用的"。

不管会晤的精确细节是什么,这位教授都是当然获得了玛丽的信任。她所吐露出来的隐秘细节,是远非令人愉快的。随后注定要出现的那些事件,也远非令人愉快。这对夫妇彼此说要离婚,已经说了多年了,但却只是在诺尔霍姆庄园的围墙之内说说。在玛丽得到这样严厉的判决之后,还没有过两个星期,汉姆生就向克里斯蒂安·吉尔洛夫吐露,他想和她离婚;这是他除了对他的律师之外,第一次对人说出这个想法。他说,其理由并不是因为他自己的缘故,而是为了维多丽娅。

在这个奇怪的三角关系中的权力平衡,曾经在三十八年的时间里切换着,现在又要再次切换了。而且就像以前经常发生的情况一样,有一个女人将会从汉姆生把另外一个女人撵走中获益。他的计划是,维多丽娅应该从他当前正在写的一本书的收入中获得一部分——而玛丽却什么也不能获得。他的离婚将会结束他们对诺尔霍姆庄园的共同拥有。

这位老人每天散步,长时间地散步,一走就是一个多小时。吉尔洛夫有一次同他一起散步,汉姆生走的距离和步速都让他感到惊讶。

"他们所希望的,就是我一定要死去。但我一定要让他们失望。在这个世界上最慢的事情,莫过于希望一个人死去。"

汉姆生极其坚强地控制着自己。他甚至去了一次首都,那纯粹是为了展现他的力量。他打算把他的书写完,迫使法庭结案,并宣告无罪。

他也在《圣经》中找到了力量,他告诉托雷,那是一本好书,一本很有分量的书,它抵得上任何事情。"当涉及到拯救我的事情的时候,我就将由上帝来决定,是否要拯救我。"在从精神病医院放出来以后,他也恳求似乎已无可救药的埃莉诺尔,把自己交由上帝支配。"现在你正在受苦。现在就是那正确的时刻,应该说是唯一的时刻,去走向在天国中的我们的仁慈而又

443

全能的父亲和上帝。现在就这么做,我的最亲爱的埃莉诺尔!"他的女儿也不应该认为,他本人并不这么做:"这是你的老爸爸再次给你写这些话:在你的忧伤之中走向上帝吧,告诉你的兄长耶稣你是怎样地受苦,请圣灵指引来忍受苦难吧。你可以放心,我本人已经历了这个过程了,否则,我也不会给你提出这个忠告。对你来说,这可能非常奇怪,以前我也感到这非常奇怪。但你可以相信,它会给你带来慰藉和安宁。"

埃莉诺尔已经同她的问题斗争了多年,但她父亲却想让她知道,"除了你我之外,仁慈的主还帮助了许多其他的人;在我们的恳求中,他将乐意帮助我们。但我们却必须处于诚恳而又绝望的需要之中,我们必须诚挚地乞求他的慈悲。我们罪孽深重,有这么多事情需要请求得到宽恕和原谅。"

他也给他的长子上了一课:"我并没有沮丧,但我深深厌倦于只是在我的智力上乱兜圈子以便获得指引。而如果没有别的什么,那么起码还有我们的神父在那里,可以向他诉苦。从那里可以找到一些安宁。"

埃莉诺尔必须明白,只有上帝才能够帮助他们两人。然而汉姆生本人却并没有停止战斗。

我的良心是干净的

人们说，1947年的夏天比通常要温暖一些，好像大自然正在向北方的居民示意，他们可以放松一下神经。叛国罪审判已经拖进了第三个年头，而且有关审判应该被允许持续多长的时间，不仅挪威正在进行讨论，而且以前被占领的欧洲各地也在进行讨论。挪威起诉和判处的人在其人口中所占的百分比，比别的任何一个国家都要大。

8月4日，汉姆生就要八十八岁了，他现在进入了第三个不明朗的夏天，不明朗之处就是，他什么时候将会最终被允许站在法庭上，为自己做出解释。透过他房间的薄墙和摇摇欲坠的房门，养老院里的其他居民能够听见，汉姆生在大声讲话，即使他身边并没有人。员工们说，听上去好像他是在作演讲似的。

实际上，这恰恰是他正在做的事情。他正在排练和推敲他计划在法庭做的辩护词。他需要在听众面前试验一下。

7月下旬的一个下午，汉姆生跌跌撞撞地登上了位于阿伦达尔市中心的斯特雷的律师事务所的台阶。他的律师把一小组人聚集在了一起，以帮助衡量他的演说的效果：其中有汉姆生的朋友吉尔洛夫；马克斯·陶，克努特和托雷曾经帮助他获得了挪威居住许可证；陶的妻子托弗，她曾帮助过流亡者，并参加了抵抗运动；还有托弗的老母亲劳拉·菲尔塞特，她是一位知名主编的妻子。

在过去的两年里，报纸上发表了大量照片，照片上是德国人的毒气室、成堆的尸体、大片的坟墓，以及在德国、挪威和其他被占领国中的纳粹集中营里,那些形容枯槁的幸存者。每一家报纸都广泛报道了纽伦堡审判①。对戈林、里宾特洛甫、施佩尔和其他纳粹领导人的审判揭示了,德国的扩张以及对优等民族的信念,是怎样导致了一种毁灭性的战争机器,以及一种得到国家认可的种族清洗计划的产生,最终使高达五千五百万人失去了生命。

汉姆生仍然是非同寻常地不为这些令人震惊的揭示所动。他的观点似乎没有什么改变。在他当前正在写的那本书中,他就事论事地写道:"挪威现在有其自己的政治犯。很久以前,政治犯是我们在俄国人的书中读到的一个童话故事的人物——我们从来也没有见过他——这整个概念对我们来说是陌生的。……但今天我们的国家却满是政治犯,他们说,有四万,五万,六万个人,也许还要多出几千人来。"在特博文的统治之下,有不少于四万挪威人因为他们的政治活动而被捕。许多人受到了严刑拷打。有九千人被送到了德国的集中营,还有两千多人在被德国人羁押的时候死去。难道这些政治犯不应该在汉姆生的良心中获得一个位置吗?

"我心平气和,我的精神没有污点,我的良心是干净的。我的资产负债表②处于完美的状态之中。"他对出现在他律师办公室的那七个人说道。

他解释了他支持德国的原因:"我们愿意相信,挪威将会在就要出现的大德意志社会中,拥有一个显著而又体面的位置,我们全都相信这一点。是的,我们全都相信这一点。"

但除了汉姆生之外,在那个房间里没有一个人曾经相信过大纳粹德国,或者相信挪威会在这样一个未来的社会中拥有一个位置。托弗·菲尔塞特·陶曾经在波兰、捷克斯洛伐克、挪威和瑞典,积极地与纳粹主义进行战斗。由于第二次世界大战期间纳粹对犹太人的大屠杀,她的丈夫几乎失去了他的所有的家人以及所有的犹太人朋友。西格里德·斯特雷曾经抵抗过占领军,并因此而被捕。

如果说那些在场的人期望,他能够违背他的信念,能够道歉,甚至承认在他访问希特勒之后曾有了某种怀疑的话,那么汉姆生也就蔑视了他们的

---

① 纽伦堡审判(Nuremberg trials),纽伦堡是德国东南部城市。纽伦堡审判指 1945 至 1946 年,欧洲国际军事法庭在纽伦堡,对作为首要战犯的前纳粹领导人所进行的控告和审判。
② 资产负债表(balance sheet),亦译决算表,即显示收支总差额的报告书。当然这里是比喻。

期望。相反,他开始为自己编织出一个具有高度境界的双重间谍的形象。

"想必并不难理解,我是不得不写写占领军的事情。我须避免引起他们的怀疑。这是因为,说起来有悖常理,实际上我是受到怀疑的。我一直是被德国军官和我家里的人包围着。在夜晚,是的,在夜晚直到黎明,被观察者们所包围着,他们应该是在盯着我和我的家。我曾经两次受到提醒,是德国统治集团的非常高层的人士提醒,说我并没有达到对我的期望——我并没有做出某些被列举出来的瑞典人那么多的贡献。他们还指出,瑞典是中立的,而挪威并不是。他们对我不满。他们所获得的并没有达到他们的期望。"

他抱怨说,没有人告诉他,坐着写作是错误的,在整个国家都没有一个人告诉他。"我年复一年独自在我的房间里写作,除了我自己之外,无人可咨询。"

汉姆生曾经收到一些匿名信,信中表达了对他的观点的震惊,但这个事实似乎已经被他忘却了。朋友、熟人、邻居和其他人也表达了对他的观点的反对。

但汉姆生对所发生的事情的说法却是,他是孤立于世界之外的:"我没有听见人们对我说的话——我太聋了,与我交谈是不可能的。当我的饭做好的时候,他们往往使劲地敲楼下烧木柴的炉头的火炉管提醒我。许多年都是这样。从来也没有寄给我的信。没有一点儿暗示。在这个国家我获得了一个不太大的名声,在两个阵营我都有朋友——但从来也没有最起码的小小的良言来自外部世界。"

房间里的许多人被弄糊涂了。多年被孤立在他自己的房间里?但在战争期间,他们曾经看到过他的照片,那是他乘船、坐飞机或者汽车四处旅行,在国内和国外旅行,甚至还下到一艘德国潜艇里,显得精力充沛,就像他的文章一样有力量。

"我从未从我家里或者家人那里,获得任何信息或者帮助。每一件事情都得替我写下来,而那又太麻烦了。我只是坐在那儿。我不得不参考的,就是我的两份报纸,《晚邮报》和《自由人民报》,而那些报纸里根本就没有说我写的东西错了。而且我写的并没有错。当我写的时候,那是正确的东西。容我解释:我写的是什么呢?挪威的青年和男人的行为是愚蠢的,是挑衅占领军,这导致了他们自己的毁灭和死亡。这就是我写的和以种种方式阐述的东西。"

在讲了大约半个小时之后,汉姆生的嗓音仍然是有力而又坚定的。

"那些现在因为表面上获得了胜利而对我幸灾乐祸的人,并没有像我那样接受过从最底层开始各种家庭的人的来访,他们前来为他们的父兄和儿子们哭泣,他们的父兄和儿子们在集中营里,坐在铁丝网的后面,被判处了死刑。我并没有权力,但他们前来找我。"

房间里有两个女人,她们一定感到这些话说到点子上了:西格里德·斯特雷,以及她的女儿安妮·利塞。安妮·利塞曾经到诺尔霍姆庄园找汉姆生,因为她母亲被囚禁而哭泣,乞求他帮助。她得到了帮助。

"我曾向希特勒和特博文呼吁,并间接地找过有权的人。我无数次地给他们发电报。在什么地方一定会有档案,我所有的电报都可以在那里找到。有许多封电报——我是日夜发电报。我的电报并非总是起作用,就像我在报纸上草草写出的东西本意是要用作警告,而又并非总是起作用一样。"

而且他还有话要说。"也许我本应该躲开,去瑞典。或者我本可以就像许多人所做的那样,爬到英国,回来的时候又成了英雄。"马克斯·陶和他的妻子都逃到了瑞典,因而当他继续讲的时候,他们不能不注意到他的鄙视,"这种事我一点也没做。我相信,在一切都短缺的时候,我能继续经营我的农场,这应该感谢我的祖国。我坐在那里,深思着,发电报和写作。我没有从中获得任何利益。我所获得的,就是在世人的眼睛中我背叛了我想改善的挪威。即使我真的想改善挪威,他们也要责备我。这就是我必须承担的损失。一百年以后这将全部被忘却。甚至这个值得尊敬的法庭,也将被全然忘却。我们的名字将全部被从地球上抹掉——再也不会听到了。现在则似乎是,当我坐在那里,日夜都在尽我最大的能力写着,发着电报的时候,我是在背叛我自己的国家。似乎我是个卖国贼。就这样吧。但直到今天我都不这样认为。我是完全心平气和。"

法庭可能会问,他怎么能够做到心平气和。汉姆生已经准备好了他的回答:

"我非常尊重民意。我甚至更加尊重挪威的司法系统——但我并不认为,挪威的司法系统有我对正确和错误、善或者恶的判断水平那么高。我老得足以拥有我自己的指导原则。在最终的一个漫长的人生中,在许多国家里,在各种各样的人们当中,我始终都是把我的祖国留在我的心中,尊重我的祖国,我打算在等待对我的最终判决期间,把我的祖国留在我的心中。"

现在在房间里的每一个人看来,显然汉姆生无意对任何事情道歉。

他在房间里走了一圈,与他的小小的听众中的每一个成员握手,感谢他们听他讲话。西格里德·斯特雷是仔细地挑选了听众。陶夫妇是亲密的家庭朋友,但之所以选中他们还有一个更加相关的原因。马克斯·陶是作为托雷·汉姆生的辩护证人而出现的。而且斯特雷这位律师还知道某件别的事情:使得陶免于死在灭绝集中营①中的,是托雷,而并非克努特·汉姆生。

当听到汉姆生打算怎样为他在战争期间的行动辩护的时候,陶不能不被这个人的两重性所感染,他既是敌人又是救星,既是政治家又是诗人。这个犹太人就曾在纳粹主义的统治下受苦受难,他将会对他所听到的话做出怎样的反应呢?在这个房间里,想知道答案的不可能只是斯特雷一个人。

马克斯·陶接握住了那个救了他一命的人的颤抖的右手。

---

① 灭绝集中营(extermination camp),尤指纳粹德国在第二次世界大战期间所设的、以煤气室及焚尸炉来大量灭绝受囚禁者的集中营。

一 线 希 望？

汉姆生着手把自己的事情处理妥当。

1947年夏末，阿伦达尔的那次会后不久，他便给维多丽娅写了一封长信。根据1930年的那个协议，他是要出钱买断维多丽娅对汉姆生遗产的继承权，在这封信中他许诺，那个协议将宣布无效。

西格里德·斯特雷起草了他的新遗嘱，当最终分配汉姆生遗产的时候，维多丽娅将被给予和他的另外四个子女相同的份额。遗嘱里没有提到与他做了三十八年夫妻的妻子。他在遗嘱中所做的那些更改，是打算在法律的许可之内，尽可能地把她排除掉。在他死后，她就将依赖于她的子女们的善意了。

吉尔洛夫和斯特雷等人劝汉姆生不要离婚。离婚将会是极其费时，昂贵，而且可能会使得诺尔霍姆庄园不得不被卖掉。除此之外，还会有离婚最终被宣告无效的风险；政府已经干涉了几起离婚案了，政府认为，卖国贼们是在试图以此规避支付赔偿款的责任。

汉姆生本来已经决心，在出庭的时候不要任何法定代理人。他在去年夏天就已经宣布，他将让他的案子听凭上帝裁决。大概他是想要向世界做一场冠冕堂皇的告别表演。

然而，就在他刚刚过了八十八岁生日，他又改变了主意。斯特雷也许总算说服了他，他的案子并非毫无希望。她解释说，政府对他的诉讼是基于两个要点：首先，是在1940年4月9日德军入侵后他所写的那些文章，汉姆生在她的办公室里所作的演讲已经表明，那些文章会遭到挑战性的打击；其次,是据认为他是民族统一党的党员。如果对于他是否实际加入了该党能够提出合理的怀疑的话,那么战后赔偿理事会的诉讼也就会在力量上弱许多。一个有罪裁定可能并非已成定局。汉姆生需要他所认识的最敏锐的律师为他效劳。

西格里德·斯特雷只有三个星期的准备时间。

1947年12月16日,吉尔洛夫一大早就来了,把他的八十八岁的朋友从养老院里接了出来。汉姆生不想在面对世界媒体的时候,脸上带着他用颤抖的手挥舞的剃刀刮破的伤口,因而吉尔洛夫便带着他去了位于格里姆斯塔的市区中心的理发店。此后不久,汉姆生便来到市镇银行,法庭将在那里开庭。他戴着毛线手套,戴着帽子,穿着一套黑色的衣服,他胸前的口袋里有一条白色的手帕,穿着一件黑色的大衣。自从对吉斯林诉讼以来,新闻界还从未出动过这么多的人力。摄影师们迅速举起相机,对准并咔嚓咔嚓地拍照,然后快速跑上台阶,占据好的位置。

分配给公众的座位不到三十个,而这些座位又大多被新闻界占用了。地方法院法官斯韦雷·艾德一命令庭警把被告带上来,便失去了对法庭的控制。记者和摄影师们推搡着,要把他们全都知道将成为历史的那一刻捕捉下来,他们紧紧地挤在他们与汉姆生之间的那扇门的门口,结果庭警发现要打开门几乎是不可能的。

当庭警打开门的时候,闪光灯泡便突然照在了汉姆生的脸上,他试图转过脸去,灯光也跟着转了过去。法官命令大家遵守秩序,要求人群让他进来。

汉姆生喊道:"不要拍照!不要拍照!"

按照几个当时在场的记者的说法,连珠炮似的闪光灯连续闪烁了几分钟。最终汉姆生在人们的帮助下,来到在西格里德·斯特雷旁边他的座位处,但他感到非常心烦意乱,因而拒不坐下。他大声抱怨说,他看不见,需要更亮的灯光;他的儿子阿利尔德很快就带着一盏煤油灯前来。有两个摄影师仍然拒不理会法官的命令。

"他们为什么站在那儿,一直对我拍照?"汉姆生以同样大的声音问道。没有人回答,于是他便继续喊叫着,每一个人很快就明白了,那是一个极其耳聋人的洪亮而低沉的嗓音,他喊道,"我不幸的是还活着。"

闪光灯再一次爆发了。

汉姆生表现出了暂时处于休克状态的迹象,而照相机的闪光灯的光线又进一步削弱了他的可怜的视力。

诉讼程序开始了,但很快又被这位作家打断了,他对就坐在他旁边的西格里德·斯特雷喊道:"法官和陪审团坐在哪里?他们在吗?"

审讯在什么时候能成为假冒的审讯呢?想必就是在被告没有能力遵守诉讼程序的时候。斯韦雷·艾德三十岁出头,也许有点无经验;要是换了一个更有经验的地方法院法官的话,他就会起码休庭一个小时,一直到有可能评估克努特·汉姆生状况的时候再开庭。

但随着木锤的一敲,法庭开庭了。

代表挪威政府的原告律师奥德·温谢声称,有足够的证据表明,汉姆生是民族统一党党员。温谢提到了该党的党员证,提到填完了的调查表,那个调查表是判断标准的一个组成部分。他还提到汉姆生自己写的文章《我为什么是民族统一党党员》(*Why I am a member of the NS*)。法官和陪审团能够在有二百一十六页用蜡纸刻印的案卷中,研究所有这一切。那个二百一十六页的案卷就是诉讼文件。除此之外,他还注意到,汉姆生曾经佩带过民族统一党的徽章,甚至在预审期间也佩带着。

在原告律师开始陈述期间,已经有了进一步的证据向法庭表明,被告没有能力听懂对他本人的审讯。汉姆生突然开始讲话了,好像有人对他讲了话似的。

原告律师没有理会他,继续说:"在我看来,毫无疑问汉姆生意识到他是在帮助敌人,意识到在挪威与德国之间有战争,而且挪威正在参加那次战争。汉姆生一定也知道,在这个危机的时刻以这种方式对待他的祖国是不恰当的。"

法官接着请被告方开始辩护。有关汉姆生是否注册为民族统一党党员,西格里德·斯特雷对其证据是否充分,提出了严重的怀疑。她还把关注的中心集中在这个事实上,在与希特勒的一次会晤中,汉姆生曾试图除掉帝国专员特博文。

当法庭休庭的时候,他们全都去了附近的托尔弗咖啡馆,那是禁酒学会开的餐馆。在这个老人身上有了一种改观。在吃了炸面圈,喝了一杯不含酒精的啤酒之后,他开始散发雪茄。谁也无法拒绝,甚至地方法院法官,两个非专业的地方行政官,甚至还有温谢本人,都无法拒绝。气氛很快就放松下来了,而在这个圈子的中央,就坐着这个八十八岁的老人。他总算使自己再次承担了他最喜爱的角色——一个使每个人都为之倾倒的慷慨的行善者的角色。

这是在他庄严的最后一幕之前的一个光彩夺目的幕间休息。

在大约一点半的时候,法庭的成员和被告回到了他们座位上。"克努特·汉姆生可以讲话了。"法官拖着腔调说道。汉姆生并没有听见,因而斯特雷不得不向他示意,轮到他讲话了。当然,汉姆生并没有听懂任何一个程序,不但温谢的控方陈述他一个字也没有听见,而且在休庭之前他自己的律师的辩论,他也一个字都没有听见。汉姆生仍然穿着他的大衣,现在站起身来。他与那两位律师不同,他是从桌子边走开,把自己直接置于艾德和他的地方行政官同行的面前。由于房间里如此拥挤,因而从观看区来看,那几乎就好像汉姆生正在向他们逼近似的。

这里有两个人,他们从五个月以前就知道,他要说什么。吉尔洛夫已经确保让汉姆生带上了他的笔记。斯特雷则是围绕着他计划要说的内容,一丝不苟地准备了她的辩词。现在极为重要的是,他应该把要说的话说出来。

与那次彩排相比,他开头说的几个句子是相当的不着边际。在笨嘴笨舌地说了几句,又停顿了一下之后,他似乎把精力集中了起来,不看他手中拿着的稿子,开始讲话了。

考虑到这个局面给他带来巨大的压力,而令人赞叹的就是,他很少从他练习过的那个演说中偏离出去。他系统地阐述了每一点,按照排练时的顺序阐述,并总的说来是使用了相同的表达方式——起码在一开始是这样的。

他告知法庭,他从来都不是民族统一党的党员。他已经变得越来越孤立了——甚至在他自己的家里也越来越孤立。他所写的那些文章是算数的。从来也没有人告诉他,写那些文章是错误的,而且实际上也是正确的:

他是想避免让挪威人,因他们的挑衅性行为,而被占领军惩罚甚至杀死。他解释了,他是试图在支持占领军与使用他的影响帮助那些处于困境的挪威人之间,找到一个平衡。

很快这位八十八岁的作家讲的话更像是一个受到神灵启示的神父在布道。但到了这个时候,他却没有按照原先排练的计划去做,而是既没有了策略,又没有了防备。他直接谈到了写文章支持德国的原因:"因为挪威要被给予在欧洲各日耳曼民族当中受到尊重的地位。这个想法从一开始就吸引了我。除此之外,这个想法还激励了我,让我着迷。我并不认为我总是处于这种状态之中,因为我是处于孤独之中。我认为,对挪威来说它是一个好主意,而且直到今天,我仍然认为对挪威来说它是一个好主意,完全值得为之战斗和工作。"

就是这样。克努特·汉姆生没什么可感到遗憾的。

然后,他愈来愈激动,继而说明,国王和政府的逃跑曾经让他极度困惑。他从未把自己看作卖国贼,他现在也不把自己看作卖国贼。那些指控他叛国的人,将会在一百年以后完全被忘记。就他而言,不论他是死还是活,他都能够等待,他有时间。他是完全心平气和,他的良心是干净的。

他讲话结束时的哀婉动人的词句,并没有让喊喊喳喳的谈话声减轻。汉姆生的讲话一共持续了三十五分钟,在讲到第二十分钟的时候,汉姆生达到了高潮:他承认,他曾经迷恋于认为大德意志是欧洲最重要的国家这个思想,他现在仍然迷恋于这个思想。

奥德·温谢是一个慎重的人。对任何一位原告律师来说,汉姆生的演讲都是一个礼物,但温谢却宁可不利用所递给他的这种免费的攻击性材料。他所拥有的攻击性材料已经绰绰有余了。与此同时,斯特雷则是把她的精力,集中在指控汉姆生是民族统一党党员上,想从中找出漏洞。

原告律师做了总结发言。"在允许他的名字被使用的时候,汉姆生也就支持了民族统一党的非法活动,为其作出了贡献。倘若仅仅是因为他并不是一个签了名的成员,而不被认为应该为赔偿负责的话,那就会是一个丑闻。"

斯特雷抓住她的机会做出了回答。"如果我们认定,汉姆生并不是一个成员,但又可以认定,尽管他并不是成员,却仍然对赔偿负责,那么这就是一件非常新奇的事情了。"她指出,任何一个别的国家都没有要求,让并不是一个支持占领军的政党的实际成员的任何一个人来支付赔偿。

地方法院法官告知全体出庭人员,裁定将会在周末宣布。而到第二天的时候,挪威新闻界已经把裁定宣布出来了。《世界之路报》上的一篇文章,反映了大多数报纸的情绪:"所出现的那幅画面如下:一个眼睛失明、年老的巨人,语无伦次地走在森林当中——他意识到,终点就像在他沉重的脚步下,矮树丛发出了爆裂声一样近在咫尺。在战争期间,当他给我们造成了这样巨大的伤害的时候,他也是这样语无伦次吗?我感到我确信这一点。他的雷鸣般的辩护词不仅对他不利,而且在我看来还是绝对的证据。他所使用的措词,就像德国人在他们的宣传中所如此聪明地使用的那些文章和引语一样,具有令人兴奋的力量。……在我看来,这是可以从我们今天的经历中获得的最有意义的东西:在战争期间,他也一定是这样语无伦次,因而如果认为他应该负责任,那在道德上就是错误的。就汉姆生本人来说,这是一个悲剧——但对世界文学来说,它却是一出结局好于我们的预想的戏剧。"

在那个星期五,记者们迫不及待地等着地方法院法官斯韦雷·艾德宣布他的裁定。裁定终于在五点的时候宣布了,而延误的原因也很快就明朗化了。

法官的非专业的地方行政官同行,一位是地区的会计,一位是农夫,他们反对艾德的意见,即应该宣告汉姆生无罪。在他们看来,在1942年之后汉姆生继续被注册为民族统一党的党员,这个事实就是他的责任。艾德明显地是花费了大量的时间,努力在法律的运作上教育这两个人。他争论说,从法律的观点来看,汉姆生的所作所为,并不足以被看作是同意入党。这位法学家认为汉姆生无罪。但那两位非专业的地方行政官看法却不同,而由于他们是多数,因而他们的判决也就获得了通过。

西格里德·斯特雷计算了一下,汉姆生夫妇的共同罚款是五十七万五千克朗,这笔罚款将会实际上使他们破产。但新闻界却并不认为对汉姆生的惩罚是足够严厉的,"丑闻"一词出现在几家报纸上。

1947年12月29日,汉姆生和他的律师提出了上诉。

这位作家先前从未对认为他支持吉斯林政府的说法提出过抗辩,但在1948年的春天期间,他则一如既往,一再声称,他从未参加民族统一党,从未收到过党证,从未缴纳过党费。

斯特雷在听到下述消息的时候,起码是振作了起来。消息说,主持高等法院上诉诉讼程序的五位法官中的一位,已经对在几起叛国罪审判中的强硬方式表示出了一种批评的态度。斯特雷开始进行调查,以寻找新的证据。她同民族统一党中的几个人交谈,在总部和分部的人都有。所获得的新的信息全都证实了汉姆生的说法。该党总部的办公室主任写了一份书面陈述,断然声明汉姆生并不是该党党员;要使党员资格生效,须完成四个手续,而在汉姆生的情况中,却只有一个证件。

斯特雷将在她的总结中争辩说,在汉姆生的案子中,挪威政府既改变了确立党员资格所需要的证据水平的标准,又改变了对法律进行阐释的标准。在她定于在高等法院出现的两天之前,斯特雷写好了她的上诉,在动身前往奥斯陆之前给汉姆生寄了一份。她已经做好了准备,要逐条批驳原告律师的指控。

1948年6月18日,星期五,她把她的有利于被告的理由陈述交给了高等法院。第二天政府的原告律师把有利于原告的理由陈述交给了高等法院。战后赔偿理事会的主席并没有提出任何新的证据,但却确实撤消了要求增加对汉姆生罚款的上诉。

在下一个星期二,焦虑的斯特雷被告知了判决:高等法院做出的决定是,克努特·汉姆生毕竟是民族统一党党员。她告诉法官们,她失望了,而汉姆生将会认为这是审判不公。她还感到大惑不解的是,汉姆生的罚款只减少了十万克朗,成为三十二万五千克朗。她问法官,是什么证明汉姆生有罪,结果被告知,那是种种组成部分的总和。

汉姆生知道后,给他的律师发了电报:"不要失望。我以子孙后代的名义,为你的卓越辩护而感谢你。你提供了真理并坚持了真理。其余的就不能责怪你了!"

我还没死就已经是死人了，真是莫名其妙

一接到挪威最高法院的五位法官判决他有罪的通知，汉姆生便写下了下面两个句子，这两个句子将成为他写了几乎三年的那部手稿的结束语："1948年仲夏。今天高等法院作出了宣判，我结束了我的写作。"

他完成了在八十九岁高龄写完一本书的惊人业绩。

无人想出版这本书。甚至哈拉尔德·格里格也反对出这本书，格里格是金谷出版社的经理，而汉姆生仍然是该出版社的最大股东。

直到1947年的圣诞节，汉姆生才搬回诺尔霍姆庄园。他之所以搬回去，有几个原因：他的书就要写完了，玛丽正在监狱里服一个长时间的刑期，而且现在汉姆生决心要为他的家而战斗。

由于汉姆生一家在战争期间的牵连，诺尔霍姆庄园已经成了挪威纳粹岁月的最具有影响的象征之一。单是加在这对夫妇身上的罚款数目就足以表明，当局希望能够迫使汉姆生夫妇把庄园卖掉，并从而一劳永逸地根除这个象征。汉姆生是完全有意向战胜者们漫天要价，这是一大乐事。

他本来希望，他的出版商兼二十年的亲密朋友，在这一费力的战斗中成为他最重要的盟友。在1946年的年初，在从那家精神病医院被放出来以后，汉姆生就给格里格写了信，请求他在一件经济事务上帮忙。在战前，格里格经常在类似事务中帮助他摆脱困境。他总是及时帮忙，总是急于表示，能在任何事情上帮助他是件愉快的事情，不论那是专业上的事情还是别的事情，因为他是金谷出版社主要的作家和股东。

这一次，格里格则是把这个要求转交给了他的办公室经理，而拒绝做出

个人的回应。汉姆生又写了第二封信。"亲爱的格里格,我不知道在你我之间出了什么问题?那不可能是我的'叛国',因而一定是某件别的事情。我自然不论在挪威还是在世界上都是一个死人,但这不大可能是你试图要告诉我的事情。那么又是什么呢?我希望诚心诚意地问你,那究竟是我所做的什么事情,还是我忘记了的某件事情?"

为了写出他的回答,格里格花费了几天的时间。他反复思考了命运、罪责和私人蒙恩的问题。

他知道,要是没有汉姆生在经济上和文学上的力量,金谷出版社奥斯陆分社就不能在二十年前,从其丹麦的物主那里购买到自主权。他还意识到,多年来汉姆生对他表现出了无限的信任,而且汉姆生作为公司的最大的股东所提供出来的支持,增强了格里格对董事会以及其他物主的地位。另一方面,格里格也知道,不论是在挪威还是在国外,他都是汉姆生的一位极其有效的出版商。他们两人都干得不错,并且共享好处,双方都感到满意。

但也许汉姆生更有恩于格里格。这位出版商曾经被关在格里尼战俘集中营①。集中营中的许多囚犯被送到了德国,他们在那里面对着饥饿和酷刑,但在1942年的夏天格里格被释放了。他知道,曾经有人请汉姆生干预,但除此之外,谁也就不清楚了。有的人声称,这位作家曾拒绝帮忙,还有的人声称,汉姆生曾经把一封介绍信给了玛丽和托雷,告诉他们该怎么对特博文说。格里格宁可因为他的释放而感谢玛丽。

在回顾往事的时候,格里格记得,最后一次他是在1941年与汉姆生相聚。这位作家曾告诉他,要小心一些。格里格当时就想,他的本意是要安慰他;现在他认为,那可能是一个威胁。而当他的兄弟,诗人诺尔达尔·格里格,于1943年在德国上空被击落的时候,汉姆生是在继续奚落自由战士们,并希望希特勒的德国能获得更大的成功——这时他们的关系就变得不堪一击了。格里格现在得出了结论,他们的分歧是不可调和的。

格里格几次尝试把他的信口授给他的秘书,但最终决定还是亲手写回

---

① 格里尼战俘集中营(Grini prison camp),位于奥斯陆郊外贝鲁姆市(Baerum)的一个纳粹集中营。

复。"亲爱的汉姆生。你问'在你我之间出现了什么'。答案非常简单。在一场生死的战斗中,我们是站在对立的两边——现在仍然如此。没有几个人得到我给予你的那么大的钦佩,也没有几个人得到我对你怀有的那么大的爱。没有一个人让我更失望了。"

在写这封信的时候,这位出版商并不知道,那个老人正处在完成一部新作品的创作过程中。格里格也没有想到,在战后的岁月里还会对汉姆生以前的书有任何需求。将在过去若干时间之后,金谷出版社才能够想到,应该用汉姆生小说的新版本,再次让市场活跃起来。1959年汉姆生的百年诞辰,可能是一个合适的机会,到了那个时候,新的一代年轻的读者可能会感到与他战时的背叛行为有了足够的距离。汉姆生将能够长期持有他的股份似乎也不现实,因为已经给以了他和他家庭数量巨大的罚款。

格里格用下面的话为他的书信作结:"从你的来信中,我理解,在我们之间事情居然成了这个样子,这使你痛苦。我想让你知道,它给我带来的痛苦一点也不少。"

在汉姆生收到他老朋友短信的那一天,他在同一个信封上写道:"亲爱的格里格。我谢谢你的信。这是一个礼物。我要说的就是这一些。你的克努特·汉姆生。"

格里格大概根本就没有想,为什么汉姆生会因为他的信而感谢他,不过他也一定是注意到了,这位老人把话说到点子上的能力仍然是完好无损:毫无疑问,汉姆生是在提醒格里格,他们是彼此有恩于对方的。但他也可能只是说说感谢而已。在设法使格里格从格里尼战俘集中营中被释放出来一事中,汉姆生本来是不愿意介入的,而他又始终认为他的不愿意是托雷披露出来的,现在这封信就使得他的儿子免于受责备了。

汉姆生与他的出版商们的关系往往是紧张的,结果造成了几次分裂。但这些冲突却很少对他产生负面的效果,实际上总的说来,这些冲突是导致了契约条款的改善。直到1947年的夏天,汉姆生才开始明白,他与格里格的嫌隙让他付出了多么大的代价:"不管怎么说,我写了又写,又有什么用处呢。"他对托雷谈到,"我大概甚至都找不到一个出版商。我还没死就已经是死人了,真是莫名其妙。"

459

这位拥有挪威最大的出版社六分之一股份的作家,实际上却又没有一位出版商。既然格里格把他视为不共戴天之敌,那么也就试图使这位作家完全消失,不论是在国内还是在国外都完全消失,从经济上把他扼死,毫无疑问,迫使他放弃他的股份。

汉姆生面对着的是一个难对付的对手。

他的第一个对抗行动,就是任命托雷为他的产权经理,并赋予他必要的权力。汉姆生是一个严格的监督人。现在只有几家出版社——意大利的蒙达多里出版社①,西班牙的何塞·哈内斯出版社——对汉姆生有积极的兴趣,而且盟国的管理部门又关闭了他在德国的忠实的老出版社。他指示托雷找到新的出版社,不久便有出版社感兴趣了。

那年晚些时候,汉姆生向新闻界透露了消息,说他正在写一本新书。他承认,哈拉尔德·格里格对这个诱饵没有表现出一点兴趣,对此他并不感到惊讶,但又依然感到失望。他可以看出,运用他作为一位作家的分量的时间到了。

在1948年的新年,他要西格里德·斯特雷帮助他完成与金谷出版社的完全决裂,把他的书全都带走。格里格很快就明确表示,如果汉姆生打算把这个意图付诸实施,他就不得不把股权全部收购。汉姆生怒不可遏。他撰写了一封信,并以斯特雷的名义寄出,但这封信并没有对出版商格里格起到任何作用。汉姆生的对抗一无所获。

西格里德·斯特雷宣布,她将访问诺尔霍姆庄园。在高等法院作出判决之后,她所承担的需要谨慎处理的任务,就是把汉姆生从破产和诺尔霍姆庄园被迫出售中拯救出来。如果要想有起码的成功机会的话,她就须使他意识到,与格里格达成一个协议是必要的。

在奥斯陆的时候,斯特雷就已经收到了两个令人震惊的消息。第一个消息就是,高等法院驳回了汉姆生的上诉。第二个就是,在若干时间以前,

---

① 蒙达多里出版社(Arnoldo Mondadori Editore),系1907年由18岁的阿诺尔多·蒙达多里创建。现已是意大利最大的出版社,总部设在米兰。

哈拉尔德·格里格就已经秘密地采取了一些步骤，要买断汉姆生家庭当前所拥有的金谷出版社的二百个股份。斯特雷从战后赔偿理事会那里发现，当格里格焦急地等待高等法院的最终判决的时候，他已经投标了。汉姆生的出版商已经露出了真面目：他强调，把他们两人分开，完全是出于政治上的原因，但这个强调并不真实。

斯特雷与一家银行接洽，询问用汉姆生在金谷出版社中所拥有的股份，能够借出多少贷款。她被告知，汉姆生能够每股借一千克朗的贷款。通过她与哈拉尔德都认识的一个人，她现在设法确保让格里格明白，这些股份是不可出卖的。他所作出的反应甚至比她能够希望的还快。格里格想与斯特雷会晤。

自从汉姆生上次体味到胜利的甜蜜以来，已经过去了很长时间。格里格不再清晰地知道，他以前的扑克牌搭档将会怎样打他的三张王牌：他以前作品的版权、他在金谷出版社中所拥有的股份，以及他的新手稿。

他的新手稿的价值很快就得到了证实。汉姆生把《在杂草丛生的路上》的一个抄件给了斯特雷，斯特雷又继而交给马克斯·陶，征求他的意见。"我无法理解，"陶后来写道，"一个像他这样年纪的人，又经历了那么多事情，还能够这样写作。就好像这一页页的手稿散发出一种魔力，这种魔力把他的极其丰富的创造力揭示了出来。"

第二天，陶匆匆赶去见西格里德·斯特雷。"他的创造力和对生活的热情全都完好无损，这本新书将会在全世界获得成功！"

西格里德·斯特雷愈来愈自信，他们的对手哈拉尔德·格里格并没有最强大的牌。

狮子的爪子

1948年7月20日,压抑不住的西格里德·斯特雷回到了格里姆斯塔,为她迄今已服务了十八年之久的客户而战斗。这一次,战斗不是在法庭里进行,而是在她与哈拉尔德·格里格会晤的一家宾馆的休息室里进行。

斯特雷对谈判的结果感到满意,回到了汉姆生那里。以他的股份作保,金谷出版社准备给汉姆生提供一笔四十万克朗的贷款。在他的余生,格里格将每年预支给他两万克朗的版税。但格里格还作为条件讲定,《在杂草丛生的路上》只能在汉姆生死后出版。

汉姆生怒不可遏。他的书必须出版。他拒绝了这个提议,他告诉斯特雷,他宁可把诺尔霍姆庄园、他的股份以及他所拥有的绝对的一切,抵押出去。他打算花钱从格里格和金谷出版社那里买到自己的自由——不管代价是什么。

为了汉姆生的最大利益,西格里德·斯特雷遭受到强大的压力。

在收取罚金上,挪威政府有多大的耐心或者有多少理解,并不为人所知。除了玛丽所欠的十五万克朗的罚金之外,汉姆生还欠挪威政府三十二万五千克朗。现在汉姆生要斯特雷找到这样一家出版社,愿意付出五十多万克朗,把他的旧作从金谷出版社买出来,与此同时又给他一笔几十万克朗的贷款。在斯特雷看来这是不可能的。

西格里德·斯特雷是理性的,而她的客户却并不理性。她知道,既然他要出版他的最新的作品,那么实际上也就只有两条途径,能够把汉姆生从经济毁灭中拯救出来:或者是不得不说服他完全放弃出版的想法,或者是说服格里格快速把它出版。

斯特雷也许本来就应该看到,汉姆生的反应到来了。不论是汉姆生还是他的妻子,她都认识了很长的时间。多年来,诺尔霍姆庄园的这对夫妇,都是带着对彼此尖刻的抱怨来找她。玛丽曾经经常试图在女人之间说明,由于她丈夫总是把他的写作置于别的一切之前,她和孩子们付出了多么大的代价。

西格里德·斯特雷现在是直接目睹了,这是一种多么毫不妥协而又冷酷无情的个性特征。她试图说服汉姆生打退堂鼓,提醒他,他是冒着在经济上毁灭的风险。她也可能曾试图让她的那位显贵拐过弯来。她要求与格里格再次会面,并把汉姆生写给她的一封信的抄件附上去:"这本书自己就能畅销。我说话算数。我这一辈子也不会再对你提出别的要求了。我将不会熬过这个冬天,用不了几天我就九十岁了。"

但读了手稿之后,格里格更加确信,《在杂草丛生的路上》不应该出版。这部作品的力量当然是把兰菲尔德教授的诊断撕成了碎片,而且也丝毫不容怀疑汉姆生的头脑之敏锐——"人们触摸到了那始终出现的狮子的爪子",格里格得出了这个结论——但这本书也向这位出版商证实,"汉姆生今天仍然持有他在战争期间所表达出来的那些相同的见解。这一点不仅显见于他在法庭上的辩护词,那辩护词在这本书里全都重现了,而且还像一条红线贯穿了他对事件的整个描述。"

斯特雷不得不使用全部的力量、耐心和狡诈,以阻止汉姆生按动这个自我毁灭的按钮。汉姆生遭到格里格的断然拒绝,又没有激起阿施霍尤格出版社的兴趣,阿施霍尤格出版社是金谷山版社在挪威的主要竞争者,在此之后汉姆生声明,他将把手稿寄给一家小的出版社,或者是自己出版。斯特雷总算是说服了他,使汉姆生相信,这可能给人一个错误的印象,公众可能会认为他遭到贬低了。

相反她则是说服他再跟格里格谈一次,在8月中旬的时候,她在克拉格勒酒店①与这位出版商见了面。

---

① 克拉格勒酒店(Kragero),奥斯陆的一家高档宾馆。

格里格对汉姆生股份的难以预料的未来极其关心,因为那些股份代表着在他的公司里的一种相当大的权力。这位出版商私下了解到汉姆生家里的几个秘密。在汉姆生把他的一些股份转给埃莉诺尔之后,埃莉诺尔现在就成了金谷出版社的最大的股东之一;然而格里格还知道,她已经被送进奥斯陆一家精神病治疗机构。塞西莉娅现在正在摆脱她的第二次婚姻,她也拥有相当数量的股份。托雷也拥有相当数量的股份,托雷也在考虑离婚,他的负债超过了他的收入和资产。那位前党卫军志愿者阿利尔德,同样拥有相当数量的股份,阿利尔德将很快就接管正在亏损的诺尔霍姆庄园。最后使这位出版商持续苦恼的是玛丽,以及在汉姆生死前和死后,玛丽对她丈夫的股份可能施加的那种控制。

格里格和董事会感到,极其重要的就是,应该把这些潜在的不受约束的大炮搞到手。当他得到了进一步的证实,汉姆生将抵抗把他的股份卖给金谷出版社,格里格便决定开始运用种种策略,以使自己可能间接地控制住那些股份。

金谷出版社同意,用汉姆生的一百股作保,借给这位作家二十万克朗,再借给他十五万克朗来顶替未来的利润。作为交换,格里格将对汉姆生一家所拥有的股份拥有表决权,而且如果汉姆生的子女的股份要出售的话,那么格里格将拥有最先否决权。这位出版商还获得了汉姆生的全部艺术产品的出版权。

汉姆生总算是固守住了诺尔霍姆庄园,保留住了他在出版社中的股份,并且迫使金谷出版社把他以前的书推向市场,出售那些书,在此之后,汉姆生现在就能够付出那三十二万五千克朗的罚金了。他所剩下的唯一的目标,就是让《在杂草丛生的路上》在挪威出版。

哈拉尔德·格里格尽管提出了批评,但仍然意识到,在他的手稿中有一只狮子爪子的轮廓。在对股份的战斗中,汉姆生已经展现出了猫科动物之王的狡诈、力量和杀伤力。而且汉姆生还尚且跟格里格没完。在克努特·汉姆生与哈拉尔德·格里格之间的最后战斗还没有开始呢。

有一个人,克里斯蒂安·吉尔洛夫,他试图遏制这头老狮子。他将为他所作出的那些尝试付出沉重的代价。

自 杀 任 务

1948年的整个夏天,汉姆生都是在绝望地为他的最新的作品找一个家——即使那个家是在国外。有一家瑞典的小出版社,于斯出版社,出版业巨头诺斯德特是其老板之一。当于斯出版社表示出有兴趣的时候,《日报》便突然发动了袭击,让大家都知道,汉姆生要"在瑞典出版一本书。讲的是在纳粹统治的那些年间他的经历"。这家出版社便立即遭到了抨击,于是于斯出版社的兴趣也就冷了下来。在瑞典、丹麦和芬兰所作的其他接洽,也全都一无所获。

汉姆生和斯特雷继续找格里格商量此事。在1949年的年初,汉姆生要他的律师与他的老出版商接洽。这一年,汉姆生就将九十岁了,他提醒格里格,在过去,在纪念汉姆生生活和事业的各种重大事件的时候,格里格都是不遗余力。汉姆生然后提出,这可能是让《在杂草丛生的路上》问世的一个好时机。在唤起格里格的同情之后,汉姆生还补充说,有一家瑞士出版社有意在讲德语的各个国家里出版这本书,而且也正在计划在西班牙出版。

自从这个出版的问题在一年以前被提出供考虑以来,格里格是第一次没有立即拒绝这个主意。他要求再次把手稿寄给他,并要求与斯特雷正式商谈。汉姆生的怀疑被激起了。"这一次又是为了什么事?难道他想管我的手稿的闲事?手稿是有瑕疵,你可能预料那是来自一个老人会有的瑕疵,但是需要管的闲事我已经都管了。"

在3月,格里格与斯特雷在奥斯陆会晤了,这位出版商作出了让步。

格里格意识到,在这本书出版之前,汉姆生的态度不会软化下来。国外的出版社已经表现出来了真正的兴趣,而且现在在挪威还有一些独立经营的出版商也表现出了兴趣,这都正在增加对他的压力。然而在一个问题上,格里格仍然是固执的:舆论意味着,为汉姆生的九十岁生日而出这本书是不行的。斯特雷总算设法让他勉强同意,就在8月4日①之前发布一个新闻稿,宣布汉姆生的最新作品将在那年的秋末出版。

格里格意识到,当这本书的内容为人所知的时候,保守的和总的说来对汉姆生友好的新闻界,将大有可能会问他一些令他不舒服的问题。问题注定要集中在,对一位能写出这样一本书的作家,政府是怎样使用了司法精神病学——尤其是他是怎么被对待的,诊断又是怎么做出来的。

汉姆生对加布里埃尔·兰菲尔德教授的抨击是尖刻的,于是出版商与律师二人便没有让汉姆生参与,而达成了另外一个协议:要把汉姆生对这位精神病科医生的积怨甚深的谴责的语气缓和下来,或者把这些谴责去掉。在这一点上,斯特雷是完全的同意,她已经提醒了汉姆生,这些谴责会使他处于一种危险的法律地位。克里斯蒂安·吉尔洛夫也是同样看法,于是斯特雷和格里格现在就提议,汉姆生的这位老朋友,应该是说服这个固执的老作家把他的用词温和下来的合适人选。

斯特雷和格里格都一定意识到,他们是给了吉尔洛夫一个自杀任务。

有一个月的时间,汉姆生读了并评论了吉尔洛夫寄来的一连串来信,那些来信建议,应该对那些涉及兰菲尔德以及他的医院的段落作出修改。然后汉姆生就不再打开他的来信。随着每一个月的过去,他的朋友寄来的那摞信堆得也就越来越多。当他让十五封这样的信没有打开的时候,汉姆生终于寄出了一封回信,其中的那四个概括性的句子并不是写给吉尔洛夫的,而是写给他的家人的:"克里斯蒂安·吉尔洛夫先生知道,我不再给他回信。然而他却坚持用来信和包裹不断地打扰我,这些来信和包裹我是永远也不会打开的。我从未在一个成年男子那里听说过或者读过如此无耻的东西。现在,我恭敬地要求对他的家人给予保护。"

一生中,克努特·汉姆生写了六千多封信。这一定是其中最刻薄的一封。

---

① 8月4日是汉姆生的生日。

对他的妻子,汉姆生也同样无情。在头一年,1948年8月19日,玛丽从监狱里放了出来,当时格里格和斯特雷正一直在为她以及她的家庭命运协商。托雷开着他的车来接她。她并不需要询问:他的闷闷不乐的关心告诉了她,她将不能返回诺尔霍姆庄园。托雷的家在奥斯陆郊外的阿斯克,在他家的地下室里,就在他为自己设立的一个陶器制作作坊的隔壁,有一间屋子,她可以使用。那间屋子太黑了,又挤得难受,以至于她的孙子们都不敢单独下到那里去。托雷提议,她可以在新年的时候前往哥本哈根,在塞西莉娅那里住上一阵子。

汉姆生听从了斯特雷的忠告,放弃了起诉要求离婚的主意。但他仍然有意把他的妻子从他的庄园里排挤出去,现在那个三角已经重新结盟了:那将会是维多丽娅和汉姆生对玛丽。

在向政府缴纳了罚金之后,汉姆生还剩下一万七千克朗,那是从金谷出版社借的钱和预支的稿费。汉姆生指示斯特雷,其中的几乎三分之一要寄给维多丽娅,而且要快寄:"在她的整个一生中我都错怪了她。"汉姆生以前从未这样自责过,起码是没有在书面上这样自责。

汉姆生现在还做了准备,要把诺尔霍姆庄园传给孩子,这是他多年的打算。在1948年的10月,前党卫军志愿者阿利尔德终于面对了指控。他的父亲预料,判决将会是宽大的——"不会有多少需要担心。要是几年前,那就会更糟——现在'正义'不再对自己那么过于自信了。"——他的预料是正确的:十八个月的苦役(还要减去在拘留期间呆过的那九个月),没收七百克朗,付一万克朗的赔偿金。

在法庭裁定后的那一天,汉姆生便带着阿利尔德去了阿伦达尔,斯特雷已经在那里按照他的指示准备了一个文件。现在几乎是九十岁了,这位农夫终于把他的土地和家让于下一代了。他的小儿子将接管诺尔霍姆庄园。他的最大的孩子维多丽娅,将拥有金谷出版社的股份,同时还拥有诺尔霍姆庄园的家产的一个股本,并与他的其他子女享有相同的著作权。玛丽将绝对什么也不会得到,只是在他死后有权住在诺尔霍姆庄园。

这个替罪羊本人不顾一切地把她的矛头指向了某个人。玛丽·汉姆生处于一种极不幸的状态之中。在接下来的十八个月的过程中,她花费了大量的时间,试图让兰菲尔德教授承认他有责任。她坚称,他就是她苦难的根源:"我丈夫什么东西也没有留在我的名下,他把我关在诺尔霍姆庄园之外,而三十年来诺尔霍姆庄园又一直是我的家,我没有一分钱可以赖以生活。我六十七岁了,我患有心绞痛、胃溃疡,精疲力竭得无法工作。"

玛丽在托雷和塞西莉娅家里轮流住着,托雷和塞西莉娅请求汉姆生原谅玛丽。他的回答是蛮横的:"我已经告诉妈妈,只要我活着,我永远也不想与她在同一个屋檐下住上一天。想必这是足够清楚了?……我明白,我仍然还没有从这个世界里消失,这对妈妈和埃莉诺尔以及男孩子们来说是痛苦的——而且对我来说也不是一种欢乐,但不幸的是,我还活着。"他最后说,不论是孩子们还是他们的母亲,都没有必要担心他将永远活下去;毫无疑问,玛丽是因为他尚未一命呜呼,而洒下了愤怒的泪水。

……但决非烈士

1949年的秋天,阿施霍尤格出版社版的《名人录》出版了,书中收入了三千五百个挪威名人。克努特·汉姆生的名字被去掉了。

汉姆生的九十岁生日快要到了,但组织挪威作家写贺词的努力,却一无所获。不论是《日报》还是《晨报》,一次也没有提到这件事情。《晚邮报》只印了一条编者按,这条按语非常合理地提醒读者,鉴于德国的占领仍然是就近的事情,因而要对汉姆生作品的质量做出公允的估价是不可能的。

然而作家西格德·胡尔却并没有绕开这个问题。他的为汉姆生的生日而及时发表的长文,既出现在瑞典的《每日新闻报》上,又出现在丹麦的《消息报》(*Informationen*)上——尽管在挪威本土,只有特隆赫姆市的一家小报纸转载了这篇文章。胡尔回顾了汉姆生的八十岁生日:"在那个时候汉姆生已经是纳粹了;但如果要提及这一点的话,那也只是把它当作在一位伟大的作家的创作画布上的一个小小的污渍,顺便说说而已。现在,在十年以后,在大多数人看来,这个污渍已经成了整幅图画的主要特色。……能够把汉姆生的大部分作品挽救出来的地方,就在于他的纳粹主义毕竟只是在他身上的一个条痕而已。他的作品是从完全不同的源头流淌出来的——那是感觉和同情的源头,而不是苛刻、傲慢和无情的源头。有人说,汉姆生在每一根纤维上都是艺术家。并非如此。在他的几部小说中,……我们能够看到,这位诗人的政治见解和政治煽动,就像格格不入的物体一样存在于他的书中,就像田野里的石头一样。但在他的大多数作品中,我们发现绝对没有纯粹意义上的煽动。它们纯粹是艺术作品,是由一个比在过去几年里让人们听到的那个头脑更为丰富的头脑创造出来的。"

在过了他九十岁生日的六个星期之后,《在杂草丛生的路上》问世了。

西格里德·斯特雷在仔细看了那天的评论之后,给哈拉尔德·格里格寄去了一个短笺,短笺暴露出一种胜利的口气:"他们是在向他的天才鞠躬。对这本书的发行,没有一个人作出否定的反应。完全相反。"格里格一定是表达出了某种满意之情,因为销售额远远地超过了预期,第一版印的五千册在几天之内便销售一空。

有一位年轻的评论家,菲利普·霍姆,他在《日报》上撰文评论说,现在有些鼓吹者想要接受共产主义的邪恶,汉姆生也同样愿意对1930年代纳粹主义中所潜藏着的那个怪物表示认可。霍姆描绘出了在政治上的这种可比之处,从而把汉姆生从世界历史中的一个单纯的孤独的声音,转化成了那些支持了专制政体的艺术家和知识分子的长名单中的一个声音。

尽管如此,霍姆却并不敢冒险进入首席检察官的裁决和兰菲尔德的诊断这个有危险的领域中,首席检察官的裁决和兰菲尔德的诊断,就像装有炸药尚未爆炸的法令一般。然而《晚邮报》的批评家,却敢于迈进这个雷区:"对汉姆生的诉讼有可能处理得并不正确。耐心和宽大能够是一个可怕的错误,并导致令人厌恶的后果,这里的情况想必就是如此。"这位评论者坚持认为,若是在刑事法庭上,汉姆生就永远也不会被宣告无罪。在道德上他也不会得到原谅:"汉姆生不仅犯有叛国罪。……他的行动和举止是对所有人类的背叛,是对只想过自己日子的普通人的背叛。"

除了《晚邮报》之外,其余的各大报纸则普遍是对《在杂草丛生的路上》持肯定的态度,它们的评论是集中在这本书的文学价值上。那些持批评态度的少数人担心,这可能是为同情德国的人在战时的行动做辩护的许多作品中的第一本。只有两三个人看到,这本书中有证据说明,兰菲尔德做出的诊断是正确的。绝大多数评论者实际上是利用这个机会,把这位作家从被冷落中带回来。在作为天才作家的汉姆生,与作为政治傻瓜的汉姆生之间的界限,现在已经为挪威的公众永远地确立了起来。

没有人想为了汉姆生的利益抱怨说,把他监禁在精神病科医院是对权力的一种滥用。批评家们充其量也就是把兰菲尔德所做的诊断,当成一个温和讽刺的对象。

尽管如此,兰菲尔德却在报刊上发表了一个声明,为他的诊断做辩解。他强调,在司法精神病学中,"永久性"一语,并非意味着永远,或者是不变。因而汉姆生的非同寻常的记忆力,也就完全可以想见;在中风的病人当中,几乎有一半可以复原,兰菲尔德说道,"在过去这么多年之后,出现了这样的改善,使得他得以再次写作,也就决非意外。"然而这位教授的论点的前提,却是他的信念,他认为,汉姆生是在离开医院的几年之后,才开始写这本书的。实际上,他是在战后,在被关在格里姆斯塔医院期间,就立即开始做笔记。这本书的主要部分在1946年就已经写完了,全书的前一半是在1947年完成的。

奇怪的是,并没有人就下述向兰菲尔德提出质疑,即在一个核心的须考虑的因素上,他的精神病科报告欠缺清晰:对汉姆生所作出的评价,究竟是在与一个八十六岁普通老人进行比较时作出的,还是在与他年轻一些的时候的自我进行比较的时候作出的——而且,如果是后者的话,又是在什么年纪,与什么明确的事实进行的比较。只是过了几年之后,兰菲尔德才确认,他是把汉姆生与他以前的自我进行比较之后,得出了他的诊断,尽管毫无疑问,如果说所使用的是他年纪的正常人的标准的话,那么汉姆生是会非常高兴的。

这些问题的纷繁难懂之处一直没有得到讨论,尽管《在杂草丛生的路上》是把一种批评的目光,还是集中在首席检察官和兰菲尔德教授的动机上。但由于在公众的头脑中,对德国占领的记忆仍历历在目,因而公众也就并不准备或者乐意为汉姆生的利益,来进行调查。而且也没有任何同情涌现出来。正如伊万·保利在瑞典的《新闻晨报》(*Morgon-Tidningen*)上所正确地评论的那样,汉姆生的书并没有成功地使他成为一位烈士。就目前而言,若是说作者已经复出了,也就足矣。

然而每一个评论者都忘记了的事情就是,书的寿命比他们活的时间要长。最终,《在杂草丛生的路上》将会被用来,奚落那位老精神科医生所作的那个"永久性精神损伤"的诊断。这个术语实际上是兰菲尔德和奥德加德当时唯一可用的术语,而这个事实又愈来愈不为人们所关注了。当然他们本来完全可以根本就不对汉姆生作出任何诊断。但问题仍然在于,是否这就是这位教授、首席检察官以及挪威政府本身,在实际上作出估价之前,就已经决定要作出的诊断。

证据当然似乎要暗示,这三家确实是曾进行了这样一场在政治上、法律上和道德上令人生疑的对话。

她与春天一同前来

1949年的9月底,《在杂草丛生的路上》问世了,书一问世便给了玛丽一本。直到把这本书读完之后,她才再次露面。她如释重负。按照书中对事件的说法,玛丽明显地是被兰菲尔德骗了。汉姆生是花费了一些篇幅为她开脱。

然而,书的最后几页却是令她不快的。在这里,汉姆生以优美的笔触写了马雷恩·莱格斯勒姆。马雷恩是哈马略的一位当地妇女,她从一个农场走到另外一个农场,为了能继续生存下去而乞讨;汉姆生也曾迫使妻子为继续生存下去而乞讨,对此他没有用一个字来表示痛惜。

但在那年的秋天,汉姆生所想到的却是另外一个女人:瑞典女作家玛丽卡·谢恩施泰德,十九年前,谢恩施泰德曾给他留下了使他激动的印记。汉姆生吩咐他的瑞典出版商,务必给她寄上一本《在杂草丛生的路上》,而作为回报,她则把她的回忆录《多为真相》(*Mest Sanning*)寄给了他,在这本回忆录中,她描述了他们在奥斯陆的相遇。当时他曾考虑把他的诺贝尔奖奖章送给她,但最终却是送给了戈培尔。现在他给她写道,"最亲爱的,非常感谢你的来信和书。我现在丧失了视力,不能阅读,甚至都不能读你的信,只能看见杂志上的大字。啊,你的来信使我充满了欢乐。我是在失明中写这封信,但又是按照习惯写,在一点光线中写。……我活了太多的岁月了,但感谢上帝,我又是过了一个丰富的人生。这是我对你的最后的问候——最亲爱的,最亲爱的。"

两三个星期以后,他草草写下了给他的女儿维多丽娅的最后的问候。

"我希望我们已经为你作了好的安排,最亲爱的维多丽娅。斯特雷太太代表我,为你作了巧妙的安排。……不要为我担心,我很好。我的最亲爱的维多丽娅,好好地活。你的老爸。"

12月12日,他要托雷在过圣诞节的时候来看他。"只来这一次,我求你。"四天以后,他又改写了他的请求。"不要因为我要你来而担心。你自己想来的时候就来,而且也是为了赖夫。"赖夫是汉姆生的孙子。

克努特·汉姆生已经不再有能力提出要求了。

这封信将会是他给儿子的最后一封信。托雷来到诺尔霍姆庄园过圣诞节,是带着他的孩子安妮·玛丽和赖夫一同前来的;两岁的英格堡与她的母亲一起呆在奥斯陆。

托雷给爷爷和孙辈拍摄了合影。他们的祖母独自呆在位于阿斯克的家里,就像在庆祝汉姆生九十岁生日的时候一样,当时她也是独自呆在那里。

1950年的冬天过去了,进入了又一个神奇的季节,那是一个再次迫使大自然及其生物全都走到极端的春天。四十二年以前,正是在这样一个时刻,汉姆生用"埃德瓦尔达与春天一同前来",结束了他的小说《贝诺尼》。

她本来是一个危险的、性感的女人,而且好像他在他的小说里写了他自己的未来似的,他是在1908年的4月17日与玛丽相遇。他在诺尔霍姆庄园的各个房间里拖着脚步走着,睁着几乎是瞎了的眼睛盯着历书,这时他突然注意到了日期:4月17日,恰好是四十二年以后。

那是一个星期一的夜晚。阿利尔德的妻子布里特已经上了床。她听见,汉姆生在走廊里踱来踱去。他停下了脚步,敲了敲门,站在了她的面前。"你最好还是把妈妈接回家。"布里特冲下了楼,告诉阿利尔德,阿利尔德问他的父亲,他是不是应该给玛丽写信。他被告知,他得立即打电报。那天晚上已经太晚了,不能打电报了,但阿利尔德许诺,第二天早晨第一件事情就是去电报局。

"马上给家里来电话。"阿利尔德给他的母亲发了这么一个电报,电报把她吓得魂不附体。

两天以后,玛丽乘上了沿海的轮船。阿利尔德和布里特在阿伦达尔的码头边迎接她,同去的还有他们的大儿子埃斯本,自从她于1947年的圣诞节之前离开他们开始在监狱服刑以来,埃斯本就一直没有见到他的祖母。他认为,她的头发灰白得更厉害了。

汉姆生显然是非常仔细地为他们的重逢作了计划。他坐在他的位于她隔壁的那个房间里,他的那把破旧的老柳条椅子上,把两个房间分开的那扇门敞开着。他让自己处于的位置偏离开门,这就使得她绕过来,在他的面前停下。他的胡子使得他就像一个年迈的牧首一样,玛丽想。他为她拉了一把椅子过来,向她伸出了手。

"你离家很久了,玛丽。在你不在的这些日子里,我没有人可以说话,只有同上帝说话。"

那几乎有五年的时间了。玛丽后来声称,有关他们那几年的分离汉姆生对她说的,只有这些话。她走进他房间隔壁的她的老房间里,坐好之后,便在她带来的手提箱里的笔记本上,记起笔记来。她写了他们一起的生活——在记笔记的时候,那扇门开了又关,关了又开——就这样,他们一起度过了1950年的夏天、秋天和冬天,进入1951年,过了那一整年,最后又进入了1952年。

玛丽向托雷描述,她发现,汉姆生是处于一种脾气坏又爱唠叨的状态,尽管他对她是"体贴而又令她愉快的"。不论是阿利尔德还是布里特都极其容易让他发火,有关他的儿媳妇他的抱怨可以列出一个长长的单子:"没有人照料过他的受了感染的眼睛,没有人确保他服用了维他命,没有人在意他的衣服。更不用说他大多时间是坐在走廊里的一个盒子上面,巴不得自己死了。"

经济状况糟透了。玛丽总算是借到了一笔两万克朗的款子,而西格里德·斯特雷则是与司法部交涉,要求退还汉姆生的一部分赔偿罚金。她认为,这个罚金数目是过于沉重了,已经威胁到这位作家的整个资产,而这又与法律的目的相抵触。她的要求被驳回了,不过她也确实得以与司法部商定,在玛丽的赔偿罚金上有所减少。

1951年年初,大雪压垮了户外厕所的屋顶。于是夫妇二人便与西格里德·斯特雷联系,看她是否能够为他们的愈来愈困难的经济状况找到一个解决办法。当斯特雷动身前往诺尔霍姆庄园的时候,她收到了哈拉尔德·格里格的一封来信,于是她便带着这封信前往。它将会给她的老客户带来某种欢乐;这封信告诉她,汉姆生的《全集》在金谷出版社的最新出版目录上,被给予了突出的位置。斯特雷发现,汉姆生已经变了一个人。那个巨人已经消失了。当斯特雷告诉他,出版目录将会被送到国内的每一家书店的时候,他哭了起来。

在那一天,汉姆生进一步得到了证实,他再次被文学界权威人士所接受:《晚邮报》报道说,他已经被推举为是与马克·吐温同一层次的作家。他是获得这一荣誉的第一个挪威人。

然而斯特雷这位律师,却无力改善诺尔霍姆庄园的这一家人的经济状况。在她回家的路上,她纳闷,或许邀请她前来的真正原因,是要让她看看,现在这对夫妇的关系已大为好转。也许正是婚姻关系的这种缓和,才导致了汉姆生在1951年3月15日签署了一个文件,再次把维多丽娅从遗产继承中排除了出去。现在她将不会得到股份,她在汉姆生庄园上的那一部分将会给阿利尔德,而她要享有的那部分著作权现在将在玛丽的子女当中分配。

这个邪恶的三角仍然没有失去其可怕的控制。

维多丽娅将会在他死后对他的遗嘱中的改变提出质疑——而且在经过了几个回合之后,获得了胜利。

在那年的4月,玛丽写了回忆录,该回忆录最终是以《彩虹》(*Regnbuen*)为书名出版:"当我稍微转过一下头的时候,我在镜子里看见的那位老太太,就是我本人。在我的旁边,在那张嘎吱作响的破旧的柳条椅子上,坐着我的丈夫,他由于命运和高龄而弯着腰。"她描述了,她为成了废墟的户外厕所而哭泣。汉姆生安慰她说:"不要哭,玛丽,不值得你流泪。很快我们就将死去,生命是如此短暂。然而,生命又往往似乎过长。……生命是如此短暂,是一种嘲弄。"

玛丽只有七十岁。她打算再活上一段时间——但如果有办法的话,是不会在这些肮脏的条件下再活上一段时间的。

那年春天,她写了一篇愤怒的文章,刊印在德国的报刊上,几家挪威报纸作了报道,文章详细叙述了,她与她的丈夫是怎样在贫困中生活。后来,在那年的夏天,她又怂恿托雷,要求格里格再次出版她的书和诗歌集,以庆祝 11 月份她的七十岁生日。这在某种程度上是为了钱,但更为重要的是,她丈夫已经开始在再次被公众所接受中享受乐趣了,她想,她也可能因同样再次被公众所接受而感到乐趣。

格里格向托雷道歉,"这些优秀的儿童读物现在没有存货。但我认为,如果我们现在把它们出版,那么我就会帮了她一个倒忙。你知道,有一个普遍的看法,认为在战争期间她比你父亲还要积极。许多人似乎认为,是她拖累了他。"

对于认为在他们两人当中她更积极的说法,玛丽当然是予以拒绝:"一个普遍的看法——一个普遍的谎言。……我备受责备,其目的在很大程度上是要为挪威把一笔财产抢救出来——那财产就是克努特·汉姆生。当然有许多人,他们珍视汉姆生,因而也想亲自把他拯救出来。在 1945 年,我是一个在合适的时刻出现的替罪羊。……你本人就认识我丈夫。我认为,你一定知道,我们当中是谁最霸道。他从来不让他的见解受任何人的约束。"

但她并没有她丈夫的那种能够迫使格里格退让的能力。而汉姆生也不再有为他在这个世界上唯一爱着的人而战斗的力量。

不断有新的消息证实,汉姆生正在被文学界权威人士所再次接受。然而在生活中,他却显然是正在逐渐消失。他几乎全聋了,他耐心的妻子只能把最简单的句子,重复着大声喊进他的左耳朵里。他失明了。他能够对其作出反应的唯一的事情,就是一只手在他的胳膊上柔和地触摸,或者玛丽为他调整枕头。他就像一个孩子,再次为了获得他应该得到的那份慈母般的关注而斗争。

这一次,他是在与他自己进行竞争:玛丽正在隔壁房间里写作,写他,写他们的生活,而这个年迈者的要求又不断地打扰着她,把她从写作中拽走。现在是他的出现影响了她的写作,而在这么多年的时间里,他都是在抱怨她的出现影响了他的写作。从他们相遇的那一时刻起,他的写作就塑造了她的整个生活。

1952年2月19日凌晨,一点钟刚过,克努特·汉姆生死去了。几个小时以前,在给她的女儿塞西莉娅的一封信中,玛丽勾画出了汉姆生生活中的最后一幕:"汉姆生在全世界都被演出了和阅读了,他被称为最伟大的在世作家,但实际上我们却并没有给他办葬礼的钱。而且他是衣衫蓝缕地躺在他的临终床上。"

　　这样,尽管汉姆生取得了如此巨大的成就,但他自己说的话,他活着的时候实践了,死去的时候证实了:

　　"生命是如此短暂,是一种嘲弄。然而,生命又往往似乎过长。"

后　　记

我的目的一直是要搞清楚,汉姆生何以能够成为他那样的伟大的作家:他和他的最亲密的人付出了什么代价,才能够在数十年的时间里把这个诗人的世界维持下来;他的政治见解是怎么产生的,这些政治见解是什么,同时代的人对这些见解作出了什么反应,这些见解最终带来的后果又是什么。

我把重点放在两条思路上。首先是要把尽可能多的事实发掘出来,并分析它们。然后我试图尽量真实地刻画这位作家的生平,刻画汉姆生的政治家的一面和私人的一面。在一路写来的时候,我不得不一再确保使讲故事的强烈欲望不去扰乱事实的基础。这样一来,这本书也就在科学性与艺术性的两极之间的那个肥沃的空间里创作出来。

作为一位传记作者,我是站在许多人肩膀上的,他们是挪威、丹麦、瑞典、芬兰、德国、俄国、法国、克罗地亚、美国人,以及其他地方的人,他们全都以其不同的方式,阐明了汉姆生的生平和工作。这个项目的工作持续了五年的时间,我被给了了一个跨学科研究团队的帮助,他们的专长对丁我来说是非常宝贵的。

北欧语言文学教授哈拉尔德·内斯,是世界上研究汉姆生书信最杰出的专家。在四十多年的时间里,他连续不断地四处搜集汉姆生的书信。这些书信已经作注出版,见《克努特·汉姆生书信集》,卷一至卷七,1994 至 2001 年奥斯陆版(*Knut Hamsuns brev* I – VII [Oslo 1994 – 2001])。这些书信也见于一个压缩的英语本:《克努特·汉姆生书信选》,卷一与卷二,诺维克出版社 1990 至 1998 年版(*Selected Letters* I &II [Norvik Press,1990 –

1998］）。哈拉尔德·内斯从一开始便参与了这个项目，同样从一开始便参与了这个项目的还有哲学博士拉尔斯·弗罗德·拉尔森。拉尔森为汉姆生的新研究做了大量开拓性的工作，这表现在三卷本的著作之中：《青年汉姆生》(*Den unge Hamsun*)，《激进分子》(*Radikaleren*)，《社会之外的人》(*Tilvoerelsens utlending*)，1998至2001年奥斯陆版(Oslo 1998 – 2001)。精神病学教授西格蒙德·卡特鲁德也是从一开始就参与了，他的一个任务就是对汉姆生的个性作特征分析。在进行这一工作的过程中，他咨询了他的美国同行，小保罗·科斯塔医生。文学教授阿特勒·吉唐是一位国际知名的汉姆生研究专家，在本书的撰写过程中，他一直是一位有益的进行友好争论的对手和顾问，政治学教授贝恩特·哈特维特也是如此。战争史学家奥德·维达尔·阿斯法因，慷慨地把他在挪威的被占领以及二战的课题上的丰富知识，与我分享。金谷出版社的两位负责我这本书的编辑，汉斯·佩特尔·巴克泰格和伊林·恩格尔斯塔，他们是了不起的。而且汉姆生的家人，尤其是赖夫·汉姆生，对我这位传记作者表现出了几乎是无限的信任，帮助我打开了许多扇大门。

所作出的最重要的发现，就是发现了克努特·汉姆生的私人档案，该档案中包含了五千多份文件，汉姆生本人曾声称他已经把那些文件毁掉了。这些材料始自1890年代，一直到他1952年去世。不过这个传记团队还在文件上作了别的重要的发现，并且最先接触到了在1926至1927年间，对汉姆生进行治疗的那位精神分析专家用速记作的笔记。

本书的主要目的，就是在原始材料允许的情况下，尽可能准确地理解克努特·汉姆生。我的愿望，就是要理清他的写作、生活和社会之间的相互影响。

这部传记是根据我出的两本书编定的国际版，一本是《空想家汉姆生》(*Hamsun Svermeren*，奥斯陆2003年版)，一本是《征服者汉姆生》(*Hamsun Erobreren*，奥斯陆2004年版)。本传记是围绕着两万条研究成果写成。这些研究成果源自大量的档案、书籍、杂志、报纸、信件以及别的文件，范围涵盖学校的花名册,对汉姆生的母亲和兄弟的采访,汉姆生与各位翻译者以及挪威、丹麦和德国出版商的来往信件,许多国家的出版社的几乎半个世纪的版税记录和销售记录,账目和分类账,他的最大的孩子维多丽娅·汉姆生·查尔森的剪报资料收贴簿,德语译员恩斯特·楚赫讷有关克努特·汉姆生与希特勒的会晤的报告,司法评价报告和心理评价报告,等等。

那两本最初的挪威语著作包含一个详尽的参考书目,以及将近两千条出处注释。在这个版本中,大致有五百条最重要的出处注释被保留了。

传记作者须作出许多选择。在处理汉姆生的数量可观的文学作品中的单个作品的时候,我主要是着力于它们的创作过程。在汉姆生的若干部作品中,我试图集中在作为一个人和一位作家,他所可能不期而遇的一个或者几个领域。尽管如此,也必须承认,一位传记作者是不断地冒着把作品和创作过程简化了的风险。

作品越是伟大,它获得成熟的过程也就可能越是不可界定。

在他的作品中,克努特·汉姆生使用了他的潜意识的复杂的运行方式,那种运行方式不论是我们还是任何人都不能充分地予以洞悉,而他的政治发展的更为僵硬、更符合逻辑的运行方式,勾勒起来则要容易一些。如果说在这本著作中我学到了什么东西的话,那就是:

我们每一个人都包含着一些非我们所能透彻了解的命中注定的矛盾。

原著参考书目

Works by Knut Hamsun

The novels *Sult*(*Hunger*, 1890), *Mysterier*(*Mysteries*, 1892), *Redaktør Lynge*(*Editor Lynge*, 1893), *Ny jord*(*Shallow Soil*, 1893), *Pan*(1894), *Victoria* (1898), *Svermere*(*Dreamers*, 1904), *Under høststjernen*(*Under the Autumn Star*, 1906), *Benoni*(1908), *Rosa*(1908), *Envandrer spiller med sordin*(*A Wanderer Plays on Muted Strings*, 1909), *Den siste glede*(*The Last Joy*, 1912), *Børn av tiden*(*Children of the Age*, 1913), *Segelfoss by*(*Segelfoss Town*, 1915), *Markens grøde*(*The Growth of the Soil*, 1917), *Konerne ved vannposten*(*The Women at the Pump*, 1920), *Siste kapitel*(*Chapter the Last*, 1923), *Landstrykere*(*Wayfarers*, 1927), *August*(1930), *Men livet lever*(*The Road Leads On*, 1933), *Ringen sluttet* (*The Ring is Closed*, 1936);

the collections of short stories *Siesta*(1897), *Kratskog*(*Brushwood*, 1903), *Stridende liv*(*Striving Life*, 1905);

the travel writing *I eventyrland*(*In Wonderland*, 1903);

the plays *Ved rikets port*(*At the Gates of the Kingdom*, 1895), *Livets spill* (*The Game of Life*, 1896), *Aftenrøde*(*Evening Glow*, 1898), *Munken Vendt*(*Friar Vendt*, 1902), *Dronning Tamara*(*Oueen Tamara*, 1903), *Livet ivold*(*In the Grip of Life*, 1910);

the poetry collection *Det vilde kor*(*The Wild Choir*, 1904);

and the memoir *På gjengrodde stier*(*On Overgrown Paths*, 1949).

Knut Hamsuns noveller, Oslo 1959.

Livsfragmenter. Noveller, Oslo 1988.

Ord av Hamsun, Oslo 2000.

En Fløjte lød i mit Blod. Ukjente Hamsun–dikt, Oslo 2003.

Livets Røst. Noveller, Oslo 2003.

Juvenilia not acknowledged by Knut Hamsun

Den Gaadefulde(The Enigmatic One, Bodø 1877); *Bjørger* (Tromsø 1878); *Fra det moderne Amerikas Aandsliv(On the Cultural Life of Modern America*, Copenhagen 1889); *Lars Oftedal* (Bergen 1889); *Lurtonen* (1878 – 1879, Oslo 1995); *Romanen om Reban. Et fragment* (Tromsø 1997).

Non-fiction by Knut Hamsun

Sproget i fare, Oslo 1918.

Artikler, Oslo 1939.

På Turné. Tre foredrag om litteratur, Oslo 1960.

Over havet. Artikler og reisebrev, Oslo 1990.

Hamsuns polemiske skrifter. Artikler og foredrag, Oslo 1998.

Collected volumes of Knut Hamsun's correspondence

Knut Hamsuns brev. I–VII, Oslo 1994–2001.

Brev til Marie, Oslo 1970.

Knut Hamsun som han var. Et utvalg brev, Oslo 1956.

Memoirs by members of the Hamsun family

Hamsun, Arild: *Om Knut Hamsun og Nørholm*, Grimstad 1961.

Hamsun, Marianne: *Eine Bildbiographie*, Munich 1959.

Hamsun, Marie: Regnbuen, Oslo 1953.

Hamsun, Marie: Under gullregnen, Oslo 1959.

Hamsun, Tore: *Efter år og dag*, Oslo 1990.

Hamsun,Tore: *Knut Hamsun-min far*, Oslo 1952.

Hamsun,Tore: *Lebensbericht in Bildern*, Munich 1956.

Hamsun,Tore: *Mein Vater*, Berlin 1940.

Archives consulted

Knut Hamsun´s private archive, Grimstad (now given to the National Library, Oslo).

Norsk Gyldendal publisher´s archive, Oslo.

Aust-Agder Arkivet, Arendal.

The National Library, Oslo.

Riksarkivet, Oslo. The Norwegian State Archive.

Det Kongelige bibliotek, Copenhagen.

Psykiatrisk klinikks arkiv, Oslo.

Victoria Hamsun Charlesson´s private archive, France.

Tore and Marianne Hamsun´s private archive, Nørholm and Gran Canaria.

Aftenposten´s news archive, Oslo.

Dagbladet´s news archive, Oslo.

Statsarkivet, Kristiansand.

Grimstad kommunes arkiv (Grimstad County Archives).

Sand Sorenskriverembede, Grimstad.

Other publications consulted

Aakjær, Jeppe: *Før det dages*, Copenhagen 1929.

Andenæs, Johs: *Det vanskelige oppgjøret*, Oslo 1979.

Anderson, Rasmus: *Life Story of Rasmus B. Anderson*, Wisconsin 1915.

Baumgartner, Walter: *Den modernistiske Hamsun*, Oslo 1999.

Berendsohn, Walter A. : *Knut Hamsun. Das unbändige und die menschlische Gemeinschaft*, Berlin 1929.

Bjøl, Erling: *Vår tids kulturhistorie*, I-III, Oslo 1979.

Braatøy, Trygve: *Livets sirkel*, Oslo 1929.

Brandes, Georg: *Hovedstrømninger i det 19de århundredes litteratur* I – VI, Copenhagen 1872 – 1890.

Dahl, Hans Fr. : *En fører blir til*, Oslo 1991.

Dahl, Hans Fr. : En fører for fall, Oslo 1992.

Egerton, George (Mary Chavelita Dunne) : *Keynotes*, London 1895.

Eklund, Torsten (ed.) : *August Strindbergs brev X. Februari 1894 – april 1895*, Stockholm 1968.

Ferguson, Robert: *Gåten Knut Hamsun*, Oslo, 1988.

Ferguson, Robert: *Enigma : The Life of Knut Hamsun*, Farrar, Straus & Giroux, New York 1987.

Fest, Joachim C. : *Hitler*, Penguin Books, London, 1973.

Festskrift til 70-årsdagen, Oslo 1929.

Fuchs, Karl Hans: *Danzig har ordet*, Stockholm 1939.

Gierløff, Christian: *Knut Hamsuns egen røst*, Oslo 1961.

Giersing, Morten/Thobo-Carlsen, John/Westergaard-Nielsen, Mikael: *Det reaktionære oprør*, Copenhagen 1975.

Gjernes, Birgit: *Marie Hamsun*, Oslo 1994.

Goebbels, Joseph: *Die Tagebücher von Joseph Goebbels* I – II, ved Elke Frøhlich, Munich 1987/1993 – 1996.

Grieg, Harald: *En forleggers erindringer*, Oslo 1958.

Hansen, Thorkild: *Prosessen mot Hamsun*, Oslo 1978.

Hitler, Adolf: *Mein kampf* I-II, Munich 1934.

Hobshawm, Eric: *Ekstremismens tisdsalder (The Age of Extremes)*, Oslo 1997.

Janson, Drude (under the pseudonym Judith Keller) : *Mira*, Copenhagen 1897.

Jørgensen, Johannes: *Mit livs legende*, Copenhagen 1916.

Karterud, Sigmund/Schlüter, Christian: *Selvets mysterier*, Oslo 2002.

Kersaudy, François: *Kappløpet om Norge (Norway* 1940) , Oslo 1990.

Kirkegaard, Peter: *Hamsun som modernist*, Copenhagen 1975.

Kittang, Atle: *Luft, vind, ingenting*, Oslo 1984.

König, Sven: *Die Rolle Knut Hamsuns in der Nationalsozialistische Propaganda*, Hamburg 1998.

Landquist, John: *Knut Hamsun*, Stockholm 1929.

Lange, Sven: *Meninger om litteratur*, Copenhagen 1929.

Langfeldt, Gabriel/Ødegård, Ørnulf: *Den rettspsykiatriske erklæring om Knut Hamsun*, Oslo 1978.

Larsen, Lars Frode: *Den unge Hamsun*, Oslo 1998.

Larsen, Lars Frode: *Radikaleren*, Oslo 2001.

Larsen, Lars Frode: *Tilværelsens utlending*, Oslo 2002.

Lie, Trygve Halvdan: *Hjemover*, Oslo 1958.

Løventhal, Leo: *Om Ibsen og Hamsun*, Oslo 1980.

Lundgård, Axel: *Sett och känt*, Stockholm 1925.

Marcus, Carl David: *Knut Hamsun*, Copenhagen 1926.

Meyer, Michael: *Henrik Ibsen*, Oslo 1971.

Muusmann, Carl: *Det glade København*, I - III, Copenhagen 1939.

Næss, Harald: *Knut Hamsun og Amerika*, Oslo 1969.

Olsen, Frejlif: *En kjøbenhavnsk journalist*, Copenhagen 1922.

Rottem, Øystein: *Guddommelig galskap*, Oslo 1998.

Saxtorph, J. William: *De to store verdenskrige*, Copenhagen 1978.

Schiøtz, Cato/Kierulf, Anine: *Høyesterett og Knut Hamsun*, Oslo 2004.

Schroeder, Christa: *Er war mein Chef*, Munich 1985.

Schulerud, Mentz: *Norsk Kunstnerliv*, Oslo 1960.

Speer, Albert: *Erindringer*, Oslo 1970.

Steffahn, Harald: *Hitler. Mennesket, makten, undergangen*, Oslo 1989.

Stray, Sigrid: *Min klient Knut Hamsun*, Oslo 1979.

Strømme, Johannes Irgens: *Nervøsitet*, Oslo 1925.

Tau, Max: *Trotz Allem! Lebenserinnerungen aus Siebzig Jahren*, Hamburg 1973.

Tiemroth, Jørgen E. : *Illusjonens vej*, Copenhagen 1974.

Tumyr, Arne: *Knut Hamsun og hans kors*, Kristiansand 1996.

Wamberg, Niels B. : *Digterne og Gyldendal*, Copenhagen 1970.